YBM
ENGLISH
Basics

YBM ENGLISH Basics

발행인	허문호
발행처	
편집	윤경림, 백주선, Marilyn Hook
디자인	DOTS, 정한샘
마케팅	정연철, 박천산, 고영노, 박찬경, 김동진, 김윤하
초판발행	2017년 12월 8일
12쇄발행	2025년 3월 5일
신고일자	1964년 3월 28일
신고번호	제 300-1964-3호
주소	서울시 종로구 종로 104
전화	(02) 2000-0515 [구입문의] / (02) 2000-0345 [내용문의]
팩스	(02) 2285-1523
홈페이지	www.ybmbooks.com

ISBN 978-89-17-22883-0

저작권자 © 2017 YBM

이 책의 저작권, 책의 제호 및 디자인에 대한 모든 권리는 출판사인 YBM에게 있습니다.
서면에 의한 저자와 출판사의 허락 없이 내용의 일부 혹은 전부를 인용 및 복제하거나 발췌하는 것을 금합니다.

낙장 및 파본은 교환해 드립니다.
구입철회는 구매처 규정에 따라 교환 및 환불처리 됩니다.

영어교육 전문기업 YBM이 제시하는 초보자를 위한 맞춤 학습서

YBM ENGLISH *Basics*

1 가장 쉽고 빠르게 영어와 토익의 기초를 잡아줍니다!

〈YBM English Basics〉는 영어와 토익 입문자가 꼭 알아야 할 필수 학습 포인트만을 모아 제시하였습니다. 간결하고 핵심적인 설명으로 가장 쉽고 빠르게 영어 듣기와 문법, 독해의 기본기를 다져줄 것입니다.

2 청취, 문법, 독해 및 어휘에 이르기까지 원스톱 대비서!

〈YBM English Basics〉는 이 한 권에 모두 담았습니다. 듣기부터 문법, 독해, 어휘에 이르기까지 한 권으로 끝나는 초보자용 맞춤 학습! 학습 부담은 적게, 기초는 확실하게 잡아주는 〈YBM English Basics〉로 초보 탈출하세요.

3 다양하게 활용 가능한 부가 자료 무료 제공!

- **Test Yourself_** 본 책 뒷부분에 마련된 Test Yourself는 복습용 또는 테스트용으로 다양하게 활용 가능합니다. 한 unit이 끝난 후에 꼭 활용하여 모든 내용을 본인의 것으로 만드세요.
- **MP3 음원_** LC 전체와 RC의 어휘까지 MP3 음원이 준비되어 있습니다. www.ybmbooks.com에서 다운로드 가능합니다.
- **강의용 PPT_** 학교나 학원 등 단체 수업에 활용할 수 있는 강의용 PPT 파일도 제공해 드립니다.

Contents

Warm Up			8
Part 1	Unit 1	인물 사진	10
	Unit 2	사물·풍경 사진	18
Part 2	Unit 3	Who, When, Where 의문문	26
	Unit 4	What/Which, Why, How 의문문	36
	Unit 5	일반의문문, 선택의문문, 간접의문문	46
	Unit 6	부정/부가의문문, 평서문, 청유/제안문	56
Part 3	Unit 7	회사 생활	66
	Unit 8	회사 업무	74
	Unit 9	일상 생활	82
	Unit 10	여가 활동	90
Part 4	Unit 11	안내, 공지, 전화 메시지	98
	Unit 12	연설, 광고, 방송	106

RC

Warm Up			116
Part 5 & 6	Unit 1	문장의 구조와 5형식	118
	Unit 2	명사와 대명사	128
	Unit 3	형용사와 부사	138
	Unit 4	동사의 시제 및 태	148
	Unit 5	to부정사와 동명사	158
	Unit 6	분사	168
	Unit 7	전치사	176
	Unit 8	접속사	184
	Unit 9	관계사	194
	Unit 10	비교	204
Part 7	Unit 11	지문 유형 I	212
	Unit 12	지문 유형 II	222
Test Yourself			233

Warm Up

Part 1	**Unit 1**	인물 사진
	Unit 2	사물·풍경 사진
Part 2	**Unit 3**	Who, When, Where 의문문
	Unit 4	What/Which, Why, How 의문문
	Unit 5	일반의문문, 선택의문문, 간접의문문
	Unit 6	부정/부가의문문, 평서문, 청유/제안문
Part 3	**Unit 7**	회사 생활
	Unit 8	회사 업무
	Unit 9	일상 생활
	Unit 10	여가 활동
Part 4	**Unit 11**	안내, 공지, 전화 메시지
	Unit 12	연설, 광고, 방송

Warm Up

유사 발음 이젠 구별할 수 있어요!

토익 시험에서 유사 발음들이 오답 함정으로 자주 출제됩니다. 자신의 발음이 정확하면 더 잘 들리므로 녹음을 따라 반복하면서 정확한 발음을 익혀보세요.

1 [p] / [f]

p	우리말의 'ㅍ'소리	copy 한 부	pile 더미
f	윗니를 아랫입술에 살짝 대고 공기를 내보내세요.	coffee 커피	file 서류

I need one more copy. 한 부 더 필요합니다.
I need more coffee. 커피가 더 필요합니다.

2 [b] / [v]

b	우리말의 'ㅂ'소리	best 최고의	curb 연석
v	윗니로 아랫입술을 살짝 물고 공기를 내보내세요.	vest 조끼	curve 곡

What kind of music do you like best? 당신은 어떤 음악을 가장 좋아합니까?
I like the blue vest. 저는 파란색 조끼가 좋습니다.

3 [s] / [θ]

s	우리말의 'ㅅ'소리	pass 출입증	sick 아픈
θ	치아 사이에 혀를 넣고 'ㅅ'소리를 내보세요.	path 길	thick 두꺼운

Where can I buy a bus pass? 버스 승차권을 어디서 살 수 있나요?
Go along the path. 길을 따라 가세요.

4 [l] / [r]

l	혀 끝을 윗니 뒤에 대고 'ㄹ'소리를 내보세요.	lead 이끌다	glass 유리잔
r	혀 바닥을 입천장에 닿지 않게 발음해보세요.	read 읽다	grass 잔디

She is leading a meeting. 여자가 회의를 진행하고 있다.
She is reading a book. 여자가 책을 읽고 있다.

5 [ou] / [ɔː]

ou	'오'와 '우'소리를 이어서 내보세요.	cold 추운	hole 구멍
ɔː	'오'소리를 조금 길게 내보세요.	called 전화 했다	hall 복도

It's cold outside, isn't it? 바깥이 춥죠, 그렇지 않나요?
I called her yesterday. 나는 어제 그녀에게 전화했다.

미국 발음? 영국 발음? 이젠 어렵지 않아요!

토익 시험의 듣기는 미국식(미국, 캐나다) 발음과 영국식(영국, 호주) 발음이 주로 등장합니다. 가장 두드러지게 차이가 나는 발음들을 따라 읽으면서 정확한 발음을 익혀보세요.

1 r 발음
미국 영어에서는 [r]을 발음하지만, 영국 영어에서는 모음 뒤에 오는 [r]은 발음하지 않습니다.

ente**r**	들어가다	🇺🇸 [엔터r]	🇬🇧 [엔터]
pa**r**k	공원, 주차하다	🇺🇸 [파-r크]	🇬🇧 [파-크]

The cars are parked in a row.   차들이 일렬로 주차되어 있다.

2 t와 d 발음

le**tt**er	편지	🇺🇸 [레러r]	🇬🇧 [레터]
la**dd**er	사다리	🇺🇸 [래러r]	🇬🇧 [래더]

A ladder is leaning against the wall.   사다리 하나가 벽에 기대어 있다.

3 a 발음

afternoon	오후	🇺🇸 [애프터눈]	🇬🇧 [아프터눈]
cl**a**ss	수업	🇺🇸 [클래쓰]	🇬🇧 [클라쓰]

I prefer the afternoon class.   저는 오후 수업을 선호해요.

4 o 발음

j**o**b	일, 일자리	🇺🇸 [좝]	🇬🇧 [죱]
b**o**x	박스	🇺🇸 [박스]	🇬🇧 [복스]

Are you looking for a part-time job?   시간제 일자리를 구하고 있나요?

5 특이한 발음

schedule	일정	🇺🇸 [스께줄]	🇬🇧 [쉐줄]
garage	차고	🇺🇸 [거롸지]	🇬🇧 [개리지]
advertisement	광고	🇺🇸 [애드버타이즈먼트]	🇬🇧 [어드버-티스먼트]
vase	꽃병	🇺🇸 [베이스]	🇬🇧 [바-즈]

Let me check my schedule.   저의 일정표를 확인해 볼게요.
I saw the advertisement this morning.   오늘 오전에 그 광고를 봤어요.

Part 1 인물 사진

인물이 중심이 되는 사진은 사람이 등장하는 사진이므로, 주로 사람의 동작을 묘사하는 문장이 나옵니다. '누가 ~하고 있다'라는 동작 묘사는 〈be동사 + -ing〉 형태로 나타냅니다.

풀이 전략 🎧 P1-01

인물 사진은 사진 속 인물들의 주요 동작과 상태, 인상착의를 파악한 후, 오답을 소거하여 정답을 찾는 소거법으로 문제를 푸는 것이 가장 바람직합니다.

1) 사진 파악하기

1. 사진 속 인물의 주요 **동작과 상태**를 파악한다.
   ▶ 컴퓨터 앞 또는 책상에 앉아 있다. 펜을 잡고 뭔가를 쓰며 모니터를 보고 있다.

2. **인상착의**(안경, 타이, 정장, 긴팔 옷, 시계 등)에 유의한다.
   ▶ 안경을 쓰고 있고, 재킷을 입고 있다.

3. 사진 속 **사물**(펜, 종이, 컴퓨터, 서류, 컵, 화분)과 **유사 발음 어휘**를 활용한 **오답**에 주의한다.

2) 문제 들으며 오답 소거하기

(A) She is holding a <u>phone</u>. 전화기를 들고 있다. → 전화기가 아닌 펜을 들고 있음
(B) She is <u>putting on</u> glasses. 안경을 착용하고 있다. → put on은 '착용하고 있는 동작'을 나타내므로 오답
(C) She is looking at the monitor. 모니터를 보고 있다. → 정답
(D) She is <u>walking</u> in the office. 사무실에서 걷고 있다. → working/walking 유사 발음 어휘 오류

Check Up 🎧 P1-02 / 해설 p.3

사진을 가장 잘 묘사한 문장을 고르세요.

(A) He is wearing a tie.
(B) He is reading a newspaper.
(C) He is looking at the menu.
(D) He is leading a discussion.

어휘 lead 동 이끌다 discussion 명 토론, 토의

핵심 어휘 🎧 P1-03

1) 주요 동작 표현

standing
서 있다

sitting
앉아 있다

walking
걷고 있다

riding
타고 있다

climbing
올라가고 있다

looking
보고 있다

talking
이야기하고 있다

holding
잡고 있다

putting on
입고 있다

writing
쓰고 있다

carrying
나르고 있다

cooking
요리하고 있다

pushing
밀고 있다

pointing
가리키고 있다

watering
물주고 있다

2) 기타 동작 표현

browsing 둘러보고 있다
checking 점검하고 있다
cleaning 청소하고 있다
leaning 기대고 있다
enjoying 즐기고 있다
facing 향하고 있다
loading (물건을) 싣고 있다
ordering 주문하고 있다
paying for 값을 지불하고 있다
performing 공연을 하고 있다

playing 연주하고 있다
pouring 붓고[따르고] 있다
reaching (for) 손을 뻗고 있다
reading 읽고 있다
repairing 수리하고 있다
shaking hands 악수를 하고 있다
shopping for 사고 있다
trying on 입어 보고 있다
typing 타이핑을 하고 있다
using 사용하고 있다

Check Up 🎧 P1-04 / 해설 p.3

녹음을 잘 들으면서 빈칸을 채우세요.

1. He is _____ a box.
2. He is _____ a helmet.
3. He is _____ some food.
4. A man is _____ a roof.
5. A man is _____ at a board.
6. She is _____ a phone.
7. She is _____ for an item.
8. She is _____ on some glasses.
9. A woman is _____ for some items.
10. A woman is _____ wine into the glass.

어휘 roof 명 지붕 board 명 칠판, 게시판 item 명 물품

상황별 정답 유형 P1-05

1) 회의

They are **attending a meeting**.
사람들이 회의에 참석하고 있다.
They are **having a conversation**.
그들은 대화를 나누고 있다.
The men are **shaking hands**.
남자들이 악수를 하고 있다.

2) 쇼핑

Customers are **shopping for some clothes**.
고객들이 옷을 사고 있다.
A sales clerk is **assisting customers**.
점원이 고객들을 도와주고 있다.
A salesperson is **standing behind the counter**.
점원이 계산대 뒤에 서 있다.

3) 이동

The couple is **enjoying a ride**.
두 사람은 즐겁게 타고 있다.
They are **riding a bicycle** side by side.
그들은 나란히 자전거를 타고 있다.
They are **wearing short-sleeved shirts**.
그들은 반팔 셔츠를 입고 있다.

4) 식당

The couple is sitting across from each other.
두 사람은 서로 마주 앉아 있다.
A man is **ordering some food**.
한 남자가 음식을 주문하고 있다.
The waiter is **taking an order**.
종업원이 주문을 받고 있다.

5) 공공장소

A performer is playing an instrument on a stage. 한 연주자가 무대 위에서 악기를 연주하고 있다.
A man is giving a performance **outdoors**.
한 남자가 야외에서 공연하고 있다.
An audience is **watching a performance**.
청중이 공연을 구경하고 있다.

정답 찾기 요령 🎧 P1-06

1) 유사 발음 오답에 주의하세요!

She is working at an office. (○)
She is walking at an office. (×)

walking(걷고 있다)을 working(일하고 있다)으로 잘못 들으면 혼동할 수 있습니다. 이런 유사 발음으로 오답 함정을 만드는 경우가 있으니 주의하세요.

유사 발음 어휘

coffee 커피		copy 한 부; 복사하다	
glass 유리잔	cf. glasses 안경	grass 잔디	
letter 편지		ladder 사다리	
prepare 준비하다		repair 수리하다	
read 읽다		lead 이끌다	
write 쓰다		ride 타다	

2) 다의어를 주의하세요!

He is watering some plants. (○)
He is drinking some water. (×)

water는 동사 '물을 주다'와 명사 '물'의 의미를 가진 다의어이므로 혼동할 수 있습니다. 다의어는 품사가 다르거나, 품사가 같더라도 다른 의미를 가질 수 있습니다.

다의어

dish	명 접시, 그릇	명 요리
face	동 마주보다, ~을 향하다,	명 얼굴
hold	동 (회의를) 하다	동 잡다, 들다
park	동 주차하다 cf. parking 명 주차	명 공원
plant	동 심다	명 식물
sign	동 서명하다	명 간판, 표지판

Check Up 🎧 P1-07 / 해설 p.3

녹음을 잘 들으면서 빈칸을 채우세요.

1. He is _____ a document.
2. A man is _____ a presentation.
3. They are _____ on a boat.
4. The man is _____ on a notepad.
5. She is walking through a _____.
6. A man is walking to the _____ lot.

어휘 document 명 서류 notepad 명 메모장 presentation 명 발표

토익 감잡기

Step 1

다음 사진을 잘 묘사한 문장을 모두 고르세요. 🎧 P1-08 / 해설 p.3

1

- She is holding a glass. (○, ×)
- She is relaxing on the grass. (○, ×)
- She is trying on some glasses. (○, ×)
- She is shopping for some glasses (○, ×)
- She is examining some items. (○, ×)

> 어휘 relax 통 쉬다 try on ~을 써 보다, 입어 보다 examine 통 살펴보다

2

- They are waving their hands. (○, ×)
- They are shaking hands. (○, ×)
- They are greeting each other. (○, ×)
- They are wearing helmets. (○, ×)
- They are putting on a helmet. (○, ×)

> 어휘 wave 통 흔들다 greet 통 인사하다

3

- A man is drinking wine. (○, ×)
- A man is holding a dish. (○, ×)
- One man is serving drinks. (○, ×)
- One man is serving some food. (○, ×)
- A woman is ordering some food. (○, ×)

> 어휘 serve 통 대접하다, 제공하다

Step 2

녹음을 듣고 사진을 잘 묘사한 문장을 고른 후, 다시 들으면서 빈칸을 채우세요. P1-09 / 해설 p.4

1

(A)　　(B)

(A) She is _____ on the phone.
(B) She is _____ a watch.

watch 명 시계

2

(A)　　(B)

(A) They are _____ a meeting.
(B) A man is holding a _____.

3

(A)　　(B)

(A) They are _____ on the beach.
(B) They are _____ a dog.

beach 명 해변

4

(A) The waitress is _____ some food.
(B) The man is _____ some plates.

waitress 명 여종업원 plate 명 접시

(A)　　(B)

토익 실전 감각 익히기

🎧 P1-10 / 해설 p.4

1

(A) (B) (C) (D)

4

(A) (B) (C) (D)

2

(A) (B) (C) (D)

5

(A) (B) (C) (D)

3
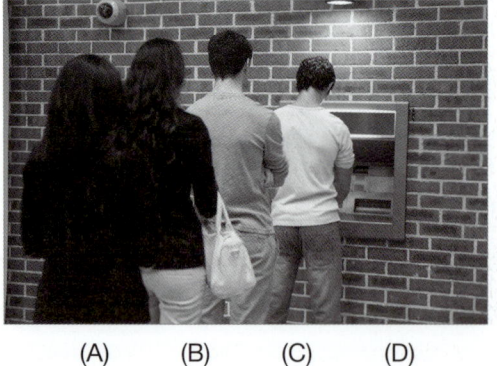
(A) (B) (C) (D)

6
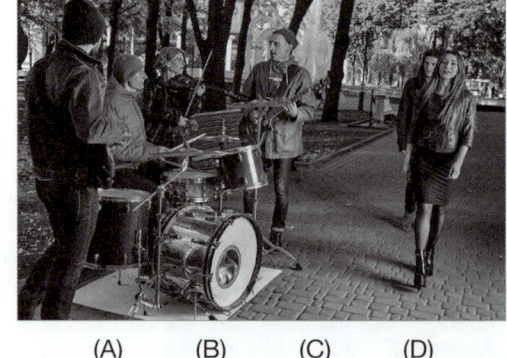
(A) (B) (C) (D)

어휘로 마무리

이번 Unit에 나온 어휘 중 반드시 기억해야 할 것들만 모았습니다.
우리말 뜻을 가리고 체크해 본 후, 꼭 외워 두세요.

P1-11

□ hold	동 (손에) 잡다, 개최하다		□ conversation	명 대화
□ put on	입고 있다(동작)		□ shake hands	악수하다
□ monitor	명 모니터		□ customer	명 고객
□ wear	동 입다		□ clothes	명 옷
□ lead	동 이끌다		□ sales clerk	점원(= salesperson)
□ discussion	명 토론		□ assist	동 돕다
□ ride	동 타다		□ counter	명 계산대, 조리대
□ point at	~을 가리키다		□ side by side	나란히
□ lean	동 기대다		□ short-sleeved	형 반팔의
□ carry	동 나르다		□ take an order	주문을 받다
□ push	동 밀다		□ face	동 마주보다, ~을 향하다
□ water	명 물 동 물을 주다		□ each other	서로
□ browse	동 둘러보다		□ outdoors	부 실외에
□ check	동 점검하다		□ copy	명 복사본 동 복사하다
□ load	동 싣다		□ grass	명 잔디
□ order	동 주문하다		□ ladder	명 사다리
□ pay for	지불하다		□ relax	동 긴장을 풀다
□ perform	동 공연하다		□ examine	동 살펴보다
□ pour	동 붓다		□ wave	동 흔들다
□ reach for	~을 잡으려고 뻗다		□ greet	동 인사하다
□ repair	동 수리하다		□ drink	동 마시다
□ try on	입어보다		□ beach	명 해변
□ helmet	명 헬멧		□ plate	명 접시
□ board	명 게시판		□ document	명 서류
□ item	명 물품		□ backpack	명 배낭
□ glasses	명 안경		□ sidewalk	명 보도, 인도
□ glass	명 유리잔		□ collect	동 수집하다, 모으다
□ attend	동 참석하다		□ performer	명 공연가

Unit 2 Part 1 사물·풍경 사진

사물·풍경 사진은 사물의 상태나 배경 등을 묘사하는 문장이 나옵니다. '무엇이 ~되어 있다'라는 상태 묘사는 주로 〈be동사+p.p.〉 형태로 나타냅니다. 가끔 사람과 사물·풍경이 함께 등장하는 사진도 나오곤 하니, 사진 속에 등장하는 것들을 함께 파악하는 연습이 필요합니다.

풀이 전략 🎧 P1-12

사물·풍경 사진은 사진 속 사물의 상태나 위치 관계를 잘 관찰하고 오답을 제외하여 정답을 찾아내는 소거법으로 문제를 푸는 것이 가장 바람직합니다.

1) 사진 파악하기

1. 사진 속 사물의 **위치 관계**를 파악한다.
   ▶ 소파 위의 쿠션들, 소파 옆 램프, 탁자 위 식물, 바닥 위의 책들

2. 사진 속 사물의 주요 **상태**를 파악한다.
   ▶ 램프 꺼져 있음

3. 사진 속에 없는 **사람**이나 **사물**이 나오면 오답이다.
   ▶ 사진 속 사물: 소파, 쿠션들, 식물, 탁자, 책 등

2) 문제 들으며 오답 소거하기

(A) A picture is hanging on the wall. 벽에 그림이 걸려 있다. → 그림은 사진 속에 없는 사물
(B) The lamp has been turned on. 램프가 켜져 있다. → 꺼져 있음
(C) There are some cushions on the sofa. 쿠션들이 소파 위에 있다. → 정답
(D) The man is holding a book. 남자가 책을 들고 있다. → 남자는 사진 속에 없는 사람

Check Up 🎧 P1-13 / 해설 p.5

사진을 가장 잘 묘사한 문장을 고르세요.

(A) The shelves are empty.
(B) Some items are on display.
(C) There are some dishes on the shelves.
(D) Customers are paying for bread.

어휘 shelf 몡 선반 on display 진열 중인 customer 몡 손님

핵심 어휘 🔊 P1-14

1) 위치 표현

up 위로

down 아래로

away from ~으로부터 멀리

to ~쪽으로 향해

across 가로질러

into ~안으로

out of ~밖으로

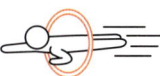
through ~을 통과하여

over ~을 넘어, ~위에

past ~을 지나쳐서

along ~을 따라서

around ~주위에

2) 상태 표현

be arranged 정렬되어 있다	be stacked 쌓여져 있다
be displayed 전시되어 있다	be lined up 줄지어 있다
be on display 전시되어 있다	be occupied 이용 중이다
be placed 놓여 있다	be unoccupied 비어 있다
be planted 심어져 있다	be filled with ~으로 가득 차 있다
be positioned 위치해 있다	be hanging 걸려 있다
be parked 주차되어 있다	be sailing 항해하고 있다
be pushed 밀어져 있다	be sitting 놓여 있다
be tied 묶여 있다	be lying 놓여 있다

Check Up 🔊 P1-15 / 해설 p.6

녹음을 잘 들으면서 빈칸을 채우세요.

1. A rug is _____ on the floor.
2. The benches are _____.
3. Cars are _____ along the street.
4. A lamp has been _____ in the corner.
5. A picture is _____ on the wall.
6. A boat is _____ to a dock.
7. Some clothes are on _____.
8. Boxes are _____ in the room.
9. The chairs are _____ in a line.
10. The shelves are _____ with items.

어휘 rug 명 양탄자, 깔개 dock 명 부두 clothes 명 옷 in a line 한 줄로 item 명 물품

상황별 정답 유형 🎧 P1-16

1) 집안

Some pictures **are hanging** on the wall.
몇 점의 그림들이 벽에 걸려 있다.
A large plant **has been placed** in the corner.
큰 식물이 구석에 놓여 있다.
Some cushions are **sitting on the sofa**.
쿠션들이 소파 위에 놓여 있다.

2) 사무실

The office chairs **are unoccupied**.
사무실 의자가 비어 있다.
Some chairs **are pushed** under a desk.
의자들이 책상 밑으로 밀어져 있다.
Some lights **have been turned on**.
전등이 켜져 있다.

3) 상점

Some items **are on display**.
몇몇 상품들이 진열되어 있다.
Some items **are displayed in** rows.
몇몇 상품들이 줄지어 진열되어 있다.
Goods **are arranged** in piles.
제품이 더미로 정리되어 있다.

4) 거리

Some vehicles **are parked** along the street.
차량들이 길을 따라 주차되어 있다.
The cars **are lined up** in a row.
차들이 일렬로 줄지어 있다.
Trees **have been planted** in a row.
나무들이 일렬로 심어져 있다.

5) 물가

A boat **is passing** under the bridge.
배 한 척이 다리 아래를 지나고 있다.
A boat **is sailing** on the water.
배 한 척이 물 위에서 항해 중이다.
Trees **overlook** the water.
나무들이 물을 내려다 보고 있다.

정답 찾기 요령

1) 동작을 묘사하는 〈be being+p.p.〉 오답에 주의하세요!

〈진행 수동형 be being+p.p. : (누가) ~하고 있는 중이다〉
진행 수동형으로 오답 함정을 만드는 경우가 많으니 주의하세요. 참고로 〈have been p.p.〉는 사물이 '~되어 있다'라는 의미로 상태 묘사에만 쓰이는 표현입니다.

A car is washed. 세차되었다. (○)
A car has been washed. 세차되었다. (○)
A car is being washed.
세차되고 있는 중이다. (×)

A car is being washed.
세차되고 있는 중이다. (○)
A car is washed. 세차되었다. (×)
A car has been washed. 세차되었다. (×)

2) 소거법을 이용하세요! 🎧 P1-17

사람과 사물이 함께 등장하는 사진의 경우, 사람이나 사물, 또는 주위의 풍경에 모두 주목해야 합니다. 녹음을 들으면서 틀린 보기는 바로 소거하고 최종적으로 남은 것을 선택하는 방법으로 정답 확률을 높일 수 있습니다.

소거법 표기 예시 (A) (B) (C) (D)
　　　　　　　 × 　×　 ?　 ○
→ 확실히 오답이다 (×), 잘 모르겠다 (? 또는 △), 정답이다 (○)

They are taking a picture. (×)
→ 카메라가 사진 속에 없는 사물이므로 오답
Some people are swimming in the pool. (×)
→ 수영 중인 사람들이 사진 속에 없으므로 오답
Umbrellas are being set up. (? → ×)
→ 파라솔이 설치되고 있는 상태가 아니므로 오답
Some seats are occupied. (○)
→ 일부 베드들이 사용 중이며, 위의 보기들이 모두 오답이므로 정답

Check Up
🎧 P1-18 / 해설 p.6

녹음을 잘 들으면서 빈칸을 채우세요.

1. A door _____ painted.
2. A door _____ painted.
3. A sign is _____ on the window.
4. A picture _____ on the wall.
5. Some items _____ into a box.
6. Some shirts are _____ into a box.

어휘 painted 형 페인트가 칠해진　sign 명 표지판　item 명 물품

토익 감잡기

Step 1

다음 사진을 잘 묘사한 문장을 모두 고르세요. 🎧 P1-19 / 해설 p.6

1

- A boat is floating on the water. (○, ×)
- A boat is sailing near the dock. (○, ×)
- A boat is tied to a dock. (○, ×)
- A boat is being tied to a dock. (○, ×)
- A boat has been tied to a dock. (○, ×)

어휘 float 동 뜨다 sail 동 항해하다 dock 명 부두 be tied to ~에 묶이다

2

- Some dishes are being served. (○, ×)
- Bowls are piled up on the floor. (○, ×)
- Items are stacked on some shelves. (○, ×)
- Some plates are being arranged. (○, ×)
- Various types of dishes are being displayed. (○, ×)

어휘 be piled up (무더기로) 쌓이다 floor 명 바닥 be stacked 쌓이다 plate 명 접시 arrange 동 정돈하다, 배열하다 various 형 다양한 display 동 진열하다, 전시하다

3

- The windows are closed. (○, ×)
- The windows are being closed. (○, ×)
- Some flowers are being planted. (○, ×)
- A bicycle is placed near the railings. (○, ×)
- The flowers have been planted outdoors. (○, ×)

어휘 plant 동 심다 place 동 놓다, 두다 railing 명 울타리, 철책 outdoors 부 야외에서

Step 2

녹음을 듣고 사진을 잘 묘사한 문장을 고른 후, 다시 들으면서 빈칸을 채우세요. 🎧 P1-20 / 해설 p.7

1

(A) Flowers have been _____ in rows.
(B) Flowers are _____ in rows.   in rows 줄지어, 여러 줄로

(A)　(B)

2

(A) The bench is _____.
(B) The bench is _____.

(A)　(B)

3

(A) A bridge is _____.
(B) A bridge has _____.   bridge 몡 다리

(A)　(B)

4

(A) Cars are moving in the _____ direction.
(B) Cars are moving in _____ directions.

direction 몡 방향

(A)　(B)

토익 실전 감각 익히기

1
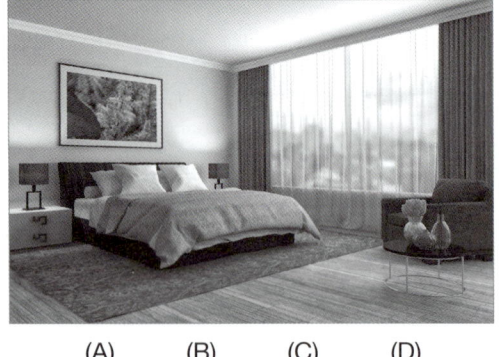
(A) (B) (C) (D)

4

(A) (B) (C) (D)

2
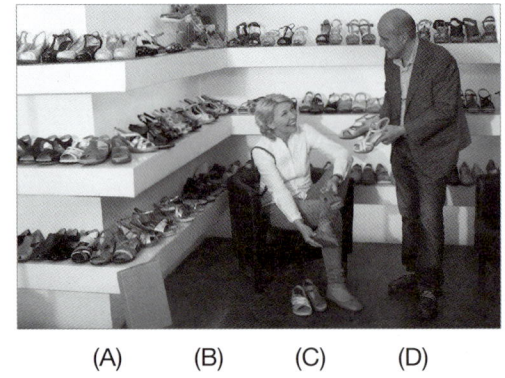
(A) (B) (C) (D)

5

(A) (B) (C) (D)

3

(A) (B) (C) (D)

6

(A) (B) (C) (D)

어휘로 마무리

이번 Unit에 나온 어휘 중 반드시 기억해야 할 것들만 모았습니다.
우리말 뜻을 가리고 체크해 본 후, 꼭 외워 두세요.

🎧 P1-22

☐ hang	통 걸다	☐ pass	통 지나가다
☐ on the wall	벽 위에	☐ overlook	통 내려다보다
☐ lamp	명 램프, 전등	☐ take a picture	사진을 찍다
☐ turn on	켜다 (↔ turn off 끄다)	☐ pool	명 수영장
☐ cushion	명 쿠션	☐ umbrella	명 파라솔, 우산
☐ shelf	명 선반 (cf. shelves 선반들)	☐ set up	설치하다
☐ empty	형 비어 있는	☐ seat	명 좌석 통 앉히다
☐ on display	전시[진열]된	☐ float	통 뜨다
☐ pay for	돈을 내다	☐ dish	명 접시, 요리
☐ arrange	통 준비하다, 정렬하다	☐ plate	명 접시
☐ display	명 전시 통 전시하다	☐ serve	통 음식을 제공하다
☐ plant	명 식물 통 심다	☐ various	형 다양한
☐ position	명 위치 통 위치시키다	☐ bicycle	명 자전거
☐ park	명 공원 통 주차하다	☐ railing	명 난간
☐ push	통 밀다 (↔ pull 당기다)	☐ outdoors	부 야외에(서)
☐ tie	통 묶다	☐ in rows	여러 줄로
☐ stack	통 쌓다 (= pile up)	☐ build	통 세우다, 짓다
☐ occupied	이용 중인	☐ direction	명 방향
☐ unoccupied	비어 있는	☐ painting	명 그림
☐ sail	명 돛 통 항해하다	☐ between	전 ~의 사이에
☐ rug	명 양탄자, 러그	☐ by	전 ~의 옆에
☐ floor	명 바닥	☐ shopkeeper	명 점원
☐ bench	명 벤치	☐ assist	통 돕다
☐ dock	명 부두	☐ face	통 향하다
☐ light	명 전등	☐ bridge	명 다리
☐ in piles	더미로, 무더기로	☐ lake	명 호수
☐ vehicle	명 차량	☐ near	전 ~의 가까이에
☐ along the street	길을 따라	☐ identical	형 똑같은

UNIT 2

Unit 3 Part 2
Who, When, Where 의문문

Who 의문문 🎧 P2-01

Who 의문문은 '누가, 누구를'을 묻는 의문문으로 사람 이름, 인칭대명사, 직책명, 부서명 등으로 대답할 수 있습니다. Yes/No로 답변하거나 발음이 비슷한 어휘를 활용한 답변은 오답입니다.

누가 새 프로젝트 책임자인가요?
Who is in charge of the new project?

테일러 씨 같아요.
I think **Mr. Taylor** is.

사실 저예요.
Actually, **I** am.

마케팅팀의 누군가예요.
Someone from **the marketing team**.

잘 모르겠어요.
I'm not sure.

■ 주요 표현 🎧 P2-02

직책/부서명

president 사장	head office 본사(= headquarters)
director 이사	branch office 지점
supervisor 관리자	sales department 영업부
secretary 비서	accounting department 회계부
receptionist 접수 담당자	human resources(HR) department 인사부
representative 직원, 대리인	personnel department 인사부
coworker 동료(= colleague)	customer service department 고객 서비스부

혼동하기 쉬운 어휘

contract 명 계약서	contact 동 연락하다	reserve 동 예약하다	receive 동 받다
call 동 전화하다	cold 형 추운	learn 동 배우다	run 동 달리다

■ 빈출 질문 및 답변 유형 P2-03

1) 사람 이름/인칭

Q **Who**'s going to review the contract?
누가 계약서를 검토하나요?

A1 **Mr. Bates** from the head office.
본사에서 온 베이츠 씨요.

A2 **Hana** said she has some free time after lunch.
하나가 점심 식사 후에 시간이 있다고 했어요.

오답 I will **contact** you.   제가 당신에게 연락할게요.
→ 유사 발음 어휘 오답 [contract → contact]

2) 직책/부서명

Q **Who** has the sales report?
누가 영업 보고서를 가지고 있죠?

A1 **The team manager**, I think. 팀장님일 거예요.

A2 I got it from **the marketing department**.
제가 마케팅 부서에서 그것을 받았어요.

A3 I put it **on your desk**. 당신의 책상 위에 그것을 두었어요.

오답 No, he isn't. 아니요, 그는 아니에요.
→ 의문사 의문문은 Yes/No로 대답할 수 없음

3) 우회적 답변

Q **Who** should I call to reserve a conference room?
회의실을 예약하려면 누구에게 전화를 해야 하나요?

A1 Joanne might know. 조앤이 알 거예요.

A2 Mr. Green used to be. 예전에는 그린 씨였어요.

오답 I haven't **received** it yet. 아직 그것을 못 받았어요.
→ 유사 발음 어휘 오답 [reserve → receive]

Check Up   P2-04 / 해설 p.8

다음 질문에 대해 알맞은 응답에는 ○, 알맞지 않은 응답에는 ×를 표시하세요.

Q. Who is going to make a reservation for the trip?

(A) I can take care of it.   (   )
(B) I'm going to attend it.   (   )
(C) From the travel agency.   (   )
(D) The new receptionist.   (   )
(E) Ask Ellen.   (   )
(F) The trip was great.   (   )
(G) Yes, she will make it.   (   )

어휘 make a reservation 예약하다(= reserve) take care of ~을 처리하다 attend ⑧ 참석하다 travel agency 여행사 receptionist ⑨ 접수원, 안내원 make it 해내다

When 의문문 🎧 P2-05

When 의문문은 '언제'를 묻는 의문문으로, When is / are / do / does(현재 또는 미래), When was / were / did(과거), When will / are you going to(미래)와 같이 시제를 잘 듣는 것이 중요합니다. 대부분 미래 시간을 묻는 문제가 많이 출제됩니다. Yes / No로 답변하거나 '(For) About three days'와 같이 기간을 답하는 답변들은 오답입니다.

연례 보고서 마감일은 언제인가요?
When is the deadline for the annual report?

다음 주 금요일이에요.
Next Friday.

일주일 후에요.
In a week.

이사회 시작하기 직전이요.
Right **before** the board meeting starts.

달력을 확인해 볼게요.
Let me check my calendar.

■ **주요 표현** 🎧 P2-06

시간을 나타내는 표현

미래	현재	과거
in an hour 한 시간 후에	at 5 P.M. 오후 5시에	already 이미
by next Friday 다음 주 금요일까지	at noon 정오에	yesterday 어제
at the beginning of June 6월 초에	in the afternoon 오후에	last week 지난주에
sometime after lunch 점심 식사 후 언젠가	early in the morning 아침 일찍	two years ago 2년 전에
whenever 언제든지	today 오늘	
as soon as ~하자마자		

다의어

train 명 기차 동 교육시키다
stop 명 정거장 동 멈추다
meet 동 만나다 동 기한을 맞추다
free 형 한가한 형 무료의

■ **빈출 질문 및 답변 유형** 🎧 P2-07

1) 미래의 시점

Q **When** will the new interns get trained? 새로 온 인턴들은 언제 교육을 받게 되나요?	A1 **In an hour.** 한 시간 후에요. A2 **As soon as** Mr. Baker comes back from the trip. 베이커 씨가 출장에서 돌아오자마자요. 오답 The train was delayed for an hour. 기차가 한 시간 지연되었어요. → 다의어 오답 [train 교육시키다/기차]

2) 과거의 시점

Q **When** did you meet Ms. Shin? 신 씨를 언제 만났나요?	A1 **Last** Tuesday. 지난 화요일에요. A2 About **three weeks ago**. 약 3주 전에요. 오답 We must meet the deadline. 우리는 마감 기한을 지켜야 돼요. → 다의어 오답 [meet 만나다/기한을 맞추다]

3) 우회적 답변/역질문

Q **When** would you like to stop by? 언제 들르실 건가요?	A1 Let me check my schedule. 제 일정을 확인해 볼게요. A2 Is this afternoon okay? 오늘 오후 괜찮으세요? 오답 I get off at the next stop. 다음 정거장에서 내립니다. → 다의어 오답 [stop 머무르다/정거장]

Check Up   🎧 P2-08 / 해설 p.9

다음 질문에 대해 알맞은 응답에는 ○, 알맞지 않은 응답에는 ×를 표시하세요.

Q. When will you have some free time?

(A) Lunch is free. ( )
(B) Anytime after work. ( )
(C) Tomorrow looks good. ( )
(D) For about two hours. ( )
(E) Thanks for your time. ( )
(F) After lunch is fine with me. ( )
(G) No, I'm not free until tomorrow. ( )

어휘 have free time 자유 시간을 갖다 after work 퇴근 후 until tomorrow 내일까지

Where 의문문 🎧 P2-09

Where 의문문은 '어디에서'를 묻는 의문문으로 대부분 위치나 장소를 나타내는 표현으로 답변할 수 있습니다. Yes / No로 시작되는 답변은 오답입니다.

판매 보고서는 어디 있나요?
Where is the sales report?

탁자 위에요.
On the table.

잡지들 옆에요.
Next to the magazines.

제리가 갖고 있을 거예요.
Jerry must have it.

갖고 오는 걸 깜박했네요.
I forgot to bring it.

■ 주요 표현 🎧 P2-10

장소 / 위치를 나타내는 표현

in the conference room 회의실에	next to the printer 프린터 옆에
in the file cabinet 파일 캐비닛 안에	over there 저쪽에
in front of the lobby 로비 앞에	downtown 시내에
on the table 책상 위에	down the street 길을 내려가서
on the third floor 3층에	across the street 길 건너에
on the Web site 웹사이트에	around the corner 모퉁이를 돌아서
at the corner of the street 길 모퉁이에	to the airport 공항으로
at the end of the hall 복도 맨 끝에	two blocks away 두 블록 떨어진 곳에
near the park 공원 근처에	from the warehouse 창고에서

혼동하기 쉬운 어휘

locate 통 위치하다	Kate 케이트(인명)	fair 명 박람회	fare 명 요금
file 명 파일	pile 명 더미	expand 통 확장하다	expect 통 예상하다

■ 빈출 질문 및 답변 유형 🎧 P2-11

1) 장소 / 위치

| Q **Where** is Mr. Barren's office located?
배런 씨의 사무실은 어디에 있나요? | A1 It's **on the second floor**. 2층에 있어요.
A2 Just **next to the elevator**. 바로 엘리베이터 옆이에요.
오답 Kate might have it. 케이트가 갖고 있을 거에요.
→ 유사 발음 어휘 오답 [locate → Kate] |

2) 사람 / 출처

| Q **Where** did you get the file?
그 파일을 어디에서 구했나요? | A1 I got it **from Helen**. 헬렌에게서 받았어요.
A2 **My manager** sent it to me. 제 부장님이 제게 보내주셨어요.
오답 I reviewed a pile of papers. 저는 한 더미의 서류를 검토했습니다.
→ 유사 발음 어휘 오답 [file → pile] |

3) 우회적 답변

| Q **Where** is the job fair going to be held?
채용 박람회는 어디에서 열릴 예정인가요? | A1 I forgot. 잊어버렸어요.
A2 Let me find out. 제가 알아볼게요.
오답 I paid the bus fare. 제가 버스 요금을 냈어요.
→ 유사 발음 어휘 오답 [fair → fare] |

Check Up 🎧 P2-12 / 해설 p.9

다음 질문에 대해 알맞은 응답에는 ○, 알맞지 않은 응답에는 ×를 표시하세요.

Q. Where do we meet our visitors?

(A) Sometime after work.   (   )
(B) To pick up a client.   (   )
(C) Probably downtown.   (   )
(D) I'll attend the meeting.   (   )
(E) In the conference room.   (   )
(F) I can't meet the deadline. (   )
(G) In front of the lobby.   (   )

어휘 pick up ~를 태우러 가다 probably 아마 downtown 시내에 attend 참석하다 conference room 회의실 meet the deadline 마감에 맞추다 in front of ~ 앞에

토익 감잡기

Step 1

질문을 듣고 빈칸을 채운 후, 알맞은 답을 고르세요. 질문은 두 번 들려드립니다. 🎧 P2-13 / 해설 p.9

1 _____ will the sales _____ be held?

(A) Early in the morning.
(B) In the conference room.

be held 열리다 conference room 회의실

2 _____ does the budget meeting _____?

(A) It's already started.
(B) I will meet her in her office.

budget 명 예산

3 _____ is responsible for the campaign?

(A) Mr. Johnson, I think.
(B) Yes, I have back pain.

be responsible for ~에 책임이 있다 back pain 요통

4 _____ should I _____ to about the printer?

(A) Three copies, please.
(B) The marketing manager.

printer 명 프린터 copy 명 사본

5 _____ will the annual _____ be ready?

(A) About four hours.
(B) Let me check the schedule.

annual 형 매년의 ready 형 준비된

6 _____ do you want to go for a _____?

(A) How about after this coffee?
(B) I will have to work late tonight.

Step 2

질문을 듣고 알맞은 응답을 고르세요. 다시 들으면서 빈칸을 채우세요. 🎧 P2-14 / 해설 p.10

1 Mark your answer.
(A)   (B)   (C)

_____ can I find the stapler?
(A) I'll have a _____.
(B) No, they couldn't _____ it.
(C) It's just _____ the monitor.

stapler 명 스테이플러

2 Mark your answer.
(A)   (B)   (C)

_____ usually updates our Web site?
(A) Every _____.
(B) I _____ the computers.
(C) Mary is _____ of that.

3 Mark your answer.
(A)   (B)   (C)

_____ are you free?
(A) The delivery is _____.
(B) _____ day this week after 6.
(C) Maybe in _____.

free 형 한가한
delivery 명 배달

4 Mark your answer.
(A)   (B)   (C)

_____ are your belongings?
(A) They're in my _____.
(B) They _____ to the company.
(C) Sure, just _____ them on my desk.

belongings 명 소지품

5 Mark your answer.
(A)   (B)   (C)

_____ usually orders office supplies?
(A) That's a _____.
(B) Linda in the _____ team.
(C) They gave us a _____.

office supplies 사무용품

6 Mark your answer.
(A)   (B)   (C)

_____ is the last meeting for the project?
(A) I'll ask the _____.
(B) In Mr. Young's _____.
(C) I'll _____ her tonight.

토익 실전 감각 익히기

P2-15 / 해설 p.11

1. Mark your answer. (A) (B) (C)
2. Mark your answer. (A) (B) (C)
3. Mark your answer. (A) (B) (C)
4. Mark your answer. (A) (B) (C)
5. Mark your answer. (A) (B) (C)
6. Mark your answer. (A) (B) (C)
7. Mark your answer. (A) (B) (C)
8. Mark your answer. (A) (B) (C)
9. Mark your answer. (A) (B) (C)
10. Mark your answer. (A) (B) (C)
11. Mark your answer. (A) (B) (C)
12. Mark your answer. (A) (B) (C)
13. Mark your answer. (A) (B) (C)
14. Mark your answer. (A) (B) (C)
15. Mark your answer. (A) (B) (C)
16. Mark your answer. (A) (B) (C)
17. Mark your answer. (A) (B) (C)
18. Mark your answer. (A) (B) (C)
19. Mark your answer. (A) (B) (C)
20. Mark your answer. (A) (B) (C)

어휘로 마무리

이번 Unit에 나온 어휘 중 반드시 기억해야 할 것들만 모았습니다.
우리말 뜻을 가리고 체크해 본 후, 꼭 외워 두세요.

P2-16

☐ in charge of	~을 담당하는	☐ next to	~의 옆에
☐ project	명 프로젝트, 계획(된 일)	☐ a pile of	한 더미의
☐ director	명 이사	☐ job fair	취업 박람회
☐ review	동 검토하다	☐ find out	알아보다
☐ contract	명 계약서	☐ fare	명 요금
☐ head office	본사(= headquarters)	☐ visitor	명 방문객
☐ contact	동 연락하다	☐ pick up + 사람	~를 (차에) 태우러 가다
☐ sales report	판매 보고서	☐ downtown	부 시내에
☐ reserve	동 예약하다	☐ lobby	명 로비
☐ conference room	회의실	☐ be responsible for	~을 책임지다
☐ receive	동 받다	☐ work late	야근하다
☐ make a reservation	예약하다	☐ stapler	명 스테이플러, 호치키스
☐ take care of	~을 처리하다	☐ belongings	명 소지품
☐ attend	동 참석하다	☐ locker	명 개인 사물함
☐ travel agency	여행사	☐ belong to	~에 속하다
☐ receptionist	명 접수 담당자	☐ office supplies	사무용품
☐ make it	해내다, 제시간에 가다	☐ surprise	명 놀라움, 뜻밖의 일
☐ deadline	명 마감일	☐ management	명 경영진
☐ annual report	연례 보고서	☐ parking lot	주차장
☐ board meeting	이사회	☐ convenience store	편의점
☐ intern	명 인턴사원	☐ replacement	명 후임자
☐ train	동 교육시키다 명 기차	☐ deposit	동 예금하다
☐ delay	동 지연시키다	☐ brochure	명 브로셔, 책자
☐ stop by	잠깐 들리다 (= visit)	☐ break room	휴게실
☐ schedule	명 일정	☐ redecorate	동 재단장하다
☐ get off	내리다	☐ at the latest	늦어도
☐ be located	위치하다	☐ favorite	형 좋아하는
☐ floor	명 층	☐ depart	동 출발하다

Part 2
What/Which, Why, How 의문문

What/Which 의문문 🎧 P2-17

What/Which 의문문은 '무엇, 어떤 ~' 또는 '어느 ~'를 묻는 의문문으로 시간, 가격, 종류, 의견 등에 대해 질문을 합니다. What/Which 뒤에 오는 동사와 명사를 주의해서 들어야 합니다.

발표 어땠나요?
What did you think of the presentation?

아주 훌륭했어요.
It was **great**.

정말 많이 배웠어요.
I really **learned a lot**.

조금 빨랐어요.
It was a bit **too fast**.

저는 출장 중이었어요.
I was on a business trip.

■ 주요 표현 🎧 P2-18

What / Which + 명사

What time 몇 시에	What / Which size 어떤 / 어느 치수
What / Which date 몇 일 / 어느 날	What / Which kind 어떤 / 어느 종류
What / Which place 어떤 / 어느 장소	What / Which type 어떤 / 어느 종류
What / Which color 어떤 / 어느 색깔	What / Which department 어떤 / 어느 부서

What 관용 표현

What is the price of ~? ~의 가격이 얼마인가요?	What's wrong with ~? ~에 무슨 문제가 있나요?
What is ~ about? ~은 무엇에 관한 것인가요?	What's the problem with ~? ~에 무슨 문제가 있나요?
What do you think of ~? ~을 어떻게 생각하세요?	What do you do? 무슨 일을 하시나요?

■ 빈출 질문 및 답변 유형 🎧 P2-19

1) What / Which + 명사

Q	A
What papers do you need? **Which papers** do you need? 어떤 서류가 필요하세요?	A1 **The ones** you sent me yesterday. 당신이 어제 제게 보내준 것들이요. A2 **The budget reports.** 예산 보고서들이요. 오답 Turn in your papers, please. 서류를 제출해 주세요. → 반복 어휘 오답 [papers]

2) What + 동사

Q	A
What are you doing after this project? 이번 프로젝트가 끝나면 무엇을 하세요?	A1 I'm going to **go on my vacation.** 휴가를 갈 예정이에요. A2 **Nothing special.** 특별한 계획 없어요. 오답 The project was successful. 그 프로젝트는 성공적이었어요. → 반복 어휘 오답 [project]

3) 우회적 답변

Q	A
What is today's meeting about? 오늘 회의 주제는 무엇인가요?	A1 I haven't heard about it. 들은 바가 없어요. A2 I wish I knew. 저도 알면 좋겠네요. 오답 I need to prepare for the meeting. → 반복 어휘 오답 [meeting]

UNIT 4

Check Up 🎧 P2-20 / 해설 p.14

다음 질문에 대해 알맞은 응답에는 ○, 알맞지 않은 응답에는 ×를 표시하세요.

Q. What is wrong with the photocopier?

(A) We've run out of paper.   ( )
(B) Yes, I can fix the copier.   ( )
(C) I think it's out of order.   ( )
(D) I need ten more copies.   ( )
(E) It's running low on toner.   ( )
(F) Mine is forty pages long.   ( )
(G) Let me call the service center.   ( )

어휘 photocopier 명 복사기 run out of ~이 고갈되다, 다 떨어지다 fix 동 고치다 out of order 고장 난 run low 모자라게 되다

Why 의문문 🎧 P2-21

Why 의문문은 '왜'라고 이유나 목적을 묻는 질문으로, because (of), due to, for, to부정사로 답변할 수 있습니다. Because가 없이도 문장으로 답변이 가능합니다.

오늘 아침에 왜 늦었나요?
Why were you late this morning?

제가 버스를 놓쳐서요.
Because I missed my bus.

교통 혼잡 때문에요.
Because of the heavy traffic.

거리 행진 때문에요.
Due to the street parade.

톰에게 물어보세요.
Ask Tom.

■ **주요 표현** 🎧 P2-22

이유/목적 표현

이유	목적
due to heavy traffic 교통 체증 때문에	to discuss ~을 토론하기 위해
due to the road repairs 도로 보수 때문에	to prepare for ~을 준비하기 위해
because of a missing item 없어진 물품 때문에	to handle ~을 처리하기 위해
because of the bad weather 악천후 때문에	to finish ~을 마치기 위해
because of the mechanical problems 기계적인 결함 때문에	to pick up ~를 태우러 가기 위해
(because) I like the design 디자인이 좋아서	to make room for ~의 공간을 내기 위해
(because) my car broke down 차가 고장 나서	to work closer to ~와 가까운 데서 일하기 위해
(because) he is sick 그가 아파서	to get a discount 할인을 받기 위해
(because) it's being repaired 수리 중이라서	to meet the deadline 마감일을 맞추기 위해
(because) the pay was low 월급이 낮아서	for pleasure 재미로
(because) I was really busy 내가 너무 바빠서	for a business trip 출장으로
	for personal business 개인 용무 차

■ 빈출 질문 및 답변 유형 🎧 P2-23

1) 이유

Q **Why** is the bank closed today?
오늘 은행이 왜 문을 닫죠?

- **A1** **Because** it's a national holiday. 국경일이라서요.
- **A2** **Because of** renovations. 수리 때문에요.
- 오답 I'd like to open a new account.
  새로운 계좌를 개설하려고 합니다.
  → 연상 어휘 오답 [bank → account]

2) 목적

Q **Why** did you e-mail the clients?
고객들에게 왜 이메일을 보냈나요?

- **A1** **For** their feedback on our services.
  우리 서비스에 대한 의견을 받기 위해서요.
- **A2** **To** send them the revised schedule.
  수정된 일정을 보내려고요.
- 오답 It's better if you fax it. 팩스로 보내면 더 좋아요.
  → 연상 어휘 오답 [e-mail → fax]

3) 우회적 답변

Q **Why** did Mr. Green quit the job?
그린 씨는 왜 일을 그만두었나요?

- **A1** I have no clue. 몰라요.
- **A2** He hasn't told me a reason yet.
  그는 아직 이유를 알려주지 않았어요.
- 오답 The interview is scheduled for next Monday.
  인터뷰는 다음 주 월요일로 예정돼 있어요.
  → 연상 어휘 오답 [job → interview]

Check Up 🎧 P2-24 / 해설 p.14

다음 질문에 대해 알맞은 응답에는 ○, 알맞지 않은 응답에는 ×를 표시하세요.

Q. Why was the presentation postponed?

(A) Nobody knows. ( )
(B) Just for three hours. ( )
(C) The CEO hasn't arrived. ( )
(D) I think the presenter is sick. ( )
(E) It will be held in the main hall. ( )
(F) Mr. Shin will lead the presentation. ( )
(G) Because the president couldn't make it. ( )

어휘 presentation 명 발표 postpone 동 연기하다 arrive 동 도착하다 presenter 명 발표자 be held 개최되다, 열리다 make it 시간 맞춰 가다

How 의문문 🎧 P2-25

How 의문문은 '어떻게'를 묻는 질문으로, 구체적으로 방법과 상태, 수량, 빈도, 기간 등에 대해 질문할 수 있습니다. Yes / No로 시작되는 답변은 오답입니다.

가까운 우체국에 가려면 어떻게 가나요?
How do I get to the nearest post office?

길 저쪽에 있어요.
It's **down the street**.

저 모퉁이에서 왼쪽으로 도세요.
Turn left at the corner.

저를 따라오세요. 제가 안내해 드릴게요.
Follow me. I'll show you.

죄송합니다. 저도 여기 처음이라서요.
Sorry, I'm new here, too.

■ **주요 표현** 🎧 P2-26

How + 형용사 / 부사: How는 단독으로 쓰일 때는 '어떻게'라는 의미로 방법이나 수단을 묻는 의문사이지만, 형용사나 부사와 함께 쓰면 '얼마나 ~한 / ~하게'라는 의미로 정도를 묻는 의문사가 됩니다.

How many 몇 개의 (수치)	How far 얼마나 먼 (거리)
How much 얼마나 많은 (양, 금액)	How late 얼마나 늦게 (시간)
How long 얼마 동안 (기간)	How early 얼마나 일찍 (시간)
How often 얼마나 자주 (빈도)	How soon 얼마나 빨리 (시간)

How 관용 표현

How do you like ~? ~을 어떻게 해 드릴까요? (요청)	How is ~ doing? ~은 잘 되어가고 있나요? (상태)
How do you like ~? ~은 어떻습니까? (의견)	How did ~ go? ~은 어떻게 됐나요? (상태)
How do ~ look? ~은 어떻습니까? (의견)	How is ~ going? ~은 어떻게 진행되고 있나요? (상태)

■ 빈출 질문 및 답변 유형 🎧 P2-27

1) 수량

Q **How many** people will be coming? 사람들이 몇 명 올까요?	A1 Around **fifty**. 대략 50명이요.
	A2 Only **a few** in the office. 사무실에서 몇 명만이요.
	오답 They are $10 each. 하나에 10달러입니다. → 다른 의문사의 응답 활용 오답(How much 의문문에 대한 응답)

2) 빈도

Q **How often** do you work overtime? 초과 근무를 얼마나 자주 하세요?	A1 **Once** or **twice** a month. 한 달에 한두 번 정도요.
	A2 **Every** Monday. 월요일마다요.
	오답 About three hours. 약 3시간요. → 다른 의문사의 응답 활용 오답(How long 의문문에 대한 응답)

3) 우회적 답변

Q **How** do you like your job? 직장생활은 어때요?	A1 Let's talk about it later. 나중에 얘기해요.
	A2 Actually, I quit it. 사실은 그만두었어요.
	오답 There is paid vacation. 유급 휴가가 있어요. → 다른 의문사의 응답 활용 오답(Why 의문문에 대한 응답)

Check Up 🎧 P2-28 / 해설 p.14

다음 질문에 대해 알맞은 응답에는 ○, 알맞지 않은 응답에는 ×를 표시하세요.

Q. How should we send these samples?

(A) By mail.   ( )
(B) By cash.   ( )
(C) By air.   ( )
(D) Yes, they are free.   ( )
(E) I'll ask and let you know. ( )
(F) Use the express service. ( )
(G) We need a new poster.   ( )

어휘 by mail 우편으로 by cash 현금으로 by air 항공편으로 express service 특급(급행) 서비스

토익 감잡기

Step 1

질문을 듣고 빈칸을 채운 후, 알맞은 답을 고르세요. 질문은 두 번 들려드립니다. 🎧 P2-29/ 해설 p.14

1
| _____ do you get to work? |

(A) By subway.
(B) I enjoy working here.   subway 명 지하철

2
| Which _____ do you work in? |

(A) It was built 10 years ago.
(B) The tall one on Cameron Street.

3
| _____ are you in a hurry? |

(A) Take your time.
(B) I'm late for the meeting.   in a hurry 서둘러 take one's time 천천히 하다

4
| What does he _____ like? |

(A) He likes coffee.
(B) He's tall and thin.   thin 형 마른, 얇은

5
| _____ is it so noisy? |

(A) Yes, I heard a loud noise.
(B) There's a concert outside our building.   noisy 형 시끄러운 loud noise 큰 소음

6
| How _____ does this computer cost? |

(A) Five hundred dollars.
(B) Cash only.   cost 동 돈이 ~ 들다 cash 명 현금

42

Step 2

질문을 듣고 알맞은 응답을 고르세요. 다시 들으면서 빈칸을 채우세요. 🎧 P2-30/ 해설 p.15

1 Mark your answer.
(A)   (B)   (C)

How _____ guests will be coming?
(A) Around _____.
(B) In about an _____.
(C) They're 20 _____ each.

guest 명 손님
each 대 각각

2 Mark your answer.
(A)   (B)   (C)

Why was the meeting room _____?
(A) To get some _____.
(B) I will _____ him in the cafeteria.
(C) It's being _____.

cafeteria 명 구내식당

3 Mark your answer.
(A)   (B)   (C)

Which _____ did you attend last week?
(A) Attendance was a bit _____.
(B) The _____ about Web page design.
(C) Before the meeting _____.

attend 동 참석하다
attendance 명 참석률

4 Mark your answer.
(A)   (B)   (C)

Why did Mr. Green _____ the office?
(A) He _____ it on your desk.
(B) To buy some printer _____.
(C) Yes, about ten minutes _____.

5 Mark your answer.
(A)   (B)   (C)

What kind of _____ do you do?
(A) It is very _____ of you.
(B) I often _____ overtime.
(C) I'm an _____.

overtime 명 초과 근무

6 Mark your answer.
(A)   (B)   (C)

How _____ will the meeting last?
(A) Yes, we've _____ before.
(B) Maybe for a couple of _____.
(C) At least three meters _____.

last 동 지속되다
a couple of 둘의
at least 최소한

UNIT 4

토익 실전 감각 익히기

P2-31 / 해설 p.16

1. Mark your answer.　(A)　(B)　(C)
2. Mark your answer.　(A)　(B)　(C)
3. Mark your answer.　(A)　(B)　(C)
4. Mark your answer.　(A)　(B)　(C)
5. Mark your answer.　(A)　(B)　(C)
6. Mark your answer.　(A)　(B)　(C)
7. Mark your answer.　(A)　(B)　(C)
8. Mark your answer.　(A)　(B)　(C)
9. Mark your answer.　(A)　(B)　(C)
10. Mark your answer.　(A)　(B)　(C)
11. Mark your answer.　(A)　(B)　(C)
12. Mark your answer.　(A)　(B)　(C)
13. Mark your answer.　(A)　(B)　(C)
14. Mark your answer.　(A)　(B)　(C)
15. Mark your answer.　(A)　(B)　(C)
16. Mark your answer.　(A)　(B)　(C)
17. Mark your answer.　(A)　(B)　(C)
18. Mark your answer.　(A)　(B)　(C)
19. Mark your answer.　(A)　(B)　(C)
20. Mark your answer.　(A)　(B)　(C)

어휘로 마무리

이번 Unit에 나온 어휘 중 반드시 기억해야 할 것들만 모았습니다.
우리말 뜻을 가리고 체크해 본 후, 꼭 외워 두세요.

🎧 P2-32

☐ presentation	명 발표		☐ paid vacation	유급 휴가
☐ business trip	출장		☐ express service	속달 서비스
☐ department	명 부서		☐ noisy	형 시끄러운
☐ vacation	명 휴가		☐ loud	형 소리가 큰
☐ successful	형 성공적인		☐ cafeteria	명 구내식당
☐ special	형 특별한		☐ remodel	동 리모델링하다, 개조하다
☐ prepare	동 준비하다		☐ workshop	명 워크숍
☐ photocopier	명 복사기(= copier)		☐ attendance	명 참석자 수
☐ run out of	다 써버리다		☐ accountant	명 회계사
☐ out of order	고장 난		☐ pay raise	월급 인상
☐ run low on	~이 부족하다		☐ launch	동 출시하다
☐ toner	명 토너		☐ pick up + 사물	~을 찾으러 가다, 사러 가다
☐ miss	동 놓치다, 그리워하다		☐ department store	백화점
☐ heavy traffic	교통 혼잡		☐ appointment	명 예약
☐ street parade	거리 행진		☐ ceremony	명 의식
☐ renovation	명 수리		☐ award	명 상
☐ account	명 계좌		☐ logo	명 로고
☐ client	명 고객, 의뢰인		☐ sign	동 서명하다
☐ feedback	명 의견		☐ add	동 더하다, 추가하다
☐ revised	형 수정된		☐ automatically	부 자동적으로
☐ quit	동 그만두다		☐ size	명 크기
☐ clue	명 단서, 실마리		☐ warehouse	명 창고
☐ reason	명 이유		☐ hand in	제출하다(= turn in)
☐ postpone	동 미루다(= put off)		☐ on sale	판매 중인
☐ CEO	최고 경영자		☐ off-season	명 비수기
☐ presenter	명 발표자		☐ bakery	명 제과점
☐ main hall	대강당		☐ branch office	지점
☐ twice	부 두 번		☐ during	전 ~ 동안

UNIT 4

Unit 5 Part 2
일반의문문, 선택의문문, 간접의문문

일반의문문 🎧 P2-33

일반의문문은 주로 Be동사와 조동사(Do, Have, Can, Will, Should)로 시작됩니다. 사실을 확인하거나, 계획 또는 의견을 문의하는 내용들이 자주 등장합니다. 〈Yes, + 세부 내용.〉, 〈No, + 구체적인 이유.〉의 형식으로 답하는 것이 일반적이지만 Yes/No를 생략할 수도 있습니다.

콘서트에 가세요?
Are you going to the concert?

네, 제 남동생과 함께 가요.
Yes, I'm going with my brother.

아니요, 티켓을 구할 수 없었어요.
No, I couldn't get a ticket.

이것을 먼저 끝내야 돼요.
I have to finish this first.

아직 결정하지 못했어요.
I'm still deciding.

■ **주요 표현** 🎧 P2-34

Yes / No 답변의 간접 표현

Yes의 답변	No의 답변
Sure. 그럼요.	I doubt it. 그렇지 않을 거예요.
Of course. 물론이에요	Not really. 꼭 그렇지는 않아요.
I think so. 그런 것 같아요.	I used to. 예전에는 그랬어요.
I believe so. 그렇게 믿어요.	I don't think so. 아닐 것 같아요.
That's what I heard. 제가 들은 바로는 그래요.	Not that I know of. 제가 알기로는 아니에요.

■ 빈출 질문 및 답변 유형 🎧 P2-35

1) Be(Is / Are / Was / Were) 동사 의문문

Q **Are** you ready to order now? 주문하실 준비가 되었나요?	A1 Yes, set A please. 세트 A로 부탁드립니다.
	A2 Actually, I need more time. 사실은 시간이 더 필요해요.
	오답 I was not ready yesterday. 저는 어제는 준비가 안 되어 있었어요. → 시제 오류 [현재시제 are → 과거시제 was], 　시간 오류 [now → yesterday]

2) 조동사(Do / Have / Can / Will) 의문문

Q **Did** you already check the invoice? 송장을 벌써 확인했나요?	A1 Sure, I just finished it. 네. 방금 전에 끝냈어요.
	A2 Sorry, I was too busy. 죄송해요. 너무 바빴어요.
	오답 No, I will start work next week. 아니요. 다음 주에 일을 시작할 거예요. → 시제 오류 [과거시제 did → 미래시제 will], 　시간 오류 [already → next week]

3) 우회적 답변

Q **Will** Peter get promoted this year? 피터가 올해 안에 승진할까요?	A1 That's what I heard. 제가 들은 바로는 그래요.
	A2 Not that I know of. 제가 알기로는 아니에요.
	오답 No, he hasn't received a promotion yet. 아니요. 그는 아직 승진하지 못했어요. → 시제 오류 [미래시제 will → 현재완료시제 has p.p.]

Check Up 🎧 P2-36 / 해설 p.19

다음 질문에 대해 알맞은 응답에는 ○, 알맞지 않은 응답에는 ×를 표시하세요.

Q. Did you see the new manager?

(A) I didn't see it.　　　　　(　　)
(B) Yes, he is very tall.　　　(　　)
(C) Yes, tomorrow morning.　(　　)
(D) Yes, we had lunch together.　(　　)
(E) Yes, I met him yesterday.　(　　)
(F) I think I can manage it.　(　　)
(G) No, he has not arrived yet.　(　　)

어휘 manager 명 관리자　have lunch 점심을 먹다　manage 동 해내다　arrive 동 도착하다　yet 부 아직

선택의문문 🎧 P2-37

선택의문문은 'A or B'의 형태로 두 가지 중에서 어떤 것을 고를지 묻는 의문문입니다. 둘 중 하나를 선택하거나, 둘 다 또는 제 3의 답변을 할 수 있습니다. 질문 속의 선택 표현을 그대로 사용하거나 바꿔서 답하기도 합니다. Yes / No로 답변하면 오답입니다.

엘리베이터를 탈까요, 아니면 계단을 이용할까요?
Should we take the elevator or stairs?

계단이 좋아요.
The stairs are fine.

걸읍시다.
Let's **walk**.

어느 것이라도 좋아요.
Either is fine.

사실은 1층에 있어요.
Actually, it's on the ground floor.

■ **주요 표현** 🎧 P2-38

선택의문문 답변 표현

either 둘 중의 하나	whenever 언제든지
neither 둘 다 아닌	it depends on ~에 달려 있다
Both of them. 둘 다 좋아요.	I'll let you decide. 당신이 결정하세요.
I prefer A. A를 더 선호해요.	It's up to you. 당신에게 달려 있어요.
I would rather A. 저는 A가 더 좋아요.	Whichever you like. 원하시는 대로요.
A would be better. A가 더 좋겠어요.	I don't care. 저는 상관 없어요.
I would like B. 저는 B가 좋아요.	It doesn't matter. 상관 없어요.
How about C? C는 어때요?	Anything will be fine. 아무것이나 좋아요.
Do you have C? C는 있나요?	Anytime next week. 다음 주 중 아무 때나
	I don't have a preference. 전 아무거나 괜찮아요.

혼동하기 쉬운 어휘

leave 통 떠나다	live 통 살다	lunch 명 점심 식사	launch 명 출시 통 출시하다
arrive 통 도착하다	rival 명 경쟁자	address 명 주소	dress 명 드레스, 원피스

■ 빈출 질문 및 답변 유형 🎧 P2-39

1) 둘 중 하나 선택

Q Do you work in **an office or at home**? 사무실에서 근무하나요, 아니면 재택근무 하시나요?	A1 I work in an office. 사무실에서 근무합니다. A2 I work from home. 재택근무합니다. 오답 She works in the office. 그녀는 사무실에서 근무합니다. → 인칭대명사의 사용 오류 [you → She]

2) 둘 다 선택, 제3의 선택

Q Who helped you make a decision, **Anna or Stella**? 당신이 결정하는 것을 누가 도와주었나요, 애나인가요 아니면 스텔라인가요?	A1 Both, but Anna helped a little bit more. 둘 다인데, 애나가 좀 더 도움을 주었어요. A2 Actually, I called Melanie for help. 사실은 멜라니에게 도와달라고 전화했어요. 오답 She gave me a hand. 그녀가 저를 도와주었어요. → 인칭대명사의 사용 오류 [you → She]

3) 우회적 답변 / 역질문

Q Does Ellen prefer **a morning or afternoon meeting**? 엘렌은 오전 회의를 선호해요, 아니면 오후 회의를 선호해요?	A1 Let me ask her. 제가 그녀에게 물어볼게요. A2 Why don't you ask Ellen? 엘렌에게 물어보지 그래요? 오답 I prefer a lunch meeting. 저는 점심 회의가 좋아요. → 인칭대명사의 사용 오류 [Ellen → I]

Check Up 🎧 P2-40 / 해설 p.19

다음 질문에 대해 알맞은 응답에는 ○, 알맞지 않은 응답에는 ×를 표시하세요.

Q. Can you help me, or are you busy now?

(A) She doesn't care.　　　　　　(　)
(B) I'll be with you soon.　　　　(　)
(C) I'm free anytime after lunch.　(　)
(D) I wouldn't mind.　　　　　　(　)
(E) I prefer a later date.　　　　 (　)
(F) Actually, I'm busy all day.　　(　)
(G) Sorry, I can't right now.　　　(　)

어휘 care ⑧ 관심을 가지다, 상관하다　anytime ⑨ 언제든　prefer ⑧ 선호하다　later date 후일, 더 늦은 날짜　actually ⑨ 사실

간접의문문 🎧 P2-41

간접의문문은 의문사절을 목적어로 취하는 일반의문문입니다. 'Do you know + 의문사 ~', 'Can you tell me + 의문사 ~' 등의 형태로 Yes / No로 답변이 가능하며, 간접의문문을 이끄는 의문사를 잘 듣는 것이 중요합니다.

 이 서류를 어디로 보내야 하는지 알려주실 수 있나요?
Can you tell me **where** this document goes?

 인사부에 보내세요.
Send it to **human resources**.

 네, 인사부의 브라이언 씨에게요.
Yes, to **Mr. Brian** in personnel.

 여기에 두세요.
Put it **here**.

 접수처에 전화해 보세요.
Call the reception desk.

■ 주요 표현 🎧 P2-42

간접의문문 관용 표현

Can you tell me + 의문사 ~? ~을 말해 주시겠습니까?
Do you know + 의문사 ~? ~을 아세요?
Do you remember + 의문사 ~? ~을 기억하세요?
May I ask + 의문사 ~? ~을 물어봐도 될까요?

혼동하기 쉬운 파생어

fold ⑧ 접다	folder ⑲ 폴더, 서류철	cancel ⑧ 취소하다	cancelation ⑲ 취소
visit ⑧ 방문하다	visitor ⑲ 방문자	present ⑧ 제시하다	presentation ⑲ 발표

■ 빈출 질문 및 답변 유형 🎧 P2-43

1) Can / Could you tell me + 의문사 ~?

Q Can you tell me **where** you put the folder?
서류철을 어디에 두었는지 말해 주시겠어요?

A1 Sure, it's on my desk next to the phone.
네, 제 책상 위에 있는 전화기 옆에 있어요.

A2 Oh, Helen took it this morning.
아 참, 헬렌이 오늘 아침에 가져갔어요.

오답 I folded the paper in half. 나는 종이를 반으로 접었다.
→ 파생어 어휘 오답 [folder → fold]

2) Do you know + 의문사 ~?

Q Do you know **why** Mr. Green canceled the meeting?
그린 씨가 왜 회의를 취소했는지 아세요?

A1 He took the day off today. 그는 오늘 휴가를 냈어요.

A2 He is on a business trip. 그는 출장 중이에요.

오답 He doesn't agree to the cancelation.
그는 취소에 동의하지 않아요.
→ 파생어 어휘 오답 [cancel → cancelation]

3) 우회적 답변

Q Do you know **who** will give the next presentation?
누가 다음 발표를 하는지 아세요?

A1 Let me check the pamphlet. 팸플릿을 확인해 볼게요.

A2 Gary would know. 개리가 알 거예요.

오답 Everyone should present his or her ID.
누구나 신분증을 제시해야 합니다.
→ 파생어 어휘 오답 [presentation → present]

Check Up 🎧 P2-44 / 해설 p.19

다음 질문에 대해 알맞은 응답에는 ○, 알맞지 않은 응답에는 ×를 표시하세요.

Q. Could you tell me when Ms. Sanders returns?

(A) Yes, please call me. (　)
(B) I'll call you when she arrives. (　)
(C) I'll get started if she returns. (　)
(D) Sure, no problem. (　)
(E) Let's wait for Ms. Sanders. (　)
(F) I'm a client of Ms. Sanders. (　)
(G) I'll be happy to. (　)

어휘 return ⑧ 돌아오다　arrive ⑧ 도착하다　get started 시작하다　client ⑨ 고객

토익 감잡기

Step 1

질문을 듣고 빈칸을 채운 후, 알맞은 답을 고르세요. 질문은 두 번 들려드립니다. 🎧 P2-45 / 해설 p.20

1 _____ you attend the conference?

(A) Yes, we do.
(B) No, I was too busy.

conference 명 회의

2 Would you _____ an aisle or window seat?

(A) In aisle 4.
(B) A window seat, please.

aisle 명 통로 seat 명 좌석

3 Do you know _____ the report is due?

(A) By the end of the month.
(B) No, I haven't started working on it.

report 명 보고서 be due 기한이 되다 work on 착수하다

4 Have you seen my _____?

(A) No, I haven't seen her.
(B) I put them in your folder.

folder 명 서류철, 폴더

5 Can you tell me where the airport bus _____?

(A) Oh, you can catch it on the next block.
(B) The workshop is near the airport.

6 Should we get the steak _____ the pasta?

(A) I'll let you decide.
(B) I'd like that.

let 동 ~하게 두다 decide 동 결정하다

Step 2

질문을 듣고 알맞은 응답을 고르세요. 다시 들으면서 빈칸을 채우세요. 🎧 P2-46/ 해설 p.20

1 Mark your answer.
　(A)　(B)　(C)

Can you tell me _____ you will be free tomorrow?
(A) The hotel offers _____ breakfast.
(B) I'll be busy _____ afternoon.
(C) Let me _____ my schedule.

free 형 한가한
offer 동 제공하다

2 Mark your answer.
　(A)　(B)　(C)

Would you like a _____ inside or outside?
(A) _____ would be better.
(B) The table is too _____.
(C) Let's _____ out.

inside 부 안에
outside 부 밖에

3 Mark your answer.
　(A)　(B)　(C)

Is that your _____ on the desk?
(A) He _____ over there.
(B) No, it's Ms. Chang's.
(C) At the _____.

4 Mark your answer.
　(A)　(B)　(C)

Do you know _____ the closest bank is?
(A) No, _____ isn't.
(B) They worked _____ together.
(C) It's about two blocks _____ on the left.

closest 형 가장 가까운

5 Mark your answer.
　(A)　(B)　(C)

Are you taking a _____ or can I give you a ride?
(A) It _____ me an hour.
(B) I'll be _____ there.
(C) Thank you for offering me a _____.

give ~ a ride
~를 태워주다

6 Mark your answer.
　(A)　(B)　(C)

Have you checked the _____?
(A) I will pay by _____.
(B) No, it hasn't _____ yet.
(C) I left a _____ for him.

check 동 확인하다 명 수표

토익 실전 감각 익히기

P2-47 / 해설 p.21

1. Mark your answer. (A) (B) (C)
2. Mark your answer. (A) (B) (C)
3. Mark your answer. (A) (B) (C)
4. Mark your answer. (A) (B) (C)
5. Mark your answer. (A) (B) (C)
6. Mark your answer. (A) (B) (C)
7. Mark your answer. (A) (B) (C)
8. Mark your answer. (A) (B) (C)
9. Mark your answer. (A) (B) (C)
10. Mark your answer. (A) (B) (C)
11. Mark your answer. (A) (B) (C)
12. Mark your answer. (A) (B) (C)
13. Mark your answer. (A) (B) (C)
14. Mark your answer. (A) (B) (C)
15. Mark your answer. (A) (B) (C)
16. Mark your answer. (A) (B) (C)
17. Mark your answer. (A) (B) (C)
18. Mark your answer. (A) (B) (C)
19. Mark your answer. (A) (B) (C)
20. Mark your answer. (A) (B) (C)

어휘로 마무리

이번 Unit에 나온 어휘 중 반드시 기억해야 할 것들만 모았습니다.
우리말 뜻을 가리고 체크해 본 후, 꼭 외워 두세요.

🎧 P2-48

☐ concert	명 콘서트		☐ library	명 도서관
☐ decide	동 결정하다		☐ closely	부 밀접하게
☐ invoice	명 견적서, 송장		☐ give + 사람 + a ride	~를 태워주다
☐ promote	동 승진시키다, 홍보하다		☐ waiting list	대기자 명단
☐ receive	동 받다		☐ restart	동 다시 시작하다
☐ manage	동 관리하다		☐ hire	동 고용하다
☐ stairs	명 계단		☐ technician	명 기술자
☐ ground floor	1층		☐ handle	동 다루다, 처리하다 명 손잡이
☐ make a decision	결정을 하다		☐ urgent	형 긴급한
☐ prefer	동 선호하다		☐ matter	명 일, 사안
☐ document	명 서류		☐ give ~ a big hand	~에게 큰 박수를 보내다
☐ human resources	인사부 (= personnel)		☐ finish	명 마무리 손질 동 끝내다
☐ reception desk	접수처		☐ place	동 배치하다, 두다
☐ cancel	동 취소하다		☐ stay	동 머무르다
☐ take ~ off	휴가를 내다		☐ package	명 소포
☐ cancelation	명 취소		☐ drop by	잠깐 들르다 (= visit)
☐ pamphlet	명 팸플릿		☐ post office	우체국
☐ return	동 돌아오다		☐ complete	동 끝내다 (= finish)
☐ aisle seat	통로 쪽 좌석		☐ search for	~을 찾다
☐ window seat	창가 쪽 좌석		☐ paperclip	명 종이 집게
☐ due	형 마감 예정인		☐ drawer	명 서랍
☐ note	명 메모, 쪽지		☐ draw	동 그리다, 끌다
☐ steak	명 스테이크		☐ submit	동 제출하다
☐ by check	수표로		☐ assignment	명 과제
☐ voicemail	명 음성 메시지		☐ assign	동 배정하다
☐ offer	동 제공하다		☐ instead of	~의 대신에
☐ schedule	명 일정(표)		☐ award	명 상, 상금
☐ notebook	명 노트, 공책		☐ a full refund	전액 환불

Part 2 부정/부가의문문, 평서문, 청유/제안문

부정/부가의문문 🎧 P2-49

부정/부가의문문은 주로 사실을 확인하거나 상대방의 동의를 구할 때 사용됩니다. 부정의문문은 '~하지 않나요?'라고 묻지만 일반의문문과 똑같다고 생각하면 됩니다. 부가의문문은 평서문 뒤에 〈조동사 + 대명사〉를 덧붙이는 의문문으로, 앞 부분의 평서문을 잘 듣는 것이 중요합니다. 두 의문문 모두 응답 내용이 긍정이면 Yes, 부정이면 No로 답변합니다.

우리가 회의를 놓치지 않을까요?
Won't we miss the meeting?

우리는 시간이 충분해요.
We have plenty of time.

아니요. 괜찮을 거에요.
No, I think it will be fine.

네. 우리는 서둘러야 돼요.
Yes, we should hurry.

아, 회의가 취소됐어요.
Oh, the meeting was canceled.

■ **주요 표현** 🎧 P2-50

사실 확인 응답 표현

Yes, you are right. 네. 당신이 맞아요.	No, I never did. 아니요, 저는 그런 적 없어요.
Yes, it sure was. 네, 물론 그랬어요.	No, I'm still waiting. 아니요, 아직 기다리고 있어요.
I believe so. 그렇게 알고 있어요.	Apparently not. 확실히 아니에요.
I hope so. 그러길 바라요.	Thanks, I almost forgot about it.
Yes, he did very well. 네. 그는 매우 잘 했어요.	고마워요, 거의 잊고 있었네요.
No, I think it is fine. 아니요, 괜찮은 것 같아요.	Thank you for reminding me.
	알려 주셔서 감사해요.

■ 빈출 질문 및 답변 유형 🎧 P2-51

1) Be동사 부정·부가의문문

Q **Isn't** this the data from last week?
Q This **isn't** the data from last week, **is it**?
Q This **is** the data from last week, **isn't it**?
이것은 지난주 자료 아닌가요?

A1 I think you're right. 당신 말이 맞아요.
A2 No, it's from the board meeting this morning. 아니요. 오늘 아침 이사회에서 나온 자료예요.
오답 Let's set a date for it. 우리 날짜를 정합시다.
→ 유사 어휘 오답 [data → date]

2) 조동사 부정·부가의문문

Q **Didn't** you get the memo?
Q You **didn't** get the memo, **did you**?
Q You **got** the memo, **didn't you**?
회람을 받지 않았나요?

A1 Yes, Gary e-mailed me last night. 네, 개리가 지난밤에 이메일로 제게 보내줬어요.
A2 No, I'm still waiting. 아니요, 아직 기다리는 중이에요.
오답 Mr. Yang wrote it. 양 씨가 그것을 썼어요.
→ 연상 어휘 오답 [memo → write]

3) 우회적 답변

Q **Haven't** you heard about the merger?
Q You **haven't** heard about the merger, **have you**?
Q You**'ve** heard about the merger, **haven't you**?
합병 소식에 대해서 (못) 들었죠?

A1 I haven't been informed. 공지 못 받았어요.
A2 No one told me about that. 아무도 저에게 그것에 대해 말해 주지 않았어요.
오답 I look forward to hearing your speech. 당신의 연설이 무척 기대되는군요.
→ 파생어 오답 [heard → hearing]

Check Up 🎧 P2-52 / 해설 p.24

다음 질문에 대해 알맞은 응답에는 ○, 알맞지 않은 응답에는 ×를 표시하세요.

Q. Can't you get a refund?
(A) Yes, I think I can. ( )
(B) I'm afraid I can't. ( )
(C) We offered a full refund. ( )
(D) No, but I think I can exchange it. ( )
(E) We still have some funds left. ( )
(F) Go to the help desk for refunds. ( )
(G) Let's ask at the box office. ( )

어휘 offer ⑧ 제공하다 full refund 전액 환불 exchange ⑧ 교환하다 fund ⑨ 기금 left ⑱ 남은 box office 매표소

평서문 🎧 P2-53

평서문은 〈주어 + 동사〉의 형태로 진술하는 문장 유형으로, 주로 사실 또는 새로운 정보를 전달하거나 의견이나 문제점 등을 진술합니다. Yes / No 답변이 가능하지만 어떤 답변이 나올지 예측이 어렵기 때문에 문장 전체를 이해해야 오답을 피할 수 있습니다.

복사기가 또 작동을 안 하네요.
The copier doesn't work again.

제가 한번 볼게요.
Let me take a look at it.

제가 기술자에게 전화할게요.
I'll call the technician.

우리는 새 것을 구입해야 돼요.
We should get a new one.

그것을 다시 작동해 보았어요?
Have you tried restarting it?

■ **주요 표현** 🎧 P2-54

동의 / 반대 표현

So do I. 저도 그래요	That sounds great. 좋은 것 같아요..
Neither do I. 저도 그렇지 않아요.	They really are. 정말 그렇네요.
I think so. 저도 그렇게 생각해요.	Really? 정말이요?
I agree with you. 저도 동의해요.	Do you really think so? 정말 그렇게 생각하세요?
You're right. 당신의 말이 맞아요.	I don't think it's necessary.
I had the same idea. 저도 같은 생각이에요.	그럴 필요 없을 것 같아요.
Yes, that's a good idea.	I don't think so. 그렇게 생각하지 않아요.
맞아요, 좋은 생각이네요.	Not that I know of. 제가 알기로는 아니에요.
That's what I think. 저도 그렇게 생각해요.	

동참을 나타내는 표현

Let me check. 제가 확인해 볼게요.	I can handle it. 제가 처리할 수 있어요.
Let me take a look at it. 제가 한번 볼게요.	I can take care of it. 제가 처리할 수 있어요.
I'll see what I can do.	I can give you a hand. 제가 당신을 도울 수 있어요.
제가 할 수 있는 것을 알아 볼게요.	

■ 빈출 질문 및 답변 유형   🎧 P2-55

1) 사실 또는 정보 전달

Q We made a lot of progress.
우리에게 많은 진전이 있었어요.

- **A1** Yes, I'm very proud of our work.
  네, 우리의 작업이 뿌듯해요.
- **A2** But we still have a long way to go.
  하지만 아직도 가야 할 길이 멀어요.
- **오답** A training session is in progress.
  연수 과정이 진행 중이에요.
  → 반복 어휘 오답 [progress]

2) 의견 제시

Q We should extend the deadline for job applications.
채용 마감일을 연장해야겠어요.

- **A1** Right, we only have two candidates.
  맞아요. 지원자가 2명 밖에 없어요.
- **A2** How much extra time should we allow?
  얼마의 추가 시간을 받을 수 있는지요?
- **오답** By the end of the week. 주말까지요.
  → 다른 의문문(How long) 대한 응답 오류

3) 문제점 제기

Q I haven't received samples from the Toronto office yet.
아직 토론토 사무실로부터 샘플을 받지 못했어요.

- **A1** Maybe we should call them.
  그들에게 전화해 봐야겠어요.
- **A2** I'll see what I can do.
  제가 할 수 있는 것을 알아볼게요.
- **오답** You can ask me some simple questions.
  일부 간단한 질문은 저에게 하실 수 있습니다.
  → 유사 발음 오답 [sample → simple]

Check Up   🎧 P2-56 / 해설 p.25

다음 질문에 대해 알맞은 응답에는 ○, 알맞지 않은 응답에는 ×를 표시하세요.

Q. The new product launch will be on Friday.

(A) How is it going?　　　　　　　　　(　)
(B) I didn't know that.　　　　　　　　(　)
(C) I look forward to seeing it.　　　　(　)
(D) Let's get together for lunch.　　　(　)
(E) The new items should sell well.　 (　)
(F) Yes, we can launch it before Saturday.　(　)
(G) Yes, I heard about it from the manager.　(　)

어휘 product 뗑 제품, 상품 launch 뗑 발매, 출시 look forward to -ing ~을 고대하다 get together 만나다

청유/제안문 🎧 P2-57

청유문은 Can[Could] you, Can I 등으로 시작하여, 상대방에게 무언가를 부탁하거나 허락을 구할 때 사용되며 흔히 수락하거나 거절하는 답을 합니다. 제안문은 Why don't we(you), Let's, Would you like 등으로 시작하며, 상대방에게 제안하거나 상대방을 초대할 때 사용됩니다.

계약서 교정 좀 도와주실 수 있나요?
Could you help me proofread the contract?

그럼요. 기꺼해 봐드릴게요.
Sure, I'd be glad to.

죄송하지만, 지금은 어려워요.
Sorry, but not this time.

사실은, 요즈음 제가 너무 바빠요.
Actually, I'm too busy these days.

언제 필요하세요?
When do you need it?

■ **주요 표현** 🎧 P2-58

수락/거절을 나타내는 표현

수락	거절
Sure. / Of course. / Certainly. 그럼요. All right. 좋아요. No problem. 문제 없어요. I'd be glad[happy] to. 기꺼이 그렇게 할게요.	Sorry, not this time. 죄송하지만, 이번에는 안 돼요. Actually, I'm too busy. 사실은, 제가 너무 바빠요. I have other plans. 다른 약속이 있어서요.

제안에 대한 대답 표현

I'd love to. 좋아요. That's a good idea. 좋은 생각이네요. That sounds great[nice]. 좋아요. That would be nice. 그거 좋겠네요. Okay, I'll do that right way. 좋아요. 즉시 그렇게 할게요. Thanks, I'd appreciate that. 그래 주시면 고맙죠.	Thanks, that would be great. 고마워요, 그렇게 해 주세요. It's very kind of you. 아주 친절하시네요. Yes, I'd like that very much. 네, 그러면 매우 좋겠네요. No, thanks. 괜찮습니다. Thanks, but ~. 고맙지만 ~.

■ 빈출 질문 및 답변 유형 🎧 P2-59

1) 부탁

Q **Can** you pick up a cup of coffee for me on your way back?
오는 길에 커피 좀 사다 줄 수 있나요?

A1 I'd be glad to. 기꺼이 그렇게 할게요.

A2 Sure, what would you like?
그럼요, 무엇을 드실래요?

오답 I'll pick her up after lunch.
점심 먹고 그녀를 태우러 갈게요.
→ 다의어 오류 [pick up 사오다, 찾다/태우러 가다]

2) 제안

Q **Why don't we** check out the new restaurant?
Q **How about** checking out the new restaurant?
새로 생긴 식당에 가 보는 게 어때요?
(= **Let's** check out the new restaurant.)

A1 That sounds good to me. 좋아요.

A2 I heard the food is great.
음식이 맛있다고 들었어요.

오답 Because it's an older version.
그것은 더 오래된 버전이기 때문이에요
→ 다른 의문사의 응답 오류 [why 의문문에 대한 응답]

3) 초대 / 제의

Q **Would you like to** join us for lunch?
우리와 함께 점심 드실래요?

A1 OK, that would be nice. 그거 좋겠네요.

A2 Thanks, but I have other plans.
고맙지만 다른 약속이 있어요.

오답 I didn't go to the launch.
저는 그 출시 행사에 가지 않았어요.
→ 유사 발음 어휘 오답 [lunch → launch]

Check Up 🎧 P2-60 / 해설 p.25

다음 질문에 대해 알맞은 응답에는 ○, 알맞지 않은 응답에는 ×를 표시하세요.

Q. Why don't we ask Mr. Brown to assist us?

(A) I'll call him. (   )
(B) No, he's fine. (   )
(C) He's busy now. (   )
(D) That's a good idea. (   )
(E) Thanks for your help. (   )
(F) He's on a business trip. (   )
(G) We hired a new assistant. (   )

어휘 assist ⑧ 돕다 business trip 출장 hire ⑧ 고용하다 assistant ⑲ 조수, 비서

토익 감잡기

Step 1

질문을 듣고 빈칸을 채운 후, 알맞은 답을 고르세요. 질문은 두 번 들려드립니다. 🎧 P2-61 / 해설 p.25

1   It's really _____ today, isn't it?

(A) Yes, it is.
(B) No, she isn't.

2   Wasn't the flight _____?

(A) Move a little to the right.
(B) It only took two hours.

flight 몡 비행   take 툉 (시간이) 걸리다

3   We're running out of _____.

(A) I'll get some more this afternoon.
(B) The copier is always broken.

run out of ~가 다 떨어지다   copier 몡 복사기
broken 휑 고장 난

4   Let's _____ your friends for dinner.

(A) After lunch.
(B) Great. I'll ask them.

5   Could you help me _____ a bigger size?

(A) Let me go and check the warehouse.
(B) I need a bigger size.

warehouse 몡 창고

6   We need to _____ an engineer.

(A) I can't start the engine.
(B) Why don't you put an ad?

start the engine 시동을 걸다   put an ad 광고를 내다

Step 2

질문을 듣고 알맞은 응답을 고르세요. 다시 들으면서 빈칸을 채우세요. 🎧 P2-62 / 해설 p.26

1 Mark your answer.
(A)　(B)　(C)

That _____ is still on, isn't it?
(A) The TV was turned _____.
(B) He's a computer _____.
(C) Yes, I'll _____ it off.

2 Mark your answer.
(A)　(B)　(C)

Can you take a _____ at this design?
(A) I want to try on a _____.
(B) Sure, no _____.
(C) I like _____ a fireworks show.   fireworks 명 폭죽

3 Mark your answer.
(A)　(B)　(C)

The water pipe is _____.
(A) I'll call the _____.
(B) I will _____ him.
(C) I'm too _____.   water pipe 배수관

4 Mark your answer.
(A)　(B)　(C)

Would you like to _____ something to drink?
(A) Just a cup of _____, please.
(B) No, I don't _____ it often.
(C) He's _____ than me.   often 부 종종

5 Mark your answer.
(A)　(B)　(C)

The heater isn't _____, is it?
(A) No, we should _____ the repair person.
(B) Let's take a _____.
(C) I'll be _____ at five.   repair person 수리공

6 Mark your answer.
(A)　(B)　(C)

Didn't you make _____ reservation?
(A) Tomorrow at _____.
(B) Sorry, I can't _____ it.
(C) Yes, about twenty minutes _____.

토익 실전 감각 익히기

P2-63 / 해설 p.27

1. Mark your answer. (A) (B) (C)
2. Mark your answer. (A) (B) (C)
3. Mark your answer. (A) (B) (C)
4. Mark your answer. (A) (B) (C)
5. Mark your answer. (A) (B) (C)
6. Mark your answer. (A) (B) (C)
7. Mark your answer. (A) (B) (C)
8. Mark your answer. (A) (B) (C)
9. Mark your answer. (A) (B) (C)
10. Mark your answer. (A) (B) (C)
11. Mark your answer. (A) (B) (C)
12. Mark your answer. (A) (B) (C)
13. Mark your answer. (A) (B) (C)
14. Mark your answer. (A) (B) (C)
15. Mark your answer. (A) (B) (C)
16. Mark your answer. (A) (B) (C)
17. Mark your answer. (A) (B) (C)
18. Mark your answer. (A) (B) (C)
19. Mark your answer. (A) (B) (C)
20. Mark your answer. (A) (B) (C)

어휘로 마무리

이번 Unit에 나온 어휘 중 반드시 기억해야 할 것들만 모았습니다.
우리말 뜻을 가리고 체크해 본 후, 꼭 외워 두세요.

P2-64

☐ miss	⑧ 놓치다, 그리워하다	☐ check out	확인하다
☐ plenty of	충분한	☐ version	⑨ 판, 버전
☐ hurry	⑧ 서두르다	☐ make an appointment	약속을 잡다
☐ data	⑨ 자료	☐ postpone	⑧ 연기하다
☐ board meeting	이사회 (회의)	☐ assist	⑧ 돕다
☐ set a date	날짜를 정하다	☐ assistant	⑨ 조수, 비서
☐ memo	⑨ 회람	☐ flight	⑨ 항공편
☐ merger	⑨ 합병, 통합	☐ run out of	~가 다 떨어지다
☐ inform	⑧ 알리다	☐ invite	⑧ 초대하다
☐ look forward to	~을 고대하다	☐ warehouse	⑨ 창고
☐ refund	⑨ 환불	☐ hire	⑧ 고용하다
☐ exchange	⑧ 교환하다	☐ start the engine	시동을 걸다
☐ fund	⑨ 기금	☐ put an ad	광고를 내다
☐ box office	매표소	☐ turn off	끄다
☐ copier	⑨ 복사기	☐ pair	⑨ 한 쌍
☐ technician	⑨ 기술자	☐ water pipe	배관
☐ be proud of	~을 자랑스러워하다	☐ leak	⑧ 새다
☐ training session	교육과정	☐ thirsty	⑩ 목 마른, 갈증이 나는
☐ in progress	진행 중인	☐ take a break	잠깐 쉬다
☐ extend	⑧ 연장하다	☐ rent	⑧ 임대하다
☐ application	⑨ 지원(서)	☐ museum	⑨ 박물관
☐ candidate	⑨ 지원자, 후보자	☐ shop	⑧ 물건을 사다
☐ extra	⑩ 추가의	☐ break room	휴게실
☐ receive	⑧ 받다	☐ turn up	올리다
☐ product	⑨ 제품, 상품	☐ be over	끝나다
☐ launch	⑨ 출시, 개장	☐ be delayed	지연되다, 연착되다
☐ proofread	⑧ 교정을 보다	☐ résumé	⑨ 이력서
☐ contract	⑨ 계약(서)	☐ print	⑧ 인쇄하다

UNIT 6

Unit 7 Part 3 회사 생활

출장

출장(business trip) 준비, 호텔 예약(hotel reservation), 항공편 준비(flight arrangement), 출장 경비 상환(travel expenses reimbursement) 등과 관련된 내용을 주로 다룹니다.

Step 1 우리말로 대화의 흐름을 보면서 질문의 요지를 미리 파악해 보세요.

여 안녕하세요, 스티브. 당신의 파리 출장 항공권을 예약했습니다.	1. 대화 주제 ▶ **Tip** 초반부에 유의
남 고마워요, 린다. 스트라스부르에 있는 고객들부터 우선 방문하기로 되어 있죠?	2. 남자가 Strasbourg에서 하기로 예정된 것 ▶ **Tip** 남자가 한 말 중 Strasbourg가 들어 있는 'supposed to _____' 에 유의
여 네, 맞습니다. 그곳에 있는 고객 명단을 출력해 드릴게요.	3. 여자가 다음에 할 행동 [추론 문제] ▶ **Tip** 여자의 마지막 말 'I'll _____'에 유의

Step 2 대화를 영어로 들으면서 빈칸을 채우고, 오른편 질문의 답을 찾아 보세요. 🎧 P3-01 / 해설 p.30

W Hi, Steve. I booked a plane ticket for your (1)_____ to Paris.

M Thanks, Linda. Am I supposed to visit our (2)_____ in Strasbourg first?

W Yes, that's right. I'll (3)_____ out a list of our clients there for you.

1. What are the speakers mainly discussing?
   (A) A book exhibition
   (B) A business trip

2. What is the man supposed to do in Strasbourg?
   (A) Meet with some clients
   (B) Visit some friends

3. What will the woman most likely do next?
   (A) Send out an e-mail
   (B) Print a document

어휘 book 동 예약하다 client 명 고객

paraphrasing
visit → meet with
방문하다 → ~와 만나다

a list of our clients → a document
고객들의 리스트 → 서류

정답 1. (B) 2. (A) 3. (B)

행사

회사 야유회(company picnic, company outing), 회사 기념일(anniversary), 동료의 은퇴식(retirement celebration), 박람회(exhibition, expo), 회의(meeting, conference) 등과 관련된 대화가 주로 출제됩니다.

Step 1 우리말로 대화의 흐름을 보면서 질문의 요지를 미리 파악해 보세요.

남 미술 전시회는 어떻게 되어갑니까? 여 위층 화랑에서 많은 사람들을 봤습니다. 당신의 그림에 관심이 있는 관람객도 많이 만났어요. 남 그 말을 들으니 정말 기쁘군요. 오늘 언제 문을 닫는지 아세요?	1. 여자가 있는 장소 ▶ Tip 여자가 하는 말에 유의 2. 남자의 신분 [추론 문제] ▶ Tip 여자가 한 말 중 'your _____'에 유의 3. 남자가 묻고 있는 것은? ▶ Tip 남자의 마지막 말 중 의문문에 유의

Step 2 대화를 영어로 들으면서 빈칸을 채우고, 오른편 질문의 답을 찾아 보세요. 🎧 P3-02 / 해설 p.30

M How is the art exhibition going?

W I saw a lot of people in the (1)_____ upstairs. I also found many visitors interested in your (2)_____.

M I'm so glad to hear that. Do you know (3)_____ it closes today?

어휘 exhibition 명 전시, 전시회 upstairs 부 위층에

1. Where is the woman?
   (A) In an art gallery
   (B) In a flower shop
2. Who most likely is the man?
   (A) A visitor
   (B) A painter
3. What is the man asking about?
   (A) Its location
   (B) Its closing time

어휘 visitor 명 방문객 location 명 장소, 위치

paraphrasing art exhibition → art gallery
미술 전시 → 미술관

정답 1. (A) 2. (B) 3. (B)

기타 사무실 대화

출근길 교통 정체(traffic jam, traffic congestion), 고용 계약(employment agreement, contract), 회의 일정(schedule)이나 안건(agenda), 회사의 새로운 소식에 대한 동료(coworker, colleague) 또는 상사(supervisor)와의 관련 대화가 자주 출제됩니다.

Step 1 우리말로 대화의 흐름을 보면서 질문의 요지를 미리 파악해 보세요.

여 매튜, 켈리의 후임자를 찾았나요? 남 아직이요. 하지만 다음 주에 세 개의 면접이 연이어 있습니다. 여 그 중 하나가 잘됐으면 좋겠네요. 켈리가 디자이너 일을 사임한 이유를 아세요?	1. 대화 주제 ▶ **Tip** 초반부 'have we found ____?'에 유의 2. 다음 주에 예정된 일 ▶ **Tip** 'next week'에 유의 3. Kelly에 대해 알 수 있는 것 ▶ **Tip** 'Kelly'에 이어지는 내용에 유의

Step 2 대화를 영어로 들으면서 빈칸을 채우고, 오른편 질문의 답을 찾아 보세요. 🎧 P3-03 / 해설 p.30

W Matthew, have we found a ⁽¹⁾_____ for Kelly?

M Not yet. But three ⁽²⁾_____ are lined up for next week.

W I hope that one of them works out. Do you know why Kelly ⁽³⁾_____ the designer's job?

어휘 be lined up 일렬로 줄 서 있다 work out 좋은 결과가 되다

1. What are the speakers mainly discussing?
   (A) An application form
   (B) A job opening

2. What is supposed to take place next week?
   (A) Trainings
   (B) Interviews

3. What is indicated about Kelly?
   (A) She used to be a designer.
   (B) She signed a contract.

어휘 application form 신청서, 지원서 used to ⓥ (전에) ~였다 sign ⑧ 서명하다 contract ⑲ 계약서

paraphrasing find a replacement → a job opening
후임자를 구하다 → (직장의) 빈 자리

정답 1. (B) 2. (B) 3. (A)

빈출 어휘 및 표현 🎧 P3-04

출장

accommodations 숙박 시설	get reimbursement 사용한 비용을 돌려받다
be out of town 출장 중이다	make a flight arrangement 항공권을 준비하다
business trip 출장	make a reservation 예약하다(= reserve, book)
client 고객(= customer)	receipt 영수증
get back 돌아오다(= return)	travel expense 출장비

행사

anniversary 기념일	recommend 추천하다(= suggest)
celebrate 축하하다	release 출시; 출시하다
exhibition 전시회	retire 은퇴하다
extend 연장하다	review 검토하다(= look over)
hold 열다, 개최하다(= take place)	staff meeting 직원 회의(= employee meeting)
prepare for ~을 준비하다(= arrange)	venue 장소(= location, place)

기타 사무실 대화

complete 완성하다(= finish)	merge 합병하다, 통합하다
contact 연락하다	resign 사임하다(= leave, quit)
contract 계약서(= agreement)	stop by 들르다(= visit, drop by)
coworker 동료(= colleague)	take ~ off (휴가를) 내다
manager 관리자(= supervisor 감독관, 상사)	vacation 휴가

Check Up

해설 p.30

우리말을 보고 빈칸을 채우세요.

1. re_____ a single room 1인용 객실을 예약하다
2. mer_____ with sales 영업부와 통합하다
3. ex_____ the deadline 마감일을 연장하다
4. re_____ a hotel 호텔을 추천하다
5. com_____ a report 보고서를 완성하다
6. con_____ a coworker 동료에게 연락하다
7. re_____ as manager 매니저 직을 사직하다
8. visit a c_____ 고객을 방문하다
9. leave for va_____ 휴가를 떠나다
10. the re_____ of a new product 신제품의 출시
11. the change of ve_____ 장소 변경
12. the company's 20th a_____ 회사의 20주년

토익 감잡기

Step 1

대화를 들으며 빈칸을 채운 후, 알맞은 답을 고르세요. 대화는 두 번 들려드립니다. 🎧 P3-05 / 해설 p.30

[1-2]

> W Mike, don't forget about next week's (1)_____.
>
> M Good thing you reminded me. Is there anything I should do to prepare for it?
>
> W I recommend (2)_____ the (3)_____ in advance.

어휘 remind ⑧ 상기시키다 recommend ⑧ 권하다, 추천하다 in advance 미리

1 What will take place next week?
(A) A company picnic   (B) An employee meeting   employee ⑲ 직원

2 What does the woman suggest?
(A) Looking over a budget   (B) Reviewing a proposal   look over 검토하다 (= review)

[3-4]

> M   Have you met the new team (1)_____?
>
> W1 Not yet, but I heard they'll be introducing her at the staff meeting this afternoon.
>
> W2 Ms. Barnes came from the (2)_____ department, so she'll be familiar with her new (3)_____.

어휘 introduce ⑧ 소개하다 be familiar with ~에 익숙하다

3 What is the conversation mainly about?
(A) A team meeting
(B) A new supervisor   supervisor ⑲ 관리자

4 According to the women, which department did Ms. Barnes work for?
(A) Accounting
(B) Marketing   accounting ⑲ 회계

70

Step 2

대화를 듣고 질문에 알맞은 답을 고르세요. 그런 다음 다시 들으면서 빈칸을 채우세요. 🎧 P3-06/ 해설 p.31

[1-3]

1. What are the speakers talking about?
   (A) The quarterly sales
   (B) The deadline
   (C) The merger

2. What does the woman want to know?
   (A) The time
   (B) The place
   (C) The reason

3. Why was the woman surprised?
   (A) It happened slower than she thought.
   (B) It happened faster than she thought.
   (C) She thought the sooner, the better.

어휘 quarterly sales 분기 매출 merger 명 통합, 합병

M I heard that our department might be (1)_____ with sales.

W Do you know (2)_____ that is going to happen?

M They said in about a month or so.

W Wow, that's (3)_____ than I expected.

어휘 expect 동 기대하다, 예상하다

[4-6]

4. Where most likely is the conversation taking place?
   (A) At a coffee shop
   (B) At an office
   (C) At a meeting

5. What does the woman ask for?
   (A) Less work
   (B) More pay
   (C) More time

6. How will the woman send the document?
   (A) By mail
   (B) By e-mail
   (C) By fax

M Excuse me, Helen. Have you finished the (1)_____?

W Not yet. Can we (2)_____ the deadline?

M The meeting is scheduled for Friday morning, so you can work on it until tomorrow.

W Thank you, Mr. Chen. I'll (3)_____ you as soon as I get it done.

어휘 as soon as ~하자마자 get ~ done ~을 끝내다

토익 실전 감각 익히기

🎧 P3-07 / 해설 p. 32

1. What are the speakers mainly discussing?
   (A) A new job
   (B) A document
   (C) An article
   (D) A fashion magazine

2. What type of business is the woman currently in?
   (A) Fashion design
   (B) Publishing
   (C) Health care
   (D) Advertising

3. How does the man probably feel about the woman's news?
   (A) Annoyed
   (B) Worried
   (C) Upset
   (D) Excited

어휘 article 몡 기사 upset 혱 화난

4. What is the man looking for?
   (A) Files
   (B) Folders
   (C) Orders
   (D) Office space

5. What is the problem?
   (A) A machine is not working.
   (B) A product is damaged.
   (C) An item is out of stock.
   (D) An order form is not correct.

6. What will the woman most likely do next?
   (A) Contact a coworker
   (B) Join a meeting
   (C) Visit a place
   (D) Leave a message

어휘 damaged 혱 손상된 out of stock 재고가 없는

7. Where is the man calling?
   (A) A hospital
   (B) A library
   (C) A hotel
   (D) An airline

8. Why does the woman say, "I'm sorry."?
   (A) She made a big mistake.
   (B) She is unable to confirm an order.
   (C) She has not returned some books yet.
   (D) Her hotel does not have any rooms available.

9. What does the woman offer to do?
   (A) Provide a number
   (B) Contact another hotel
   (C) E-mail a reservation form
   (D) Return some books

어휘 be unable to ~할 수 없다

10. What are the speakers talking about?
    (A) The salary increase
    (B) The budget reduction
    (C) The results of a research project
    (D) The release of several new products

11. According to the men, what has recently happened at the company?
    (A) There was a pay raise.
    (B) An office has moved out.
    (C) A meeting has been postponed.
    (D) A company dinner was canceled.

12. What does the woman suggest saving?
    (A) Money
    (B) Energy
    (C) Water
    (D) Paper

어휘 budget reduction 예산 삭감 release 몡 출시 postpone 동 연기하다

어휘로 마무리

이번 Unit에 나온 어휘 중 반드시 기억해야 할 것들만 모았습니다.
우리말 뜻을 가리고 체크해 본 후, 꼭 외워 두세요.

🎧 P3-08

☐ book	통 예약하다(= reserve)		☐ publishing	명 출판
☐ exhibition	명 전시회		☐ article	명 기사
☐ business trip	출장		☐ magazine	명 잡지
☐ document	명 서류		☐ currently	부 현재
☐ upstairs	부 위층에		☐ annoyed	형 짜증난, 화난
☐ visitor	명 방문객		☐ worried	형 걱정하는
☐ painter	명 화가		☐ upset	형 화난
☐ location	명 장소, 위치		☐ excited	형 신나는
☐ replacement	명 후임자		☐ damaged	형 파손된
☐ resign	통 사임하다		☐ out of stock	품절인
☐ application form	지원 양식		☐ correct	형 올바른
☐ job opening	(직장의) 빈 자리		☐ fully booked	예약이 꽉 찬(= booked up)
☐ remind	통 상기시키다		☐ be unable to	~을 할 수 없다
☐ review	통 검토하다		☐ confirm	통 확인하다
☐ budget	명 예산		☐ available	형 이용 가능한
☐ in advance	미리		☐ provide	통 제공하다
☐ be familiar with	~에 익숙해지다		☐ reservation form	예약서
☐ duty	명 직무, 의무		☐ cut	명 감소(= reduction)
☐ supervisor	명 상사, 관리자		☐ cut down on	~을 줄이다
☐ merge	통 합병하다, 통합하다		☐ unnecessary	형 불필요한
☐ expect	통 기대하다		☐ expense	명 경비
☐ quarterly sales	분기 매출		☐ reason	명 이유
☐ merger	명 합병, 통합		☐ monthly	형 매달의
☐ extend	통 연장하다		☐ make sense	말이 되다. 타당하다
☐ deadline	명 마감기한		☐ save	통 절약하다
☐ transfer	통 전근 가다 명 전근		☐ electricity	명 전기(= energy)
☐ opportunity	명 기회		☐ salary increase	월급 인상(= pay raise)
☐ clothing	명 의류		☐ release	명 출시 통 출시하다

Unit 8 Part 3 회사 업무

인사

신입사원 채용을 위한 면접(job interview), 채용 과정(hiring process), 공석(job opening), 전근(transfer, move, relocation), 승진(promotion), 휴가(vacation, leave) 등의 대화가 자주 출제됩니다.

Step 1 우리말로 대화의 흐름을 보면서 질문의 요지를 미리 파악해 보세요.

여 비넬 씨, 디자인부로 옮기고 싶은 이유가 뭔가요?
남 음, 저는 회계부에서 10년 넘게 일해 왔습니다.
여 알겠어요, 제가 볼 포트폴리오를 갖고 있습니까?

1. 대화 주제
   ▶ **Tip** 'why do you want to ____?'에 유의

2. 남자의 근무 부서
   ▶ **Tip** 남자가 한 말에서 'department(부서)' 관련 어휘에 유의

3. 여자의 요구사항
   ▶ **Tip** 여자의 마지막 말 'do you have ____?'에 유의

Step 2 대화를 영어로 들으면서 빈칸을 채우고, 오른편 질문의 답을 찾아 보세요. 🎧 P3-09 / 해설 p.35

W Mr. Binel, why do you want to ⁽¹⁾_____ to the design department?

M Well, I've been working in the ⁽²⁾_____ department for over ten years.

W OK, do you have a ⁽³⁾_____ for me to look at?

어휘 department 몡 부서

1. What are the speakers talking about?
   (A) A transfer
   (B) A promotion

2. Which department is the man currently working for?
   (A) Accounting
   (B) Design

3. What does the woman ask for?
   (A) A résumé
   (B) Sample work

어휘 transfer 몡 전근, 이동 promotion 몡 승진 accounting 몡 회계 résumé 몡 이력서

paraphrasing
move → transfer
이동하다 → 이동하다, 전근 가다

a portfolio → sample work
포트폴리오 → 작업 샘플

정답 1. (A) 2. (A) 3. (B)

회의/업무 요청

업무 마감일(due date, deadline) 알림, 회의 일정 변경(reschedule), 직원 교육(training, seminar, orientation), 사무용품(office supplies) 구입, 사무기기(office equipment)의 고장 등의 대화가 주로 출제됩니다.

Step 1 우리말로 대화의 흐름을 보면서 질문의 요지를 미리 파악해 보세요.

여 안녕하세요, 테렌스. 수요일 팀 회의를 연기해야 할 겁니다.
남 괜찮습니다. 목요일 오전은 어떻습니까?
여 그날은 제가 출장 차 시외에 있을 겁니다. 금요일로 회의실을 예약해 주실 수 있나요?

1. 대화 주제
   ▶ Tip 초반부 'We'll have to _____'에 유의
2. 여자가 목요일에 하는 일 [추론 문제]
   ▶ Tip 여자가 한 말에서 Thursday에 이어지는 내용에 유의
3. 여자의 요청사항
   ▶ Tip 여자의 마지막 말 'Can you please _____?'에 유의

Step 2 대화를 영어로 들으면서 빈칸을 채우고, 오른편 질문의 답을 찾아 보세요. 🎧 P3-10/ 해설 p.35

W Hi, Terrance. We will have to postpone our Wednesday team ⁽¹⁾_____.

M No problem. How about Thursday morning?

W I will be out of town on ⁽²⁾_____ that day. Can you please ⁽³⁾_____ a meeting room for Friday?

어휘 postpone ⑧ 연기하다 out of town 시외에 있는

1. What are the speakers talking about?
   (A) A meeting schedule
   (B) A meeting agenda
2. What will the woman probably do on Thursday?
   (A) Take a day off
   (B) Go on a business trip
3. What does the woman ask the man to do?
   (A) Book a room
   (B) Check the schedule

어휘 agenda ⑲ 의제 take a day off 하루 쉬다

paraphrasing out of town on business → go on a business trip
출장 중 → 출장 가다

reserve a meeting room → book a room
회의실을 예약하다 → 방을 예약하다

정답 1. (A) 2. (B) 3. (A)

마케팅 / 영업

제품 홍보 캠페인(advertising campaign, promotional event), 특가 제공(special offer) 행사, 신제품 출시(launch, release), 시장 조사를 위한 설문(survey) 등의 대화가 자주 출제됩니다.

Step 1 우리말로 대화의 흐름을 보면서 질문의 요지를 미리 파악해 보세요.

남 안녕하세요. 토레스 씨, 오늘만 모든 카펫에 대해 특별 할인을 하고 있습니다. 하나를 사시고 하나를 무료로 받아가세요. 여1 아, 그거 좋네요. 집을 고치려고 계획 중이었거든요. 여2 자, 디자인과 색깔을 선택하시는 것을 도와 드릴 수 있습니다.	1. 대화 장소 [추론 문제] ▶ **Tip** 첫 대화 내용에 유의 2. 토레스 씨가 집에 대해 언급한 것은? ▶ **Tip** 토레스 씨가 한 말에서 '집'에 유의 3. 여자들이 다음에 할 행동 [추론 문제] ▶ **Tip** 여자의 마지막 말에 유의

Step 2 대화를 영어로 들으면서 빈칸을 채우고, 오른편 질문의 답을 찾아 보세요. 🎧 P3-11 / 해설 p.35

M Hi, Ms. Torres. We're having a special sale on all ⁽¹⁾_____ today only. Buy one, get one free. W1 Oh, that sounds great. I was planning to ⁽²⁾_____ my home. W2 Well, I can help you ⁽³⁾_____ the design and colors.	1. Where most likely are the speakers? (A) At a pet store (B) At a carpet store 2. What does Ms. Torres suggest about her house? (A) It will soon be improved. (B) It needs new furniture. 3. What will the women most likely do next? (A) Select some items (B) Choose a date
어휘 buy one, get one free 하나 사면 하나 공짜	**어휘** pet 몡 애완 동물 improve 통 개선하다 furniture 몡 가구 select 통 고르다

paraphrasing renovate → improve
보수하다 → 개선하다

choose → select
고르다 → 선택하다

정답 1. (B) 2. (A) 3. (A)

빈출 어휘 및 표현 🎧 P3-12

인사

applicant 지원자(= candidate)	position 직위, 일자리
hiring process 채용 과정	promote 승진하다
job interview 면접	qualified 자격을 갖춘
job opening 공석	résumé 이력서
job requirement 자격 요건	training session 교육 과정
portfolio 포트폴리오	transfer 전근; 전근 가다(= move, relocate)

회의 / 업무 요청

appointment 약속	office supplies 사무용품
assistance 지원, 도움	out of order 고장 난(= broken)
be supposed to ~하기로 되어 있다	postpone 미루다, 연기하다(= put off)
distribute 배부하다(= hand out)	proposal 제안서
meet the deadline 마감 기한을 맞추다	quarterly report 분기별 보고서

마케팅 / 영업

advertisement 광고	estimate 견적
advertising campaign 광고 캠페인	pamphlet 팸플릿, 안내책자
attract 끌어들이다(= draw)	product launch 제품 출시
branch 지점	promotion 홍보
brochure 소책자	special offer 특가 제공(= sale, discount)

Check Up
해설 p. 35

우리말을 보고 빈칸을 채우세요.

1. submit my r_____ 나의 이력서를 제출하다
2. post_____ the meeting 회의를 연기하다
3. dis_____ pamphlets 팸플릿을 배부하다
4. apply for the po_____ 일자리에 지원하다
5. cancel an app_____ 약속을 취소하다
6. be pro_____ to director of sales
   영업부장으로 승진하다
7. conduct an in_____ 인터뷰를 실시하다
8. provide an es_____ 견적을 뽑아주다
9. make changes to the advertisement
   cam_____ 광고 캠페인에 변화를 주다
10. provide an additional pro_____
    추가 제안서를 제공하다
11. Our printer is out of or_____.
    우리의 프린터가 고장이 났다.
12. You're highly qua_____.
    당신은 충분히 자격을 갖추었어요.

토익 감잡기

Step 1

대화를 들으며 빈칸을 채운 후, 알맞은 답을 고르세요. 대화는 두 번 들려드립니다. 🎧 P3-13 / 해설 p.36

[1-2]

> M Meredith, do you have any ⁽¹⁾_____ in your drawer?
>
> W Yes, I have a few. It looks like I'm low on ⁽²⁾_____, though.
>
> M I guess we should go to the office ⁽³⁾_____ store after lunch.

어휘 drawer 명 서랍 be low on ~이 얼마 안 남다

1 What does the man ask for?
   (A) Staples
   (B) Paperclips

staple 명 스테이플러 심

2 Where will the speakers go after lunch?
   (A) A supply store
   (B) A coffee shop

[3-4]

> W   Patrick, how is the ⁽¹⁾_____ process going?
>
> M1 It's going quite well, but ⁽²⁾_____ are really difficult to find.
>
> M2 I agree with him. Actually we received many applicants, but they usually have little ⁽³⁾_____.

어휘 process 명 절차 agree 동 동의하다 applicant 명 지원자

3 What is the conversation mainly about?
   (A) Hiring process
   (B) Training process

hiring process 채용 절차

4 What problem do the men mention about the applicants?
   (A) The lack of knowledge
   (B) The lack of training

lack 명 부족 knowledge 명 지식

Step 2

대화를 듣고 질문에 알맞은 답을 고르세요. 그런 다음 다시 들으면서 빈칸을 채우세요. 🎧 P3-14 / 해설 p.36

[1-3]

1. What is indicated about the equipment?
   (A) The toner needs to be refilled.
   (B) It has been broken for weeks.
   (C) It needs replacement parts.

2. What is the woman having difficulty doing?
   (A) Making copies
   (B) Replacing some parts
   (C) Restarting a device

3. What does the man suggest the woman do?
   (A) Use his printer
   (B) Go to another office
   (C) Rent office equipment

어휘 replacement part 교체 부품 device 명 기기

W What's wrong with the ⁽¹⁾_____?

M I think some ⁽²⁾_____ need to be replaced.

W Are there any other copiers in the building? It's urgent.

M Don't worry. There is another copier in the customer service ⁽³⁾_____. You can use that instead.

어휘 replace 동 교체하다 urgent 형 긴급한

[4-6]

4. Which department does the man most likely work for?
   (A) IT
   (B) Sales
   (C) Personnel

5. What problem does the man mention?
   (A) He did not receive a document.
   (B) Some information is unavailable.
   (C) He couldn't find the memo.

6. What does the woman suggest the man do?
   (A) Distribute some documents
   (B) Contact the IT department
   (C) Search for some information

어휘 distribute 동 배포하다 search for ~을 찾다

W How's the third quarterly ⁽¹⁾_____ report going?

M I can't find the sales ⁽²⁾_____ in the computer.

W Why don't you ⁽³⁾_____ Ms. Hoover in the IT department?

M Good idea.

어휘 quarterly 형 분기의

토익 실전 감각 익히기

🎧 P3-15 / 해설 p.37

1. What is indicated about Jane?
   (A) She works with Ms. Everett.
   (B) She sent the files to the man.
   (C) She is creating a brochure.
   (D) She has to attend a meeting.

2. What does the man say about the file?
   (A) It is missing.
   (B) It is deleted.
   (C) It is not the correct one.
   (D) It is in a different format.

3. What does the woman offer to do?
   (A) Speak with a supervisor
   (B) Provide some information
   (C) Attend a meeting
   (D) Use another program

   어휘 create ⑧ 창작하다 missing ⑱ 잃어버린 deleted ⑱ 삭제된 supervisor ⑲ 감독관, 상관

4. Why is the woman calling?
   (A) To confirm her order
   (B) To greet the manager
   (C) To report a problem
   (D) To offer her services

5. According to the man, what will the gas company do?
   (A) Send a sample
   (B) Send a staff member
   (C) Send a message
   (D) Call the woman

6. What does the man offer to send the woman?
   (A) A gift
   (B) A bill
   (C) Some forms
   (D) Some heaters

   어휘 confirm ⑧ 확정하다 greet ⑧ 인사하다 bill ⑲ 청구서

7. What are the speakers talking about?
   (A) A news report
   (B) A phone call
   (C) A schedule
   (D) A proposal

8. What makes the man pleased?
   (A) He got a pay raise.
   (B) He received a promotion.
   (C) His proposal was accepted.
   (D) His proposal is almost complete.

9. What is the man asked to do in two weeks?
   (A) Provide an additional proposal
   (B) Manage an advertising campaign
   (C) Speak with the board members
   (D) Attend an employee meeting

   어휘 promotion ⑲ 승진 complete ⑱ 완료된 additional ⑱ 추가의

10. What is the man's problem?
    (A) He did not receive a schedule.
    (B) He is not prepared for the meeting.
    (C) He misplaced some photos.
    (D) He has to assist a new employee.

11. Why does the woman say, "You're in luck."?
    (A) She can host the orientation instead of him.
    (B) She can provide him with a document.
    (C) She is able to attend the orientation.
    (D) She can offer some information on the photos.

12. What will the woman probably do next?
    (A) Print the document
    (B) Print some photos
    (C) Contact Ms. Brown
    (D) Begin with an orientation

    어휘 misplace ⑧ 잘못 두다 assist ⑧ 돕다 host ⑧ 주최하다

어휘로 마무리

이번 Unit에 나온 어휘 중 반드시 기억해야 할 것들만 모았습니다.
우리말 뜻을 가리고 체크해 본 후, 꼭 외워 두세요.

🎧 P3-16

☐ portfolio	명 포트폴리오	☐ equipment	명 장비
☐ transfer	명 전근, 이동 동 전근 가다	☐ refill	동 리필하다, 다시 채우다
☐ promotion	명 승진, 홍보	☐ rent	동 임대하다
☐ résumé	명 이력서	☐ quarterly report	분기별 보고서
☐ postpone	동 연기하다(= put off)	☐ personnel	명 직원, 인사
☐ out of town	도시를 떠나서	☐ unavailable	형 이용 불가능한
☐ on business	업무로	☐ distribute	동 배부하다(= hand out)
☐ reserve	동 예약하다	☐ supervisor	명 상사, 감독관
☐ agenda	명 안건	☐ brochure	명 책자
☐ renovate	동 보수 공사하다	☐ create	동 만들다
☐ pet	명 애완 동물	☐ missing	형 빠진, 사라진
☐ improve	동 개선하다	☐ delete	동 삭제하다
☐ furniture	명 가구	☐ in the meantime	그러는 사이에
☐ drawer	명 서랍	☐ space heater	실내 난방기
☐ be low on	얼마 안 남다	☐ greet	동 인사하다
☐ staple	명 (스테이플러) 심	☐ advertising campaign	광고 캠페인
☐ hiring process	채용 과정	☐ tight	형 빠듯한, 빡빡한
☐ agree	동 동의하다	☐ accept	동 수용하다, 받아들이다
☐ applicant	명 지원자	☐ complete	형 완료된 동 완성하다
☐ lack	명 부족	☐ additional	형 추가적인
☐ knowledge	명 지식	☐ board member	이사
☐ training	명 교육, 연수	☐ client	명 고객
☐ part	명 부품	☐ employee orientation	신입사원 오리엔테이션
☐ replace	동 교체하다	☐ misplace	동 잘못 두다
☐ urgent	형 긴박한	☐ assist	동 돕다
☐ instead	부 대신	☐ host	동 주최하다
☐ difficulty	명 어려움	☐ attend	동 참석하다
☐ indicate	동 나타내다, 가리키다	☐ contact	동 연락하다

UNIT 8

Part 3 일상 생활

쇼핑

물품 구입(purchase), 주문(order), 배송(delivery, shipping), 교환(exchange, replacement), 반품(return), 환불(refund), 할인(discount) 등과 관련된 내용을 주로 다룹니다.

Step 1 우리말로 대화의 흐름을 보면서 질문의 요지를 미리 파악해 보세요.

여 안녕하세요, 지난주에 구입한 이 셔츠들을 반품하고 싶은데요. 너무 작은 사이즈였어요.
남 유감이군요. 영수증을 보여주시면 환불 조치를 시작하겠습니다.
여 여기 있어요. 감사합니다.

1. 남자의 신분 [추론 문제]
   ▶ Tip 여자가 한 말에서 'I'd like to return these _____'에 유의

2. 여자의 언급된 문제점
   ▶ Tip 여자가 한 말에서 부정적인 표현에 유의

3. 남자의 요구사항
   ▶ Tip 남자가 한 말에서 'If you could present your _____'에 유의

Step 2 대화를 영어로 들으면서 빈칸을 채우고, 오른편 질문의 답을 찾아 보세요. 🎧 P3-17 / 해설 p.40

W Hi, I'd like to return these (1)_____ that I bought last week. They were a size too (2)_____.

M That's too bad. If you could present your (3)_____, I'll start the refund process.

W Here you are. Thank you.

어휘 present 통 제시하다 refund process 환불 조치

1. Who most likely is the man?
   (A) A store employee
   (B) A designer

2. What problem does the woman mention?
   (A) The shirts are the wrong size.
   (B) The shirts are the wrong color.

3. What does the man require of the woman?
   (A) An order form
   (B) Proof of purchase

어휘 proof of purchase 구매 증거, 영수증

paraphrasing a size too small → the wrong size
너무 작은 사이즈 → 잘못된 사이즈

receipt → proof of purchase
영수증 → 구매의 증거

정답 1. (A) 2. (A) 3. (B)

편의시설

상점(store, shop), 식당(restaurant), 은행(bank), 제과점(bakery), 약국(pharmacy), 병원(clinic, hospital), 우체국(post office), 호텔(hotel), 공항(airport), 도서관(library) 등의 장소에서 이루어지는 각종 서비스에 대한 문의, 일정 변경 등의 대화가 주로 출제됩니다.

Step 1 우리말로 대화의 흐름을 보면서 질문의 요지를 미리 파악해 보세요.

남 안녕하세요, 닐 오배넌입니다. 다음 치과 진료 약속을 연기해야 해서요. 여 알겠습니다, 오배넌 씨. 금요일과 월요일 중 언제가 더 나으신가요? 남 제가 금요일도 바쁠 테니 월요일이 더 낫겠군요.	1. 남자가 전화를 한 이유 ▶ Tip 초반부 남자의 말 'I need to ___'에 유의 2. 여자의 근무지 [추론 문제] ▶ Tip 남자가 한 말에서 명사 어휘로 추론 3. 남자가 가능한 요일 ▶ Tip 남자가 한 말에서 요일에 유의

Step 2 대화를 영어로 들으면서 빈칸을 채우고, 오른편 질문의 답을 찾아 보세요. 🎧 P3-18 / 해설 p.40

M Hello, this is Neal O'Bannon. I need to
(1)_____ my next (2)_____
appointment.

W That's OK, Mr. O'Bannon. When would be a better time for you, Friday or Monday?

M I'm going to be busy on Friday, too, so (3)_____ would be better.

어휘 appointment 명 약속

1. Why is the man calling?
   (A) To cancel an appointment
   (B) To postpone an appointment

2. Where does the woman most likely work?
   (A) At a dental clinic
   (B) At a travel agency

3. What day will the man be available?
   (A) Monday
   (B) Friday

어휘 cancel 통 취소하다 dental clinic 치과 travel agency 여행사

paraphrasing delay → postpone
미루다 → 연기하다

정답 1. (B) 2. (A) 3. (A)

주거/교통

부동산 중개업소(real estate agency, realty)의 중개인(real estate agent, realtor)을 통하여 아파트를 임대(rent)하거나 비행기(plane, flight), 공항(airport), 지하철(subway), 기차(train), 버스(bus) 등 교통수단으로 여행 시 가장 빠른 교통편이나 대체 교통수단에 관한 대화가 자주 출제됩니다.

Step 1 우리말로 대화의 흐름을 보면서 질문의 요지를 미리 파악해 보세요.

남 워딩턴 씨, 귀하께 적당한 아파트를 찾았습니다. 여 잘됐군요. 오는 토요일에 저를 데려가서 아파트를 보여주실 수 있나요? 남 토요일 괜찮습니다. 2시에 제 사무실에 들르실 수 있나요?	1. 남자의 신분 [추론 문제] ▶ Tip 초반부 남자의 말에서 'I've found _____'에 유의 2. 여자가 남자를 만나는 시기 ▶ Tip 여자가 한 말에서 시간 표현 어휘에 유의 3. 남자의 제안사항 ▶ Tip 남자가 한 말에서 제안문 'Can you _____?'에 유의

Step 2 대화를 영어로 들으면서 빈칸을 채우고, 오른편 질문의 답을 찾아 보세요. 🎧 P3-19 / 해설 p.40

M Ms. Worthington, I've found a suitable ⁽¹⁾_____ for you.

W Good to hear that. Could you take me to see it this ⁽²⁾_____?

M Saturday would be fine. Can you ⁽³⁾_____ my office at 2?

어휘 suitable 형 적당한, 알맞은

1. Who most likely is the man?
   (A) A tenant
   (B) A real estate agent
2. When will the woman meet the man?
   (A) In the middle of the week
   (B) On the weekend
3. What does the man suggest the woman do?
   (A) Call him
   (B) Visit his office

어휘 tenant 명 세입자 real estate agent 부동산 중개인

paraphrasing
Saturday → weekend
토요일 → 주말

drop by → visit
들르다 → 방문하다

정답 1. (B) 2. (B) 3. (B)

빈출 어휘 및 표현 🎧 P3-20

쇼핑

damaged 파손된	place an order 주문하다
delivery 배송	receipt 영수증(= proof of purchase)
discount 할인	refund 환불하다
look for ~을 찾다(= locate)	replace 교체하다(= exchange)
make a purchase 구매하다	return 반품하다
out of stock 품절인	crack 금이 가다

편의시설

appointment 약속, 예약	late fee 연체료
book a table 테이블을 예약하다	make it 제때에 맞춰 가다
cancel 취소하다	open an account 계좌를 개설하다
reservation 예약	fill out 작성하다(= complete)
clinic 병원	identification 신분증
inquire about ~에 대해 문의하다	under the name ~의 이름으로

주거/교통

boarding pass 탑승권	location 위치, 장소(= venue, place)
destination 목적지	luggage 수화물, 짐(= baggage)
direct 안내하다(= show)	public transportation 대중교통
express train 급행 열차	realty 부동산(= real estate)
local train 보통(완행) 열차	rental fee 임대료(= rent)

Check Up

해설 p.40

우리말을 보고 빈칸을 채우세요.

1. get a re_____ 환불을 받다
2. get a 10% dis_____ 10% 할인을 받다
3. show a re_____ 영수증을 보여주다
4. f_____ out a survey 설문지를 작성하다
5. in_____ about prices 가격에 대해 문의하다
6. change a re_____ 예약을 변경하다
7. open a business acc_____ 기업 계좌를 개설하다
8. present an id_____ card 신분증을 제시하다
9. The lo_____ is inconvenient. 위치가 불편하다.
10. di_____ the woman to a platform 여자를 플랫폼으로 안내하다
11. have an appointment at the cl_____ 병원에 예약이 되어 있다
12. A window is cr_____. 창문에 금이 갔다.

토익 감잡기

Step 1

대화를 들으며 빈칸을 채운 후, 알맞은 답을 고르세요. 대화는 두 번 들려드립니다. 🎧 P3-21 / 해설 p.40

[1-2]

> M Hello, I made a ⁽¹⁾_____ under the name Charles Kim.
>
> W Just a moment. It's for ten people at 7 o'clock tonight, right?
>
> M Well, actually we're going to have ⁽²⁾_____ people in total.
>
> W Not a problem, Mr. Kim. I'll ⁽³⁾_____ it for you.

어휘 under the name ~라는 이름으로 in total 통틀어

1 Why is the man calling?
(A) To inquire about the menu
(B) To change a reservation

inquire 통 묻다

2 How many people in total does the reservation need to be changed for?
(A) Ten
(B) Twelve

[3-4]

> W Hi, I need to get some dry cleaning done. Do you offer that here at the ⁽¹⁾_____?
>
> M We sure do.
>
> W I wonder how long it will take.
>
> M Well, if you give us the clothes this ⁽²⁾_____, they'll be ready by noon ⁽³⁾_____.

어휘 offer 통 제공하다 wonder 통 궁금해하다 clothes 명 옷

3 Where most likely are the speakers?
(A) At a clothing store
(B) At a hotel

clothing 명 의류

4 According to the man, how fast is the service?
(A) Within 24 hours
(B) Within 48 hours

86

Step 2

대화를 듣고 질문에 알맞은 답을 고르세요. 그런 다음 다시 들으면서 빈칸을 채우세요. 🎧 P3-22 / 해설 p.41

[1-3]

1 Who most likely is the man?
   (A) A salesperson
   (B) A delivery man
   (C) A technician

2 What did the woman order last week?
   (A) A rice cooker
   (B) Some rice
   (C) A pan

3 When will the woman get home?
   (A) Before 2 o'clock
   (B) Before 3 o'clock
   (C) Before 4 o'clock

어휘 technician 몡 기술자 pan 몡 냄비

M Hello, this is EJ Speed (1)_____. It seems you have a parcel from LT Appliances.

W Oh, it must be the (2)_____ I ordered last week.

M Will you be home between (3)_____ and 3?

W Yes, I will be home before you arrive.

어휘 parcel 몡 소포 arrive 동 도착하다

[4-6]

4 Where is the conversation most likely taking place?
   (A) At a flower shop
   (B) At a parking garage
   (C) At a furniture store

5 How many items does the man require?
   (A) Three
   (B) Ten
   (C) Twenty

6 What will the woman most likely do next?
   (A) Make a phone call
   (B) Carry some boxes
   (C) Locate some items

어휘 furniture 몡 가구 locate 동 위치를 찾다

M Good afternoon. I need more of these (1)_____, but there are only three boxes on the shelf.

W Okay, how many of them do you need in total?

M I need a total of (2)_____.

W Let me (3)_____ someone to bring your items out for you.

어휘 shelf 몡 선반, 진열장 total 몡 합계

토익 실전 감각 익히기

1. Where most likely are the speakers?
   (A) At an electronic store
   (B) At a clothing shop
   (C) At a repair shop
   (D) At a travel agency

2. What problem does the woman mention?
   (A) She lost her receipt.
   (B) Her purchase is damaged.
   (C) Her purchase is not working.
   (D) She has to pay an additional fee.

3. What will the man most likely do next?
   (A) Provide a refund
   (B) Get another item
   (C) Make a phone call
   (D) Visit another store

   어휘 electronic 형 전자의 receipt 명 영수증 purchase 명 구입품 fee 명 요금

4. Where most likely are the speakers?
   (A) At a hotel
   (B) At an airport
   (C) At an exhibition
   (D) At a post office

5. What problem does the woman mention?
   (A) Her luggage was misplaced.
   (B) Her flight was canceled.
   (C) An exhibit was moved.
   (D) A store was closed.

6. What does the man ask the woman to do?
   (A) Examine a map
   (B) Give a description
   (C) Take another flight
   (D) Go to a counter

   어휘 exhibition 명 전시회 exhibit 명 전시품 examine 동 검토하다 description 명 묘사

7. Where does the woman most likely work?
   (A) At a moving company
   (B) At a shipping company
   (C) At a real estate agency
   (D) At a market

8. What information does the woman request?
   (A) Public transportation
   (B) Acceptable rental fee
   (C) A copy of rental contract
   (D) The location of the apartment

9. What will the woman most likely do next?
   (A) Make a phone call
   (B) Send a list
   (C) Sign a contract
   (D) Search for information

Trains to Golden Heights

Departure	Train No.	Departure	Train No.
7:00 A.M.	Express 101	8:00 A.M.	Local 203
8:00 A.M.	Express 102	9:00 A.M.	Local 204

10. What is the woman confused about?
    (A) Train number
    (B) Platform number
    (C) Departure time
    (D) Arrival time

11. Look at the graphic. Which train will the woman take?
    (A) Express 101   (B) Express 102
    (C) Local 203   (D) Local 204

12. What will the man most likely do next?
    (A) Find a seat for the woman
    (B) Direct the woman to a platform
    (C) Wait for a local train
    (D) Speak with a conductor

어휘로 마무리

이번 Unit에 나온 어휘 중 반드시 기억해야 할 것들만 모았습니다.
우리말 뜻을 가리고 체크해 본 후, 꼭 외워 두세요.

P3-24

☐ return	동 반품하다	☐ crack	명 금 동 금이 가다
☐ receipt	명 영수증	☐ replacement	명 교환
☐ refund	명 환불 동 환불하다	☐ exchange	동 교환하다
☐ designer	명 디자이너	☐ electronic store	전자매장
☐ wrong	형 잘못된, 틀린	☐ repair shop	수리점
☐ require	동 요구하다	☐ purchase	명 구매, 구매품
☐ proof of purchase	구매의 증거 (= receipt)	☐ damaged	형 파손된
☐ order form	주문 양식	☐ additional fee	추가 요금
☐ delay	동 미루다, 지연시키다	☐ luggage	명 짐
☐ dental appointment	치과 예약	☐ duty-free counter	면세 매장
☐ clinic	명 병원	☐ describe	동 기술하다, 설명하다
☐ travel agency	여행사	☐ misplace	동 잘못 두다
☐ suitable	형 적절한, 적당한	☐ flight	명 항공편
☐ stop by	잠깐 들르다 (= drop by)	☐ exhibit	명 전시
☐ tenant	명 세입자	☐ give a description	기술하다, 설명하다
☐ real estate agent	부동산 중개인	☐ moving company	이삿짐 센터
☐ suggest	동 제안하다	☐ shipping company	배송 회사
☐ under the name	~의 이름으로	☐ real estate agency	부동산
☐ dry cleaning	세탁	☐ public transportation	대중교통
☐ delivery	명 배송	☐ acceptable	형 받아들일 수 있는
☐ parcel	명 소포	☐ rental fee	임대료
☐ rice cooker	밥솥	☐ search for	검색하다, 찾다
☐ salesperson	명 판매원	☐ express train	급행 열차
☐ delivery man	배달원	☐ local train	보통(완행) 열차
☐ technician	명 기술자	☐ across from	~의 맞은편에
☐ shelf	명 선반, 진열장	☐ departure time	출발 시간
☐ in total	통틀어, 전체로	☐ direct	동 ~로 안내하다
☐ parking garage	주차장	☐ conductor	명 역무원

UNIT 9

Unit 10 Part 3 여가 활동

여행/외식

여행(trip), 휴가(vacation) 전에 항공편(flight), 숙박 시설(accommodation)을 예약하거나, 대중교통(public transportation) 이용, 식당자리(table) 예약, 메뉴(menu) 추천 등 관련 대화가 주로 등장합니다.

Step 1 우리말로 대화의 흐름을 보면서 질문의 요지를 미리 파악해 보세요.

여 안녕하세요, 조지. 시모어 여행은 어땠나요?
남 정말 즐거웠어요. 그곳에 스키를 타러 가고 싶다면 적극 추천해요. 당신의 여행은 어땠어요?
여 그것은 끔찍했어요. 비행이 악천후로 여섯 시간 넘게 지연됐거든요.

1. 대화 주제
   ▶ **Tip** 초반부 'How was your _____?'에 유의
2. 남자가 Seymour에 대해 제안하는 것
   ▶ **Tip** 남자의 말에서 'Seymour'에 이어지는 내용에 유의
3. 여자가 '끔찍했다'고 말하는 이유 [의도 파악 문제]
   ▶ **Tip** 여자의 말에서 '끔찍했다'에 이어지는 내용에 유의

Step 2 대화를 영어로 들으면서 빈칸을 채우고, 오른편 질문의 답을 찾아 보세요. 🎧 P3-25 / 해설 p.45

W Hi, George. How was your (1)_____ to Seymour?

M I had so much fun. If you want to go (2)_____ there, I highly recommend it. How was your trip?

W It was awful. The flight was (3)_____ for over six hours because of the bad weather.

어휘 highly ⑼ 매우 recommend ⑻ 추천하다 awful ⑼ 끔찍한

1. What are the speakers talking about?
   (A) Trips
   (B) Delayed schedules
2. What does the man suggest doing in Seymour?
   (A) A summer sport
   (B) A winter sport
3. Why does the woman say, "It was awful"?
   (A) She doesn't like sports.
   (B) Her flight was postponed.

어휘 delayed ⑼ 지체된 postpone ⑻ 연기하다

paraphrasing
recommend → suggest
추천하다 → 제안하다

skiing → a winter sport
스키 타기 → 겨울 스포츠

정답 1. (A) 2. (B) 3. (B)

연극/영화

극장(theater)에서 연극(play) 또는 콘서트(concert) 관람, 영화관(cinema)에서 최신 영화(latest movie) 관람, 표(ticket) 구매 또는 관람 후 출연진(cast), 배우(actors), 공연(performance)에 대한 후기(review) 등의 대화들이 주로 등장합니다.

Step 1   우리말로 대화의 흐름을 보면서 질문의 요지를 미리 파악해 보세요.

남   이번 토요일에 할리우드 극장에서 〈더 라이어〉를 볼 계획이에요.

여1   아, 저는 어젯밤에 그것을 봤는데 대단했어요. 출연진이 훌륭해서 정말 좋았어요.

여2   저도 그랬어요. 미리 온라인에서 입장권 예매하는 것을 잊지 마세요. 20% 할인을 받거든요.

1. 대화 주제
   ▶ Tip 초반부 'I'm planning to _____'에 유의

2. 여자들이 The Liar에 대해 가장 좋았다고 한 것은?
   ▶ Tip 여자들의 대화 중 '좋다' 관련 어휘에 유의

3. 할인을 받기 위해 남자가 할 일
   ▶ Tip 여자의 제안에서 '할인' 표현에 유의

Step 2   대화를 영어로 들으면서 빈칸을 채우고, 오른편 질문의 답을 찾아 보세요.   🎧 P3-26 / 해설 p.45

M   I'm planning to see *The Liar* at Hollywood ⁽¹⁾_____ this Saturday.

W1   Oh, I saw it last night. It was amazing. The ⁽²⁾_____ was so great that I was totally into it.

W2   So did I. And don't forget to reserve tickets ⁽³⁾_____ in advance. You will get a 20% discount.

어휘 amazing ⑱ 놀라운, 대단한   totally ⑲ 완전히   be into ~에 빠지다   reserve ⑧ 예약하다   in advance 미리

1. What are the speakers talking about?
   (A) An exhibit
   (B) A play

2. What do the women like best about *The Liar*?
   (A) The actors
   (B) The music

3. What should the man do to get a discount?
   (A) Arrive early
   (B) Visit a Web site

어휘 exhibit ⑲ 전시회   play ⑲ 연극

paraphrasing
theater → a play
극장 → 연극

the cast → actors
출연진 → 배우들

online → a Web site
온라인 → 웹사이트

정답 1. (B) 2. (A) 3. (B)

전시 / 축제

그림(painting)과 같은 예술품(artwork)의 전시회(exhibition) 관람, 박물관(museum) 방문, 지역의 연례(annual) 축제(festival), 지역 모금 행사(fundraiser) 등의 대화가 주로 출제됩니다.

Step 1 우리말로 대화의 흐름을 보면서 질문의 요지를 미리 파악해 보세요.

남 수잔, 지난 주말 예술제에 갔었나요?
여 네, 정말 좋았어요. 저는 거의 매년 가요. 올해는 훨씬 더 특별했답니다. 제임스 한이 왔거든요.
남 화가 말인가요? 그가 행사를 위해 돈을 기부했다고 들었어요.

1. 대화 주제
   ▶ **Tip** 초반부에 언급된 명사에 유의

2. 여자의 행사 참석 빈도
   ▶ **Tip** 여자가 한 말 중 빈도 관련 어휘에 유의

3. 여자가 '올해는 더 특별했다'고 말하는 의도
   [의도 파악 문제]
   ▶ **Tip** 여자가 한 말 중 '올해는 더 특별했어요'에 이어지는 내용에 유의

Step 2 대화를 영어로 들으면서 빈칸을 채우고, 오른편 질문의 답을 찾아 보세요. 🎧 P3-27 / 해설 p.45

M Susan, did you go to the art ⁽¹⁾_____ last weekend?

W Yeah, it was great. I go almost ⁽²⁾_____. This year, it was even more special. James Han was there.

M The ⁽³⁾_____? I heard he donated money for the event.

어휘 donate 동 기부하다

1. What is the conversation mainly about?
   (A) A festival
   (B) A fashion show

2. How often does the woman go to the event?
   (A) Once a year
   (B) Twice a year

3. Why does the woman say, "This year, it was even more special."?
   (A) An artist showed up.
   (B) There was a special guest speaker.

어휘 show up 나타나다 guest speaker 초청 연사

paraphrasing
every year → once a year
매년 → 1년에 한 번

a painter → an artist
화가 → 화가, 예술가

정답 1. (A) 2. (A) 3. (A)

빈출 어휘 및 표현 🎧 P3-28

여행 / 외식

trip 여행(= travel)	rent a car 차를 빌리다
tourist 관광객(= traveler)	suite 스위트룸
itinerary 여행 일정표	buffet 뷔페
recommend 추천하다(= suggest)	menu 메뉴
destination 목적지	round trip 왕복 여행

연극 / 영화

theater 극장	cast 출연진(= actors)
cinema 영화관	critic 평론가
performance 공연	review 공연 평, 논평
concert 콘서트	positive 긍정적인
opera 오페라	negative 부정적인
musical 뮤지컬	seat 좌석

전시 / 축제

exhibition 전시회	author 작가(= writer)
museum 박물관	painter 화가(= artist)
exhibit 전시, 전시품; 전시하다	painting 그림(= drawing)
festival 축제	sculpture 조각
donate 기증하다	annually 매년(= every year, once a year)
fundraiser 모금 행사	admission 입장료

Check Up
해설 p.45

우리말을 보고 빈칸을 채우세요.

1. ex_____ paintings 그림을 전시하다
2. do_____ a computer 컴퓨터를 기증하다
3. Ad_____ is free. 입장료는 무료입니다.
4. get a good re_____ 좋은 평을 받다
5. get to the des_____ 목적지에 도착하다
6. give a ne_____ review 부정적인 평을 주다
7. adjust the it_____ 여행 일정을 조정하다
8. have s_____s available
   이용 가능한 좌석들이 있다
9. speak to the cr_____ 평론가와 이야기하다
10. offer expensive m_____ items
    비싼 메뉴의 음식들을 제공하다
11. attend a fun_____ 모금 행사에 참석하다
12. hold a festival ann_____ 매년 축제를 개최하다

토익 감잡기

Step 1

대화를 들으며 빈칸을 채운 후, 알맞은 답을 고르세요. 대화는 두 번 들려드립니다. 🎧 P3-29 / 해설 p. 45

[1-2]

> W Hi, I have a reservation to (1)_____ under Green.
>
> M Let me see. Ms. Jane Green?
>
> W Yes, I have reserved a compact car for two days.
>
> M Okay, can I (2)_____ your driver's (3)_____?

어휘 reservation 몡 예약 compact car 소형차

1. Where does the conversation probably take place?
   (A) At a car rental agency
   (B) At an auto repair shop

   auto repair shop 자동차 정비소

2. What does the man ask for?
   (A) A receipt
   (B) A driving permit

   receipt 몡 영수증 permit 몡 허가증

[3-4]

> M Sue, let's take the next express train.
>
> W OK. It has (1)_____ stops.
>
> M We should be at the museum at least (2)_____ it closes at (3)_____.
>
> W Yes, that's right.

어휘 express train 급행열차 museum 몡 박물관 at least 최소한

3. Why does the man suggest taking an express train?
   (A) To get to the destination faster
   (B) To stay longer at the station

   destination 몡 목적지

4. When will the speakers most likely arrive at the destination?
   (A) At 4 o'clock
   (B) At 5 o'clock

Step 2

대화를 듣고 질문에 알맞은 답을 고르세요. 그런 다음 다시 들으면서 빈칸을 채우세요. 🎧 P3-30 / 해설 p.46

[1-3]

1 Where most likely are the speakers?
   (A) At an airport
   (B) At a bus stop
   (C) On a bus

2 Why is the first half of the trip slow?
   (A) There are many stops.
   (B) The route crosses downtown.
   (C) Traffic is currently very heavy.

3 Why does the woman say, "Oh, really"?
   (A) She found the man works at her company.
   (B) She will be on the same flight as the man.
   (C) The bus will arrive late at the airport.

M Excuse me, ma'am. Is this an airport shuttle (1)_____? We seem to be making so many (2)_____.

W Yes, it does during the first half of the trip. When does your flight depart?

M My flight takes off at 10:45 for Taipei.

W Oh, really? I think we're on the (3)_____.

어휘 flight 명 비행 depart 동 출발하다 take off 이륙하다

[4-6]

4 What does the man want to arrange?
   (A) A business trip
   (B) A family dinner
   (C) A venue for a meeting

5 According to the women, what is indicated about Hirotomi?
   (A) It has nice pasta.
   (B) It is very busy on the weekend.
   (C) It sells Japanese dishes.

6 What will the man receive?
   (A) A map
   (B) A number
   (C) A coupon

M My parents are visiting on Saturday, so I'd like to take them out for (1)_____. Can you recommend a nice restaurant?

W1 Let's see. Santini has great pasta, but it's too crowded on the weekends. How about Hirotomi?

W2 That Japanese restaurant has excellent (2)_____. Let me give you a (3)_____ for a free salad.

M Hirotomi sounds good. Thank you.

어휘 recommend 동 추천하다 crowded 형 붐비는

토익 실전 감각 익히기

🎧 P3-31 / 해설 p.47

1. What are the speakers mainly discussing?
   (A) A special sale
   (B) A company picnic
   (C) A charity event
   (D) A school activity

2. Who most likely is the woman?
   (A) An artist
   (B) A salesperson
   (C) An instructor
   (D) An investor

3. What will the man most likely do next?
   (A) Make a phone call
   (B) Attend the festival
   (C) Speak to a student
   (D) Check the schedule

어휘 charity 명 자선 instructor 명 강사 investor 명 투자자

4. How did the man learn about the restaurant?
   (A) From a friend
   (B) From a magazine
   (C) From the Internet
   (D) From a coworker

5. What do the women mention about the restaurant?
   (A) It is very small.
   (B) It has a lunch buffet.
   (C) It offers a delivery service.
   (D) It has expensive menu items.

6. What will the man most likely do next?
   (A) Go to the restaurant
   (B) Make a phone call
   (C) Look at a menu
   (D) Call for a taxi

어휘 coworker 명 동료 call for ~를 부르다

7. What are the speakers mainly talking about?
   (A) A critic
   (B) A book
   (C) An author
   (D) A publisher

8. What is mentioned about Andrew Melon?
   (A) He is an animation writer.
   (B) His first book was released.
   (C) He gave a negative review for a book.
   (D) He recently wrote a very popular novel.

9. What does the woman recommend that the man do?
   (A) Contact the novelist
   (B) Speak to the critic
   (C) Analyze the book
   (D) Send an e-mail

어휘 critic 명 비평가 author 명 저자 analyze 동 분석하다

Wexford City Opera

Upper circle	$145	Main stall	$110
Founder circle	$130	Side stall	$90

10. Why is the woman calling?
    (A) To make a reservation
    (B) To reply to an inquiry
    (C) To offer an apology
    (D) To sign up for a program

11. How many people are in the woman's group?
    (A) Five   (B) Seven
    (C) Fifteen   (D) Seventeen

12. Look at the graphic. How much will the woman pay for each ticket?
    (A) $145   (B) $130
    (C) $110   (D) $90

어휘로 마무리

이번 Unit에 나온 어휘 중 반드시 기억해야 할 것들만 모았습니다.
우리말 뜻을 가리고 체크해 본 후, 꼭 외워 두세요.

🎧 P3-32

☐ highly	🖎 매우	☐ crowded	🖎 붐비는
☐ recommend	🖎 추천하다	☐ voucher	🖎 바우처, 쿠폰(= coupon)
☐ awful	🖎 끔찍한	☐ venue	🖎 장소
☐ delay	🖎 지연시키다	☐ fundraiser	🖎 모금 행사
☐ theater	🖎 극장	☐ be interested in	~에 흥미가 있다
☐ amazing	🖎 놀라운	☐ local	🖎 지역의
☐ cast	🖎 출연진	☐ charity event	자선 행사
☐ be into	~에 빠지다	☐ artist	🖎 예술가
☐ exhibit	🖎 전시, 전시품	☐ salesperson	🖎 판매원
☐ festival	🖎 축제	☐ instructor	🖎 강사
☐ donate	🖎 기부하다, 기증하다	☐ investor	🖎 투자자
☐ show up	나타나다	☐ lunch buffet	뷔페식 점심
☐ compact car	소형차	☐ regular	🖎 일반적인, 보통의
☐ driver's license	운전면허증	☐ tiny	🖎 작은
☐ car rental agency	렌터카 회사	☐ delivery service	배달 서비스
☐ auto repair shop	자동차 정비업소	☐ review	🖎 공연 평, 논평
☐ permit	🖎 허가, 허가증	☐ negative	🖎 부정적인
☐ stop	🖎 정거장	☐ criticize	🖎 비평하다, 비판하다
☐ at least	적어도, 최소한	☐ latest	🖎 최신의, 최근의
☐ destination	🖎 목적지	☐ novel	🖎 소설
☐ station	🖎 역, 정거장	☐ critic	🖎 비평가
☐ airport	🖎 공항	☐ author	🖎 작가(= writer)
☐ shuttle bus	셔틀 버스	☐ publisher	🖎 출판사
☐ make a stop	멈추다, 정차하다	☐ novelist	🖎 소설가
☐ depart	🖎 출발하다(= leave)	☐ analyze	🖎 분석하다
☐ take off	이륙하다	☐ performance	🖎 공연
☐ route	🖎 노선, 길	☐ apology	🖎 사과
☐ cross	🖎 (가로질러) 건너다	☐ sign up for	~에 등록하다

UNIT 10

Part 4
안내, 공지, 전화 메시지

안내

미술관(art gallery), 박물관(museum), 지역 명소(tourist attractions), 공장(factory, plant)의 견학 안내(tour information) 또는 사내 행사 일정(schedule) 안내 등의 담화 내용들이 출제됩니다.

Step 1 우리말로 담화의 흐름을 보면서 질문의 요지를 미리 파악해 보세요.

회의 첫째 날에 오신 것을 환영합니다. 오늘은 회계 분야 전문가들로부터 이야기를 들을 예정입니다. 이후 둘째 날과 셋째 날은 회계 워크샵이 실시될 것입니다. 이제 기조 연설이 있겠습니다.	1. 청자들의 신분 [추론 문제] ▶ **Tip** 담화 중 직업의 단서 어휘에 유의 2. 회의 지속 기간 ▶ **Tip** 기간을 나타내는 표현에 유의 3. 청자들이 다음에 할 행동 ▶ **Tip** It is time for 다음에 이어지는 표현에 유의

Step 2 담화를 영어로 들으면서 빈칸을 채우고, 오른편 질문의 답을 찾아 보세요. 🎧 P4-01 / 해설 p.50

Welcome to the first day of this conference. Today, we will hear from some experts in the field of (1)_____. Then, the second and (2)_____ day will be spent conducting accounting workshops. Now, it is time for the keynote (3)_____.

1. Who most likely are the listeners?
   (A) Lawyers
   (B) Accountants

2. For how many days will the conference last?
   (A) Two
   (B) Three

3. What will the listeners do next?
   (A) Listen to a speech
   (B) Check an account

어휘 conference 몡 회의 expert 몡 전문가 conduct 툉 실시하다 keynote 몡 기조, 기본 방침

어휘 lawyer 몡 변호사 accountant 몡 회계사 account 몡 계좌

paraphrasing in the field of accounting → accountants
회계 분야 → 회계사들

정답 1. (B) 2. (B) 3. (A)

공지

대중교통(public transportation)의 출발(departure) 또는 도착(arrival) 시간의 지연(delay)이나 변경(change), 대체(alternative) 교통 수단을 알리는 공지, 사내 회사 방침(company regulations)의 변경, 영업 시간(business hours) 마감과 같은 공지(announcement) 관련 내용이 많이 출제됩니다.

Step 1 우리말로 담화의 흐름을 보면서 질문의 요지를 미리 파악해 보세요.

팰리스 뮤지컬 극장에 오신 것을 환영합니다. 공연이 곧 시작되겠습니다. 공연 중에는 사진 촬영을 삼가 주시기를 부탁드립니다. 그렇지만 공연 이후에는 로비에서 사인이 들어간 기념 사진을 구매하실 수 있습니다. 공연을 즐겁게 감상하시기 바랍니다.	1. 공지의 장소 ▶ **Tip** 초반부 고유명사의 끝부분에 유의 2. 청자들에게 금지된 행동 ▶ **Tip** '부정' 의미의 표현에 유의 3. 로비에서 구매 가능한 것 ▶ **Tip** '로비' 표현에 이어지는 명사에 유의

Step 2 담화를 영어로 들으면서 빈칸을 채우고, 오른편 질문의 답을 찾아 보세요. 🎧 P4-02 / 해설 p.50

Welcome to the Palace Musical ⁽¹⁾ _____. The show will start in a minute. We ask that you please refrain from taking ⁽²⁾ _____ during the performance. However, you may purchase signed souvenir ⁽³⁾ _____ in the lobby after the show. We hope you enjoy the show.

어휘 refrain from ~을 삼가다 performance 뗑 공연
purchase 통 구매하다 souvenir 몡 기념품

1. Where is the announcement taking place?
   (A) At a museum
   (B) At a theater

2. According to the speaker, what are the listeners not permitted to do?
   (A) Take pictures
   (B) Eat snacks

3. What can be purchased in the lobby?
   (A) T-shirts
   (B) Photos

어휘 theater 뗑 극장

paraphrasing
take photographs → take pictures
사진을 찍다 → 사진을 찍다

refrain from → not permitted
~을 삼가다 → 허용되지 않다

photographs → photos
사진 → 사진

정답 1. (B) 2. (A) 3. (B)

전화 메시지

주문(order) 관련 요청(request)이나 배송(shipping), 예약(reservation) 확인 등과 관련한 녹음 메시지(recorded message) 또는 관공서의 자동응답(ARS) 메시지가 출제됩니다.

Step 1 우리말로 담화의 흐름을 보면서 질문의 요지를 미리 파악해 보세요.

안녕하세요, 황 선생님. 효 센트럴 병원의 마리 루이스입니다. 귀하의 건강 검진이 목요일 아침 9시로 예정되어 있음을 다시 한 번 알려드리고자 전화드렸습니다. 검진에 앞서 최소한 8시간 전에는 아무것도 드시면 안 된다는 것을 기억하세요. 감사합니다.

1. 전화 메시지의 목적
   ▶ Tip 담화 초반부에 유의
2. 청자의 도착 예정 시간
   ▶ Tip 담화 중 '시간' 표현에 유의
3. 청자가 주의해야 할 사항
   ▶ Tip 담화의 마지막 부분 '주의사항'에 유의

Step 2 담화를 영어로 들으면서 빈칸을 채우고, 오른편 질문의 답을 찾아 보세요. 🎧 P4-03 / 해설 p.50

Hello, Ms. Hwang. This is Marie Lewis from Hyo Central Hospital. This call is just to ⁽¹⁾_____ you that your physical examination is scheduled at ⁽²⁾_____ on Thursday morning. Please remember ⁽³⁾_____ anything for at least eight hours before your checkup. Thank you.

1. What is the main purpose of this message?
   (A) To give a reminder
   (B) To change an appointment
2. What time is the listener scheduled to arrive?
   (A) At 8:00
   (B) At 9:00
3. What is the listener instructed to do?
   (A) Bring a document
   (B) Avoid eating

어휘 physical examination 건강 검진 at least 최소한 checkup 몡 검진

어휘 reminder 몡 상기시키는 것 document 몡 서류 avoid 동 피하다

paraphrasing remind → to give a reminder
상기시키다 → 상기시키기 위하여

not eat anything → avoid eating
아무것도 먹지 않다 → 먹는 것을 피하다

정답 1. (A) 2. (B) 3. (B)

빈출 어휘 및 표현 🎧 P4-04

안내

guide 안내원
be not permitted[allowed] 허용되지 않다
conduct 진행하다
expert 전문가
gift shop 기념품 가게(= souvenir shop)

host 주최하다
keynote speech 기조 연설
look around 둘러보다
take a picture[photograph] 사진을 찍다
tour 견학, 관광

공지

apologize for ~에 대해 사과하다
captain 기장(= pilot)
connecting flight 연결 항공편
inconvenience 불편
land 착륙하다

mechanical problem 기계적 결함
refrain from ~을 삼가다
reminder 알림, 알릴 것
storm 폭풍
transfer 갈아타다

전화 메시지

address 주소
after the tone 신호음이 나온 후에
appointment 약속, 예약
call back 전화에 회신하다(= return a call)
checkup 검진(= examination)
confirm 확인하다

overbook 초과 예약하다
receive a message 메시지를 받다
regarding ~에 관하여
remind 상기시키다
request 요청하다
select 선택하다(= choose)

Check Up

해설 p. 50

우리말을 보고 빈칸을 채우세요.

1. h_____ this retirement party
   이번 퇴임 기념 파티를 주최하다

2. re_____ her of an appointment
   그녀에게 약속을 상기시키다

3. ap_____ for a delay 지연된 것에 사과하다

4. re_____ a repair 수리를 요청하다

5. se_____ another item 다른 물품을 선택하다

6. re_____ from taking pictures
   사진 촬영을 삼가다

7. have a few re_____s 몇 가지 알릴 것이 있다

8. provide his ad_____ 주소를 제공하다

9. a message re_____ the wrong delivery
   잘못된 배송에 관한 메시지

10. before a regular ch_____ 정기 검진 전에

11. at the end of the t_____ 견학 마지막에

12. I'll be your g_____ today.
    제가 오늘 여러분의 안내원입니다

토익 감잡기

Step 1

대화를 들으며 빈칸을 채운 후, 알맞은 답을 고르세요. 대화는 두 번 들려드립니다. 🎧 P4-05 / 해설 p.50

[1-2]

> Attention, all passengers. This is your ⁽¹⁾_____ speaking. Due to a heavy ⁽²⁾_____, we will be landing at Monroe International Airport ⁽³⁾_____ High Plains Airport. We sincerely apologize for any inconvenience this will cause you.

어휘 attention 명 주목 passenger 명 승객 land 동 착륙하다 apologize 동 사과하다 inconvenience 명 불편 cause 동 야기하다

1 Where most likely are the listeners?
 (A) On an airplane
 (B) At an airport

2 What has caused the problem?
 (A) The bad weather
 (B) Heavy traffic

[3-4]

> Hello, Ms. Karson. This is Steve from KP Electronics. We received your ⁽¹⁾_____ for the Dyonic vacuum cleaner on Tuesday. Our delivery man went to drop it off on Friday, but he was unable to find the ⁽²⁾_____ of the house. Please ⁽³⁾_____ us back at 555-2685. Thank you.

어휘 receive 동 받다 order 명 주문 vacuum cleaner 진공청소기 delivery 명 배송 drop off 배달하다

3 What did Ms. Karson do on Tuesday?
 (A) She ordered an appliance.
 (B) She opened a bank account.

appliance 명 가전 제품 bank account 은행 계좌

4 What is Ms. Karson asked to do?
 (A) Make a reservation
 (B) Return a phone call

102

Step 2

대화를 듣고 질문에 알맞은 답을 고르세요. 그런 다음 다시 들으면서 빈칸을 채우세요. 🎧 P4-06 / 해설 p.51

[1-3]

1. Where is this event taking place?
   (A) At a resort
   (B) At the office
   (C) At a reception hall

2. How many years has the event been hosted in this location?
   (A) Three
   (B) Six
   (C) Twelve

3. What will the listeners most likely do next?
   (A) Play team games
   (B) Eat some barbecue
   (C) Watch a performance

Hello, employees and guests. Welcome to the twelfth annual Milton Associates Legal Firm picnic. I'd like to thank the Hillside (1)_____ for hosting our outings for the (2)_____ year in a row. Now you're all invited to enjoy the wonderful (3)_____ that our financial team has prepared for you.

어휘 annual 형 연례의 host 동 주최하다 outing 명 야유회 financial 형 재정의, 금융의

[4-6]

4. Why is Ms. Park calling Mr. Ahmad?
   (A) To cancel a hotel reservation
   (B) To announce an airline change
   (C) To discuss travel arrangements

5. Why is the 6:15 flight unavailable?
   (A) It was canceled due to the weather.
   (B) Too many tickets have been sold.
   (C) It will arrive later than expected.

6. What does Ms. Park ask Mr. Ahmad to do?
   (A) Choose another flight
   (B) Depart at an earlier time
   (C) Place some books on the shelves

어휘 announce 동 공지하다 unavailable 형 이용할 수 없는

Hello, Mr. Ahmad. This is Eileen Park calling from Gervais Travel. I've been having problems with your (1)_____. The time that you requested, 6:15, is already (2)_____. However, There are two other flights with that airline leaving that evening, at 7:30 and 9:45. Please (3)_____ one of these times and call me back.

어휘 request 동 요청하다 select 동 선택하다

토익 실전 감각 익히기

1. Where most likely is this announcement being given?
   (A) In a tour bus
   (B) In a restaurant
   (C) In a cooking school
   (D) In a museum

2. What is indicated about Longman Folk Village?
   (A) It includes a farm.
   (B) It is part of a history museum.
   (C) It is closed for renovations.
   (D) It does not allow photography.

3. What does the speaker suggest the audience do?
   (A) Sit on the right side of the tour bus
   (B) Carry snacks in their backpacks
   (C) Unpack their umbrellas
   (D) Put away their cameras

4. Why did Ms. Smith most likely call the speaker?
   (A) To report a problem
   (B) To order a product
   (C) To schedule a meeting
   (D) To update an order

5. Why does the speaker say, "This surprised me."?
   (A) She has shopped at the store for years.
   (B) She is not interested in buying a product.
   (C) She is required to attend a meeting.
   (D) She will need to submit information.

6. What does the speaker ask Ms. Smith to do?
   (A) Submit documents
   (B) Provide an address
   (C) Select another item
   (D) Choose a location

7. What is the purpose of this announcement?
   (A) To advertise for employees
   (B) To inform about a closing
   (C) To announce a reopening
   (D) To promote entertainment

8. How has the restaurant changed?
   (A) The building was expanded.
   (B) The interior was redecorated.
   (C) Some trees were planted.
   (D) The kitchen was redesigned.

9. What is special about Sunday?
   (A) Free salads will be served.
   (B) All drinks are free.
   (C) There will be no reservations.
   (D) Children can eat at no charge.

2nd FLOOR LAYOUT

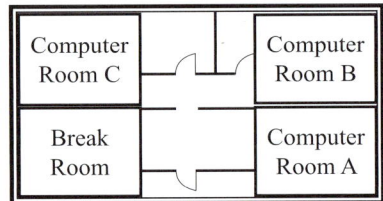

10. What department does the speaker work for?
    (A) Training   (B) Human resources
    (C) Market research   (D) Customer service

11. What most likely will happen in 10 minutes?
    (A) A meal break will begin.
    (B) Job interviews will take place.
    (C) A workshop will conclude.
    (D) Job training will happen.

12. Look at the graphic. Which room are the trainees instructed to move to?
    (A) Computer Room A
    (B) Computer Room B
    (C) Computer Room C
    (D) Break Room

어휘 submit 동 제출하다 location 명 장소

어휘로 마무리

이번 Unit에 나온 어휘 중 반드시 기억해야 할 것들만 모았습니다.
우리말 뜻을 가리고 체크해 본 후, 꼭 외워 두세요.

🎧 P4-08

☐ conference	몡 컨퍼런스, 회의	☐ prepare for	~을 준비하다
☐ expert	몡 전문가	☐ reception hall	피로연장
☐ accounting	몡 회계	☐ return flight	귀국 항공편
☐ keynote speech	기조 연설	☐ overbooked	혱 예약이 초과된
☐ lawyer	몡 변호사	☐ select	통 선택하다 (= choose)
☐ accountant	몡 회계사	☐ travel arrangement	여행 준비
☐ refrain from	~을 삼가다	☐ due to	전 ~ 때문에
☐ purchase	통 구매하다	☐ depart	통 출발하다
☐ physical examination	신체검사	☐ place	통 놓다, 두다
☐ at least	적어도, 최소한	☐ itinerary	몡 여행 일정표
☐ checkup	몡 검진 (= examination)	☐ board	통 타다
☐ reminder	몡 알림, 상기시키는 말	☐ expect	통 기대하다, 예상하다
☐ avoid	통 피하다	☐ include	통 포함하다
☐ captain	몡 기장 (= pilot)	☐ audience	몡 청중
☐ thunderstorm	몡 뇌우	☐ unpack	통 풀다, 꺼내다
☐ sincerely	분 진심으로	☐ replace	통 교체하다
☐ apologize	통 사과하다	☐ submit	통 제출하다
☐ inconvenience	몡 불편	☐ grand opening	대규모 개장
☐ vacuum cleaner	진공청소기	☐ interior	몡 내부
☐ drop off	내려주다, 가져다 주다	☐ decorate	통 장식하다
☐ be unable to	~을 할 수 없다	☐ traditional	혱 전통적인
☐ address	몡 주소	☐ for free	무료로 (= at no charge)
☐ call back	전화에 회신하다	☐ advertise	홍보하다, 광고하다
☐ appliance	몡 가전 제품	☐ inform	통 알리다
☐ bank account	은행 계좌	☐ announce	통 공지하다
☐ annual	혱 연례의	☐ reopening	몡 재개장
☐ host	통 주최하다	☐ conclude	통 끝나다
☐ financial team	재무팀	☐ instruct	통 지시하다

UNIT 11

105

Part 4 연설, 광고, 방송

연설

연설은 수상자(recipient) 발표, 초청 연사(guest speaker) 및 신규 직원(new hire) 소개, 회의 의제(agenda), 현장 연수(on-the-job training) 등의 담화가 자주 출제됩니다.

Step 1 우리말로 담화의 흐름을 보면서 질문의 요지를 미리 파악해 보세요.

안녕하세요, 여러분. 모두 연회를 즐기고 계시기를 바랍니다. 제가 올해의 직원상을 시상하게 되어 매우 영광스럽습니다. 올해의 직원상 수상자는 20년간 충심을 다해 근무한 인사부장 캐서린 버넷입니다.	1. 화자가 있는 장소 [추론 문제] ▶ **Tip** 담화의 첫 부분에 유의 2. Burnett 씨의 근속 기간 ▶ **Tip** '기간'을 나타내는 표현에 유의 3. Burnett 씨의 직책 ▶ **Tip** Burnett 이름 바로 앞과 뒤의 '직함'을 나타내는 표현에 유의

Step 2 담화를 영어로 들으면서 빈칸을 채우고, 오른편 질문의 답을 찾아 보세요. 🎧 P4-09 / 해설 p.55

Good evening, everyone. I hope you are all enjoying the ⁽¹⁾_____. It's a great honor for me to present this year's award for Employee of the Year. For her ⁽²⁾_____ years of loyal service, the recipient of the Employee of the Year is the ⁽³⁾_____ of Human Resources, Kathryn Burnett.	1. Where most likely is the speaker? (A) At a banquet (B) At a staff meeting 2. How long has Ms. Burnett been with the company? (A) Twelve years (B) Twenty years 3. What is Ms. Burnett's position? (A) Branch manager (B) Department head
어휘 honor 명 영광 award 명 상 loyal service 성실한 근무 recipient 명 수상자, 수신인	어휘 banquet 명 연회 staff meeting 직원 회의 branch 명 지점 department head 부서장

paraphrasing the director of Human Resources → department head
인사부장 → 부서장

정답 1. (A) 2. (B) 3. (B)

광고

광고는 사무용품(office supplies) 및 가전제품(household appliances)의 할인(sale) 행사, 새로운 매장의 대개장(grand opening), 피트니스 센터(fitness center, health club, gym) 회원 모집 광고, 채용 광고 (job openings), 강좌 등록(sign up for a course) 등의 담화가 많이 출제됩니다.

Step 1   우리말로 담화의 흐름을 보면서 질문의 요지를 미리 파악해 보세요.

쇼핑객 여러분, 안녕하십니까! 사우스페이스 웨어하우스 할인 판매에 오신 것을 환영합니다. 10분 후 시간대별 할인 행사가 시작될 예정입니다. 티셔츠와 반바지가 모두 20달러에 판매되며, 하이킹 부대용품은 10달러입니다. 본 할인은 오후 1시부터 2시까지만 진행되니 이 좋은 기회를 놓치지 마세요!	1. 세일 시작 기간 ▶ Tip '시간'을 나타내는 표현에 유의 2. $10에 할인 판매되는 제품 ▶ Tip '$10'에 유의 3. 특별가 제공 시간 ▶ Tip '기간'을 나타내는 표현에 유의

Step 2   담화를 영어로 들으면서 빈칸을 채우고, 오른편 질문의 답을 찾아 보세요. 🎧 P4-10 / 해설 p.55

Good afternoon, shoppers! Welcome to the Southface Warehouse sale. The timed sale event will begin in ⁽¹⁾_____ minutes. All T-shirts and shorts will be on sale for $20, and all ⁽²⁾_____ accessories will be $10. This sale will take place from ⁽³⁾_____ P.M. only, so don't miss this great chance!

어휘 timed 형 시간이 제한된 shorts 명 반바지 accessory 명 부대용품 take place 일어나다 miss 동 놓치다

1. How soon will the sale begin?
   (A) In ten minutes
   (B) In twenty minutes

2. Which products are being sold at $10?
   (A) Swimming suits
   (B) Outdoor sports accessories

3. How long will the special offer last?
   (A) For an hour
   (B) For two hours

어휘 product 명 제품 swimming suit 수영복

paraphrasing   hiking → outdoor sports
하이킹 → 야외 스포츠

a timed sale → the special offer
시간대별 할인 판매 → 특가 판매

정답 1. (A) 2. (B) 3. (A)

방송

방송은 교통 정보(traffic report), 일기예보(weather report, weather update)가 자주 등장하며, 지역 소식(local news)으로는 새로운 건물의 준공(construction)과 도시 일부 구간의 보수 공사(repair work, maintenance work) 소식이 나오며, 경제 뉴스(business news)로는 기업의 합병(merger) 등의 담화들이 출제됩니다.

Step 1 우리말로 담화의 흐름을 보면서 질문의 요지를 미리 파악해 보세요.

오늘 오전 10시 30분에 여러분께 알려드리는 교통 안내 방송입니다. 펜더 가는 도심 보수공사로 인해 평상시보다 교통이 혼잡할 것입니다. 오늘 시내로 가실 계획이라면 버스를 이용하세요. 일기예보를 전할 피터를 연결하겠습니다.	1. Pender Street의 교통체증의 원인 ▶ Tip 원인을 나타내는 표현 'due to _____'에 유의 2. 청자들이 안내받은 사항 ▶ Tip 'Please _____' 에 유의 3. 청자들이 다음에 청취할 내용 ▶ Tip 담화 마지막 부분에 유의

Step 2 담화를 영어로 들으면서 빈칸을 채우고, 오른편 질문의 답을 찾아 보세요. 🎧 P4-11 / 해설 p.55

This is the traffic report coming to you at 10:30 this morning. Pender Street will have heavier traffic than usual due to ⁽¹⁾_____ work downtown. Please take a ⁽²⁾_____ today if you are planning to come downtown. Now over to Peter for the ⁽³⁾_____ report.

1. What causes heavy traffic on Pender Street?
   (A) Maintenance work
   (B) An accident

2. What are the listeners asked to do?
   (A) Travel in the afternoon
   (B) Use public transportation

3. What will listeners probably hear next?
   (A) A report on the new road
   (B) An update on the weather

어휘 traffic 명 교통 due to ~때문에

어휘 maintenance 명 유지 보수 accident 명 사고 public transportation 대중 교통

paraphrasing repair work → maintenance work
수리 작업 → 보수 작업

a bus → public transportation
버스 → 대중교통

정답 1. (A) 2. (B) 3. (B)

빈출 어휘 및 표현 🎧 P4-12

연설

agenda 회의 안건	reception 연회
banquet 연회	recipient 수상자
in honor of ~을 축하하여	recognize 인정하다
on behalf of ~을 대표하여	spokesperson 대변인
present (상을) 주다, 소개하다	update 최근 소식

광고

annual event 연례 행사	résumé 이력서
give away 거저 주다	sign up for ~에 등록하다 (= register for)
opportunity 기회 (= chance)	successful candidate 합격자
previous work experience 이전 근무 경력	special offer 특별 제공
promotional event 홍보 행사	specialize in ~을 전문으로 하다
requirement 필수 요건	warehouse sale 창고 세일

방송

commercial break 광고 방송 시간	repair work 수리 공사 (= maintenance work)
local news 지역 뉴스	stay tuned 채널을 고정하다
local resident 지역 주민	go out of business 파산하다, 폐점하다
merger 합병	traffic jam 교통 체증
public transportation 대중교통	traffic 차량들, 교통(량)
cloudy 흐린	weather report 일기예보 (= weather update)

Check Up
해설 p.55

우리말을 보고 빈칸을 채우세요.

1. pre_____ an award 상을 수여하다
2. re_____ for a service 서비스를 신청하다
3. give an up_____ 최신 소식을 알려주다
4. be stuck in tr_____ 교통 체증에 걸리다
5. e-mail your ré_____ 이력서를 이메일로 보내다
6. awards ban_____ 시상식 연회
7. announce a business mer_____ 기업 합병을 발표하다
8. The skies are cl_____. 하늘이 흐립니다.
9. a sp_____ for the company 회사의 대변인
10. Don't miss this great special o_____.
    이번 특가 세일을 놓치지 마세요.
11. It has good public tr_____ access.
    그곳은 대중교통 접근성이 좋다.
12. Our shop is going out of bu_____.
    저희 상점은 폐점할 예정입니다.

토익 감잡기

Step 1

대화를 들으며 빈칸을 채운 후, 알맞은 답을 고르세요. 대화는 두 번 들려드립니다. 🎧 P4-13 / 해설 p.55

[1-2]

> This is an FM 88 weather update. Now it's 30 degrees here in Sunnyvale with a high of 35 degrees. With the (1)_____ of rain and (2)_____ heat, farmers are starting to worry about their crops. We would advise you to (3)_____ if possible. Stay tuned for further updates.

어휘 crop 명 작물 advise 동 조언하다, 권고하다 stay tuned 계속 청취하다

1 What causes the farmers to worry about their crops?
  (A) Heavy rain
  (B) Hot and dry weather

2 What are listeners advised to do?
  (A) Stay indoors
  (B) Put on a sun block

put on 바르다, 입다

[3-4]

> Universal Gym will be opening a new branch in Alexandria. We are (1)_____ for all positions from trainers to cleaning staff. To (2)_____, please come to the Alexandria Convention Center this weekend with your (3)_____.

어휘 branch 명 지점 cleaning staff 청소직원

3 What is the main purpose of this advertisement?
  (A) To announce job openings
  (B) To announce an opening date

announce 동 발표하다, 공지하다

4 How can listeners apply?
  (A) By visiting a venue
  (B) By sending an e-mail

venue 명 장소

Step 2

대화를 듣고 질문에 알맞은 답을 고르세요. 그런 다음 다시 들으면서 빈칸을 채우세요. 🎧 P4-14 / 해설 p.56

[1-3]

1 What is the speaker mainly talking about?
   (A) A new employee's relocation
   (B) A new employee's promotion
   (C) A new employee's retirement

2 Why will Ms. Hinata move to Seattle?
   (A) To live near her family
   (B) To live in a less expensive city
   (C) To live in a cooler climate

3 What will happen tomorrow night?
   (A) Ms. Hinata will arrive.
   (B) There will be a dinner.
   (C) Language classes will start.

어휘 relocation 명 이전, 재배치 retirement 명 은퇴

Now let's get to the last item. Jessica Hinata will be (1)_____ us here in Seattle tomorrow morning. She interned at our branch office in Tokyo and then transferred to Los Angeles. I'm told that she requested a transfer here to escape from the (2)_____ in L.A. We will have a team (3)_____ tomorrow night.

어휘 branch office 지사 transfer 명 전근 동 전근을 가다 escape from ~로부터 도망치다

[4-6]

4 What causes the closure of the highway?
   (A) Repair work
   (B) Fire
   (C) Flood

5 Which highway is suffering from a traffic jam?
   (A) Highway 5
   (B) Highway 11
   (C) Highway 15

6 What are the residents advised to do?
   (A) Close windows
   (B) Clean the room
   (C) Stay inside

어휘 closure 명 폐쇄 flood 명 홍수

Due to forest (1)_____ in the Okanagan, Highway 11 will be closed. Traffic is heavier than usual on Highway (2)_____, so drivers are warned to stay away from Highway 15 to avoid getting stuck in traffic. We advise residents to keep your (3)_____ due to the heavy smog.

어휘 warn 동 경고하다 get stuck 갇히다 resident 명 주민

토익 실전 감각 익히기

1. What is taking place in the west wing?
   (A) A store opening
   (B) A conference
   (C) Repair work
   (D) Elevator maintenance

2. What are the listeners advised to do with large office furniture?
   (A) Visit a furniture store
   (B) Speak with their manager
   (C) Move it by themselves
   (D) Contact a moving company

3. When are the listeners asked to finish moving?
   (A) By mid-June
   (B) By the end of June
   (C) By mid-July
   (D) By the end of July

어휘 maintenance 명 유지보수 moving company 이사업체

4. What is the speaker talking about?
   (A) Benefits of an exercise
   (B) New company policies
   (C) A promotional event
   (D) New members

5. Why does the speaker say, "They have all been big successes."?
   (A) They opened a new branch.
   (B) They drew more members.
   (C) They gave away some samples.
   (D) They changed its location.

6. What most likely will the speaker do next?
   (A) Show a video
   (B) Distribute brochures
   (C) Demonstrate an exercise
   (D) Meet with a customer

어휘 benefit 명 혜택 policy 명 정책 distribute 동 나눠주다
demonstrate 동 보여주다

7. What position is the speaker looking for?
   (A) A curator
   (B) A guide
   (C) A painter
   (D) A secretary

8. What is the requirement for the position?
   (A) A college degree
   (B) Work experience
   (C) Relevant knowledge
   (D) Love of art

9. How will the listeners send their documents?
   (A) By mail   (B) By e-mail
   (C) By fax   (D) In person

Name of Company	Items
Dodot Wear	Stage design and costume
Filip Electronics	Electrical equipment
Monae Stage	Outdoor stage equipment
Sonac Perfection	Speakers and audio equipment

10. Who is Sulvia Ellington?
    (A) The CEO   (B) An entertainer
    (C) A spokesperson   (D) A news reporter

11. Look at the graphic. What is going to be installed in Aunu Concert Hall?
    (A) Stage design and costume
    (B) Electrical equipment
    (C) Outdoor stage equipment
    (D) Speakers and audio equipment

12. What can listeners do by visiting the Web site?
    (A) Print out tickets
    (B) Purchase reduced tickets
    (C) Get some information
    (D) Register for a service

어휘로 마무리

이번 Unit에 나온 어휘 중 반드시 기억해야 할 것들만 모았습니다.
우리말 뜻을 가리고 체크해 본 후, 꼭 외워 두세요.

🎧 P4-16

☐ banquet	몡 연회		☐ promotion	몡 승진
☐ honor	몡 영광		☐ retirement	몡 은퇴
☐ present	동 발표하다, 수여하다		☐ climate	몡 기후
☐ award	몡 상		☐ be warned to	~을 하도록 경고를 받다
☐ loyal	형 성실한, 충직한		☐ stay away	멀리 떨어져 있다
☐ recipient	몡 수령인, 수상자		☐ avoid	동 피하다
☐ timed	형 시간이 제한된		☐ resident	몡 주민, 거주자
☐ hiking	몡 하이킹, 등산		☐ flood	몡 홍수
☐ accessory	몡 부대용품, 액세서리		☐ wing	몡 건물의 별관
☐ take place	발생하다, 일어나다		☐ file cabinet	서류함
☐ miss	동 놓치다		☐ section manager	부서장, 과장
☐ traffic report	교통 정보		☐ office furniture	사무용 가구
☐ traffic	몡 교통량		☐ give away	거저 주다
☐ than usual	평소보다		☐ attract	끌어들이다 (= draw)
☐ maintenance	몡 유지보수		☐ pass out	배부하다
☐ weather update	날씨 정보		☐ detail	동 자세히 설명하다
☐ degree	몡 (온도 단위의) 도, 학위		☐ distribute	동 나눠주다, 배포하다
☐ shortage	몡 부족		☐ demonstrate	동 시연하다
☐ dry heat	건조한 열기		☐ successful	형 성공적인
☐ farmer	몡 농부		☐ knowledge	몡 지식
☐ crop	몡 농작물		☐ cover letter	자기소개서
☐ stay tuned	채널을 고정하다		☐ requirement	몡 요구사항
☐ further	부 더, 더 한층		☐ relevant	형 관련된
☐ hire	동 고용하다		☐ in person	직접, 몸소
☐ apply	동 신청하다		☐ entertainer	몡 연예인
☐ request	동 요청하다		☐ spokesperson	몡 대변인
☐ escape from	~에서 도망치다		☐ release	동 개봉하다, 발표하다
☐ relocation	몡 이전, 전근 (= transfer)		☐ register for	~에 등록하다

UNIT 12

Warm Up

Part 5 & 6	Unit 1	문장의 구조와 5형식
	Unit 2	명사와 대명사
	Unit 3	형용사와 부사
	Unit 4	동사의 시제 및 태
	Unit 5	to부정사와 동명사
	Unit 6	분사
	Unit 7	전치사
	Unit 8	접속사
	Unit 9	관계사
	Unit 10	비교
Part 7	Unit 11	지문 유형 I
	Unit 12	지문 유형 II

Warm Up

8품사 이젠 알아요!

영어에서는 단어를 기능이나 형태에 따라 8가지로 분류하는데, 이를 8품사라고 합니다. 품사 용어들이 앞으로 자주 등장하니 익혀두세요.

1 명사

아빠   엄마   아기   집

名 (이름 명) 이름! 명사는 사람, 동물, 사물, 장소, 회사 등의 이름이에요.
'마음', '능력', '공기'처럼 눈에 안 보이는 개념이나 물질에 붙은 이름도 명사랍니다.

2 대명사 ▶ 명사를 대신하는 말

영어는 명사를 반복해서 써야 할 경우, 명사 대신 대명사를 써요.

우리말: 대개 명사를 반복해서 씀	영어: 반복하지 않고 대명사로 바꿔 씀
아빠 곰 엄마 곰 아빠 곰은 뚱뚱해 엄마 곰은 날씬해	Daddy Bear Mommy Bear He is fat. She is slim.

3 동사 ▶ 동작이나 상태를 나타내는 말

'~가 …하다', '~은 …이다', '~이 있다'에서 '…하다', '…이다', '있다'가 동사입니다.

우리말	영어
곰 세 마리가 한 집에 있어. 아빠 곰은 뚱뚱해. 히쭉히쭉 잘 한다.	Three bears live in a house. Daddy Bear is fat. Sweetie, sweetie, you did well.

4 형용사 ▶ 명사를 꾸며주는 말

형용사는 명사가 '어떤' 명사인지 표현해주는 명사 전담 스타일리스트죠.

| a bear | a bear | a bear |  + 형용사 | a fat bear | a slim bear | a cute bear |
| 곰 | 곰 | 곰 | | 뚱뚱한 곰 | 날씬한 곰 | 귀여운 곰 |

5 부사

부사도 형용사처럼 수식 담당! 단, 명사는 빼고 나머지 전부(동사, 형용사, 부사, 문장)를 꾸며줘요.

우리말	영어
아기 곰은 너무 귀여워. (형용사) 히쭉히쭉 잘 한다. (동사)	Baby Bear is so cute. (형용사) Sweetie, sweetie, you did well. (동사)

6 전치사 ▶ 명사 앞에 위치하는 말

'세 시에', '너와', '제주도로'에서 '~에, ~와, ~로'가 전치사이지요.
명사와 다니면서 명사를 문장에 자연스럽게 연결해줍니다.

우리말	영어
곰 세 마리가 있어 + 한 집 곰 세 마리가 한 집에 있어.	Three bears live + a house Three bears live in a house.

7 접속사 ▶ 말과 말을 연결하는 말

단어와 단어, 어구와 어구, 문장과 문장을 서로 연결해줘요.

우리말	영어
아빠 곰과 엄마 곰 아빠 곰은 뚱뚱하지만 엄마 곰은 날씬해요.	Daddy Bear and Mommy Bear Daddy Bear is fat but Mommy Bear is slim.

8 감탄사

감탄사는 기쁨, 슬픔, 놀라움 등의 감정을 나타내는 말이에요.

우리말	영어
오! 아기 곰이 너무 귀엽네요! 우와! 너 정말 잘한다!	Oh! Baby Bear is so cute! Wow! You did so well!

문장의 구조와 5형식

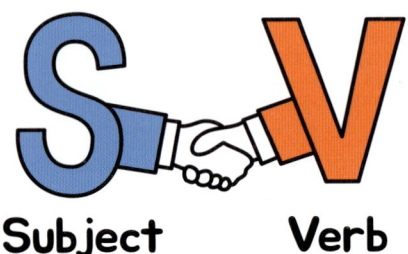

주어와 동사는 문장에 없어서는 안될 기본 요소랍니다.
그리고 이 둘은 항상 같이 다녀요.

■ 영어 문장의 구성 요소

주어: 우리말의 '~은/는/이/가' **동사:** 우리말의 '~이다/하다'
목적어: 우리말의 '~을/를' **보어:** 주어나 목적어를 보충해 주는 말

■ 구 vs. 절 vs. 문장

영어 문장을 분석할 때 '구'와 '절'이라는 말을 많이 보게 됩니다. 도표를 보고 그 개념을 이해해 보세요.

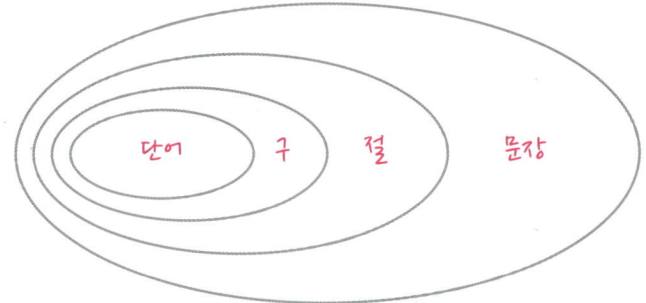

구: 단어 + 단어
절: 주어 + 동사
문장: 하나의 절 또는 두 개 이상의 절로 이루어진 마침표나 물음표 또는 느낌표로 끝나는 형태

1 주어와 동사

문장에서 주어와 동사는 한 쌍으로 항상 같이 다니는, 가장 기본적인 요소입니다.

■ 주어

주어는 문장의 주체로 흔히 '~은/는/이/가'로 해석됩니다. 주로 문장의 맨 앞부분에 위치하며, 주어 자리에는 명사(구), 명사를 대신하는 대명사, 동명사(구) 등 명사 역할을 하는 말이 옵니다.

명사(구)	The items arrived yesterday.	어제 **물품들이** 도착하였다.
대명사	They are on sale.	**그것들은** 할인 판매 중이다.
동명사(구)	Ordering new items is necessary.	**새로운 물품을 주문하는 것이** 필요하다.

■ 동사

동사는 주어의 동작이나 상태를 표현하는 말로 '~하다, ~이다'에 해당하는 말입니다. 대개 주어 뒤에 위치하며, be동사와 일반동사가 있습니다.

be동사	Mr. Lin is the CEO.	린 씨는 CEO(최고경영자)**이다**.
일반동사	He works hard.	그는 열심히 **일한다**.

Check Up

해설 p. 61

다음 문장에서 주어는 동그라미로, 동사는 네모로 표시하세요.

1. James is a salesperson.
2. Linda finished her work.
3. We need a new designer.
4. I am late for the meeting.
5. Fixing computers is my job.
6. The presentation was great.
7. They are busy in the summer.

점수: _____ /7점

어휘 salesperson 몡 영업사원 finish 통 끝내다 fix 통 수리하다 presentation 몡 발표

2 목적어

목적어는 동작의 대상을 나타내며, '~을/를'로 해석됩니다. 주로 타동사나 전치사 뒤에 위치하며, 목적어 자리에는 명사(구), 대명사, 동명사(구), to부정사(구) 등 명사 역할을 하는 말이 옵니다.

명사(구)	I ordered a book. 나는 **책 한 권을** 주문했다.
대명사	I received it. 나는 **그것을** 받았다.
to부정사(구)	I want to order another book. 나는 **다른 책을 주문하기를** 원한다.

- **자동사와 타동사:** 일반동사 뒤에 목적어를 갖는 동사를 **타동사**, 목적어가 필요 없는 동사를 **자동사**라고 합니다.

자동사	The train arrived. 기차가 도착했다. The train arrived at the station. 기차가 역에 도착했다. → 자동사는 〈자동사 + 전치사 + 목적어〉 형태로 자주 쓰입니다.
타동사	The train reached the station. 기차가 역에 도착했다.

▶ 전치사와 함께 쓰이는 자동사: participate in ~에 참석하다 / apply for ~에 지원하다 / look for ~을 찾다

- **목적어가 두 개인 경우:** 일부 타동사는 목적어를 두 개 가지기도 합니다.

Linda gave me a gift. 린다는 나에게 선물을 주었다.
          간접목적어 직접목적어

▶ 두 개의 목적어를 갖는 동사: give ~에게 …을 주다 / offer ~에게 …을 제공하다 / send ~에게 …을 보내다

Check Up
해설 p.61

다음 문장에서 목적어를 모두 찾아 동그라미로 표시하세요.

1. Colin fixed his car.
2. I sent Linda a letter.
3. We received your order.
4. They hired a new designer.
5. Judy wants to attend the workshop.
6. Ms. Shin made a presentation.
7. The company offered Peter a job. Did he accept it?

점수: _____ /7점

어휘 hire 통 채용하다 attend 통 참석하다 workshop 명 워크숍 company 명 회사 offer 통 제공하다 accept 통 수락하다

3 보어

보어는 주어나 목적어를 보충하여 설명하는 말입니다. 보어 자리에는 형용사나 명사가 잘 쓰입니다.

- **주격 보어:** 주어의 상태나 성질에 대해 보충 설명해 주는 말입니다.

  Thomas is a writer. 토마스는 **작가**이다.

  His books are interesting. 그의 책들은 **재미있다**.

  ▶ 주격 보어를 갖는 동사: be ~이다 / become ~이 되다 / remain 여전히 ~이다 / seem ~인 것 같다

- **목적격 보어:** 목적어의 상태나 성질에 대해 보충 설명해 주는 말입니다.

  People call Thomas Tom. 사람들은 토마스를 **톰이라고** 부른다.

  I found his books interesting. 나는 그의 책들이 **재미있다는 것을** 알았다.

  ▶ 목적격 보어를 갖는 동사: keep ~을 …하게 유지하다 / consider ~을 …라고 여기다 / find ~이 …라는 것을 알아내다 / make ~을 …하게 만들다 / leave ~을 …한 상태로 내버려두다

Check Up

해설 p. 61

다음 문장에서 밑줄 친 부분이 주격 보어인지 목적격 보어인지 쓰세요.

1. I'm a sales manager.
2. You seem happy today.
3. The items are out of stock.
4. The workshop was boring.
5. The movie became popular.
6. Walking makes you healthy.
7. Mr. Donald is my supervisor.
8. Please keep your body warm.
9. Our address remains the same.
10. I found the seminar informative.

점수: _____ / 10점

어휘 out of stock 품절인 boring 형 지루한 popular 형 인기 있는 healthy 형 건강한 supervisor 명 감독관, 상사 address 명 주소 the same 똑같이 informative 형 유익한

4 문장의 형식 _ 1, 2, 3형식

영어 문장은 동사의 종류에 따라 문장의 구조가 달라집니다. 이것을 문장의 형식이라고 합니다. 각 문장의 형식에서 자주 쓰이는 동사들을 익혀 둡시다.

- **1형식:** 주어 + 동사

  Jane works in the sales department. 제인은 영업부에서 근무한다.
  → 「전치사+명사(구)」 형태의 수식어로서 장소를 나타냅니다.

  She arrived at the museum. 그녀는 박물관에 도착했다.

1형식 동사	work 일하다	arrive 도착하다	participate 참가하다	depart 출발하다

- **2형식:** 주어 + 동사 + 주격 보어

  Jane is busy. 제인은 바쁘다.

  She became a manager. 그녀는 매니저가 되었다.

2형식 동사	be ~이다	become ~이 되다	remain 여전히 ~하다	seem ~인 것 같다

- **3형식:** 주어 + 동사 + 목적어

  All employees attended the meeting. 모든 직원들이 회의에 참석하였다.

  She conducted a survey. 그녀는 설문조사를 실시했다.

3형식 동사	attend 참석하다	conduct 실시하다	contact 연락하다	arrange 준비하다

Check Up
해설 p.61

다음 문장이 몇 형식 문장인지 괄호 안에 쓰세요.

1. Delivery is free. ( )형식
2. They work together. ( )형식
3. The café became famous. ( )형식
4. The train arrived on time. ( )형식
5. I made an order yesterday. ( )형식
6. Judy will attend the workshop. ( )형식
7. Mr. Kim received a 5% discount. ( )형식
8. I will arrange a meeting with her. ( )형식
9. Mr. Bates was from the head office. ( )형식
10. All staff members participated in the seminar. ( )형식

점수: _____ /10점

어휘 delivery 명 배송 free 형 무료의 together 부 함께 on time 제시간에 arrange 동 마련하다 head office 본사 participate 동 참석하다

5 문장의 형식 _ 4, 5형식

- **4형식:** 주어 + 동사 + 간접목적어 + 직접목적어

    Timothy gave me some advice. 티모시는 나에게 조언을 **주었다**.
    We offer customers a 10% discount. 우리는 고객들에게 10% 할인을 **제공합니다**.
    We sent him a coupon. 우리는 그에게 쿠폰을 **보냈다**.
    Show me the receipt, please. 영수증을 **보여 주세요**.

4형식 동사	give ~에게 …을 주다	offer ~에게 …을 제공하다
	send ~에게 …을 제공하다	show ~에게 …을 보여 주다

- **5형식:** 주어 + 동사 + 목적어 + 목적격 보어

    Susan keeps her office clean. 수잔은 그녀의 사무실을 깨끗하게 **유지한다**.
    Employees consider her an expert. 직원들은 그녀를 전문가라고 **여긴다**.
    I found his advice helpful. 나는 그의 의견이 도움이 된다는 것을 **알았다**.
    Working overtime made her tired. 초과 근무를 하는 것은 그녀를 피곤하게 **만들었다**.
    Don't leave your bags unattended. 가방을 주인 없는 대로 **두지** 마세요.

5형식 동사	keep ~을 …하게 유지하다	consider ~을 …라고 여기다
	find ~이 …라는 것을 알아내다	make ~을 …하게 만들다
	leave ~을 …한 상태로 내버려두다	

Check Up

해설 p.61

다음 문장이 몇 형식 문장인지 괄호 안에 쓰세요.

1. His speech was perfect. ( )형식
2. Cameras make me nervous. ( )형식
3. Mr. Shin finished the project. ( )형식
4. John works as a sales manager. ( )형식
5. Please keep your belongings safe. ( )형식
6. New items have already arrived. ( )형식
7. Matt gave me his phone number. ( )형식
8. The company offered the staff bonuses. ( )형식
9. Mr. Green will send you the document. ( )형식
10. All employees consider the system great. ( )형식

점수: _____ /10점

어휘 perfect 형 완벽한 nervous 형 긴장한 belongings 명 소지품 safe 형 안전한 already 부 이미 staff 명 직원 bonus 명 상여금 document 명 서류 employee 명 직원 consider 동 여기다

토익 감잡기

해설 p.62

1 The _____ works in the head office.
(A) manage (B) manager
head office 본사
▶ 주어 자리

2 Ms. Santos _____ out of town today.
(A) is (B) are
out of town 출장 간
▶ be동사 구분

3 Mr. Alton's presentation was _____.
(A) successful (B) successfully
successful 형 성공적인
▶ 주격 보어 자리

4 Please send _____ the sales report.
(A) my (B) me
report 명 보고서
▶ 간접목적어 자리

5 Mr. Drake _____ the meeting room for the seminar.
(A) arrangement (B) arranged
▶ 동사 자리

6 We should keep all equipment _____.
(A) clean (B) cleanly
equipment 명 장비
▶ 목적격 보어 자리

7 Ms. Williams gave a _____ in the conference.
(A) present (B) presentation
conference 명 회의
▶ 목적어 자리

8 The CEO became _____ after his speech.
(A) fame (B) famous
▶ 주격 보어 자리

9 The flight will _____ at 9. A.M. from Gate 5.
(A) depart (B) seem
flight 명 항공편
▶ 1형식 동사

10 The new employees must _____ in the orientation.
(A) participate (B) attend
orientation 명 오리엔테이션
▶ 1형식 동사

11 The hotel _____ the guests free Wi-Fi.
(A) offers (B) conducts
conduct 동 안내하다
▶ 4형식 동사

12 Helen _____ the workshop helpful.
(A) became (B) found
helpful 형 도움이 되는
▶ 5형식 동사

토익 실전 감각 익히기

해설 p. 62

1. Mr. Shin was _____ during the presentation.
   (A) nerve
   (B) nerves
   (C) nervous
   (D) nervously

   during 전 ~ 동안에

2. ZEN Technology is looking for a sales _____.
   (A) manage
   (B) managed
   (C) manager
   (D) managers

   look for ~을 찾다

3. Collin _____ the seminars in Boston in June.
   (A) attend
   (B) attended
   (C) participate
   (D) participated

4. A member of our personnel team will _____ you soon.
   (A) work
   (B) consider
   (C) contact
   (D) finish

   personnel team 인사팀

5. _____ received your order on March 13th.
   (A) Us
   (B) We
   (C) Our
   (D) Ours

   receive 동 받다
   order 명 주문

6. The shopping center _____ residents many jobs.
   (A) conducts
   (B) departs
   (C) seems
   (D) offers

   resident 명 주민, 거주자

7. _____ to New York takes about 13 hours from the city.
   (A) Fly
   (B) Flying
   (C) Flies
   (D) Flied

8. Mr. Thomson found his phone number _____ on the brochure.
   (A) wrong
   (B) wrongly
   (C) wrongfully
   (D) wrongness

   brochure 명 책자

125

Questions 9-12 refer to the following memo.

MEMO

To: All managers
From: **Blair Stevens**
Date: Wednesday, October 5
Subject: Inspection

A safety inspection of the factory is scheduled next week. Please remind all of the staff members to keep their work areas ------- . It ------- important that ------- are ready at all
                                           9   10   11
times. Last year there were some small problems. ------- . So, please tell your people about
                                                                          12
the importance of cleanness. Thank you.

Blair Stevens
Human Resources Director

어휘 safety 명 안전 inspection 명 점검 factory 명 공장 remind 동 상기시키다 at all times 항상 importance 명 중요성 cleanness 명 청결함

9 (A) clean
    (B) cleanly
    (C) cleaner
    (D) cleaning

10 (A) have
    (B) has
    (C) being
    (D) is

11 (A) our
    (B) ours
    (C) we
    (D) us

12 (A) It is difficult to know how long each inspection will take.
    (B) This year we want to get a perfect report.
    (C) The inspection takes place every month.
    (D) Please see the sample checklists.

take place 개최되다, 일어나다 checklist 명 점검표

어휘로 마무리

이번 Unit에 나온 어휘 중 반드시 기억해야 할 것들만 모았습니다.
우리말 뜻을 가리고 체크해 본 후, 꼭 외워 두세요.

🎧 RC-01

☐ arrive	동 도착하다	☐ free	형 무료의
☐ on sale	할인 판매 중인	☐ on time	제시간에
☐ salesperson	명 영업사원, 판매원	☐ head office	본사
☐ finish	동 끝내다	☐ participate	동 참석하다
☐ designer	명 디자이너	☐ advice	명 충고
☐ fix	동 수리하다	☐ receipt	명 영수증
☐ presentation	명 발표	☐ expert	명 전문가
☐ receive	동 받다	☐ helpful	형 도움이 되는
☐ station	명 (기차) 역	☐ tired	형 피곤한
☐ hire	동 채용하다	☐ unattended	형 방치한
☐ attend	동 참석하다	☐ perfect	형 완벽한
☐ offer	동 제공하다	☐ nervous	형 긴장한
☐ writer	명 작가	☐ document	명 서류
☐ interesting	형 흥미로운	☐ out of town	출장 간
☐ sales	명 영업, 판매	☐ successful	형 성공적인
☐ out of stock	품절인	☐ equipment	명 장비
☐ boring	형 지루한	☐ famous	형 유명한
☐ popular	형 인기 있는	☐ flight	명 항공편
☐ healthy	형 건강한	☐ look for	~을 찾다
☐ supervisor	명 감독관, 상사	☐ personnel	명 인사과
☐ address	명 주소	☐ local	형 지역의
☐ informative	형 유익한	☐ memo	명 회람
☐ department	명 부서	☐ inspection	명 점검
☐ depart	동 출발하다	☐ factory	명 공장
☐ employee	명 직원	☐ remind	동 상기시키다
☐ conduct	동 실시하다	☐ at all times	항상
☐ survey	명 설문조사	☐ cleanness	명 청결함
☐ delivery	명 배송	☐ checklist	명 점검표

Part 5 & 6
명사와 대명사

Riley doesn't like **broccoli**. **She** hates **it**.
라일리는 브로콜리를 안 좋아해요. 그녀는 그것을 싫어해요.

■ 모든 것의 이름인 명사

명사란 사람이나 사물 등의 이름을 말합니다.
크게 셀 수 있는 명사(가산명사)와 셀 수 없는 명사(불가산명사) 두 가지로 나눌 수 있습니다.
불가산명사는 가산명사와는 달리 관사(a/an)를 붙일 수 없고, 복수형이 될 수 없습니다.

> a book – some books 　　coffee – some coffee
> 책 한 권 – 책 여러 권　　　커피 – 약간의 커피

■ 명사의 아바타인 대명사

대명사란 명사를 대신해서 쓰는 말로서, 명사의 아바타입니다.
I, you, he와 같이 사람을 대신해서 쓰는 인칭대명사
이것, 저것을 가리킬 때 쓰는 지시대명사 this, that
정해지지 않은 양이나 수를 막연하게 나타낼 때 쓰는 부정대명사 some, others

1 명사의 역할과 자리

■ **핵심적인 명사의 역할**

명사는 문장에서 **주어, 목적어, 보어**가 됩니다.

- **주 어** The manager called me. 그 관리자가 나에게 전화했다.
  → 동사 앞, 주어 자리
- **목적어** I met the manager. 나는 그 관리자를 만났다.
  → 동사 뒤, 동사의 목적어 자리
- **목적어** I work with the manager. 나는 그 관리자와 함께 일한다.
  → 전치사 뒤, 전치사의 목적어 자리
- **보 어** Lisa is a manager. 리사는 관리자이다.
  → be동사 뒤, 보어 자리

■ **쉽게 찾아가는 명사 자리**

명사는 주로 관사, 소유격, 형용사 뒤에 옵니다.

관사(a / an / the) 뒤	a manager 매니저 the clients 고객들
소유격(my, our, your, her, his, its, their) 뒤	your order 당신의 주문 her application 그녀의 신청서
형용사 뒤	a major problem 심각한 문제 a new location 새로운 장소

Check Up

해설 p.64

다음 괄호 안에서 알맞은 것을 고르세요.

1. Mr. Kim became a (direct, director).
2. Loretta works as an (assist, assistant).
3. I have reviewed your (propose, proposal).
4. Keep your bag at a safe (located, location).
5. The CEO has made a final (decide, decision).
6. (Employ, Employees) will receive a pay raise.
7. John's company is a computer (retail, retailer).
8. Readers consider Stevens a great (write, writer).
9. (Apply, Applications) should arrive by next Monday.
10. Mr. Anderson's (presented, presentation) was successful.

점수: _____ / 10점

어휘 director 명 이사 assistant 명 조수 review 동 검토하다 proposal 명 제안(서) safe 형 안전한 pay raise 월급 인상 reader 명 독자 application 명 지원(서)

2 명사 한눈에 알아보기

명사에는 유독 잘 붙어 다니는 끝말이 있어서, 이것들을 외우면 명사임을 눈치챌 수 있답니다.

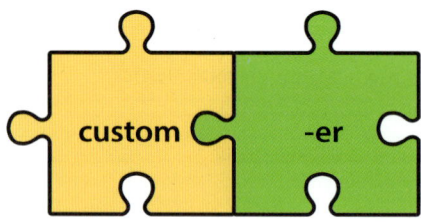

토익에서는 여러 단어들 중에서 명사를 한눈에 알아보는 것이 무엇보다 중요합니다. 아래 표를 보고 명사를 잘 기억해 두세요.

-tion, -sion	information 정보	reservation 예약	decision 결정
-ment	appointment 약속	department 부서	requirement 요건
-ness	cleanness 청결	happiness 행복	sickness 질병
-ance, -ence	importance 중요성	assistance 도움	conference 회의
-ty	facility 시설	safety 안전	security 보안
-er, -or, -ant, -ent 사람명사	coworker 동료 applicant 지원자	customer 고객 assistant 조수	director 감독, 이사 client 고객

▶ 형용사 끝말(-al)을 가진 명사: approval 승인 / proposal 제안서 / arrival 도착

Check Up
해설 p. 64

다음 중에서 명사를 있는 대로 모두 고르세요.

1. (A) improve   (B) improvement   (C) improved   (D) improving
2. (A) rely   (B) reliable   (C) reliability   (D) reliance
3. (A) innovate   (B) innovative   (C) innovator   (D) innovation
4. (A) attract   (B) attractive   (C) attraction   (D) attractively
5. (A) satisfy   (B) satisfying   (C) satisfied   (D) satisfaction
6. (A) differ   (B) different   (C) difference   (D) differed
7. (A) attend   (B) attendee   (C) attendance   (D) attention
8. (A) reside   (B) resident   (C) residence   (D) residing
9. (A) inspect   (B) inspector   (C) inspection   (D) inspectional
10. (A) manage   (B) manager   (C) management   (D) managerial

점수: _____ / 10점

어휘 improve 통 개선하다 rely 통 의지하다 innovate 통 혁신하다 attract 통 끌어들이다 satisfy 통 만족시키다 differ 통 다르다 attend 통 참석하다 reside 통 거주하다 inspect 통 점검하다 manage 통 관리하다

3 가산명사와 불가산명사

명사는 셀 수 있는 **가산명사**와 셀 수 없는 **불가산명사**로 구분됩니다.

■ 가산명사

사람 또는 형체가 있는 사물이 대부분 가산명사에 속하며 단수와 복수의 형태가 있습니다. 불가산명사로 혼동하기 쉬운 가산명사들을 기억해 두세요.

discount 할인	refund 환불	cost 비용	price 가격
estimate 견적(서)	increase 증가	benefit 혜택	permit 허가증

가산명사는 단수일 때 a / an / the의 수식을 받으며, 혼자 쓰이지는 못합니다.

There is <u>a computer</u> on <u>the table</u>. 테이블 위에 컴퓨터 한 대가 있다.
　　　　　computer (×)　　table (×)

■ 불가산명사

회사명, 사람 이름, 추상적인 명사는 대부분 불가산명사이며, 항상 단수 취급을 합니다.

access 접근, 이용	advice 충고	baggage/luggage 짐, 수하물	research 연구
consent 동의	equipment 장비	furniture 가구	information 정보

불가산명사는 셀 수 없기 때문에 복수 형태가 없으며, a / an과 함께 쓰이지 못합니다.

<u>The equipment</u> is handled with <u>care</u>. 장비는 조심스럽게 다루어진다.
equipments / an equipment (×)　　cares / a care (×)

Check Up
해설 p. 64

다음 괄호 안에서 알맞은 것을 고르세요.

1. a special (discount / discounts) 특별 할인
2. free Internet (access, accesses) 무료 인터넷 사용
3. reach an (agreement, agreements) 합의에 이르다
4. recent (research, researches) 최근의 연구
5. for a full (refund, refunds) 전액 환불을 원한다면
6. reduce (cost, costs) for business 사업 비용을 줄이다
7. without (consent, consents) 동의 없이
8. a piece of (luggage, luggages) 짐 하나
9. many (benefit, benefits) 많은 혜택
10. a sharp (increase, increases) 급상승

점수: _____ / 10점

어휘 special 형 특별한　recent 형 최근의　reduce 동 줄이다　sharp 형 급격한

4 인칭대명사

인칭대명사는 사람을 지칭하는 대명사입니다. 인칭, 단/복수, 그리고 문장 내 자리에 따라 달라집니다.

인칭/성/수		격	주격 ~은/는/이/가	소유격 ~의	목적격 ~을/를/~에게	소유대명사 ~의 것	재귀대명사 자신/스스로
1인칭	나	단수	I	my	me	mine	myself
	우리	복수	we	our	us	ours	ourselves
2인칭	너	단수	you	your	you	yours	yourself
	너희	복수	you	your	you	yours	yourselves
3인칭	그 그녀 그것	단수	he she it	his her its	him her it	his hers –	himself herself itself
	그들 (그것들)	복수	they	their	them	theirs	themselves

■ **인칭대명사의 쓰임**

주격 We need a new copy machine. 우리는 새 복사기가 필요하다.
주격은 주어 자리에서 동사 앞에 쓰입니다.

소유격 Thanks for your assistance. 당신의 도움에 감사드립니다.
소유격은 명사 앞에서 〈소유격+명사〉의 형태로 쓰입니다.

목적격 I called him this morning. 나는 오늘 아침에 그에게 전화를 했다.
I sent an e-mail to her. 나는 그녀에게 이메일을 보냈다.
목적격은 동사와 전치사의 뒤에서 〈타동사/전치사+목적격〉의 형태로 쓰입니다.

■ **소유/재귀대명사의 쓰임**

소유대명사 This machine is not ours. 이 기계는 우리의 것이 아니에요.
소유대명사는 〈소유격+명사〉이므로 뒤에 또 명사가 오지 못합니다.

재귀대명사 Dr. Hunter devoted himself to the research. 헌터 박사는 자신을 연구에 헌신했다.
재귀대명사는 목적어 자리에서 주어와 같을 때 사용됩니다.

Check Up 해설 p.64

다음 괄호 안에서 알맞은 것을 고르세요.

1. Please fasten (you, your) seatbelt.
2. Diners are eating (his, their) meals.
3. Ms. White said (she, he) can handle it.
4. Please feel free to contact (me, mine).
5. (He, Him) has served as the CEO since 2016.
6. The buyer chose (ours, us) from many samples.
7. We commit (us, ourselves) to customer service.

점수: _____/7점

어휘 fasten 통 매다 diner 명 식당 손님 meal 명 식사 handle 통 처리하다 serve 통 근무하다 commit 통 전념하다

5 지시대명사와 부정대명사

■ 지시대명사(this[these], that[those])

지시대명사는 명사 대신 '이것, 저것'으로 가리키는 말입니다. this(이것)와 these(이것들)는 위치상 가까운 것을 가리키며, that(저것)과 those(저것들)는 먼 것을 가리킬 때 사용합니다. this와 that은 단수, these와 those는 복수 취급합니다.

This is a new logo design. **이것은** 새로운 로고 디자인이다.

Those are old logo designs. **저것들은** 낡은 로고 디자인들이다.

- those who: ~하는 사람들

  Those who participate in the race will get a free T-shirt. 경주에 참석한 사람들은 무료 티셔츠를 받을 것이다.
  　　주어

■ 부정대명사(one, another, others)

부정대명사는 정해지지 않은 대상을 가리킬 때 사용합니다.

one 하나	• 앞에서 언급한 것과 같은 종류를 가리킬 때 사용 　Let me show you the black one. 검정**색**으로 보여 드릴게요. • 일반 사람을 표현할 때도 사용 　No one likes working overtime. 초과 근무를 좋아하는 사람은 없다.
another 또 다른 하나	• 앞에서 언급한 것 말고 '또 다른 하나'를 가리킬 때 사용 　Prices vary from one store to another. 가격은 상점마다(한 상점에서 **다른 하나로**) 다르다.
others 다른 사람들, 다른 것들	• 막연히 '다른 사람들'이나 '다른 것들'을 가리킬 때 사용 　Please be considerate of others. **다른 사람들**을 배려해 주세요. 　Our system is different from others. 우리의 시스템은 **다른 것들**과 다르다.

Check Up

해설 p.64

다음 괄호 안에서 알맞은 것을 고르세요.

1. (That, Those) are confidential.
2. (That, Those) makes you happy.
3. We should buy a new (one, another).
4. Mr. Kim loves to help (another, others).
5. (These, Those) who work hard usually get promoted.
6. (This, These) is Mr. Kim in the personnel department.
7. Viruses can spread from one computer to (one, another).

점수: _____/7점

어휘 confidential 혱 기밀의 promote 동 승진시키다 personnel department 인사부 virus 명 바이러스 spread 동 퍼지다

토익 감잡기

해설 p.64

1 There was a sharp _____ in sales.
   (A) increase   (B) increased
   increase 명 증가
   ▶ 형용사+명사

2 We should keep _____ work areas clean.
   (A) our   (B) ours
   area 명 지역, 구역
   ▶ 소유격 인칭대명사

3 All equipment has passed a safety _____.
   (A) inspect   (B) inspection
   safety 명 안전
   ▶ 관사+명사

4 You can exchange your book for _____.
   (A) another   (B) others
   exchange 동 교환하다
   ▶ 부정대명사

5 Mr. Carl gave a successful _____.
   (A) presented   (B) presentation
   successful 형 성공적인
   ▶ 형용사+명사

6 We hope _____ enjoy your stay in New York.
   (A) you   (B) yours
   stay 명 체류 동 체류하다
   ▶ 주격 인칭대명사

7 All the rooms have _____ to the Internet and Wi-Fi.
   (A) access   (B) accesses
   ▶ 가산/불가산명사

8 _____ who want to get a refund should fill out this form.
   (A) These   (B) Those
   refund 명 환불
   fill out 빠짐없이 작성하다
   ▶ ~하는 사람들

9 After introducing _____, Ms. Cart started the lecture.
   (A) her   (B) herself
   lecture 명 강좌, 강연
   ▶ 재귀대명사

10 Hello, _____ is a message for Laurence Stanley.
   (A) this   (B) that
   ▶ 지시대명사

11 The department conducted a _____ on sales promotion.
   (A) study   (B) research
   promotion 명 홍보, 촉진
   ▶ 가산/불가산명사

12 The passenger claimed that the window seat was _____.
   (A) his   (B) him
   passenger 명 승객
   claim 동 주장하다, 우기다
   ▶ 소유대명사

토익 실전 감각 익히기

해설 p.65

1 If you have any questions about your _____, call us at 620-1134.
(A) reserve
(B) reserved
(C) reserves
(D) reservation

reserve 동 예약하다

2 _____ who purchase over $200 today will get free delivery.
(A) This
(B) These
(C) That
(D) Those

purchase 동 구매하다
free delivery 무료 배송

3 Candidates should have work experience as an _____.
(A) assist
(B) assisted
(C) assistant
(D) assistance

candidate 명 후보자

4 Please send _____ the list of retailers as soon as possible.
(A) I
(B) me
(C) my
(D) mine

retailer 명 소매업체

5 Mr. Kim considers _____ a marketing expert in Asian markets.
(A) he
(B) his
(C) himself
(D) themselves

expert 명 전문가

6 _____ for the job are required to speak fluent English.
(A) Apply
(B) Applicant
(C) Applicants
(D) Application

fluent 형 유창한

7 The two companies finally reached an _____.
(A) agree
(B) agreeing
(C) agreement
(D) agreements

agreement 명 합의

8 You can get a refund or replace it with _____.
(A) one
(B) another
(C) others
(D) those

refund 명 환불
replace 동 교체하다

Questions 9-12 refer to the following e-mail.

To: csrteam@serratolights.com
From: jszo@if.co.uk
Date: Monday, August 7
Subject: Order form

To whom it may concern,

I recently read a review of your new LED lamps. I was glad to know that your light has a 30% greater energy efficiency than other lamps on the market. -------9-------.

I looked at your Web site in order to place an order, but I couldn't find the order form. If you could provide me with a link to -------10-------, I would appreciate it very much. I hope your company continues to develop more eco-friendly -------11-------. Thanks for your -------12-------.

Jeremiah Szostak
CEO, Inspiring Foundations, Ltd.

어휘 order form 주문서 on the market 시중에 나와 있는 energy efficiency 에너지 효율 in order to ⓥ ~하기 위하여 place an order 주문하다 appreciate ⑧ 고마워하다 develop ⑧ 개발하다 eco-friendly ⑱ 친환경적인

9. (A) Your review was very impressive.
   (B) I would like to cancel my order.
   (C) I feel that the energy savings would be important.
   (D) Most light bulbs in the future would be LED.
   impressive ⑱ 인상적인 light bulb 전구

10. (A) her
    (B) him
    (C) us
    (D) it

11. (A) services
    (B) products
    (C) environment
    (D) systems

12. (A) assist
    (B) assists
    (C) assistant
    (D) assistance

어휘로 마무리

이번 Unit에 나온 어휘 중 반드시 기억해야 할 것들만 모았습니다.
우리말 뜻을 가리고 체크해 본 후, 꼭 외워 두세요.

🎧 RC-02

☐ client	명 고객		☐ special	형 특별한
☐ location	명 장소		☐ recent	형 최근의
☐ director	명 이사		☐ reduce	동 줄이다
☐ assistant	명 조수		☐ sharp	형 급격한
☐ review	동 검토하다		☐ machine	명 기계
☐ proposal	명 제안(서)		☐ devote	동 헌신하다, 전념하다
☐ safe	형 안전한		☐ research	명 연구
☐ decision	명 결정		☐ fasten	동 매다
☐ pay raise	월급 인상		☐ seatbelt	명 안전띠
☐ reader	명 독자		☐ diner	명 식당 손님
☐ application	명 지원(서)		☐ meal	명 식사
☐ reservation	명 예약		☐ handle	동 처리하다
☐ appointment	명 약속		☐ serve	동 근무하다
☐ assistance	명 도움		☐ choose	동 선택하다
☐ conference	명 회의		☐ commit	동 전념하다
☐ facility	명 시설		☐ confidential	형 기밀의
☐ safety	명 안전		☐ promote	동 승진시키다
☐ coworker	명 동료		☐ spread	동 퍼지다
☐ customer	명 고객		☐ increase	명 증가 동 증가하다
☐ refund	명 환불		☐ exchange	동 교환하다
☐ estimate	명 견적(서)		☐ lecture	명 강좌, 강연
☐ benefit	명 혜택		☐ promotion	명 홍보, 촉진
☐ permit	명 허가증		☐ reserve	동 예약하다
☐ access	명 접근		☐ purchase	명 구매 동 구매하다
☐ luggage	명 수화물		☐ expert	명 전문가
☐ consent	동 동의하다 명 동의		☐ fluent	형 유창한
☐ furniture	명 가구		☐ agreement	명 합의
☐ information	명 정보		☐ replace	동 교체하다

Part 5 & 6

형용사와 부사

I am angry. I am VERY angry.

나 화났어. 나 아주 화났다구.

■ 명사만 아끼는 형용사

형용사는 명사의 성질이나 상태 등을 표현하는 말입니다.

> 난 명사만 좋아!

 a bag 가방    a pink bag 분홍색 가방   a pretty bag 예쁜 가방

■ 박애주의자 부사

부사는 문장의 의미를 풍성하게 꾸며 주는 말로서, 명사를 제외한 나머지 동사, 형용사, 또 다른 부사를 수식해 줍니다.

> 난 명사 빼고 다 좋아!

 run 뛰다    run fast 빨리 뛰다

1 형용사의 역할과 자리

형용사는 주로 명사의 앞에서 수식하거나, 주어나 목적어를 보충 설명하는 보어 자리에 쓰입니다.

명사 수식	관사(a/an/the) + (형용사) + 명사 a reasonable price 합리적인 가격 the local residents 지역의 주민들	
보어 역할	주격 보어	2형식 동사(be, become, remain, seem) + 형용사 The price seems reasonable. 가격은 합리적인 것 같다.
	목적격 보어	5형식 동사(make, keep, consider, find) + 목적어 + 형용사 Customers consider the prices reasonable. 고객들은 가격이 합리적이라고 여긴다.

■ 토익에 자주 등장하는 형용사 표현

> be likely to + 동사원형 ~할 것 같다
> be familiar with ~에 익숙하다
> be aware of ~을 알다
> be (un)able to + 동사원형 ~을 할 수 있다(없다)
>
> be capable of ~을 할 수 있다
> be responsible for ~에 책임이 있다
> be available for ~이 이용 가능하다
> be eligible for + 명사/to + 동사원형 ~할 자격이 있다

We are able to deliver the package within two days. 우리는 소포를 이틀 이내에 배송해 드릴 수 있습니다.

We are unable to deliver the package due to your absence.
당신이 부재 중이라 우리는 소포를 배송해 드릴 수 없습니다.

Check Up

해설 p.66

다음 괄호 안에서 알맞은 것을 고르세요.

1. We provide (rely, reliable) tax advice.
2. Keep your bag at a (safe, safety) location.
3. Mr. Kim is (like, likely) to go on a vacation.
4. You are (eligible, familiar) for a 20% discount.
5. Busan offers (various, variety) tourist attractions.
6. The paper was too (length, lengthy) to print out.
7. Seats are not (available, responsible) for the date.
8. Mr. Johnson is (responsible, capable) for the project.
9. All employees are (aware, capable) of the new policies.
10. The store is having a (special, specially) sale today only.

점수: _____ /10점

어휘 tax 명 세금 impressive 형 인상적인 various 형 다양한 tourist attraction 관광명소 length 명 길이 policy 명 정책

2 형용사 한눈에 알아보기

형용사에도 유독 잘 붙어 다니는 끝말이 있어서, 이것들을 외우면 형용사임을 눈치챌 수 있답니다. 또는 부사 뒤의 -ly를 버리면 형용사가 되는 경우가 많지요.

-ful	helpful	도움이 되는	careful	주의 깊은
-ble/-able	responsible	책임이 있는	available	이용 가능한
-ous	famous	유명한	various	다양한
-ant/-ent	important	중요한	dependent	의존하는
-al	final	최종의	local	지역의
-tive/-sive	informative	유익한	impressive	인상 깊은

■ 혼동하기 쉬운 형용사들

비슷해 보이지만 의미가 다른 형용사들입니다. 잘 구분해서 외워 둡시다.

considerable increase	상당한 증가	be considerate of	~를 배려하다
reliable service	신뢰할 만한 서비스	be reliant on	~에 의지하다
be responsive to	~에 반응하다	be responsible for	~을 책임지다

Check Up
해설 p.67

다음 중에서 형용사를 있는 대로 모두 고르세요.

1. (A) rely (B) reliable (C) reliant (D) reliably
2. (A) differ (B) different (C) difference (D) differently
3. (A) attend (B) attentive (C) attentively (D) attention
4. (A) succeed (B) success (C) successful (D) successfully
5. (A) attract (B) attractive (C) attraction (D) attractively
6. (A) signify (B) significant (C) significantly (D) significance
7. (A) manage (B) manager (C) management (D) managerial

점수: _____/7점

어휘 rely 통 의지하다 differ 통 다르다 succeed 통 성공하다 attract 통 끌어들이다 signify 통 의미하다

3. 명사와 함께 쓰이는 수량 형용사

수량 형용사는 가산명사의 단수와 복수, 불가산명사의 양을 나타냅니다. 수량 형용사에 따라 뒤에 오는 명사의 종류가 정해져 있으니 유의하세요.

each, every, another 각각의, 모든, 또 다른	+ 단수 가산명사
each product 각각의 제품	every employee 모든 직원
another location 또 다른 장소	

many, (a) few, several, both 많은, 약간의/거의 없는, 몇몇의, 둘 다	+ 복수명사
many items 많은 물품들	a few people 소수의 사람들
several companies 몇 개의 회사들	both applicants 지원자들 둘 다

much, (a) little 많은, 약간의/거의 없는	+ 불가산명사
much information 많은 정보	a little knowledge 약간의 지식

all, most, some, any 모든, 대부분의, 약간의, 약간의	+ 복수명사/불가산명사
most clients 대부분의 고객들	most equipment 대부분의 장비
some questions 몇 가지 질문	some traffic 약간의 교통량

Check Up

해설 p.67

다음 괄호 안에서 알맞은 것을 고르세요.

1. (Each, All) products are on sale now.
2. (Several, Each) items are out of stock.
3. (Many, Much) restaurants accept only cash.
4. There was very (little, few) access to the Internet.
5. (Many, Most) equipment needs to be fixed.
6. There is too (many, much) traffic on the street.
7. They visited (several, much) islands in Australia.
8. The break room is for (every, a few) employee.
9. (Each, Some) employees commute to work by bus.
10. We will have to look for (another, several) location.

점수: _____ /10점

어휘 out of stock 재고가 없는 accept 통 받아들이다, 수용하다 cash 명 현금 access to ~에의 접근 island 명 섬 equipment 명 장비 break room 휴게실 commute 통 통근하다

4 부사의 역할과 자리

부사는 명사를 제외한 품사(동사, 형용사, 다른 부사), 구, 절, 문장 전체를 꾸며 주는 양념 같은 수식어입니다.

동사 앞	We greatly appreciate your assistance. 귀하의 도움에 **정말** 감사 드립니다.
동사 뒤	The sales increased dramatically. 판매가 **급하게** 상승했다.
형용사 앞	It was extremely hot yesterday. 어제 날씨는 **엄청** 더웠다.
다른 부사 앞	The merger happened quite recently. 그 합병은 **꽤** 최근에 일어났다.
문장 앞	Unfortunately, the item is out of stock. **안타깝게도**, 이 물품은 품절입니다.

■ 쉽게 찾아가는 부사 자리

부사는 다음과 같이 주로 동사와 동사 사이에 위치합니다.

be + 부사 + -ing/p.p.	We are currently looking for some interns. 우리는 **현재** 인턴 몇 명을 구하고 있다. The hotel is conveniently located near the subway station. 그 호텔은 지하철 역 근처에 **편리하게** 위치해 있다.
have/has + 부사 + p.p.	I have already contacted the head office. 나는 **이미** 본사에 연락했다.
조동사 + 부사 + 동사원형	A bookstore will soon open downtown. 시내에 서점이 **곧** 들어설 것이다.

Check Up
해설 p.67

다음 괄호 안에서 알맞은 것을 고르세요.

1. Oil prices are rising (rapid, rapidly).
2. The screen is (bad, badly) damaged.
3. Credit cards are (wide, widely) accepted.
4. The stocks fell (slight, slightly) on Friday.
5. Please pack the dishes (careful, carefully).
6. You are (formal, formally) invited to the reception.
7. Barbara tries to live as (simple, simply) as possible.
8. Survey results were (surprising, surprisingly) positive.
9. (Unfortunate, Unfortunately), the printer is out of order.
10. Mr. Green has (recent, recently) resigned from the board.

점수: _____ / 10점

어휘 rapidly 뷔 신속하게 damaged 혱 손상된 stock 몡 주식 positive 혱 긍정적인 resign 툉 사임하다 the board 이사회

5 부사 한눈에 알아보기

형용사 뒤에 -ly를 붙이면 부사가 되므로 쉽게 알 수 있습니다. 그 외에도 다양한 형태가 있으니 유의하세요.

형용사+-ly		carefully 신중하게 finally 마침내	successfully 성공적으로 annually 매년	considerably 상당히 recently 최근에
그 외	시간	(right) now 지금	soon 곧	already 이미
	빈도	always 항상	often 종종	usually 보통
	정도	very 아주	almost 거의	too 너무
	강조	even 심지어	only 오직	just 바로

▶ 부사 끝말(-ly)을 가진 형용사: friendly 친절한 timely 시기 적절한 costly 값비싼

■ **혼동하기 쉬운 부사들**

-ly가 있을 때나 없을 때나 모두 부사이지만 의미가 다르니 유의하세요.

late 늦게	Mr. Jones arrived late. 존스 씨는 **늦게** 도착했다.	lately 최근에	Sales have dropped lately. 판매량이 **최근에** 하락했다.
hard 열심히	Mr. Jones works hard. 존스 씨는 **열심히** 일한다.	hardly 거의 ~ 않는	Mr. Jones is hardly late for work. 존스 씨는 **거의** 회사에 지각하지 않는다.
high 높게	Books are piled high. 책들이 **높이** 쌓여 있다.	highly 매우	Mr. Jones is highly motivated. 존스 씨는 **매우** 의욕적이다.
close 가까이	Mr. Jones lives close to a park. 존스 씨는 공원 **가까이에** 산다.	closely 긴밀히, 면밀히	They work closely with each other. 그들은 서로 **긴밀히** 일한다.

Check Up

해설 p.67

다음 괄호 안에서 알맞은 것을 고르세요.

1. The package arrived (safety, safely).
2. (Early, Lately) booking is essential.
3. Many shops accept (only, too) cash.
4. We (high, highly) appreciate your help.
5. I will have to stay (late, lately) tonight.
6. Ms. White (often, very) drives to work.
7. Mr. Kim (hard, hardly) makes a mistake.
8. I am (deep, deeply) sorry for the delay.
9. Please call me back as (soon, quick) as possible.
10. We will watch the demonstration (close, closely).

점수: _____ / 10점

어휘 package 몡 소포 booking 몡 예약 essential 휑 필수적인 mistake 몡 실수 delay 몡 지연 demonstration 몡 시연

토익 감잡기

해설 p. 67

1 This medicine is _____ for children.
 (A) safe (B) safely
 medicine 명 약 ▶ 주격 보어 역할

2 Workers are making _____ effort to clear the snow.
 (A) every (B) many
 effort 명 노력 ▶ 수량 형용사

3 Mr. Howard _____ visits his clients with a business proposal.
 (A) frequent (B) frequently
 client 명 고객 ▶ 동사 수식

4 I apologize for the _____ meeting.
 (A) sudden (B) suddenly
 apologize 동 사과하다 ▶ 명사 수식

5 The visitors to the museum arrived _____.
 (A) early (B) lately
 museum 명 박물관 ▶ 동사 수식

6 Salaries are _____ to remain the same this year.
 (A) like (B) likely
 salary 명 월급 ▶ 주격 보어 역할

7 _____, the hotel is close to the conference hall.
 (A) Hopeful (B) Hopefully
 conference hall 회의장 ▶ 문장 전체 수식

8 Clients can get a _____ variety of information.
 (A) wide (B) widely
 a variety of 다양한 ▶ 명사 수식

9 The number of cars is increasing _____.
 (A) dramatic (B) dramatically
 the number of ~의 수 ▶ 동사 수식

10 T&P Supplies is _____ reliant on Asian markets.
 (A) heavy (B) heavily
 ▶ 형용사 수식

11 I've _____ called our clients to confirm the change.
 (A) recent (B) recently
 confirm 동 확인하다 ▶ 동사 수식

12 All staff members should be _____ with the equipment.
 (A) familiar (B) eligible
 ▶ 형용사 어휘

토익 실전 감각 익히기

해설 p.68

1 The director _____ recommended Mr. Baker for the production manager position.
 (A) high
 (B) highly
 (C) higher
 (D) height

recommend 동 추천하다
position 명 직책

2 Free parking is _____ only for Gold Card holders.
 (A) available
 (B) availably
 (C) availability
 (D) avail

holder 명 소지자

3 Mr. Montoya left work _____ in order to get his car fixed.
 (A) early
 (B) lately
 (C) highly
 (D) closely

in order to ~하기 위해

4 Please visit us during our _____ store hours from 9 A.M. to 6 P.M.
 (A) regulate
 (B) regulation
 (C) regular
 (D) regularly

5 I have _____ questions to ask you about the new policy.
 (A) any
 (B) a little
 (C) several
 (D) much

policy 명 정책

6 After a long discussion, they _____ reached an agreement.
 (A) final
 (B) finally
 (C) finalize
 (D) finalization

discussion 명 논의, 토론

7 We provide _____ services to the customers with different needs.
 (A) vary
 (B) various
 (C) variously
 (D) variety

needs 명 수요, 욕구

8 Sunrise Resort is offering rooms at _____ low prices in May.
 (A) extreme
 (B) extremely
 (C) extremity
 (D) extremeness

resort 명 휴양지, 리조트

Questions 9-12 refer to the following announcement.

Big Book Sale

To make room for its newly ordered books, the Danforth Public Library is having a big book sale. You'll be ------- (9) to choose from thousands of books, DVDs, CDs, and magazines on sale at ------- (10) low prices. The sale starts Friday, April 11th and ------- (11) to April 18th. ------- (12). We hope to see you at this great event!

어휘 make room 공간을 내주다   newly 🖳 새로   public library 공공 도서관   magazine 🖳 잡지   run 🖳 운영하다

9 (A) able
(B) aware
(C) familiar
(D) available

10 (A) amaze
(B) amazing
(C) amazingly
(D) amazed

11 (A) run
(B) ran
(C) runs
(D) running

12 (A) The library is under construction until June 30.
(B) The library is open to people of all ages.
(C) It will take place during regular library hours (8 A.M. to 7 P.M.).
(D) Please contact me at your convenience.

under construction 공사 중인
at your convenience 편리한 시간에

어휘로 마무리

이번 Unit에 나온 어휘 중 반드시 기억해야 할 것들만 모았습니다.
우리말 뜻을 가리고 체크해 본 후, 꼭 외워 두세요.

🎧 RC-03

☐ reasonable	형 합리적인	☐ rapidly	부 신속하게
☐ local	형 지역의	☐ damaged	형 손상된
☐ deliver	동 배달하다	☐ pack	동 포장하다
☐ package	명 소포	☐ reception	명 환영회
☐ absence	명 부재	☐ survey	명 설문조사
☐ be likely to ⓥ	~할 것 같다	☐ positive	형 긍정적인
☐ be eligible for	~을 받을 자격이 있다	☐ resign	동 사임하다
☐ various	형 다양한	☐ the board	이사회
☐ tourist attraction	관광 명소	☐ carefully	부 신중하게, 조심스럽게
☐ lengthy	형 너무 긴, 장황한	☐ considerably	부 상당히
☐ policy	명 정책	☐ annually	부 매년
☐ careful	형 주의 깊은	☐ usually	부 보통
☐ available	형 이용 가능한	☐ lately	부 최근에
☐ informative	형 유익한	☐ booking	명 예약
☐ considerable	형 상당한	☐ essential	형 필수적인
☐ be considerate of	~를 배려하다	☐ appreciate	동 고마워하다
☐ be reliant on	~에 의존하다	☐ mistake	명 실수
☐ be responsible for	~에 책임이 있다	☐ delay	명 지연
☐ several	형 몇몇의	☐ effort	명 노력
☐ traffic	명 교통(량)	☐ frequent	형 빈번한
☐ accept	동 수용하다	☐ apologize	동 사과하다
☐ commute	동 통근하다	☐ salary	명 월급
☐ dramatically	부 급속하게	☐ a variety of	다양한
☐ extremely	부 극도로, 엄청	☐ confirm	동 확인하다
☐ recently	부 최근에	☐ recommend	동 추천하다
☐ unfortunately	부 안타깝게도	☐ position	명 직책
☐ currently	부 현재	☐ discussion	명 논의, 토론
☐ conveniently	부 편리하게	☐ run	동 운영하다

Unit 4 | Part 5 & 6
동사의 시제 및 태

■ 동사의 시제

시제는 시간에 따라 변하는 동사의 모습을 말합니다.

She will hang the picture.
그녀는 그림을 걸 거예요.

She is hanging the picture.
그녀는 그림을 걸고 있어요.

She hung the picture.
그녀는 그림을 걸었어요.

■ 태

주어와 동사의 관계를 표현하는 형태를 '태'라고 해요. 주어가 동작을 행하는 주체이면 '능동태', 주어가 동작을 당하는 대상이 되면 '수동태'라고 합니다.

수동태는 「be동사+p.p.(과거분사)」의 형태로 씁니다.

능동태: She hung the picture. (그림을 건 주체 → 그녀)
그녀는 그림을 걸었어요.

수동태: The picture was hung by her. (걸어진 대상 → 그림)
그림이 그녀에 의해 걸어졌어요.

1 단순 시제

단순 시제는 현재, 과거, 미래의 시점에 일어난 일을 나타낼 때 사용합니다.

- **현재:** 현재의 습관, 상태, 일반적인 사실

  > 동사원형 / 동사원형+-(e)s(3인칭 단수)

  I work as a sales manager. 나는 영업부장으로 **일한다**.
  Linda works overtime every Monday. 린다는 매주 월요일에 **야근한다**.

  > 함께 쓰는 표현   every week 매주   each year 매년   always 항상   usually 보통   often 종종

- **과거:** 과거의 동작이나 사건

  > 동사원형+-(e)d

  We received your order last Friday. 우리는 지난주 금요일에 당신의 주문을 **받았습니다**.
  Mr. Smith left the company two months ago. 스미스 씨는 두 달 전에 **퇴사했다**.

  > 함께 쓰는 표현   last week 지난주   시간 명사+ago ~전에   in+과거 연도 ~년에   recently 최근에

- **미래:** 미래에 발생할 사건이나 일

  > will+동사원형

  Patrick will be back next Monday. 패트릭은 다음 주 월요일에 **돌아올 것이다**.
  I will visit his office shortly. 나는 곧 그의 사무실을 **방문할 것이다**.

  > 함께 쓰는 표현   next week 다음 주   soon 곧   shortly 곧   tomorrow 내일   in an hour 한 시간 후에

Check Up

해설 p. 69

다음 밑줄 친 단서 표현에 유의하면서 괄호 안에서 알맞은 것을 고르세요.

1. Banks <u>usually</u> (open, opened) at 9 A.M.
2. James <u>often</u> (place, places) orders online.
3. Roy (joins, joined) the company <u>in 2014</u>.
4. The job fair (began, will begin) <u>next Tuesday</u>.
5. Mr. Parker (left, will leave) Boston <u>in an hour</u>.
6. The plane (land, landed) safely <u>10 minutes ago</u>.
7. Ms. Green (travels, will travel) to Tokyo <u>every summer</u>.

점수: _____ /7점

어휘 place an order 주문하다   job fair 취업 박람회   leave 통 떠나다   land 통 착륙하다   safely 및 안전하게   travel 통 여행하다

2 진행 시제

진행 시제는 현재, 과거, 미래의 구체적인 시점에 진행 중인 일을 나타낼 때 사용합니다.

- **현재 진행:** 현재 진행 중이거나 가까운 미래의 일

  | is/am/are + 동사 + -ing |

  We are currently looking for an accountant. 우리는 현재 회계사를 **구하고 있다**.
  My parents are visiting me this weekend. 나의 부모님이 이번 주말에 나를 **방문하신다**.

  > **함께 쓰는 표현** now 지금   at the moment 지금   currently 현재   presently 현재

- **과거 진행:** 과거의 구체적인 시간에 진행되고 있던 일

  | was/were + 동사 + -ing |

  I was planning a trip to Europe at that time. 나는 그때 유럽 여행을 **계획하고 있었다**.
  We were looking for a designer when Mr. Shin applied.
  신 씨가 지원했을 때, 우리는 디자이너를 **구하고 있던 중이었다**.

  > **함께 쓰는 표현** at 11 last night 어젯밤 11시에   when+주어+과거시제 ~이 …했을 때

- **미래 진행:** 미래의 구체적 시점에 진행되고 있을 일

  | will be + 동사 + -ing |

  The manager will be leaving the team next week. 그 매니저는 다음 주에 팀을 **옮길 것이다**.
  At this time next year, we will be working in Shanghai. 내년 이맘때에 우리는 상하이에서 **일하고 있을 것이다**.

  > **함께 쓰는 표현** tomorrow 내일   next+시간 명사(week) 다음 (주)   at this time+미래 시간 미래의 이맘때에

Check Up
해설 p.69

다음 밑줄 친 단서 표현에 유의하면서 괄호 안에서 알맞은 것을 고르세요.

1. Roy (is, was) fixing his car at 3 P.M. yesterday.
2. I (am, was) enclosing a sample with this letter now.
3. When I called Joe, he (is, was) consulting with a client.
4. We (offered, are offering) free breakfast at the moment.
5. The CEO (was holding, will be holding) a board meeting last night.
6. Beginning next month, we (was, will be) moving to a new building.
7. Around 100 guests (came, will be coming) for the ceremony tomorrow.

점수: _____ /7점

어휘 enclose 동 동봉하다   consult with ~와 상담하다   board meeting 이사회   ceremony 명 의식, 기념식

3 완료 시제

완료 시제는 특정 시점보다 먼저 일어난 일이 현재나 과거, 미래의 어느 시점까지 이어지는 것을 나타낼 때 사용합니다.

- **현재완료**: 과거부터 지금까지 이어진 동작이나 상태

  have/has + p.p.(과거분사)

  Mr. Lin has worked at the headquarters for two years. 린 씨는 본사에서 2년간 **근무했다**.
  Steve has already reserved his flight. 스티브는 이미 자신의 항공편을 **예약했다**.

  > 함께 쓰는 표현   over[for, in] the last 3 years 지난 3년간   for 3 years 3년 동안   since + 과거 시간 ~부터
  > just 방금   already 이미   yet 아직   recently 최근에

- **과거완료**: 과거 시점 이전에 발생한 일이나 상태

  had + p.p.(과거분사)

  Before Mr. Lin joined us, we had worked together in Boston.
  린 씨가 우리 회사에 오기 전에 우리는 보스톤에서 함께 **근무했었다**.

  > 함께 쓰는 표현   before ~ 전에   by the time ~할 때까지

- **미래완료**: 미래의 시점에 어떤 일이 완료 예정인 것

  will have + p.p.(과거분사)

  I will have finished the report by the end of next month. 나는 다음 달 말까지는 보고서를 **끝낼 것**이다.

  > 함께 쓰는 표현   by the end of + 시간명사 ~말까지   by the time ~할 때쯤이면

Check Up

해설 p.69

다음 밑줄 친 단서 표현에 유의하면서 괄호 안에서 알맞은 것을 고르세요.

1. Oil prices (have, had) almost doubled <u>in the last five years</u>.
2. Linda (has, had) worked in the sales team <u>since 2010</u>.
3. We (have, had) <u>just</u> painted the lobby and it is still wet.
4. <u>Before the movie started</u>, I (has, had) read the reviews online.
5. <u>When I arrived at the store</u>, the sale (has, had) already ended.
6. They (have, will have) finished the work <u>by the time we arrive</u>.
7. Our office (has, will have) moved into a new building <u>by next Friday</u>.

점수: _____ /7점

어휘 oil price 유가 double 통 두 배가 되다 lobby 명 로비 review 명 평, 후기 end 통 끝나다

4 능동태와 수동태

능동태는 주어가 동사의 행위를 직접 하며, '~을 하다'로 해석합니다. 하지만 수동태는 주어가 동사의 행위를 받는 대상으로, '~이 되다'로 해석하며 「be동사 + p.p.(과거분사)」의 형태로 씁니다.

- **능동태와 수동태**

    능동태: 주어가 동작을 스스로 행하는 것

    > 나는 방을 청소했다. → I cleaned the room.

    수동태: 주어가 동작을 당하는 입장이 되는 것

    > 방은 청소되었다 (나에 의해). → The room was cleaned (by me).

- **수동태 만드는 방법**

능동태	They 그들은 (주어)	postponed 연기했다 (동사)	the meeting. 회의를 (목적어)
수동태	The meeting 회의는 (주어)	was postponed 연기되었다 (be동사 + p.p.)	(by them). 그들에 의해 (by + 목적격)

    ▶ 능동태의 목적어(the meeting)를 수동태 문장의 주어로 보낸다.
    ▶ 능동태의 동사(postponed)를 「be동사 + p.p.(과거분사)」의 형태인 was postponed로 바꾼다.
    ▶ 능동태 문장의 주어(They)를 「by + 목적격」 형태에 맞게 by them으로 쓰거나 생략한다.

Check Up

해설 p. 70

다음 괄호 안에서 알맞은 것을 고르세요.

1. We (checked, were checked) your order.
2. An exhibition will (hold, be held) next week.
3. These roads will (close, be closed) tomorrow.
4. A bridge has (built, been built) over the water.
5. The company is (hiring, hired) a new assistant.
6. Mr. Shin (led, was led) the presentation yesterday.
7. The printer is (repairing, being repaired) by Mr. Cart.

점수: _____ / 7점

어휘 exhibition 명 전시회 hire 동 채용하다 assistant 명 조수, 비서 lead 동 이끌다(lead-led-led) repair 동 수리하다

5 능동태와 수동태의 구별

■ 주어-동사 간의 의미

주어가 동작을 직접 하는 주체이면 능동태이고, 주어가 동작을 당하는 대상이면 수동태입니다.

Mr. Collins repaired my computer. 콜린스 씨가 내 컴퓨터를 **수리했다**. ~~was repaired~~ → 주어(Mr. Collins)가 컴퓨터를 수리한 주체		능동태
My computer was repaired by Mr. Collins. 내 컴퓨터는 콜린스 씨에 의해 수리되었다. ~~repaired~~ → 주어(My computer)가 수리된 대상		수동태

■ 목적어 유무에 따른 구별법

동사 뒤에 목적어가 있으면 능동태, 목적어가 없으면 수동태로 구분합니다.

The manager reviewed my résumé. 그 관리자는 내 이력서를 검토했다. ~~was reviewed~~ 목적어	능동태
My résumé was reviewed by the manager. 내 이력서는 그 관리자에 의해 검토되었다. ~~reviewed~~ ø (목적어 없음)	수동태

■ 「수동태 + 전치사」 빈출 표현

수동태 뒤에는 주로 전치사 by가 오지만, 다른 전치사를 쓰는 경우도 있으니 함께 기억해 두세요.

for	be known for ~으로 알려져 있다	be exchanged for ~으로 교환되다
in	be interested in ~에 관심이 있다	be included in ~에 포함되다
to	be exposed to ~에 노출되다 be related to ~와 관계가 있다	be dedicated to ~에 전념하다 be used to ~에 익숙하다
with	be pleased with ~로 기뻐하다	be equipped with ~을 갖추고 있다

The island is known for its beautiful weather. 그 섬은 아름다운 날씨**로 알려져 있다**.

Check Up

해설 p. 70

다음 괄호 안에서 알맞은 것을 고르세요.

1. The job (related, is related) to my major.
2. Ms. Karson will (host, be hosted) this party.
3. Robert (submitted, was submitted) his résumé.
4. You will (contact, be contacted) for an interview.
5. We are (exposing, exposed) to many ads every day.
6. The picnic (canceled, was canceled) because of rain.
7. The CEO was (interesting, interested) in Ms. Barnes' idea.

점수: _____/7점

어휘 relate 통 관련시키다 major 명 전공 host 통 주최하다 submit 통 제출하다 ad 명 광고 (= advertisement)

토익 감잡기

해설 p.70

1. Delivery usually _____ about two or three days. ▶ 단순 시제
   (A) took (B) takes

2. Order forms should _____ in advance. ▶ 태
   (A) submit (B) be submitted   in advance 미리

3. GX Publishing _____ moving its main office next spring. ▶ 진행 시제
   (A) was (B) will be   main office 본사

4. Office supplies _____ delivered by the time Peter called. ▶ 완료 시제
   (A) had been (B) has been   office supply 사무용품

5. I have already _____ the head office. ▶ 태
   (A) contacted (B) been contacted   head office 본사

6. Mr. Kim _____ the office about twenty minutes ago. ▶ 단순 시제
   (A) leaves (B) left

7. We _____ an experienced consultant at the moment. ▶ 진행 시제
   (A) are seeking (B) were seeking   consultant 명 상담사

8. Shipping costs _____ in the purchase price. ▶ 태
   (A) included (B) are included   shipping cost 배송비

9. Sales _____ dramatically since last year. ▶ 완료 시제
   (A) had increased (B) have increased

10. There _____ some noise over the next few months. ▶ 단순 시제
    (A) was (B) will be   noise 명 소음

11. We _____ some clients in Australia at that time. ▶ 진행 시제
    (A) were visiting (B) are visiting

12. Mr. Lewis _____ by the end of the year. ▶ 완료 시제
    (A) has retired (B) will have retired   retire 동 은퇴하다

토익 실전 감각 익히기

1. Mr. Anderson _____ the international conference in Boston last week.
   (A) attending
   (B) attended
   (C) will attend
   (D) have attended

2. When I arrived at the workshop, some attendees _____ a discussion.
   (A) have
   (B) are having
   (C) were having
   (D) will be having

3. Mr. Juarez has already _____ arrangements for a visit to London.
   (A) make
   (B) made
   (C) making
   (D) been made

4. The weekly staff meeting will _____ until next Monday.
   (A) to delay
   (B) delayed
   (C) have delayed
   (D) be delayed

5. By next March, Mr. Kaider _____ worked at the company for twenty years.
   (A) was
   (B) has
   (C) had
   (D) will have

6. The renovation of the meeting rooms _____ in a month.
   (A) completed
   (B) are completed
   (C) was completed
   (D) will be completed

7. We _____ a discount on every product today.
   (A) offered
   (B) are offering
   (C) were offering
   (D) had offered

8. Mr. Lin _____ visits several branch offices in Asia.
   (A) shortly
   (B) often
   (C) highly
   (D) recently

Questions 9-12 refer to the following document.

WARRANTY

Thank you for choosing a Cutting Edge T-5 phone. Cutting Edge ------- best 4G smart phones using our own memory chips. All of our devices undergo strict quality testing. If your device suffers from any problems within a week of the purchase, it can ------- for another at any of our stores. -------. If you wish to exchange your phone, ------- it to the store which is located near your place with the receipt.

어휘 warranty 명 품질보증서 device 명 전자기기 quality testing 품질 검사 suffer from ~으로부터 고통을 받다 within a week of the purchase 구매일로부터 1주일 이내에 exchange 동 교환하다 receipt 명 영수증

9 (A) produce
   (B) produces
   (C) will produce
   (D) is produced

10 (A) exchange
   (B) be exchanging
   (C) be exchanged
   (D) have exchanged

11 (A) The store is located near City Hall.
   (B) You'll be contacted for a demonstration.
   (C) Please send us the original receipt.
   (D) A list of our stores is enclosed.

   enclosed 형 동봉된 demonstration 명 시연

12 (A) return
   (B) talk
   (C) change
   (D) conduct

어휘로 마무리

이번 Unit에 나온 어휘 중 반드시 기억해야 할 것들만 모았습니다.
우리말 뜻을 가리고 체크해 본 후, 꼭 외워 두세요.

🎧 RC-04

☐ overtime	명 초과 근무		☐ be exposed to	~에 노출되다
☐ shortly	부 곧(= soon)		☐ be pleased with	~으로 기뻐하다
☐ place an order	주문하다		☐ be equipped with	~을 갖추고 있다
☐ job fair	취업 박람회		☐ major	명 전공
☐ land	동 착륙하다		☐ host	동 주최하다
☐ safely	부 안전하게		☐ submit	동 제출하다
☐ travel	동 여행하다		☐ ad	명 광고(advertisement)
☐ accountant	명 회계사		☐ picnic	명 소풍, 야유회(= outing)
☐ apply	동 지원하다, 신청하다		☐ cancel	동 취소하다
☐ enclose	동 동봉하다		☐ in advance	미리
☐ consult with	~와 상담하다		☐ office supply	사무용품
☐ at the moment	지금		☐ consultant	명 상담사
☐ CEO	최고경영자		☐ include	동 포함하다
☐ board meeting	이사회		☐ dramatically	부 급격히
☐ ceremony	명 의식, 기념식		☐ noise	명 소음
☐ headquarters	명 본사(= main office)		☐ retire	동 은퇴하다
☐ oil price	유가		☐ international	형 국제의
☐ double	동 두 배가 되다		☐ attendee	명 참석자
☐ lobby	명 로비		☐ arrangement	명 준비
☐ review	명 평, 후기		☐ weekly	형 주간의, 매주의, 부 매 주
☐ end	동 끝나다		☐ renovation	명 보수, 개조
☐ postpone	동 연기하다		☐ warranty	명 품질보증서
☐ exhibition	명 전시회		☐ device	명 전자기기
☐ lead	동 이끌다		☐ quality testing	품질 검사
☐ printer	명 프린터		☐ suffer from	~로부터 고통을 받다
☐ repair	동 수리하다		☐ purchase	명 구매, 동 구매하다
☐ résumé	명 이력서		☐ exchange	명 교환, 동 교환하다
☐ be interested in	~에 관심이 있다		☐ receipt	명 영수증

 **Part 5 & 6**

to부정사와 동명사

- **to부정사: 「to + 동사원형」**

동사가 일부 형태를 바꾸어 다른 품사처럼 쓰이는 것을 준동사라고 하는데, 준동사의 하나인 to부정사는 동사원형에 to가 붙은 형태로 만능 재주꾼입니다. to부정사는 명사, 형용사, 부사처럼 행동할 수 있습니다. 한 개의 역할로 정해져 있지 않다고 하여 부정사(不定詞)라는 이름이 붙지요.

I want to watch a movie. → 명사처럼 want의 목적어 역할을 합니다.
나는 영화 보기를 원한다.

I had a chance to watch a movie. → 형용사처럼 앞의 명사구 a chance를 수식합니다.
나는 영화를 볼 기회가 있었다.

I went downtown to watch a movie. → 부사처럼 동사 went를 수식하여 '목적'을 나타냅니다.
나는 영화를 보기 위해 시내에 갔다.

- **동명사: 「동사원형 + -ing」**

동사원형에 -ing가 붙은 형태인 동명사도 준동사의 하나로, 동명사란 글자 그대로 동사가 명사가 된 형태입니다. 따라서 명사처럼 행동합니다.

Watching movies is my hobby. → 명사처럼 주어로 쓰입니다.
영화 보기는 나의 취미이다.

1 to부정사의 역할 _명사

to부정사는 문장 내에서 명사의 역할을 할 수 있습니다. '~하는 것, ~하기'라는 의미로 쓰여 명사처럼 주어, 목적어, 보어 자리에 들어갈 수 있어요.

주어	To hire more staff is necessary. **직원을 더 채용하는 것**이 필요하다.
	= It is necessary to hire more staff.　　　　　　　　　　　　[가주어 it 사용]

목적어	We plan to hire more staff. 우리는 **직원을 더 채용하기**를 계획한다.

보어	[주격 보어]	His job is to fix computers. 그의 직업은 **컴퓨터를 수리하는 것**이다.
	[목적격 보어]	I asked him to fix the computer. 나는 그에게 **컴퓨터를 수리해 달라고** 요청했다.

■ **to부정사를 목적어로 취하는 동사**

희망이나 계획 등의 의미를 담은 동사들은 대체로 뒤에 to부정사가 옵니다.

need	필요하다	wish	바라다	
want	원하다	fail	실패하다	
like	하고 싶다	intend	의도하다	+ to부정사 (~하기를)
hope	바라다	agree	동의하다	
expect	기대하다	decide	결정하다	
plan	계획하다	ask	요청하다	

I want to cancel the order. 저는 **주문을 취소하기**를 원합니다.

Check Up
해설 p.72

다음 괄호 안에서 알맞은 것을 고르세요.

1. (Meet, To meet) the deadline is important.
2. Ms. Sanders wants (get, to get) a new job.
3. Dale asked Linda (sign, to sign) the contract.
4. Joanne decided (have, to have) a simple life.
5. We hope (to see, seen) you at this great event.
6. I would like (to make, making) an appointment.
7. We need (discuss, to discuss) the annual budget.
8. Ben intended (visit, to visit) the head office in May.
9. Mr. Green failed (finished, to finish) his work on time.
10. Our goal is (open, to open) a new branch office in Tokyo.

점수: _____ /10점

어휘 deadline 몡 마감일　contract 몡 계약(서)　annual budget 연간 예산　on time 정시에　goal 몡 목표

2 to부정사의 역할 _ 형용사와 부사

to부정사는 문장 내에서 형용사와 부사의 역할을 합니다. 형용사 역할을 할 때는 명사 뒤에서 '~할, ~하는'의 의미로 명사를 수식합니다. 부사로 쓰일 때는 동사나 형용사, 문장을 꾸며 주며 '~하기 위하여'의 의미로 씁니다.

형용사 역할 (~할, 하는)
I need some time to review the contract. [some time을 수식]
나는 **계약서를 검토할** 시간이 조금 필요하다.

Rob had a chance to work in New York. [a chance를 수식]
롭은 **뉴욕에서 일할** 기회가 있었다.

부사 역할 (~하기 위하여)
To apply, please visit our Web page. [문장 전체 수식]
신청하기 위하여, 우리 홈페이지를 방문하시기 바랍니다.
= In order to apply, please visit our Web page.

■ 「명사＋to부정사」 빈출 표현

plan 계획	time 시간	
way 방법	decision 결정	
chance 기회	opportunity 기회	＋ to부정사 (~을 할, ~을 하려는)
effort 노력	attempt 시도	
ability 능력	right 권리	

Roy made a decision to go on a vacation. 로이는 **휴가를 갈** 결정을 내렸다.

Check Up
해설 p.72

다음 괄호 안에서 알맞은 것을 고르세요.

1. They have a plan (to start, start) a new business.
2. Mr. Shin has the ability to (lead, leading) his team.
3. I left work early in order (get, to get) my car fixed.
4. We should find a way (improve, to improve) profits.
5. You need a receipt (exchange, to exchange) an item.
6. To (receive, receiving) a refund, please fill out the request form.
7. I will have a chance (visiting, to visit) your office this summer.
8. Robin called a technician to (install, installing) a security door.
9. In order (discuss, to discuss) the merger, the board held a meeting.
10. The two countries make every effort (improve, to improve) relations.

점수: _____ / 10점

어휘 improve ⑧ 개선하다, 향상시키다　profit ⑲ 이윤　install ⑧ 설치하다　security door 보안문　merger ⑲ 합병　relation ⑲ 관계

3 동명사의 역할 _ 명사

동명사는 말 그대로 동사가 명사가 된 형태를 말합니다. 「동사원형 + -ing」의 형태로, 여러 가지 역할을 하는 to부정사와는 달리 명사 역할만 합니다. 명사처럼 문장 내에서 주어, 목적어, 보어로 쓰입니다.

주어		Renting a car is a good idea. 차를 임대하는 것은 좋은 생각이다.
목적어	[동사 뒤]	Rob enjoys working with others. 롭은 다른 사람들과 함께 일하는 것을 즐긴다.
	[전치사 뒤]	Rob is responsible for promoting new products. 롭은 신제품을 홍보하는 것을 책임지고 있다.
보어		My main concern is increasing profits. 나의 주된 관심사는 이윤을 증가하는 것이다.

■ **동명사를 목적어로 취하는 동사**

동명사는 말하는 시점이나 그 이전에 일어난 일을 의미하는 경우가 많으며, 완료, 제안, 부정 등의 의미를 가진 동사 뒤에 동명사가 주로 옵니다.

enjoy 즐기다	postpone 미루다	
finish 끝내다	put off 연기하다	+ -ing (~하는 것을)
consider 고려하다	avoid 피하다	
recommend 추천하다	suggest 제안하다	

Jane has postponed meeting the journalist. 제인은 그 기자를 만나는 것을 미뤘다.
Mr. Kaider considered moving to Boston. 카이더 씨는 보스톤으로 이사하는 것을 고려했다.

Check Up

해설 p.72

다음 괄호 안에서 알맞은 것을 고르세요.

1. Thanks for (give, giving) me the opportunity.
2. His wish is (go, going) back to the head office.
3. Feeding animals in the zoo (is, are) not allowed.
4. We recommend (to read, reading) the manual first.
5. Mr. Gibson avoided (to pay, paying) a fine.
6. The bank postponed (to sign, signing) the contract.
7. I saved money by (book, booking) flight tickets online.
8. (Make, Making) kimchi requires a lot of work and time.
9. Ms. Valdez finished (to write, writing) the marketing plan.
10. Caelyn enjoys (to work, working) closely with her colleagues.

점수: _____ /10점

어휘 feed 동 먹이를 주다 manual 명 안내서 fine 명 벌금 book 동 예약하다 require 동 요구하다 colleague 명 동료

4 동명사 vs. 명사

동명사는 동사의 성질을 가지고 있어서 뒤에 명사를 목적어로 가질 수 있지만, 명사는 목적어를 가질 수 없습니다. 대신 명사는 그 앞에 관사(a / an / the)가 옵니다.

동명사	Rob suggested promoting new products online. 　　　　　　　동명사　　　목적어 롭은 온라인으로 신제품 홍보하는 것을 제안했다.
명사	We are planning a special promotion for cheeses. 　　　　　　　관사　　　명사　　전치사구 우리는 치즈 특별판촉 활동을 계획하고 있다.

■ **동명사 관용 표현**

on / upon + -ing / 명사	~하자마자	have difficulty + -ing	~하는 데 어려움이 있다
be busy + -ing	~하느라 바쁘다	feel like + -ing	~하고 싶다
spend + 시간 / 돈 + -ing	~하는 데 시간/돈을 쓰다	be capable of + -ing	~할 능력이 있다

KG Intra Inc. spent millions of dollars developing new software.
KG Intra 사는 새로운 소프트웨어를 개발하는 데 수백만 달러를 썼다.

Upon receiving the bill, Peter sent the company a check.
청구서를 받자마자 피터는 그 회사에 수표를 보냈다.

Check Up

해설 p. 73

다음 괄호 안에서 알맞은 것을 고르세요.

1. (Attendance, Attending) the picnic is optional.
2. (Attendance, Attending) at the picnic is optional.
3. The (installation, installing) of CCTVs is complete.
4. (Installation, Installing) CCTVs is recommended for security.
5. Upon (receipt, receiving) of your résumé, our recruiters will review it.
6. The new intern is capable of (deal, dealing) with accounting systems.
7. Many college graduates are having difficulty (find, finding) a secure job.

점수: _____ / 7점

어휘 attendance 명 출석, 참석 optional 형 선택적인 installation 명 설치 deal with ~을 다루다 accounting 명 회계 college 명 대학 graduate 명 졸업생 secure 형 안정된

5 to부정사와 동명사 빈출 표현

to부정사의 to와 전치사 to는 헷갈리기 쉽답니다. 전치사 to는 뒤의 -ing까지 붙여서 외워 두세요.

■ 「be + 형용사 + to부정사」 빈출 표현

be able to + 동사원형	~을 할 수 있다	be eager to + 동사원형	~하기를 열망하다
be likely to + 동사원형	~을 할 것 같다	be eligible to + 동사원형	~할 자격이 있다
be willing to + 동사원형	기꺼이 ~하다	be proud to + 동사원형	~을 자랑으로 여기다
be scheduled to + 동사원형	~하기로 예정되다	be pleased to + 동사원형	~을 하게 되어 기쁘다

The construction of Highway 10 is likely to be completed next year.
10번 고속도로 공사는 내년에 완공될 것 같다.

YK Community Town is scheduled to open in May.
YK 커뮤니티 타운은 5월에 오픈할 예정이다.

■ 「전치사 to + 동명사」 빈출 표현

be committed to + -ing	~에 전념하다	be used to + -ing	~에 익숙하다
be dedicated / devoted to + -ing	~에 헌신하다	contribute to + -ing	~에 공헌하다
look forward to + -ing	~을 고대하다	prior to + -ing	~하기 이전에

The hospital is committed to increasing patient satisfaction.
병원은 환자들의 만족을 증대하는 데 전념하고 있다.

I look forward to hearing from you.
당신의 연락을 기다리겠습니다.

Check Up

해설 p. 73

다음 괄호 안에서 알맞은 것을 고르세요.

1. Teenagers are used to (use, using) mobile devices.
2. All staff are eligible to (apply, applying) for special leave.
3. Tourists will be able to (see, seeing) beautiful architecture.
4. The outdoor performance is likely (to be, being) canceled.
5. First-time visitors are eager to (tour, touring) Haeundae Beach.
6. Please read the contract carefully prior to (signature, signing) it.
7. The committee is dedicated to (create, creating) a fun atmosphere.

점수: _____ /7점

어휘 mobile device 이동통신 기기 special leave 몡 특별 휴가 tourist 몡 여행객 architecture 몡 건축 performance 몡 공연 contract 몡 계약서 signature 몡 서명 sign 동 서명하다 create 동 만들다 atmosphere 몡 분위기

토익 감잡기

해설 p. 73

1. Using computers _____ students access to many resources.
   (A) give   (B) gives

   resource 명 자원

   ▶ 동명사구의 수 일치

2. On _____ at the hotel, Linda reviewed the proposal.
   (A) arrived   (B) arriving

   review 동 검토하다

   ▶ 전치사의 목적어

3. The CEO asked the managers _____ their work schedules.
   (A) report   (B) to report

   report 동 보고하다

   ▶ 목적격 보어 자리

4. The new equipment has contributed to _____ damage.
   (A) reduce   (B) reducing

   reduce 동 줄이다

   ▶ 전치사 to + 동명사

5. I hope I have a chance _____ part of your company.
   (A) becoming   (B) to become

   ▶ 명사구 a chance 수식

6. Hotel guests are able to _____ the Internet for free.
   (A) access   (B) accessing

   for free 무료로

   ▶ be able to 용법

7. _____ with a representative, please dial extension 501.
   (A) To talk   (B) Talking

   extension 명 내선 번호

   ▶ 부사의 역할

8. Mr. Shin was in charge of _____ all the Web graphics.
   (A) creating   (B) creation

   ▶ 동명사와 명사의 구분

9. Ms. Gibson is considering _____ a second car.
   (A) buying   (B) buy

   consider 동 고려하다

   ▶ consider 목적어 자리

10. BT Electronics decided _____ into Europe.
    (A) to expand   (B) expanding

    expand 동 확장하다

    ▶ decide 목적어 자리

11. The employees asked for the _____ of working conditions.
    (A) improving   (B) improvement

    ask for ~을 요청하다

    ▶ 동명사와 명사의 구분

12. The goal of the meeting is _____ new policies.
    (A) introduce   (B) to introduce

    introduce 동 도입하다

    ▶ 보어 자리

토익 실전 감각 익히기

해설 p. 74

1 The board put off _____ a new branch office in London until next year.
(A) open
(B) opened
(C) opening
(D) to open

put off 미루다

2 The employees agreed _____ money for a charity organization.
(A) raise
(B) to raise
(C) raising
(D) raised

charity organization 자선 단체

3 Read the instructions carefully prior to _____ the shelves.
(A) assemble
(B) assembled
(C) assembly
(D) assembling

instruction 명 설명(서)

4 The travel agency is offering various tour packages _____ attract more travelers.
(A) prior to
(B) in order to
(C) so that
(D) because

travel agency 여행사
attract 동 끌다, 끌어당기다

5 I want to take this opportunity _____ everyone for their hard work.
(A) thank
(B) to thank
(C) thanked
(D) thanks

opportunity 명 기회

6 Watching TV while driving _____ very dangerous.
(A) is
(B) are
(C) be
(D) being

dangerous 형 위험한

7 Many bloggers recommended _____ Thailand in December.
(A) a visit
(B) visited
(C) to visit
(D) visiting

blogger 명 블로거
recommend 동 추천하다

8 _____ of electronic devices is not allowed in the facility.
(A) Operate
(B) Operating
(C) Operation
(D) Operational

electronic device 전자기기
facility 명 시설, 기관

Questions 9-12 refer to the following memorandum.

MEMO

Dear staff members:

In an effort ------- our use of resources, we ask that all employees use the office Intranet. Distributing copies of memos ------- a waste of resources. -------. The electronic bulletin board, e-mail service and chat rooms are always ------- for you. These efforts will help us cut down on unnecessary expenses as well.

Thank you for your understanding.

Helen Greco
Human Resources

어휘 distribute 동 배부하다 waste 명 낭비 electronic 형 전자의 bulletin board 게시판 cut down on ~을 줄이다 unnecessary 형 불필요한 expense 명 경비, 지출 as well 마찬가지로

9. (A) reduce
   (B) reduced
   (C) reducing
   (D) to reduce

10. (A) is
    (B) are
    (C) was
    (D) were

11. (A) Please log on to the office Internet communication system.
    (B) In addition, the wasteful use of water is also very serious.
    (C) Lowering production costs is necessary for the company.
    (D) In addition, the copy machine is currently out of order.

serious 형 심각한 lower 동 낮추다

12. (A) avail
    (B) availability
    (C) available
    (D) availably

어휘로 마무리

이번 Unit에 나온 어휘 중 반드시 기억해야 할 것들만 모았습니다.
우리말 뜻을 가리고 체크해 본 후, 꼭 외워 두세요.

🎧 RC-05

☐ hire	통 고용하다		☐ secure	형 안정된
☐ fix	통 고치다, 수리하다		☐ be able to ⓥ	~을 할 수 있다
☐ deadline	명 마감일		☐ be likely to ⓥ	~을 할 것 같다
☐ contract	명 계약(서)		☐ be eligible to ⓥ	~할 자격이 있다
☐ annual budget	연간 예산		☐ be scheduled to ⓥ	~하기로 예정되다
☐ goal	명 목표		☐ be pleased to ⓥ	~을 하게 되어 기쁘다
☐ opportunity	명 기회		☐ be used to+-ing	~에 익숙하다
☐ attempt	명 시도		☐ be dedicated to+-ing	~에 헌신하다
☐ ability	명 능력		☐ contribute to+-ing	~에 공헌하다
☐ improve	통 개선하다, 향상시키다		☐ prior to+-ing	~하기 이전에
☐ profit	명 이윤		☐ teenager	명 십 대
☐ install	통 설치하다		☐ tourist	명 여행객
☐ security	명 보안 형 안전[보안]의		☐ architecture	명 건축
☐ merger	명 합병		☐ performance	명 공연
☐ relation	명 관계		☐ atmosphere	명 분위기
☐ promote	통 홍보하다		☐ reduce	통 줄이다
☐ product	명 제품		☐ for free	무료로
☐ concern	명 관심사		☐ representative	명 상담원, 직원, 대표
☐ journalist	명 기자		☐ extension	명 내선 번호
☐ manual	명 안내서		☐ working conditions	작업 환경
☐ fine	명 벌금		☐ introduce	통 소개하다 도입하다
☐ sign	통 서명하다		☐ charity	명 자선
☐ book	통 예약하다		☐ instruction	명 설명(서)
☐ require	통 요구하다		☐ assemble	통 조립하다
☐ colleague	명 동료(= coworker)		☐ dangerous	형 위험한
☐ attendance	명 출석, 참석		☐ distribute	통 배부하다
☐ complete	통 완성하다		☐ unnecessary	형 불필요한
☐ deal with	~을 다루다		☐ expense	명 경비, 지출

분사

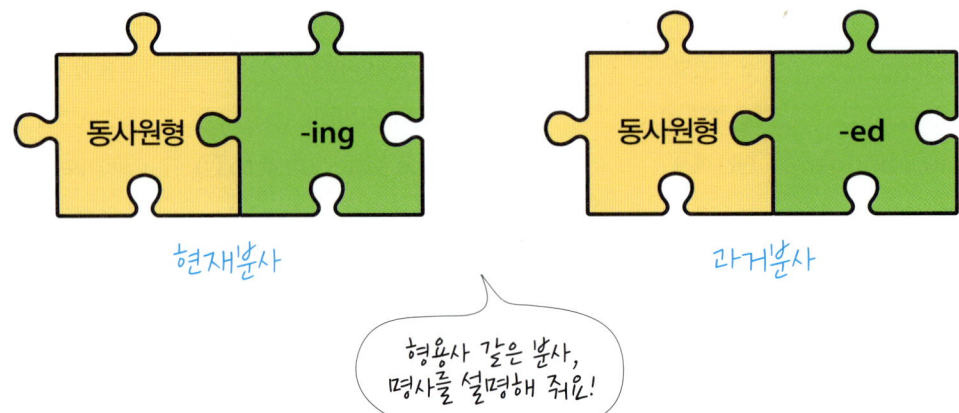

현재분사   과거분사

형용사 같은 분사, 명사를 설명해 줘요!

■ 현재분사와 과거분사

분사도 동사의 형태를 바꾸어 다른 품사처럼 쓰는 준동사의 하나입니다. 분사는 형태와 쓰임에 따라 현재분사와 과거분사가 있습니다.

현재분사: 「동사원형 + -ing」 '~하는' → '능동' 또는 '진행'의 의미
과거분사: 「동사원형 + -ed」 '~된' → '수동' 또는 '완료'의 의미

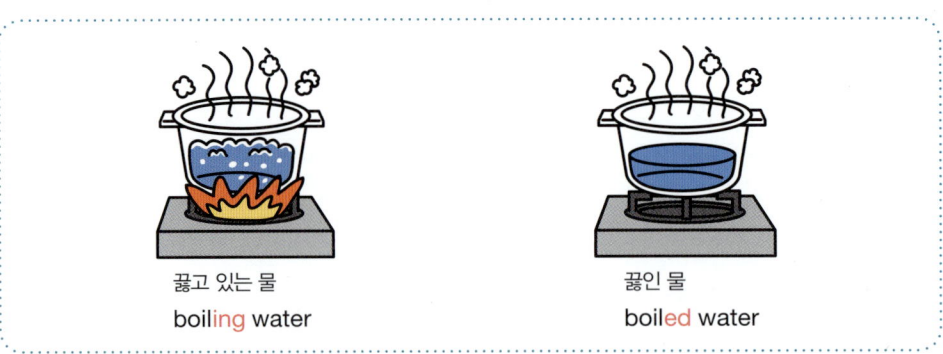

끓고 있는 물   끓인 물
boiling water   boiled water

1 분사의 역할

분사는 명사의 앞이나 뒤에서 명사를 수식하거나, 주어나 목적어를 보충 설명하는 보어 자리에 씁니다.

■ 명사 수식

명사 앞에서 수식	(관사) + 분사 + 명사 a leading company 선도하는 기업 the attached file 첨부된 파일
명사 뒤에서 수식	(관사) + 명사 + 분사 + 목적어/(수식어) the man leading the seminar 세미나를 이끌어가는 남자 the seminar led by Mr. Green 그린 씨가 이끌어가는 세미나

■ 보어 역할

주격 보어	2형식 동사 + 분사 The survey results are very interesting. 설문 결과는 아주 흥미롭다. ▶ 2형식 동사: be, become, remain, seem 등
목적격 보어	5형식 동사 + 목적어 + 분사 Linda found the survey results interesting. 린다는 설문 결과가 흥미롭다는 것을 알아냈다. ▶ 5형식 동사: find, make, keep, consider 등

Check Up

해설 p. 75

다음 괄호 안에서 알맞은 것을 고르세요.

1. I found the item (damage, damaged).
2. Mr. Kim is highly (motivate, motivated).
3. Jeffery is a (promise, promising) painter.
4. The rules made the game (bore, boring).
5. Mr. Karson is (qualify, qualified) as a manager.
6. No one wants to get on a (crowd, crowded) bus.
7. The resort has rooms (offer, offering) views of the ocean.
8. Some (lead, leading) companies went out of business.
9. We are looking for an (experience, experienced) designer.
10. The CEO seems (impress, impressed) by Mr. Crew's speech.

점수: _____ / 10점

어휘 motivated 형 의욕적인 promising 형 유망한 boring 형 지루한 qualified 형 자격을 갖춘 crowded 형 붐비는 leading 형 선도하는 experienced 형 노련한 impressed 형 감명을 받은

2 현재분사와 과거분사

분사가 명사를 수식할 때 그 관계가 능동이면 현재분사(-ing)를 쓰고, 수동이면 과거분사(-ed)를 씁니다.

현재분사 (능동)	The man giving the speech is Mr. Park. 연설을 하고 있는 남자는 박 씨이다. → '남자가 연설을 하다'는 능동의 관계이므로 현재분사
과거분사 (수동)	The speech given by Mr. Park was disappointing. 박 씨의 연설은 실망스러웠다. → '연설이 박 씨에 의해서 진행된다'는 수동의 관계이므로 과거분사

* 목적어로 판단하는 문제 풀이 Tip

분사가 명사 뒤에서 수식할 때 목적어가 있으면 현재분사, 없으면 과거분사!

Employees **attending the party** received a gift. 파티에 참석한 직원들은 선물을 받았다.
　　　　　현재분사+목적어

Employees **interested in the position** can apply. 그 직책에 관심 있는 직원들은 신청할 수 있다.
　　　　　과거분사+전치사구

■ 알아두면 좋은 빈출 「분사+명사」 표현

lasting impression	지속되는 인상	discounted rate	할인된 요금
promising designer	유망한 디자이너	damaged items	파손된 물품들
rising prices	오르는 가격	qualified technician	자격을 갖춘 기술자
missing luggage	분실된 짐	detailed information	자세한 정보
surrounding area	주변의 지역	motivated employees	의욕적인 직원들
existing facilities	기존의 시설들	experienced trainer	노련한 트레이너

Check Up
해설 p.75

다음 괄호 안에서 알맞은 것을 고르세요.

1. All information (providing, provided) is true.
2. (Existed, Existing) facilities are operational.
3. Drivers are worried about (rising, risen) gas prices.
4. The CEO's speech made a (lasting, lasted) impression.
5. I found the (missed, missing) document in a garbage can.
6. The movie (recommending, recommended) by the critics was great.
7. The manager (interviewing, interviewed) the applicants is Mr. Sands.

점수: _____/7점

어휘 facility 명 시설　operational 형 가동 중인　impression 명 인상　garbage can 휴지통　critic 명 비평가

3 감정분사

사람의 감정을 나타내는 분사가 형용사처럼 굳어져 쓰이기도 합니다. 감정을 유발하는 쪽은 현재분사(-ing)를 사용하고, 감정을 느끼는 쪽은 과거분사(-ed)를 사용합니다.

■ **현재분사 vs. 과거분사**

현재분사 - 감정 유발	shocking news 충격적인 소식 The news was shocking. 그 뉴스는 **충격적**이었다. → 소식(사물)을 수식하므로 현재분사
과거분사 - 감정을 느낌	shocked employees 충격을 받은 직원들 The employees were shocked by the news. 직원들은 그 소식에 **충격을 받았다**. → 직원들(사람)을 수식하므로 과거분사

■ **감정 관련 분사**

현재분사 - 감정 유발		과거분사 - 감정 느낌	
interesting	흥미롭게 하는	interested	관심 있는
confusing	혼란스럽게 하는	confused	혼란스러운
disappointing	실망스러운	disappointed	실망한
encouraging	고무적인	encouraged	고무된
exciting	흥미진진한	excited	신난, 즐거운
satisfying	만족스럽게 하는	satisfied	만족한
surprising	놀라게 하는	surprised	놀란

Check Up

해설 p.76

다음 괄호 안에서 알맞은 것을 고르세요.

1. Peter was (exciting, excited) about getting a job.
2. The hotel's services were very (satisfying, satisfied).
3. Mr. Green found the manual (confusing, confused).
4. This is an (exciting, excited) opportunity for everyone.
5. The Internet has brought us (surprising, surprised) changes.
6. I hope you are (satisfying, satisfied) with your purchase.
7. The survey results are highly (encouraging, encouraged).
8. The audience was (impressing, impressed) by the performance.
9. I'm (interesting, interested) in your new model of smart phones.
10. Diners were (disappointing, disappointed) with the new set menu.

점수: _____ / 10점

어휘 manual 몡 설명서 opportunity 몡 기회 purchase 몡 구매, 구매물품 performance 몡 공연 diner 몡 식사 손님

토익 감잡기

해설 p. 76

1 Please submit a _____ application form.
  (A) completing   (B) completed
  application form 신청서
  ▶ 〈수동〉 의미의 분사

2 The company offers _____ programs for the new hires.
  (A) exciting   (B) excited
  new hire 신입사원
  ▶ 〈사물〉 수식 감정분사

3 Shelly's Salon is a brand _____ by many artists.
  (A) recognizing   (B) recognized
  recognize 통 인정하다
  ▶ 목적어가 없는 분사

4 Canary Gym is looking for an _____ trainer.
  (A) experiencing   (B) experienced
  gym 명 체육관
  ▶ 현재분사 vs. 과거분사

5 Those _____ $100 or more will be able to get free delivery.
  (A) purchasing   (B) purchased
  ▶ 목적어가 있는 분사

6 Most of the travelers felt _____ with the city tour.
  (A) satisfying   (B) satisfied
  traveler 명 여행객
  ▶ 〈사람〉 수식 감정분사

7 I have enclosed documents _____ specific details.
  (A) containing   (B) contained
  enclose 통 동봉하다
  specific 형 구체적인
  ▶ 목적어와 쓰이는 분사

8 Ms. Karson is well _____ for that position.
  (A) qualified   (B) qualify
  ▶ 주격 보어 자리

9 I want to pass out new brochures _____ all our new products.
  (A) detailed   (B) detailing
  pass out 나눠주다
  ▶ 목적어가 있는 분사

10 All staff members were _____ at the CEO's announcement.
  (A) shocking   (B) shocked
  announcement 명 발표
  ▶ 〈사람〉 수식 감정분사

11 I found some parts of the shelves _____.
  (A) missing   (B) missed
  part 명 부품
  ▶ 목적격 보어 자리 분사

12 The newly released movie received _____ reviews.
  (A) disappointing   (B) disappointed
  release 통 개봉하다
  ▶ 〈사물〉 수식 감정분사

토익 실전 감각 익히기

해설 p. 77

1 The director has reviewed the proposal, and he was quite _____.
(A) impress
(B) impressive
(C) impressing
(D) impressed

review 동 검토하다
proposal 명 제안(서)

2 Riverside Resort provides _____ quality of life to all guests.
(A) outstand
(B) outstood
(C) outstanding
(D) outstands

quality 명 품질

3 All staff members should attend the meeting _____ for July 20.
(A) schedule
(B) schedules
(C) scheduling
(D) scheduled

attend 동 참석하다

4 The number of people _____ a second car has risen sharply.
(A) purchase
(B) purchases
(C) purchasing
(D) purchased

rise 동 증가하다
sharply 부 급격하게

5 The locations _____ by Darton Moving include the cities of Benton and Alice.
(A) service
(B) servicing
(C) serviced
(D) services

location 명 위치, 장소
include 동 포함하다

6 This restaurant is known for using locally _____ vegetables.
(A) grow
(B) growing
(C) grown
(D) growth

be known for ~으로 알려져 있다
locally 부 지역에서

7 The sales figures for last quarter are very _____.
(A) disappoint
(B) disappointing
(C) disappointed
(D) disappointment

sales figures 판매 수치
quarter 명 분기

8 There are only two flights _____ for Paris on Tuesday.
(A) leave
(B) leaving
(C) left
(D) leaves

flight 명 비행(편)

Questions 9-12 refer to the following e-mail.

To: Meredith Grazinski <mereg@tsmail.com>

From: Customer Support <csc@bookbank.com>

Date: June 10, 9:37 A.M.

Subject: Order

Dear Ms. Grazinski,

We'd like to thank you for shopping with us. We're sorry to hear that you haven't ------- one of the books you ordered. We found that we were completely responsible for this error. We have already packaged and sent the ------- book to you. We have also included a voucher for 30 euros. -------. Your order should arrive within the next day or two. We hope that you ------- to shop with Book Bank, and once again apologize for the inconvenience.

Sincerely,

Adam Mosley

Customer Support Center Representative

Book Bank

어휘 completely ⓤ 완전히 error ⓝ 오류 package ⓥ 포장하다 include ⓥ 포함하다 voucher ⓝ 바우처, 쿠폰 apologize ⓥ 사과하다 inconvenience ⓝ 불편

9. (A) receive
   (B) received
   (C) receiving
   (D) receives

10. (A) miss
    (B) missing
    (C) missed
    (D) have missed

11. (A) This voucher is good at any Book Bank stores throughout the city.
    (B) Our store is located near the City Bank.
    (C) You can visit our store and exchange it for another.
    (D) We will issue a full refund if you want.

    issue a full refund 전액 환불해주다

12. (A) suggest
    (B) consider
    (C) dislike
    (D) continue

어휘로 마무리

이번 Unit에 나온 어휘 중 반드시 기억해야 할 것들만 모았습니다.
우리말 뜻을 가리고 체크해 본 후, 꼭 외워 두세요.

🎧 RC-06

☐ leading	형 선도하는		☐ application form	신청서
☐ attached	형 첨부된		☐ new hire	신입 사원
☐ motivated	형 의욕적인		☐ recognize	동 인정하다
☐ promising	형 유망한		☐ artist	명 미술가, 예술가
☐ qualified	형 자격을 갖춘		☐ gym	명 체육관
☐ crowded	형 붐비는		☐ trainer	명 트레이너
☐ experienced	형 노련한		☐ delivery	명 배송
☐ impressed	형 감명을 받은		☐ traveler	명 여행객
☐ lasting	형 지속되는		☐ contain	동 포함하다
☐ rising	형 오르는		☐ detail	명 세부내용 동 상세히 열거하다
☐ missing	형 분실된		☐ announcement	명 발표
☐ surrounding	형 주변의		☐ part	명 부품
☐ existing	형 기존의		☐ release	동 개봉하다, 출시하다
☐ discounted	형 할인된		☐ proposal	명 제안(서)
☐ detailed	형 자세한		☐ sharply	부 급격하게
☐ operational	형 가동 중인		☐ vegetable	명 채소
☐ impression	명 인상		☐ quarter	명 분기
☐ critic	명 비평가		☐ sales figures	판매액, 판매 수치
☐ shocking	형 충격적인		☐ completely	부 완전히
☐ manual	명 설명서		☐ error	명 오류
☐ confusing	형 혼란스럽게 하는		☐ package	동 포장하다
☐ disappointing	형 실망스러운		☐ include	동 포함하다
☐ encouraging	형 고무적인		☐ voucher	명 바우처, 쿠폰(= coupon)
☐ satisfying	형 만족스럽게 하는		☐ euro	명 유로
☐ surprising	형 놀랍게 하는		☐ inconvenience	명 불편
☐ impressive	형 인상적인		☐ throughout	전 도처에
☐ performance	명 공연		☐ issue	동 발부하다
☐ model	명 모형, 모델		☐ dislike	동 싫어하다

UNIT 6

175

Part 5 & 6
전치사

Who puts broccoli on pizza?
누가 피자 위에 브로콜리를 올리지?

■ 전치사

말 그대로 '앞에 위치하다'라는 의미의 품사이며, 어떤 것의 앞에 오는 말입니다.
전치사는 주로 명사 앞에 위치하여 「전치사 + 명사」 형태로 구체적인 의미를 만듭니다.

■ 전치사구의 역할

전치사는 종류와 의미가 다양하지만 혼자 쓰지 못하고 뒤에 명사, 대명사, 동명사와 함께 씁니다.

전치사	+ 명사(구)	by next Monday	다음 주 월요일**까지**
	+ 대명사	by himself	그 **혼자서**, **스스로**
	+ 동명사(구)	by suggesting a solution	해결책을 제안함**으로써**

1 시간 전치사

■ ~에

at + 시각/시점 ~에	at 3 P.M. 오후 3시에	at the end of the year 연말에
on + 요일/날짜 ~에	on Monday 월요일에	on May 1st 5월 1일에
in + 월/계절/연도 ~에	in September 9월에	in summer 여름에
	in 2025 2025년에	in the evening 저녁에

■ ~부터

from + 시점 ~부터	from next month 다음 달부터	
since + 과거시점 ~이래로 쭉	since last month 지난달 이래로 쭉	▶ since는 현재완료 시제와 같이 사용됨

Peter has worked in the accounting department since 2010.
Peter는 2010년 **이래 쭉** 회계부서에서 근무해 왔다.

■ ~까지

by (완료) ~까지	complete it by tomorrow 내일까지 그것을 완성하다
until (지속) ~까지	last until tomorrow 내일까지 지속되다

■ ~ 동안

for + 기간 ~ 동안	for a month 한 달 동안
during + 행사/사건 ~ 동안에	during the festival 축제 동안에
over + 기간 ~ 동안	over the last five years 지난 5년간
throughout ~ 내내	throughout the year 1년 내내
within + 기간 ~ 이내에	within a week 1주일 이내에

Check Up

해설 p. 78

다음 괄호 안에서 알맞은 것을 고르세요.

1. The train was delayed (for, at) an hour.
2. Jeff joined the company (in, since) 2010.
3. Peter has been off work (in, since) last month.
4. We are always busy (in, on, at) the end of the year.
5. Mr. Shin will stay at the hotel (by, until) this Friday.
6. I haven't seen the CEO (throughout, for) the month.
7. Your order should arrive (for, within) the next two days.
8. An experienced guide is provided (for, during) your stay.
9. The price of fuel has doubled (over, on) the last five years.
10. The conference is scheduled to be held (from, since) May 6 to 10.

점수: _____ / 10점

어휘 delay ⑧ 연기하다　off work 일을 쉬다　experienced ⑨ 숙련된　guide ⑨ 안내원　fuel ⑨ 연료　double ⑧ 두 배가 되다

2 장소 전치사

~에서

at +특정 지점 ~에서	at the airport 공항에서	at the hotel 호텔에서
in +국가/도시명/공간 ~에서	in Seoul 서울에서	in Room 301 301호에서
on +층/표면 ~ 위에	on the third floor 3층에서	on the shelf 선반 위에

~ 앞에 / 옆에 / 뒤에

in front of ~의 앞에	in front of the theater 극장 앞에
beside / next to ~의 옆에	next to the bank 은행 옆에
behind ~의 뒤에	behind the door 문 뒤에

~ 위에 / 아래에

| over / above ~ 위에 | over the river 강 위에 |
| under / below ~ 아래에 | under the bridge 다리 아래에 |

~ 근처에 / 주위에

| near ~의 근처에 | near the subway station 지하철 역 근처에 |
| around ~의 주위에 | around the area 그 지역 주위에 |

~ 사이에

| between (둘) 사이에 | between the two applicants 두 지원자들 사이에 |
| among (셋 이상) 사이에 | among the audience 청중들 사이에 |

Check Up

해설 p.78

다음 괄호 안에서 알맞은 것을 고르세요.

1. Judy had a great holiday (in, at) Hawaii.
2. Please put this plant (to, next to) the sofa.
3. Our hotel is located (on, near) the airport.
4. There is a picture hanging (in, on) the wall.
5. You are able to stop to rest (on, under) a tree.
6. Mr. Cart will be staying (on, at) Sunshine Hotel.
7. The restaurant has a nice view (in, over) the river.
8. This elevator doesn't stop (below, in) the third floor.
9. The employee parking lot is (at, behind) the building.
10. Breakfast is served (between, among) seven and nine.

점수: _____ / 10점

어휘 plant 명 식물 be located 위치하다 rest 동 쉬다 view 명 전망 floor 명 층 parking lot 주차장

3 기타 전치사/구전치사

■ 기타 전치사

방향	to ~로 from ~로부터 into ~ 안으로 out of ~ 밖으로 through ~을 통하여 along ~을 따라 across ~을 건너서	to the airport 공항으로 from the airport 공항에서 into Asia 아시아로 out of the window 창문 밖으로 through the park 공원을 통과하여 along the river 강을 따라서 across the street 도로를 건너서
수단	by ~으로, ~을 타고 with ~으로 without ~이 없이 through ~을 통하여	by bus 버스를 타고 with a membership card 회원 카드로 without delay 지체 없이 through the Internet 인터넷으로
주제	about ~에 관하여 on ~에 관하여 regarding ~에 관하여	about the budget 예산에 관하여 on the schedule 일정에 관하여 regarding the proposal 제안서에 관하여
이유	because of ~ 때문에 due to ~ 때문에	because of rain 우천으로 due to the thunderstorm 뇌우 때문에
양보	despite ~에도 불구하고 in spite of ~에도 불구하고	despite the bad weather 악천후에도 불구하고 in spite of heavy traffic 심한 교통 체증에도 불구하고

■ 두 단어 이상의 구전치사

ahead of ~ 전에		regardless of ~와 상관없이
prior to ~ 전에		as a result of ~의 결과로
according to ~에 따르면		instead of ~의 대신에

Check Up

해설 p. 78

다음 괄호 안에서 알맞은 것을 고르세요.

1. Mr. Green gets to work (by, on) subway.
2. Please submit the form (with, without) delay.
3. They completed the work (before, ahead of) time.
4. The Han River runs (among, through) the city.
5. You cannot make changes (along, on) your schedule.
6. The flight was delayed (due, due to) a heavy storm.
7. I have some questions (regard, regarding) the new policy.
8. Credit cards are often used (as a result of, instead of) cash.
9. Ms. Sanders reviewed the reports (prior, prior to) the seminar.
10. Mr. Collins exercises regularly (due to, despite) his busy schedule.

점수: _____ / 10점

어휘 submit 동 제출하다 complete 동 완성하다 storm 명 폭우 policy 명 정책 cash 명 현금 regularly 부 정기적으로

토익 감잡기

해설 p.79

1 Dangerous chemicals are used _____ the production process.
(A) during (B) by
chemical 명 화학 물질
▶ 시간 전치사

2 Mr. Shin is supposed to return to work _____ July 20th.
(A) on (B) in
return to work 직장에 복귀하다
▶ 시간 전치사

3 The museum is located just _____ the post office.
(A) to (B) next to
▶ 장소 전치사

4 You will receive a reply e-mail _____ a week.
(A) with (B) within
reply 명 답장
▶ 시간 전치사

5 The reception will be held _____ the fifth floor.
(A) in (B) on
reception 명 환영회
▶ 장소 전치사

6 The community center will be closed _____ Sunday.
(A) in (B) on
community center 주민센터
▶ 시간 전치사

7 Passengers should arrive two hours _____ departure time.
(A) prior (B) prior to
departure 명 출발
▶ 구전치사

8 Our attendants will assist you _____ the building.
(A) out (B) out of
attendant 명 안내원, 수행원
assist 동 돕다
▶ 방향 전치사

9 Candidates had a lengthy discussion _____ the environment.
(A) at (B) on
candidate 명 후보자
▶ 주제 전치사

10 The company outing was delayed _____ the bad weather.
(A) due to (B) for
company outing 회사 야유회
▶ 이유 전치사

11 The residents agreed to build a library _____ the school.
(A) below (B) beside
▶ 장소 전치사

12 The vote will have to be postponed _____ next week.
(A) by (B) until
vote 명 투표
▶ 시간 전치사

토익 실전 감각 익히기

해설 p. 79

1 David was invited to give a speech _____ his university.
(A) at
(B) on
(C) by
(D) through

invite 통 초대하다

2 _____ the flight, dinner and a light breakfast will be served.
(A) For
(B) About
(C) During
(D) Regarding

serve 통 제공하다

3 _____ the formal announcement, everything was kept confidential.
(A) Instead of
(B) Due to
(C) Next to
(D) Prior to

formal 형 공식적인
confidential 형 기밀의

4 The visitors couldn't arrive on time _____ the delayed flight.
(A) because of
(B) in spite of
(C) regardless of
(D) ahead of

visitor 명 방문객
on time 정각에, 제때에

5 Ms. Carter always gets a discount on bus fares _____ her credit card.
(A) with
(B) for
(C) in
(D) to

fare 명 요금

6 Thank you for your fax _____ the shipping charges.
(A) for
(B) regarding
(C) in
(D) to

shipping charge 배송료

7 If you want to exchange it _____ seven days of the purchase, please visit our store.
(A) in
(B) on
(C) with
(D) within

exchange 통 교환하다

8 Generally, taking pictures _____ public spaces is allowed in the city.
(A) in
(B) on
(C) for
(D) between

generally 부 일반적으로
public 형 공공의

Questions 9-12 refer to the following e-mail.

From: Arthur Chin <arthurchin@cmail.com>
To: Melanie Vandon <melaniev@vmail.com>
Date: April 28
Re: Catalog

Dear Ms. Vandon,

Thank you very much for coming to our office to give your presentation. We are very interested in your company's multi-function printers and we would like to ------- some of them. We have never seen them offered ------- a 10-year warranty. However, we seem to have misplaced your catalog. If you could please send us ------- copies of your catalog, we would appreciate it. -------. Thank you again and we hope to hear from you soon.

Sincerely,
Arthur Chin

어휘 catalog 명 목록, 카달로그 multi-function 다기능의 offer 동 제공하다 warranty 명 보증 기간 misplace 동 잘못 두다

9. (A) look
   (B) cancel
   (C) order
   (D) remove

10. (A) in
    (B) to
    (C) with
    (D) within

11. (A) few
    (B) a few
    (C) a little
    (D) much

12. (A) Please let me know if this order is available.
    (B) We were also wondering if you offer any kind of discounts on large orders.
    (C) Don't miss the opportunity to get a discount on your next order.
    (D) If it is possible, I will go ahead and print it.

miss 동 놓치다 go ahead 진행하다

어휘로 마무리

이번 Unit에 나온 어휘 중 반드시 기억해야 할 것들만 모았습니다.
우리말 뜻을 가리고 체크해 본 후, 꼭 외워 두세요.

🎧 RC-07

☐ by oneself	혼자서, 스스로		☐ production	명 생산
☐ suggest	동 제안하다		☐ process	명 과정 동 처리하다
☐ solution	명 해결책		☐ reply	명 답장 동 답하다
☐ accounting	명 회계		☐ reception	명 환영회
☐ delay	동 지연시키다		☐ passenger	명 승객
☐ off work	일을 쉬는		☐ departure	명 출발
☐ conference	명 회의		☐ attendant	명 안내원, 수행원
☐ theater	명 극장		☐ assist	동 돕다
☐ applicant	명 지원자		☐ candidate	명 후보자, 지원자
☐ audience	명 청중		☐ lengthy	형 너무 긴, 장황한
☐ plant	명 식물, 공장		☐ discussion	명 토론
☐ parking lot	주차장		☐ environment	명 환경, 분위기
☐ schedule	명 일정(표)		☐ outing	명 야유회(= picnic)
☐ regarding	전 ~에 관하여		☐ resident	명 주민
☐ because of	~ 때문에		☐ agree	동 동의하다
☐ thunderstorm	명 뇌우		☐ library	명 도서관
☐ despite	전 ~에도 불구하고		☐ vote	명 투표
☐ prior to	~ 전에		☐ postpone	동 연기하다
☐ according to	~에 따르면		☐ invite	동 초대하다
☐ regardless of	~와 상관 없이		☐ serve	동 제공하다, 근무하다
☐ as a result of	~의 결과로		☐ formal	형 공식적인
☐ instead of	~의 대신에		☐ confidential	형 기밀의
☐ subway	명 지하철		☐ visitor	명 방문객
☐ complete	동 완성하다(= finish)		☐ bus fare	버스 요금
☐ storm	명 폭우		☐ shipping charge	배송료
☐ cash	명 현금		☐ exchange	동 교환하다
☐ regularly	부 정기적으로		☐ public	형 공공의
☐ dangerous	형 위험한		☐ misplace	동 잘못 두다

Unit 8 접속사
Part 5 & 6

접속사는 단어와 단어, 구와 구, 절과 절을 이어주는 고리 역할을 하는 품사입니다. 길고 복잡해 보이는 문장 속에 이러한 접속사가 숨어 있는 경우가 많답니다. 접속사는 다음과 같이 크게 3종류로 나눌 수 있어요.

- 등위접속사: and 그리고 / but 그러나 / or 또는 / so 그래서

> **I was hungry and thirsty.** 나는 배고프고 목이 말랐다.
> 　　　형용사　　　형용사

- 상관접속사: both A and B A와 B 둘 다 / either A or B A나 B 둘 중 하나

> **You can have either fish or chicken.**
> 　　　　　　　　　명사　　명사
> 당신은 생선**이나** 치킨 **둘 중 하나**를 드실 수 있습니다.

- 종속접속사: that ~이라는 것 / when ~할 때 / because ~이기 때문에

> **I believe that there is life in Mars.**
> 　주절　　　　　　종속절
> 나는 화성에 생명체가 있다는 **것**을 믿는다.
>
> **I was surprised when he called me.**
> 　주절　　　　　　종속절
> 그가 전화했을 **때** 나는 놀랐다.

1 등위접속사

등위접속사는 단어와 단어, 구와 구, 절과 절처럼 문법적으로 같은 성격의 요소들을 대등하게 이어주는 역할을 합니다.

| and 그리고 | or 또는, 그렇지 않으면 | but 그러나 | so 그래서 |

단어 + 단어	Come and visit our store. 동사 + 동사 저희 가게를 방문해 주세요. Mr. Kim goes to work by bus or subway. 명사 + 명사 김 씨는 버스나 지하철을 타고 출근한다.
구 + 구	The sale starts on May 1st and runs until May 10th. 동사구 + 동사구 할인 판매는 5월 1일에 시작하여 5월 10일까지 운영된다. You can get a full refund but should present the receipt. 동사구 + 동사구 당신은 전액 환불을 받을 수 있지만 영수증을 제시하여야 합니다.
절 + 절	Our translator was sick, so we had to hire a freelancer. 절 + 절 우리의 번역가가 아파서 우리는 하는 수 없이 프리랜서를 고용했다.

Check Up

해설 p.81

다음 괄호 안에서 알맞은 것을 고르세요.

1. Fill out the form in black (and, or) blue.
2. I have one question (and, or) some requests.
3. There are two flights, at 7:00 (and, or) at 9:00.
4. A fire broke out last night, (so, but) nobody was hurt.
5. We have already packaged (and, or) sent them to you.
6. It's not that busy these days, (so, but) it should be fine.
7. Your order should arrive within the next day (and, or) two.
8. The products go bad easily, (so, but) store them in the fridge.
9. The catering company provides quick (and, or) reliable services.
10. Credit cards are widely accepted, (so, but) some shops accept only cash.

점수: _____ / 10점

어휘 request 영 요구, 요청사항 break out (화재 등이) 발생하다 package 동 포장하다 go bad (음식 등이) 상하다 store 동 저장하다 fridge 명 냉장고 catering 명 출장 요리

2 상관접속사

상관접속사는 항상 두 단어 이상이 짝을 이루어 쓰이는 접속사입니다. 등위접속사와 마찬가지로 동일한 요소를 이어줍니다.

| both A and B | A와 B 둘 다 | not only A but also B | A뿐만 아니라 B도 |
| either A or B | A 혹은 B 둘 중 하나 | neither A nor B | A도 B도 둘 다 아닌 |

■ 주어 자리에 쓰이는 경우

상관접속사로 연결되어 주어로 쓰이는 경우, 주어와 동사의 수 일치에 유의해야 합니다. 「Both A and B」는 복수 동사를 쓰지만, 나머지 상관접속사들은 B에 수를 일치시킵니다.

Both **meals** and **desserts** **are** on the house tonight. 오늘 밤 식사와 후식 **둘 다** 무료로 제공됩니다.
　　　명사　　　　명사　　　 is

Either **you** or **your supervisor** **needs** to attend the awards ceremony.
　　　대명사　　　명사구　　　 need
당신이나 당신의 상사 중에서 한 분은 시상식에 참석하셔야 합니다.

■ 기타 자리에 쓰이는 경우

The seminar was not only **interesting** but also **informative**. 그 세미나는 흥미로웠을 **뿐만 아니라** 유익했다.
　　　　　　　　　　형용사　　　　　　 형용사

The weather is neither **too cold** nor **too hot**. 날씨가 너무 춥지**도** 덥지**도 않다**.
　　　　　　　　 형용사구　　　 형용사구

Check Up
해설 p.81

다음 괄호 안에서 알맞은 것을 고르세요.

1. Ms. Lopez enjoys both acting (and, or) singing.
2. The new device is both simple (and, but) effective.
3. Riley wanted either a refund (or, nor) an exchange.
4. This job is not only interesting (and, but) also well-paid.
5. Motorists should use either Highway 11 (or, nor) Seymore Street.
6. The fashion show will be held either in London (or, nor) in Paris.
7. Neither meals (or, nor) refreshments are served in cheap domestic flights.
8. Applicants need not only a résumé (and, but) also a reference letter.
9. Shoppers can save (both, either) time and money by shopping online.
10. Neither Ms. Green nor her colleagues (use, uses) public transportation.

점수: _____/10점

어휘 acting 명 연기　device 명 장치, 기기　effective 형 효과적인　motorist 명 운전자　well-paid 형 보수가 좋은　refreshment 명 다과　domestic 형 국내의　applicant 명 지원자　reference letter 추천서　public transportation 대중교통

3 명사절 접속사

명사처럼 문장 내에서 주어, 목적어, 보어의 역할을 하는 절을 명사절이라고 합니다. 이런 명사절을 이끄는 접속사를 명사절 접속사라고 하는데, 대표적인 명사절 접속사로는 that, whether, if가 있습니다.

> that ~라는 것
> whether/if ~인지 아닌지

주 어　That Ms. Lopez is a qualified designer was proven.
　　　　로페즈 씨가 유능한 디자이너라는 것이 증명되었다.

목적어　I heard that Mr. Jackson will retire soon.
　　　　나는 잭슨 씨가 곧 은퇴한다는 것을 들었다.

　　　　I wonder whether[if] I can change my reservation.
　　　　저는 예약 변경이 가능한지 궁금합니다.

보 어　The problem is that oil prices are rising dramatically.
　　　　문제는 유가가 급속하게 오르고 있다는 것이다.

whether는 주어, 목적어, 보어 역할을 하는 절을 모두 이끌 수 있지만, if는 동사의 목적어절만 이끌 수 있다는 점에 주의하세요.

Whether there will be a pay raise next year is uncertain.
　If
내년에 급여 인상이 있을지는 확실하지 않다.

Check Up

해설 p.81

다음 괄호 안에서 알맞은 것을 고르세요.

1. Linda wanted to know (that, if) she could get a discount.
2. Mr. Cruz found (that, if) there was an error in the invoice.
3. Mr. Roy thinks (that, if) parks are great places for exercise.
4. I am afraid (that, whether) I have to cancel my reservation.
5. Ms. Kim wondered (that, whether) the CEO will accept the plan.
6. (If, Whether) the candidates have work experience doesn't matter.
7. I would like to inform you (that, if) the workshop was postponed.
8. (If, Whether) replacing the CEO will solve our problems is uncertain.
9. I'm sorry to say (that, whether) we're fully booked on the weekend.
10. (Whether, That) Ms. Lee will receive a bonus hasn't been decided yet.

점수: _____ / 10점

어휘 error 명 오류　invoice 명 송장　candidate 명 후보자　work experience 근무 경력　solve 동 해결하다　uncertain 형 불확실한

4 부사절 접속사

문장 내에서 부사 역할을 하는 절을 부사절이라고 합니다. 부사절을 이끄는 부사절 접속사는 시간, 조건, 양보, 이유 등의 의미를 나타내며, 부사절은 문장의 맨 앞 또는 맨 뒤에 위치합니다.

<u>If it rains tomorrow</u>, the company picnic will be postponed.
내일 비가 오면, 회사 소풍은 연기될 것입니다.

= The company picnic will be postponed <u>if it rains tomorrow</u>.
                  주절   종속절(부사절)

→ 종속절과 주절의 위치를 바꿔서 주절이 앞에 올 수도 있습니다.

■ 부사절 접속사의 종류

시간	when ~할 때 once ~하자마자	while ~하는 동안 after ~ 후에	as soon as ~하자마자 until ~까지	since ~이래로
조건	if 만약 once 일단 ~하면 providing[provided] (that) 만약 ~한다면	unless 만약 ~하지 않는다면, in case (that) ~의 경우에		
양보	although[though] 비록 ~이지만 even if ~할지라도	even though 비록 ~이지만		
이유 (~ 때문에, ~이니까)	because	since	as	now that

<u>If there is no traffic</u>, we can get there by 3.
만약에 차가 막히지 않는다면, 우리는 3시까지 그곳에 도착할 수 있다.

We only have an hour left <u>until the sale is over.</u>
할인 판매가 끝날 때까지 우리는 한 시간 밖에 남지 않았다.

Check Up
해설 p. 81

다음 괄호 안에서 알맞은 것을 고르세요.

1. Mr. Moore will contact you (when, because) you get back.
2. (Even though, If) you take the express train, you can make it.
3. Mr. Lin had lived in New York (before, if) he moved to Boston.
4. (Once, Unless) you sign the contract, you should pay the deposit first.
5. The flight will be arriving on time (as, though) the weather is nice.
6. Ms. Mills requested a refund (if, because) the quality was not satisfying.
7. (Although, As) the model is expensive, consumers are willing to pay for it.

점수: _____ /7점

어휘 make it 제시간에 도착하다　deposit ⑱ 보증금, 선금　satisfying ⑲ 만족스러운　consumer ⑲ 소비자

5 접속사 vs. 전치사

접속사와 전치사의 의미가 같은 것이 많아 헷갈리는 경우가 많습니다. 접속사는 뒤에 〈주어 + 동사〉가 오며, 전치사는 뒤에 명사가 온다는 점을 명심하세요.

의미	접속사(+주어+동사)	전치사(+명사(구))
~하는 동안	while	during, for
~하자마자	as soon as	upon[on]
~ 때문에	because	because of, due to
~하는 경우에	if, in case (that)	in case of
~에도 불구하고	though, although	despite, in spite of

While Mr. Lin was on vacation, he did some voluntary work.
접속사 + 절

린 씨는 휴가를 보내는 중에 자원봉사를 했다.

= **During** the vacation, Mr. Lin did some voluntary work.
전치사 + 명사구

As soon as we receive your package, we will start the refund process.
접속사 + 절

당신의 소포를 받자마자 우리는 환불 절차를 시작할 겁니다.

= **Upon[On]** receipt of your package, we will start the refund process.
전치사 + 명사구

Check Up
해설 p.81

다음 괄호 뒤의 명사나 절에 유의하면서 알맞은 것을 고르세요.

1. (in case, in case of) rain 우천 시
2. (in case, in case of) it rains 비가 내릴 경우
3. (as soon as, upon) arrival 도착하자마자
4. (as soon as, upon) you arrive 당신이 도착하자마자
5. (during, while) my trip to Paris 나의 파리 여행 중에
6. (during, while) I was traveling in Paris 내가 파리에서 여행할 때
7. (because, because of) the booming economy 경기 호황으로 인해
8. (because, because of) the economy is booming 경기가 호황을 누리고 있기 때문에
9. (although, despite) the prices rose dramatically 가격이 급등했음에도 불구하고
10. (although, despite) the dramatically rising prices 급등하고 있는 가격에도 불구하고

점수: _____/10점

어휘 arrival 명 도착 boom 동 급속히 발전하다 economy 명 경기, 경제

토익 감잡기

해설 p.81

1 Please complete the attached form _____ send it back to me. ▶ 등위접속사
(A) or   (B) and
attached 형 첨부된

2 I wonder _____ your store would offer us a group discount. ▶ 명사절 접속사
(A) if   (B) that

3 Neither the computers nor the copier _____ properly. ▶ 상관접속사
(A) work   (B) works
properly 분 제대로, 적절히

4 _____ Mr. Kim arrived, office supplies were ordered. ▶ 부사절 접속사
(A) Before   (B) If
office supply 사무용품

5 I hope you are doing well _____ the heat wave in Korea. ▶ 접속사와 전치사 구분
(A) even though   (B) despite
heat wave 폭염

6 _____ there were few jobs disappointed the job seekers. ▶ 명사절 접속사
(A) That   (B) Whether
disappoint 동 실망시키다

7 Ms. Wagner was shocked _____ she heard the news. ▶ 명사절과 부사절 구분
(A) when   (B) whether
shocked 형 충격받은

8 Some restaurants are booked one _____ two weeks in advance. ▶ 등위접속사
(A) and   (B) or
in advance 미리

9 The technician suggested _____ I get some parts changed. ▶ 명사절 접속사
(A) that   (B) whether
part 명 부품

10 Bill had to cancel his appointment _____ he was too late. ▶ 접속사와 전치사 구분
(A) because   (B) because of
appointment 명 약속

11 _____ you have any questions, please don't hesitate to contact me. ▶ 부사절 접속사
(A) Unless   (B) If

12 Please be aware _____ parking is not allowed here. ▶ 명사절 접속사
(A) that   (B) whether
aware 형 알고 있는

토익 실전 감각 익히기

해설 p.82

1. Mr. Yang wondered _____ the hotel would offer an airport pick-up and drop-off service.
   (A) whether
   (B) that
   (C) since
   (D) because

   pick-up (차로) 태우러 감
   drop-off (차로) 태워다 줌

2. _____ oil prices have risen dramatically, the airline still expects strong sales.
   (A) Although
   (B) Despite
   (C) As soon as
   (D) Because

   oil price 유가
   dramatically 급격히

3. Security checks are done on both check-in _____ carry-on luggage.
   (A) or
   (B) nor
   (C) and
   (D) but

   check-in luggage 탁송 수화물
   carry-on luggage 기내 반입 수화물

4. Please retain the receipt _____ you need to process a refund or an exchange.
   (A) upon
   (B) though
   (C) in case
   (D) despite

   retain 보유하다
   process 처리하다

5. _____ a scheduling error, Melanie has to revise her plan.
   (A) Due to
   (B) In spite of
   (C) Because
   (D) Although

   revise 수정하다

6. I ordered a shirt from your Web site, _____ I haven't received it yet.
   (A) and
   (B) so
   (C) but
   (D) for

7. Just push the button _____ you are ready to order.
   (A) when
   (B) that
   (C) due to
   (D) because

   be ready to ~할 준비가 되다

8. PET-CT Appliances announced _____ it would expand its business to Europe.
   (A) when
   (B) that
   (C) if
   (D) since

   expand 확장하다, 확대하다

Questions 9-12 refer to the following e-mail.

From: Alexa Dvaros <alexadvar@hunmail.com>
To: Park Ji-hyun <jihyunpark@hunmail.com>
Date: Tuesday, November 28
Subject: Car

Dear Ji-hyun,

I would like to inform you ------- (9) Trudy in Human Resources put your car into the shop for repair. ------- (10) some engine parts need to be replaced, it will take a week to fix it. Therefore, Trudy contacted Temps Car Rental and rented a medium-sized car for you. ------- (11). You can drive it until your car is repaired. The rental agency will send their bill directly to our Accounting Department, ------- (12) you don't need to worry about it. If you have any questions, you can just call Trudy at extension 432.

Sincerely,

Alexa Dvaros
Design Supervisor

어휘 inform 통 알리다 repair 명 수리 engine 명 엔진 part 명 부품 replace 통 교체하다 fix 통 수리하다, 고치다 medium-sized car 중형차 bill 명 청구서 extension 명 내선 번호

9
(A) whether
(B) that
(C) when
(D) since

10
(A) Despite
(B) Although
(C) Due to
(D) Because

11
(A) They will leave the key in the car.
(B) They will have the car ready for you tomorrow morning.
(C) You can purchase car insurance online.
(D) You can reserve a vehicle using the app.

insurance 명 보험 vehicle 명 차량

12
(A) but
(B) or
(C) so
(D) and

어휘로 마무리

이번 Unit에 나온 어휘 중 반드시 기억해야 할 것들만 모았습니다.
우리말 뜻을 가리고 체크해 본 후, 꼭 외워 두세요.

🎧 RC-08

☐ thirsty	형 목마른	☐ consumer	명 소비자
☐ full refund	전액 환불	☐ voluntary	명 자원봉사
☐ translator	명 번역가	☐ receipt	명 수령, 영수증
☐ request	명 요구, 요청사항	☐ arrival	명 도착
☐ break out	(화재 등이) 발생하다	☐ boom	동 급격히 발전하다
☐ store	동 저장하다	☐ economy	명 경기, 경제
☐ fridge	명 냉장고	☐ attached	형 첨부된
☐ catering	명 출장요리	☐ properly	부 제대로, 적절히
☐ reliable	형 신뢰할 수 있는	☐ disappoint	동 ~를 실망시키다
☐ on the house	무료로 제공되는	☐ job seeker	구직자
☐ effective	형 효과적인	☐ shocked	형 충격받은
☐ motorist	명 운전자	☐ in advance	미리
☐ well-paid	형 보수가 좋은	☐ part	명 부품
☐ domestic	형 국내의	☐ aware	형 알고 있는
☐ reference letter	추천서	☐ pick-up	명 (차로) 태우러 감
☐ public transportation	대중교통	☐ drop-off	명 (차로) 태워다 줌
☐ prove	동 증명하다	☐ security	명 보안
☐ dramatically	부 급격하게, 대폭	☐ retain	동 보유하다(= keep)
☐ invoice	명 송장	☐ error	명 오류, 실수
☐ work experience	근무 경력	☐ revise	동 수정하다
☐ solve	동 해결하다	☐ announce	동 발표하다
☐ uncertain	형 불확실한	☐ inform	동 알리다
☐ be over	끝나다	☐ therefore	부 그러므로
☐ make it	제시간에 도착하다	☐ replace	동 교체하다
☐ deposit	명 보증금, 선금	☐ bill	명 청구서
☐ request	동 요청하다	☐ directly	부 직접
☐ satisfying	형 만족스러운	☐ insurance	명 보험
☐ latest	형 최신의	☐ vehicle	명 차량

Part 5 & 6

관계사

관계대명사는 〈대명사와 접속사〉가 합쳐진 형태의 접속사로서, 앞의 명사를 수식하는 역할을 합니다.

This is the woman. + She lives in Canada. 이 사람이 그 여자이다. 그녀는 캐나다에 산다.

→ **This is the woman who lives in Canada.** 이 사람이 캐나다에 사는 그 여자이다.

이때 the woman과 같이 절의 수식을 받는 명사를 '선행사'라고 하며, 명사를 수식한다고 해서 '관계사절'을 '형용사절'이라고도 부릅니다.

This is the woman / who lives in Canada.
주절 선행사 / 관계대명사 관계사절(형용사절)

1 주격 관계대명사

관계사절에서 주어 역할을 하는 관계대명사를 주격 관계대명사라고 합니다. 선행사가 사람이면 주격 관계대명사 who나 that을 사용하며, 사물이면 which나 that을 사용합니다.

선행사	주격 관계대명사
사람	who, that
사물	which, that

■ **주격 관계대명사 문장 만드는 방법**

I know the manager. He recently won the contract.
나는 그 매니저를 알고 있다. 그는 최근에 계약을 땄다.

① 뒤 문장의 He는 the manager를 반복한 말이므로, He를 관계대명사로 바꿉니다.

② He가 사람이고, 뒤 문장에서 주어로 쓰였으므로, 사람을 나타내는 주격 관계대명사 who 또는 that을 사용합니다.

③ 선행사(the manager) 바로 뒤에 연결합니다.

I know the manager. He recently won the contract.
→ I know the manager who recently won the contract.
= I know the manager that recently won the contract.
나는 최근에 계약을 따낸 그 매니저를 알고 있다.

Check Up
해설 p. 83

다음 밑줄 친 선행사에 유의하면서 괄호 안에서 알맞은 것을 고르세요.

1. Peter paid the bills (who, that) came yesterday.
2. Linda works in an office (who, which) has a great view.
3. Arly Han is an actress (who, which) has an attractive voice.
4. We visited many cities (who, that) are located in Florida.
5. Mr. Green found a secure job (who, which) has a good pay.
6. This salad is for the diners (who, which) are allergic to peanuts.
7. We are looking for interns (who, which) are very motivated.
8. There are many foods (who, which) can help you sleep well.
9. We need an accountant (who, which) has deep knowledge of tax laws.
10. KS Inc. consulted residents (who, which) are against the construction.

점수: _____ / 10점

어휘 bill 명 청구서 view 명 경치, 조망 actress 명 여배우 attractive 형 매력적인 secure 형 안정된 allergic 형 알레르기가 있는 motivated 형 의욕적인 tax law 세법 consult 동 상담하다 construction 명 공사

2 목적격 관계대명사

관계사절 안에서 목적어 역할을 하는 관계대명사를 목적격 관계대명사라고 합니다. 선행사가 사람이면 관계대명사 who, whom, that을 사용하며, 사물이면 which나 that을 사용합니다.

선행사	목적격 관계대명사
사람	who, whom, that
사물	which, that

■ 목적격 관계대명사 문장 만드는 방법

I haven't received the books. I ordered them last week.
나는 그 책들을 받지 못했다.   나는 그것들을 지난주에 주문했다.

① 뒤 문장의 them은 the books를 반복한 말이므로, them을 관계대명사로 바꿉니다.

② the books(them)가 사물이며, them이 뒤 문장에서 목적어로 쓰였으므로 목적격 관계대명사 which나 that을 사용해야 합니다.

③ 선행사(the books) 바로 뒤에 연결합니다.

I haven't received the books. I ordered them last week.
→ I haven't received the books which I ordered last week.
= I haven't received the books that I ordered last week.
= I haven't received the books I ordered last week. (목적격 관계대명사는 생략 가능)
나는 지난주에 주문한 책을 아직 받지 못했다.

Check Up
해설 p.84

다음 괄호 안에서 알맞은 것을 고르세요.

1. This is the biggest TV (who, that) I have ever seen.
2. The prize (that, whom) Susan received was a dishwasher.
3. Ms. Chen is looking for an assistant (which, whom) she can trust.
4. The people in the town (which, whom) we met were very nice.
5. Peter received the samples (who, which) he ordered last week.
6. Anyone (who, whom) saw the accident should contact the police.
7. The house (which, who) Mr. York bought has a beautiful garden.
8. The movie deals with accidents (who, that) happened in real life.
9. I sent an e-mail to the suppliers (who, which) we visited last summer.
10. Homelessness is a social problem (that, who) needs to be addressed.

점수: _____ /10점

어휘 dishwasher 명 식기 세척기 assistant 명 조수, 비서 trust 동 신임하다 accident 명 사고 deal with ~을 다루다 supplier 명 공급업체 homelessness 명 집 없음, 노숙자 address 동 다루다, 처리하다

3 소유격 관계대명사 whose

관계사절에서 소유격 역할을 하는 관계대명사를 소유격 관계대명사라고 합니다. 선행사가 관계대명사 뒤의 명사를 소유하는 관계를 나타내면 소유격 관계대명사 whose를 사용합니다.

선행사	소유격 관계대명사
사람	whose
사물	

■ **소유격 관계대명사 문장 만드는 방법**

We hired some designers. Their ideas are fresh and creative.
우리는 디자이너 몇 명을 채용했다. 그들의 아이디어는 참신하다.

① 뒤 문장의 Their는 some designers를 반복한 말이므로, Their를 관계대명사로 바꿉니다.

② Their가 소유격이므로 소유격 관계대명사 whose를 사용해야 합니다.

③ 선행사(some designers) 바로 뒤에 연결합니다.

We hired some designers. Their ideas are fresh and creative.

→ We hired some designers whose ideas are fresh and creative.
우리는 아이디어가 참신한 디자이너 몇 명을 채용했다.

whose는 선행사가 사람이든 사물이든 소유격에 모두 쓸 수 있습니다.

There is a new model. Its design is very innovative.

→ There is a new model whose design is very innovative.
디자인이 아주 혁신적인 새로 출시된 모델이 있다.

Check Up
해설 p.84

다음 괄호 안에서 알맞은 것을 고르세요.

1. James has some clients (whose, who) are doctors.
2. James has some clients (whose, whom) jobs are doctors.
3. Mr. Parker lives in an apartment (whose, which) balcony is large.
4. Mr. Parker lives in an apartment (whose, which) has a large balcony.
5. This is a popular newspaper (whose, which) readers are local residents.
6. This is a popular newspaper (whose, which) is read by local residents.
7. Ms. Novak is the architect (whose, who) designed the new bridge.
8. Ms. Novak is the architect (whose, who) design won a prize last month.
9. The company released a new phone (whose, which) has strong batteries.
10. The company released a new phone (whose, which) battery lasts quite long.

점수: _____ /10점

어휘 client 명 고객 balcony 명 발코니 architect 명 건축가 release 동 출시하다

4 관계대명사 what

관계대명사 what은 선행사를 이미 포함하고 있는 관계대명사입니다. the thing which를 한 단어로 표현한 것으로, 항상 '~하는 것'이라고 해석됩니다.

We should find out what customers want.
= the thing which customers want.
우리는 고객들이 원하는 것을 찾아야 한다.

■ **what vs. that – 선행사 유무**

관계대명사 what은 이미 선행사를 포함하고 있기 때문에 선행사가 올 수 없지만, 관계대명사 that은 선행사 뒤에 쓰입니다.

I know what you did last summer.
〈선행사 없음 → 관계대명사 what〉
나는 네가 지난 여름에 한 일을 알고 있다.

I know the volunteer work that you did last summer.
〈선행사 있음 → 관계대명사 that〉
나는 네가 지난 여름에 한 자원봉사 일을 알고 있다.

cf. I know that you did volunteer work last summer.
〈명사절 접속사 that〉
나는 네가 지난 여름에 자원봉사를 했다는 것을 알고 있다.

Check Up
해설 p.84

다음 괄호 안에서 알맞은 것을 고르세요.

1. My greatest asset is (what, that) I am honest.
2. The job (what, that) Mr. Kim applied for is well paid.
3. (What, That) Ms. Lee will get hasn't been decided yet.
4. The sales figures are (what, that) we wanted to achieve.
5. (What, That) Ms. Lee will get an award has been decided.
6. Mr. Chen is a painter (what, whose) family owns a gallery.
7. I wonder (what, that) I can receive instead of the coupons.
8. People (what, who) eat vegetables are likely to be healthy.
9. We should do (what, that) we can to attract more tourists.
10. The inspector interviewed a couple (whose, that) house was damaged.

점수: _____ /10점

어휘 asset 명 자산 apply for ~에 지원하다 sales figures 매출액 achieve 동 달성하다 award 명 상 own 동 소유하다 attract 동 끌어들이다 tourist 명 관광객 inspector 명 조사관 damaged 형 파손된

5 관계부사

관계부사는 접속사에 부사 기능을 더하여 시간, 장소, 이유, 방법을 나타냅니다. 선행사에 따라 관계부사가 달라지며 부사의 성질을 갖고 있어서 생략이 가능하며, 뒤에는 완전한 문장이 옵니다.

	선행사	관계부사
시간	the day, the time 등	when
장소	the place, the area 등	where
이유	the reason	why
방법	(the way)	how

Friday is the day when I have my dentist's appointment.
금요일은 **내가 치과 예약이 있는** 날이다.

Seoul is the city where I was born.
서울은 **내가 태어난** 도시이다.

Mr. Miller explained the reasons why he quit the job.
밀러 씨는 **자신이 일을 그만둔** 이유에 대해 설명했다.

Helen recommended how the company can increase profits.
헬렌은 회사가 이윤을 낼 수 있는 방법을 추천했다.

= Helen recommended the way the company can increase profits.
→ 관계부사 how 앞에 선행사 the way를 생략하거나 the way만 사용합니다.

Check Up
해설 p.84

다음 괄호 안에서 알맞은 것을 고르세요.

1. This is the gift shop (which, where) James met Linda.
2. This is the gift shop (which, where) James recommended.
3. Here is the hotel (which, where) James stayed at.
4. Here is the hotel (which, where) the job fair was held.
5. We can't afford new cars (whose, where) price is too high.
6. The passengers (who, where) arrived early get better seats.
7. Caffeine was the reason (how, why) I couldn't sleep last night.
8. Mr. Han is the analyst (whom, whose) our company absolutely needs.
9. December is the month (when, where) we are busiest.
10. We are looking for (a way, a way how) we can attract more customers.

점수: _____ / 10점

어휘 job fair 취업 박람회 afford 동 여유가 되다 passenger 명 승객 analyst 명 분석가 absolutely 부 절대적으로 customer 명 손님, 고객

토익 감잡기

해설 p. 84

1 The client is interested in hybrid cars _____ use less energy.
(A) who (B) which
▶ 주격 관계대명사

2 Ms. Glover recommended a designer _____ experience was impressive.
(A) who (B) whose
▶ 소유격 관계대명사

3 Mr. Brown was pleased with the service _____ he received.
(A) who (B) that
▶ 목적격 관계대명사

4 Ann remembers the time _____ she first started her business.
(A) which (B) when
▶ 관계부사

5 They had a different opinion on _____ they could buy.
(A) what (B) that
▶ what / that 구분

6 The trainer _____ taught me swimming was very patient.
(A) who (B) whom
▶ 주격 관계대명사

7 I met a Japanese writer _____ novel is very popular.
(A) who (B) whose
▶ 소유격 관계대명사

8 The museum _____ we visited last month is closed now.
(A) where (B) which
▶ 목적격 관계대명사

9 I've enclosed a brochure _____ details all of our products.
(A) which (B) who
▶ 주격 관계대명사

10 The driver _____ car was illegally parked has to pay a fine.
(A) who (B) whose
▶ 소유격 관계대명사

11 The laboratory _____ you conducted research is still there.
(A) which (B) where
▶ 관계부사

12 That man is the dentist _____ I told you about.
(A) who (B) whose
▶ 목적격 관계대명사

토익 실전 감각 익히기

해설 p. 85

1 All shoppers _____ purchase $200 or more will be eligible for free delivery.

(A) who
(B) which
(C) of which
(D) they

be eligible for ~을 받을 자격이 있다

2 Before trying a new restaurant, some travelers read reviews _____ bloggers wrote.

(A) what
(B) whose
(C) that
(D) who

review 평, 후기
blogger 블로거

3 The negotiations _____ took place on Thursday resulted in failure.

(A) who
(B) which
(C) what
(D) where

negotiation 협상
result in failure 실패로 끝나다

4 Enclosed is a list of suppliers _____ offices are located near your store.

(A) who
(B) whom
(C) whose
(D) which

enclosed 동봉된
be located 위치하다

5 The inclement weather is the reason _____ all flights have been canceled.

(A) who
(B) which
(C) why
(D) how

inclement weather 악천후

6 _____ the movie audience sees first is advertisements.

(A) What
(B) Whose
(C) Which
(D) Who

audience 관객
advertisement 광고

7 The book introduces the leadership _____ executives must have.

(A) it
(B) what
(C) who
(D) that

introduce 소개하다
executive 임원

8 The street _____ the parade begins will be temporarily closed to traffic.

(A) who
(B) that
(C) which
(D) where

temporarily 일시적으로

Questions 9-12 refer to the following e-mail.

To: teds@supercomputer.com
Subject: Thank you
Date: August 7

To whom it may concern,

On August 5, I had the chance ------- your computer store for the first time. I asked for assistance in choosing a laptop computer for my daughter. I am writing this e-mail to let you know ------- I was very pleased with your service. Your dedicated sales clerk, Jeff Turner showed me several types of computers and also gave me ------- advice on each product. -------. So, I feel it should be highly recognized. Thank you again for your help.

Sincerely,
Linda Stevens

9 (A) visit
   (B) to visit
   (C) to be visited
   (D) have visited

10 (A) what
   (B) that
   (C) who
   (D) which

11 (A) reduced
   (B) discounted
   (C) valuable
   (D) avoidable

12 (A) I will continue to do business with Ted's Supercomputer.
   (B) These days, it's rare to experience such great service.
   (C) I was fully aware of their performance.
   (D) I had a limited budget, but wanted to buy quality merchandise.

어휘로 마무리

이번 Unit에 나온 어휘 중 반드시 기억해야 할 것들만 모았습니다.
우리말 뜻을 가리고 체크해 본 후, 꼭 외워 두세요.

🎧 RC-09

☐ win a contract	계약을 따내다	☐ afford	동 여유가 되다
☐ view	명 경치, 조망	☐ analyst	명 분석가
☐ attractive	형 매력적인	☐ absolutely	부 절대적으로
☐ secure	형 안정된	☐ opinion	명 의견
☐ motivated	형 의욕적인	☐ popular	형 인기 있는
☐ tax	명 세금	☐ detail	동 상세히 설명하다
☐ consult	동 상담하다	☐ illegally	부 불법으로
☐ construction	명 공사	☐ fine	명 벌금
☐ trust	동 신임하다	☐ laboratory	명 실험실
☐ deal with	~을 다루다(= handle)	☐ dentist	명 치과의사
☐ accident	명 사고, 사건	☐ be eligible for	~을 받을 자격이 있다
☐ supplier	명 공급업체	☐ review	명 평, 후기
☐ social	형 사회적인	☐ negotiation	명 협상
☐ address	동 다루다, 처리하다	☐ result in	~을 야기하다
☐ fresh	형 신선한	☐ failure	명 실패
☐ creative	형 창의적인	☐ be located	위치하다
☐ innovative	형 혁신적인	☐ inclement weather	악천후
☐ architect	명 건축가	☐ audience	명 청중, 관객
☐ release	동 출시하다	☐ temporarily	부 일시적으로
☐ find out	알아내다	☐ dedicated	형 헌신적인
☐ asset	명 자산	☐ recognized	형 인정된
☐ honest	형 정직한	☐ discontinue	동 중단하다
☐ achieve	동 달성하다	☐ valuable	형 소중한
☐ award	명 상	☐ avoidable	형 피할 수 있는
☐ attract	동 끌어들이다(= draw)	☐ experience	명 경험 동 경험하다
☐ tourist	명 관광객	☐ rare	형 드문
☐ inspector	명 조사관	☐ quality	형 고품질의
☐ damaged	형 손상된	☐ merchandise	명 상품

비교

big

bigger

the biggest

둘 이상의 대상을 비교하는 문장을 비교구문이라고 하는데요. 형용사와 부사를 사용하여 원급, 비교급, 최상급의 세 가지 형태로 나타냅니다.

원급 A = B

A is as big as B.

비교급 A < B

B is bigger than A.

최상급 A < B < C

C is the biggest of the three.

■ 원급, 비교급, 최상급의 형태

	원급	비교급 (-er / more ~)	최상급 (-est / most ~)
단음절	cheap 저렴한 big 큰 easy 쉬운	cheaper 더 저렴한 bigger 더 큰 easier 더 쉬운	cheapest 가장 저렴한 biggest 가장 큰 easiest 가장 쉬운
2음절 이상	important 중요한	more important 더 중요한	most important 가장 중요한
불규칙 변화	good / well 좋은 / 잘 bad / badly 나쁜 / 나쁘게 many / much 수 / 양이 많은 little 적은	better 더 좋은 / 더 잘 worse 더 나쁜 / 더 나쁘게 more 더 많은 less 더 적은	best 가장 좋은 / 잘 worst 가장 나쁜 / 나쁘게 most 가장 많은 least 가장 적은

▶ 원급: 형용사, 부사의 원래 형태

1 원급

비교 대상이 서로 동등함을 나타내는 원급은 다음과 같은 형태로 쓰입니다.

| as + 형용사 + as | ~만큼 …한 |
| as + 부사 + as | ~만큼 …하게 |

Good sleep is important. 숙면은 중요하다.
Eating well is important. 건강한 식사는 중요하다.
→ Good sleep is as important as eating well. 숙면은 건강한 식사**만큼 중요하다**.
　　　　　　　　　형용사 → be동사(is) 의 주격 보어

Tom drives slowly. 톰은 천천히 운전한다.
I drive slowly. 나는 천천히 운전한다.
→ Tom drives as slowly as me. 톰은 나**만큼 천천히 운전한다**.
　　　　　부사 → 일반동사(drives)를 수식하는 부사

■ 원급이 들어간 표현

　　as soon as possible 가능한 한 빨리　　　the same (명사) as ~와 같은

Please send it as soon as possible. **가능한 한 빨리** 그것을 보내세요.
He has the same problem as you. 그에게도 너**와 똑같은** 문제가 있다.

Check Up
해설 p.86

다음 괄호 안에서 알맞은 것을 고르세요.

1. Lowering costs is not as (simple, simply) as it looks.
2. The elevator is as (spacious, spaciously) as an office.
3. A refund will be issued as (quick, soon) as possible.
4. Rob uses the time as (effective, effectively) as he can.
5. Linda will pay the same tuition (as, like) last semester.
6. Mr. Parson works as (efficient, efficiently) as expected.
7. The hotel offers the same rates (as, than) last summer.
8. Please send us the itinerary as (quick, quickly) as possible.
9. Joanne shops online as (frequent, frequently) as last month.
10. The actor's new movie is as (exciting, excited) as his last one.

점수: _____ /10점

어휘 lower ⑧ 낮추다 spacious ⑨ 넓은 issue ⑧ 발행하다 effective ⑨ 효과적인 tuition ⑨ 등록금 efficient ⑨ 효율적인
rate ⑨ 요금, 비율 itinerary ⑨ 여행 일정표 frequently ⑨ 자주, 빈번히

2 비교급

비교 대상이 서로 차이가 날 때 비교하기 위한 표현은 다음과 같은 형태로 쓰입니다.

형용사의 비교급 + than ~	~보다 더 …한
부사의 비교급 + than ~	~보다 더 …하게

This car is bigger than that one. 이 차는 저것보다 더 크다.

This year's model became more expensive (than last year's). 올해의 모델은 (작년 것보다) 더 비싸졌다.
　　　　　　　　　　　형용사 → 2형식 동사(be, become)의 주격 보어

This car runs faster than that one. 이 차는 저것보다 더 빨리 달린다.

Jenna thinks more creatively than other designers. 제나는 다른 디자이너들보다 더 창의적으로 생각한다.
　　　　　　부사 → 일반동사(runs, thinks)를 수식하는 부사

■ **비교급 강조 부사**

비교급 바로 앞에 써서 '훨씬 더 ~한[하게]'이라는 의미를 만들어 줍니다.

> much, even, far, still, a lot + 비교급: 훨씬 더 ~한[하게]

This car is much bigger than that one. 이 차는 저것보다 훨씬 더 크다.

This car runs even faster than that one. 이 차는 저것보다 훨씬 더 빨리 달린다.

Check Up
해설 p. 87

다음 괄호 안에서 알맞은 것을 고르세요.

1. Technology makes our life (lot, a lot) easier.
2. The new system is more (efficient, efficiently).
3. The cafeteria is (as, more) crowded than usual.
4. The items arrived (early, earlier) than expected.
5. This shop is more (convenient, conveniently) located.
6. The coffee tastes (strong, stronger) today than usual.
7. The new test is (more, much) easier than the old one.
8. Hybrid cars use (less, little) energy than gasoline cars.
9. Mr. York travels more (frequent, frequently) than before.
10. (Few, Fewer) complaints were accepted than last month.

점수: _____ / 10점

어휘 technology 명 기술　cafeteria 명 구내식당　taste 동 맛이 나다　frequent 형 빈번한　complaint 명 불평

3 최상급

셋 이상의 비교 대상에서 최고를 나타낼 때 쓰는 최상급 표현은 다음과 같은 형태로 쓰입니다.

the[one's]+형용사의 최상급+명사+of+복수명사	~중에서 가장 …한
in+장소/범위	~에서 가장 …한
(the) 부사의 최상급+of+복수명사	~중에서 가장 …하게
in+장소/범위	~에서 가장 …하게

▶ 부사의 최상급에서는 the 생략 가능

It offers the highest interest rate of all the banks.
그곳은 은행들 중에서 **가장 높은** 이자율을 제공한다.

Customer service is the most important factor in business.
고객 서비스는 사업에서 **가장 중요한** 요소이다.

The team conducted research most effectively (of all the teams).
그 팀은 (모든 팀들 중에서) **가장 효과적으로** 연구를 수행했다.

■ ⟨one of the+형용사 최상급+복수명사⟩ (가장 …한 ~ 중 하나)

=⟨among the+형용사 최상급+복수명사⟩로 바꾸어 쓸 수도 있습니다.

This tower is one of the tallest buildings in the world.
이 타워는 세계에서 **가장 높은 건물 중 하나**이다.
= This tower is among the tallest buildings in the world.

Check Up

해설 p. 87

다음 괄호 안에서 알맞은 것을 고르세요.

1. Monday is the (busier, busiest) day of the week.
2. Peter speaks Spanish the most (confident, confidently).
3. Johnson's House handles only the (fine, finest) furniture.
4. Paris is one of the (more, most) popular cities in the world.
5. Some people find comedies the most (entertain, entertaining).
6. The seminar on Tuesday would be the most (helpful, helpfully).
7. Internet messaging is one of its most useful (function, functions).
8. We are offering the (better, best) services among the suppliers.
9. It's (one, among) of the most crowded business districts in the city.
10. Corn is the most (common, commonly) grown crop in the region.

점수: _____ /10점

어휘 confident 형 자신 있는 handle 동 취급하다 entertain 동 즐겁게 해 주다 function 명 기능 district 명 구역 common 형 흔한

토익 감잡기

해설 p. 87

1 Survey results are not as _____ as we expected.　▶ 원급 보어 자리
(A) positive　　(B) positively　　*survey result 설문 결과*

2 Most people become _____ than usual at the end of the year.　▶ 비교급 보어 자리
(A) busy　　(B) busier

3 CoCos Talk is one of the _____ widely used messaging apps.　▶ 최상급 수식 표현
(A) most　　(B) mostly

4 This year's workshop took _____ longer than in previous years.　▶ 비교급 강조 표현
(A) much　　(B) more　　*previous 형 이전의*

5 Our recruiters will recommend the most _____ position for you.　▶ 최상급
(A) suit　　(B) suitable　　*recruiter 명 채용 담당자*

6 BT Inc. provides a _____ range of services than it used to.　▶ 비교급 명사 수식
(A) wider　　(B) more widely　　*a range of 다양한*

7 Mobile Land is one of the _____ mobile retailers in Europe.　▶ 최상급
(A) larger　　(B) largest　　*retailer 명 소매업체*

8 The new laptop starts up as _____ as the old one.　▶ 원급
(A) quick　　(B) quickly　　*laptop 명 노트북 컴퓨터*

9 The interviewers considered Lisa _____ qualified of the candidates.　▶ 최상급
(A) less　　(B) the least　　*qualified 형 자격을 갖춘*

10 Newspaper ads are _____ less effective than they used to be.　▶ 비교급 강조 표현
(A) more　　(B) much　　*effective 형 효과적인*

11 We offer cell phone services at the _____ prices in the area.　▶ 최상급
(A) lower　　(B) lowest

12 Mobile devices have made our lives more _____ than before.　▶ 비교급 보어 자리
(A) convenient　　(B) conveniently　　*device 명 기기*

토익 실전 감각 익히기

1. Mr. Notaru received a _____ annual bonus than last year.
   (A) high
   (B) highly
   (C) higher
   (D) highest

   annual bonus 연간 보너스

2. The moving company wrapped the fragile items as _____ as possible.
   (A) care
   (B) cares
   (C) careful
   (D) carefully

   wrap 용 포장하다
   fragile 형 깨지기 쉬운

3. The construction of the bridge will allow drivers to make a _____ shorter commute.
   (A) more
   (B) most
   (C) much
   (D) many

   construction 명 건설, 공사
   commute 명 통근 (거리)

4. The Tristania Resort is one of the most _____ resorts in the island.
   (A) luxury
   (B) luxurious
   (C) luxuriously
   (D) luxuriance

   island 명 섬

5. Satisfied customers are _____ likely to write online reviews than people with problems.
   (A) few
   (B) little
   (C) less
   (D) least

   satisfied 형 만족한

6. The expert suggested the most _____ way to reduce costs.
   (A) effective
   (B) effectively
   (C) more effective
   (D) effect

   expert 명 전문가
   reduce 용 줄이다

7. Guests were served with the same menu _____ introduced on the brochure.
   (A) as
   (B) than
   (C) then
   (D) on

   serve 용 제공하다
   introduce 용 소개하다

8. To _____ serve its customers, Tom's Grocery Store extended its regular hours.
   (A) good
   (B) better
   (C) less
   (D) fewer

   grocery store 식료품 가게
   extend 용 연장하다

Questions 9-12 refer to the following article.

Tinners Goes Italian

Canned food giant Tinners has announced that they will be launching a new product line called Pietro's Pastas. Tinners has been one of the country's leading ------- (9) of canned food for nearly 50 years. The addition of Pietro's to their product line is expected to increase Tinners' market share ------- (10). The first menu items they plan to ------- (11) include Spaghetti Bolognese, Cheese Ravioli and Sausage Lasagna. ------- (12).

어휘 canned food 통조림 음식 giant 명 거인 launch 동 출시하다 leading 형 선도하는 addition 명 추가 market share 시장 점유율

9 (A) produce
   (B) products
   (C) production
   (D) producers

10 (A) consider
   (B) considerable
   (C) considerably
   (D) consideration

11 (A) order
   (B) allow
   (C) decide
   (D) release

12 (A) In fact, Pietro's Pastas preserves most of the nutrients in a dish.
   (B) Pietro's Pastas is expected to arrive in grocery stores early next month.
   (C) They help people have access to a wide variety of menu items year-round.
   (D) Pietro's Pastas tends to cost less than fresh products.

preserve 동 보존하다 nutrient 명 영양소
access 명 접근 year-round 연중 계속되는
tend to v ~하는 경향이 있다

어휘로 마무리

이번 Unit에 나온 어휘 중 반드시 기억해야 할 것들만 모았습니다.
우리말 뜻을 가리고 체크해 본 후, 꼭 외워 두세요.

RC-10

☐ lower	동 낮추다		☐ previous	형 이전의
☐ simply	부 간단히		☐ recruiter	명 채용 담당자
☐ spacious	형 넓은		☐ retailer	명 소매업체
☐ effective	형 효과적인		☐ interviewer	명 면접관
☐ tuition	명 등록금		☐ qualified	형 자격을 갖춘
☐ semester	명 학기		☐ convenient	형 편리한
☐ efficient	형 효율적인		☐ moving company	이삿짐 회사
☐ rate	명 요금, 비율		☐ wrap	동 포장하다
☐ itinerary	명 여행 일정표		☐ fragile	형 깨지기 쉬운
☐ frequently	부 자주, 빈번히		☐ construction	명 건설
☐ technology	명 기술		☐ commute	명 통근 거리 동 통근하다
☐ than usual	평소보다		☐ luxurious	형 고급스러운
☐ taste	동 맛이 나다		☐ satisfied	형 만족한
☐ gasoline	명 휘발유		☐ expert	명 전문가
☐ complaint	명 불평		☐ reduce	동 줄이다
☐ interest rate	이자율		☐ grocery store	식료품 가게
☐ confident	형 자신 있는		☐ extend	동 연장하다
☐ handle	동 취급하다		☐ regular hours	정규 영업 시간
☐ popular	형 인기 있는		☐ giant	명 거인
☐ entertain	동 즐겁게 해 주다		☐ launch	동 출시하다
☐ function	명 기능		☐ product line	생산 라인
☐ crowded	형 붐비는		☐ addition	명 추가
☐ district	명 구역		☐ market share	시장 점유율
☐ crop	명 작물, 곡식		☐ produce	명 농산물 동 생산하다
☐ common	형 흔한		☐ considerably	부 상당히
☐ region	명 지역, 구역		☐ preserve	동 보존하다
☐ positive	형 긍정적인		☐ access	명 접근
☐ expect	동 예상하다		☐ year-round	형 연중 계속되는

Part 7 지문 유형 I

1 편지/이메일

편지(letter)와 이메일(e-mail)은 발신인과 수신인의 정보를 확인하고 제목과 주제, 이유, 요청사항 등을 파악하는 것이 중요합니다. 이메일에서 @이하의 도메인 주소가 같다면 사내 업무 연락 내용이라는 것을 알 수 있습니다.

발신인	From: Hitomi Wakanabe <hitomi@rsmmail.com>	발신: 히토미 와카나베 <hitomi@rsmmail.com>
수신인	To: Ryu Takeshi <ryutakeshi@rsmmail.com>	수신: 류 다케시 <ryutakeshi@rsmmail.com>
	Date: Thursday, January 8	날짜: 1월 8일, 목요일
제목	Subject: Business trip	제목: 출장
목적 세부 내용	Dear Mr. Takeshi, I'm sorry to inform you / that there are some changes / in your itinerary again. // On January 20, / you were scheduled to go to Adelaide, / but the company there canceled their appointment, / so you are supposed to fly to Perth instead / to visit two more companies. // You are expected to return to Sapporo / on January 24. // I hope / you enjoy your trip. //	다케시 씨께, 당신의 여행 일정이 또 변경되었음을 알리게 되어 죄송합니다. 1월 20일 애들레이드에 가기로 예정되어 있었는데, 그 곳의 회사가 약속을 취소했습니다. 그래서 당신은 퍼스에 가서 두 개의 회사를 방문하게 됩니다. 당신은 1월 24일에 삿포로로 돌아오기로 되어 있습니다. 즐거운 여행이 되시기 바랍니다.
발신인 정보	Sincerely, Hitomi Wakanabe Sales Team Supervisor	히토미 와카나베 올림 영업팀 관리자

어휘 inform ⑧ 알리다 change ⑲ 변경사항 be scheduled to + ⓥ ~하기로 예정되다 cancel ⑧ 취소하다 appointment ⑲ 약속 return ⑧ 돌아오다

Check Up
해설 p.89

위의 이메일을 읽고 다음 질문에 답하세요.

Q. Why was the e-mail written? 이메일을 쓴 목적은 무엇인가?

　(A) To inform Mr. Takeshi of changes　다케시 씨에게 변경 사항을 알리기 위하여

　(B) To request an appointment　약속을 요청하기 위하여

2 공지/회람

공지(notice)와 회람(memo, memorandum)은 작성 이유와 대상, 구체적인 시간이나 변경 내용 등을 잘 읽는 것이 중요합니다. 회람은 성격상 이메일과 비슷한 형식을 띕니다.

Memorandum

수신인	To: Research and Development Team
발신인	From: Irene Wang
	Date: Tuesday, November 11
제목	Re: Good News

주제 / 시간 / 연락처

I'm pleased to inform you / that the pay raise / that you requested / was approved. // It will take effect / starting in January. // This means / that you will all receive / an additional 150 dollars a month. // I know / how hard you all worked / for this, / and you all deserve it. // You earned this. // If you have any questions, / please contact me / at extension 270. // Congratulations. //

Irene Wang
Accounting Manager

회람

수신: 연구개발팀
발신: 아이린 왕
날짜: 11월 11일, 화요일
관련: 좋은 소식

여러분이 요청한 급여 인상이 승인되었음을 여러분에게 알리게 되어 기쁩니다. 급여 인상은 1월부터 시행 예정입니다. 즉 여러분 모두 매월 150달러를 추가로 수령하게 된다는 것을 의미합니다. 저는 여러분이 이를 위하여 얼마나 열심히 노력했는지를 알고 있고, 여러분 모두는 마땅히 받을 자격이 있습니다. 여러분은 결국 해냈습니다. 만약에 질문이 있으시면 내선번호 270번으로 연락주시기 바랍니다. 축하합니다.

아이린 왕
회계 관리자

어휘 pay raise 급여 인상 request 동 요청하다 approve 동 승인하다 take effect 시행되다, 효력이 발생하다 additional 형 추가적인 starting ~부터 deserve 동 ~할 자격이 있다 earn 동 돈을 벌다

Check Up

해설 p. 89

위의 회람을 읽고 다음 질문에 답하세요.

Q. When will the raise take effect? 인상은 언제 시행될 예정인가?

(A) In November 11월

(B) In January 1월

3 광고/안내문

광고(advertisement)와 안내문(information)은 광고 목적이나 대상, 게재된 곳이나 언급된 특정 사항에 대해 잘 읽는 것이 중요합니다.

업체명	**Xavier Research Laboratories**	자비에르 연구 실험실
일자리 소개	Xavier Research Laboratories / is currently looking for / two research assistants / to work on computer technology projects. // Applicants must have a bachelor's degree / in the related area. // To apply, / please send an e-mail / with a copy of your résumé / and two letters of reference / to Hinako Koegi / at hinakok@xrlhrmail.com. // Qualified applicants will be contacted / for an interview. // The deadline for applications / is June 10. //	자비에르 연구 실험실은 컴퓨터 기술프로젝트를 수행하기 위하여 현재 두 명의 연구 조교를 구하고 있습니다. 지원자들은 반드시 관련 분야의 학사 학위를 갖고 있어야 합니다. 신청을 원한다면 이력서 사본과 2통의 추천서가 포함된 이메일을 히나코 코에기에게 hinakok@xrlhrmail.com으로 보내 주시기 바랍니다. 자격을 갖춘 지원자들은 인터뷰를 위한 연락을 받을 겁니다. 지원서 마감일은 6월 10일입니다.
지원 자격		
제출 서류 제출 방법		
추후 일정 마감일		

어휘 currently 🖲 현재 bachelor's degree(= B.A. degree) 학사 학위 related 🖲 관련된 apply 🖲 지원하다 a letter of reference 추천서 qualified applicant 자격을 갖춘 지원자

Check Up 해설 p.89

위의 광고를 읽고 다음 질문에 답하세요.

Q. What is NOT indicated in the advertisement? 광고에서 언급되지 않은 것은?

(A) The position requires experience. 이 직책은 경력이 필요하다.

(B) All applications must be received before June 10. 모든 지원서는 6월 10일 이전에 제출되어야 한다.

토익 감잡기

해설 p.89

다음 지문을 읽고 질문에 알맞은 답을 고르세요.

1

Dear Ms. Diane Woodward,

Thank you for your order of the Preskill model GX smartphone. Unfortunately, the color that you requested for the case, silver, is currently not in stock. You may select another color, or wait until the end of the month for a silver case. Please inform us of your decision as soon as possible. Thank you for your understanding, and we apologize for this inconvenience.

어휘 unfortunately ⓤ 안타깝게도 request ⓥ 요청하다 be in stock 재고가 있다 decision ⓝ 결정 as soon as possible 가능한 한 빨리 apologize ⓥ 사과하다 inconvenience ⓝ 불편

What is the problem with the order?
(A) An accessory is no longer being made.
(B) An item is not available in a certain color.

accessory ⓝ 부대용품 available ⓐ 구할 수 있는 certain ⓐ 특정한

2

MacArthur Services

We offer a wide range of campus and bookstore services:
- printing logos and emblems on coffee cups, shirts, sweaters, pens, and other items
- creation of Web sites for academic, retail, and other purposes

We are highly specialized in providing solutions for colleges and universities. Please visit our Web site at www.mcarthurservices.net to learn more.

어휘 a wide range of 다양한 emblem ⓝ 상징 creation ⓝ 제작, 창작 academic ⓐ 학술적인 retail ⓐ 소매의 ⓝ 소매 purpose ⓝ 목적 specialize in ~을 전문으로 하다 solution ⓝ 해결책

What kind of organization would most likely use this company's services?
(A) A university
(B) A library

organization ⓝ 조직, 단체

토익 실전 감각 익히기

해설 p.90

Questions 1-2 refer to the following letter.

Yucatan Fish and Grill
13487 East Prospect Street
Phoenix, Arizona

Ms. Helen Papadakis
4329 Pine Street
Phoenix, Arizona

Greetings Ms. Papadakis,

My name is Jose Gutierrez, and I am the manager of the Yucatan Fish and Grill where you and your coworkers dined last week. I was very pleased to receive your customer survey after your visit. We strive to offer the best food and service available. I would like to offer you and your company a membership with our restaurant. With this membership, you will be eligible to reserve one of our three grill buffet rooms at 20% off the regular reservation price. If you would like to take advantage of this offer, please contact me at 555-3293 to arrange a meeting. Thank you.

Sincerely,
Jose Gutierrez
Manager
Yucatan Fish and Grill
13487 East Prospect Street
Phoenix, Arizona

어휘 dine ⓥ 식사하다　survey ⑪ 설문조사　strive to ⓥ ~하려고 힘쓰다　be eligible to ⓥ ~할 자격이 있다　regular ⓐ 평상시의
take advantage of ~을 이용하다

1 What is the purpose of this letter?
(A) To make a complaint
(B) To offer a membership
(C) To offer an apology
(D) To make a reservation

complaint ⑪ 불평　apology ⑪ 사과

2 What is indicated about Ms. Papadakis?
(A) She is a restaurant manager.
(B) She has a restaurant membership.
(C) She recently ate at the restaurant.
(D) She is an employee of the restaurant.

recently ⓐ 최근에　employee ⑪ 직원

Questions 3-5 refer to the following advertisement.

GRAND OPENING

LS Apparels is going to open a new branch, LS Apparels Femme, on Wilshire Avenue across from the original store. LS Apparels Femme will offer our community the best selection in women's formal and semi-formal business wear. — [1] —

The grand opening will be on Saturday, July 14, and all customers that day will receive a free gift with their purchase. — [2] —. Members can enjoy a special 10% discount and free alterations as well as discounts at local dry cleaners. — [3] — Don't miss this opportunity. — [4] —

어휘 grand opening 대개장 apparel 명 의류 branch 명 지점 across from ~의 맞은편에 original 형 원래의 business wear 정장 purchase 명 구매 alteration 명 개조, 변경 as well as ~뿐만 아니라 miss 동 놓치다 opportunity 명 기회

3 According to the advertisement, what is going to open?

(A) A clothing factory
(B) A new clothing store
(C) A fashion design school
(D) An electric appliance store

clothing 명 의류

4 What is NOT indicated about 'Femme'?

(A) It will open on Saturday.
(B) It provides a discount.
(C) It carries only formal wear.
(D) It is located near the old one.

formal wear 정장

5 In which of the position marked [1], [2], [3] and [4] does the following sentence best belong?

"LS Apparels memberships are available, and they will be valid at both stores."

(A) [1]
(B) [2]
(C) [3]
(D) [4]

valid 형 유효한

Questions 6-10 refer to the following advertisement and e-mail.

Part-time Tutors Needed

The Northern University Language Center is looking for individuals to work in our tutoring program. Applicants must be undergraduate students at Northern University and fluent in both English and at least one other language. We are currently in need of Chinese, Korean, Russian and Arabic speakers. Applicants must also have a grade point average of 3.2 or higher, live on or near campus and be available to start immediately. All applicants will be interviewed in both English and their other spoken language to identify their level. If you are interested in tutoring part time, please send your résumé to our personnel manager, Audrey Kim at audreyk@nulcmail.ed. Thank you.

어휘 individual 명 개인 tutoring 명 개인 지도 undergraduate student 학부 재학생 fluent 형 유창한 at least 적어도 Arabic 명 아랍어 grade point average(GPA) 학점 평점 immediately 부 즉시 spoken language 구어 personnel 명 인사부

From:	Nasir Fajalan <nasirfaj@numail.ed>
Sent:	Tuesday, September 13
To:	Audrey Kim <audreyk@nulcmail.ed>
Subject:	Tutoring
Attachment:	📎 resume.doc

Dear Ms. Kim,

My name is Nasir Fajalan and I am interested in the tutoring positions you advertised. I am a business major from Jordan and I am fluent in English and Arabic. I began studying at Northern University last semester and my current GPA is 3.15. I live in a student housing in Fitchley Dormitory and I am currently not employed. I would very much like to become a part of your program. I have a question however. The advertisement did not mention anything about pay. Could you please send me some information regarding compensation? I look forward to hearing from you. Thank you.

Sincerely,
Nasir Fajalan

어휘 position 명 직책 major 명 전공자, 전공 dormitory 명 기숙사 employ 동 고용하다(= hire) mention 동 언급하다 regarding 전 ~에 관하여 compensation 명 보상, 급여 look forward to ~을 고대하다

6 Who would most likely be interested in the job?
 (A) Graduate students of the university
 (B) Non-natives who are not fluent in English
 (C) International students of the university
 (D) Students who're looking for a job for next semester.

graduate student 대학원생 international 형 국제적인

7 In the advertisement, the word "identify" on line 7 is closest in meaning to
 (A) check
 (B) support
 (C) control
 (D) request

8 Which language can Nasir speak?
 (A) Chinese
 (B) Arabic
 (C) Korean
 (D) Russian

9 What will make it difficult for Mr. Fajalan to get the position?
 (A) He is a business major.
 (B) He does not have the required grades.
 (C) He cannot start immediately.
 (D) He does not live on campus.

immediately 분 즉시

10 What information does Mr. Fajalan request?
 (A) The location of the language center
 (B) Arranging an interview time
 (C) The languages that are needed
 (D) How much the position pays

location 형 위치

어휘로 마무리

이번 Unit에 나온 어휘 중 반드시 기억해야 할 것들만 모았습니다.
우리말 뜻을 가리고 체크해 본 후, 꼭 외워 두세요.

🎧 RC-11_1

☐ inform	통 알리다	☐ guidance	명 지도
☐ change	명 변경사항	☐ dine	통 식사하다(= eat)
☐ be scheduled to ⓥ	~하기로 예정되다	☐ customer survey	고객 설문조사
☐ appointment	명 약속	☐ strive to ⓥ	~하려고 힘쓰다
☐ pay raise	월급 인상	☐ be eligible to ⓥ	~할 자격이 있다
☐ approve	통 승인하다	☐ regular	형 평상시의
☐ take effect	시행되다	☐ take advantage of	~을 이용하다
☐ additional	형 추가적인	☐ arrange	통 준비하다
☐ starting	~부터(= beginning)	☐ complaint	명 불평
☐ extension	명 내선	☐ apology	명 사과
☐ bachelor	명 학사 학위	☐ apparel	명 의류
☐ apply	통 지원하다	☐ branch	명 지점
☐ applicant	명 지원자	☐ across from	~의 맞은편에
☐ a letter of reference	추천서(= reference letter)	☐ original	형 원래의
☐ application	명 지원	☐ purchase	명 구매
☐ position	명 직책	☐ alteration	명 수선, 변경
☐ indicate	통 나타내다	☐ opportunity	명 기회
☐ unfortunately	부 불행히도	☐ appliance	명 가전 기기
☐ currently	부 현재	☐ carry	통 취급하다
☐ in stock	재고가 있는(= available)	☐ individual	명 개인 형 개인의
☐ apologize	통 사과하다	☐ fluent	형 유창한
☐ inconvenience	명 불편	☐ undergraduate	형 학부의
☐ solution	명 해결책	☐ immediately	부 즉시
☐ a wide range of	광범위한, 다양한	☐ major	명 전공자, 전공
☐ emblem	명 상징	☐ semester	명 학기
☐ specialize in	~을 전문으로 하다	☐ dormitory	명 기숙사
☐ provide	통 제공하다	☐ employ	통 고용하다(= hire)
☐ professional	형 전문적인	☐ regarding	전 ~에 관하여

:: Part 7 주제별 어휘

🎧 RC-11_2

구인 / 서비스 / 행사

job opening	빈자리, 공석	a range of	다양한
fill a vacancy	공석을 채우다	reasonable price	적당한 가격
apply for	~에 지원하다	under warranty	보증기간 중인
candidate	명 지원자(= applicant)	frequent customer	단골고객(= patron)
job interview	취업 면접	customized	형 맞춤 제작의(= tailored)
successful candidate	합격자	gift certificate	상품권
résumé	명 이력서	giveaway	명 증정품
cover letter	자기소개서	award-winning	형 수상 경력이 있는
requirement	명 필수요건	ceremony	명 의식, 예식
qualification	명 자격사항	feature	동 ~을 특징으로 하다

감사 / 사과 / 축하

appreciate	동 고마워하다	regretful	형 유감스러운
as a token of appreciation	감사의 표시로	celebrate	동 축하하다
grateful	형 감사하는	refreshments	명 다과
on behalf of	~을 대표하여	retirement	명 은퇴
patronage	명 애용	anniversary	명 기념일
recognize	동 인정하다, 인식하다	venue	명 장소
apology	명 사과	in advance	미리(= beforehand)
delay	동 지연시키다, 미루다	honor	동 명예를 주다
compensate	동 보상하다	register for	등록하다(= enroll)
defective	형 결함 있는(= faulty)	make a contribution	기여하다

주문 / 구매 / 예약

place an order	주문하다	special offer	특별 할인
free delivery[shipping]	무료 배송	complimentary	무료의(= free)
in bulk	대량으로	markdown	명 가격 인하
charge	동 요금을 부과하다	be scheduled for	~이 예정되어 있다
out of stock	재고가 없는(= unavailable)	on schedule	일정대로
estimate	명 견적(= quote)	behind schedule	일정보다 늦게
affordable	형 가격이 적당한(= reasonable)	reschedule	동 일정을 조정하다
at no cost	무료로 (= free of charge)	cancel	동 취소하다(= call off)
inventory	명 재고, 재고 목록	push back	미루다
redeem	동 현금이나 상품으로 바꾸다	postpone	동 연기하다(= put off)

UNIT 11

Part 7 지문 유형 II

1 문자 메시지 / 온라인 채팅

문자 메시지(text message chain)는 두 명 사이에, 온라인 채팅(online chat discussion)은 보통 두 명 이상이 서로 의견과 정보를 묻고 공유하는 글입니다. 특정인의 직업이나 인용어구의 의도 파악 문제가 출제되기에 등장인물의 이름을 파악하면서 읽는 것이 중요합니다.

등장인물1 연락 목적	**Daniel Meadows** 4:15 P.M. Linda, / how does the contract look to you? //	다니엘 메도우즈 린다, 계약서에 대해 어떻게 생각하세요?
등장인물2 세부 내용	**Linda Curt** 4:17 P.M. It looks good so far / but I'd like a couple more days / to go over it / at home. //	린다 커트 지금까지는 괜찮아 보입니다만, 제가 집에서 그것을 검토할 시간을 며칠 더 주셨으면 합니다.
요청사항	**Daniel Meadows** 4:19 P.M. That's not a problem. // Can you let me know / your final decision / by this Thursday? //	다니엘 메도우즈 문제 없어요. 목요일까지 최종 결론을 알려주실 수 있나요?
	Linda Curt 4:22 P.M. Definitely! //	린다 커트 그럼요!

어휘 contract 명 계약서 so far 지금까지 couple 명 두 서넛 go over 검토하다 final decision 최종 결정 definitely 부 분명히

Check Up

해설 p.92

위의 문자 메시지를 읽고 다음 질문에 답하세요.

Q. At 4:22, what does Ms. Curt mean when she writes, 'Definitely!'?
4시 22분에 커트 씨가 '그럼요!'라고 쓴 의도는 무엇일까요?

(A) She needs more time to revise the document.
그녀는 서류를 수정할 시간이 더 필요하다.

(B) She will inform Mr. Meadows about the result of the document in a few days.
그녀는 며칠 후에 메도우즈 씨에게 서류의 결과에 대해 알려줄 것이다.

2 기사

기사(article)는 대부분 지역 사업체의 이전, 합병, 수상 등 다양한 소식을 전하는 내용이 많이 출제됩니다. 기사는 광고와 마찬가지로 제목에서 대략적인 내용을 파악할 수 있으므로, 반드시 제목을 주의 깊게 읽어야 합니다. 그런 다음 글의 주제, 세부 내용, 향후 계획 등을 파악하는 것이 중요합니다.

제목 기자명	**Cline Hospital Closing** Barnaby Grant	클라인 병원 폐원 바너비 그랜트
주제 세부 내용 향후 계획	Cline Hospital on 30th Street / closed its doors / for the last time today. // The hospital will be changed / into a museum of medical technology. // The staff at Cline Hospital / will be transferred / to the recently completed Broadmoor Hospital / on Fletcher Avenue. // This new hospital / is nearly twice as large as Cline Hospital, / and so they will be hiring many nurses and doctors / over the next few months. //	30번 가에 위치한 클라인 병원이 오늘을 마지막으로 문을 닫습니다. 병원은 의료 기술 박물관으로 바뀔 것입니다. 클라인 병원의 의료진들은 모두 플레처 가에 위치한 브로드무어 병원으로 이동할 예정입니다. 새로운 병원은 클라인 병원의 두 배의 규모이며, 앞으로 몇 달 동안 많은 간호사와 의사들을 채용할 계획입니다.

어휘 for the last time ~을 마지막으로 technology 명 기술 transfer 동 옮기다, 이동하다 recently 부 최근 twice as large as ~보다 두 배 큰 hire 동 채용하다

Check Up
해설 p. 93

위의 기사를 읽고 다음 질문에 답하세요.

Q. What is indicated about the new hospital? 새 병원에 대해 언급된 것은 무엇인가?

(A) It needs to employ more staff. 그곳은 직원들을 추가 채용할 것이다.

(B) It was built on 30th Street. 그곳은 30번 가에 세워졌다.

3 양식 / 웹페이지

양식(form)은 invoice(송장), 초대장(invitation), 여행 일정표(itinerary), 시간표(schedule), 설문지(questionnaire) 등의 형식을 갖춘 실용문입니다. 질문의 키워드와 관련된 시간, 가격을 나타내는 숫자와 고유명사들을 파악하는 것이 중요하며, 별표(*)나 하단의 유의사항(Note)도 꼭 확인해야 합니다. 웹페이지(Web page)는 업체나 기관, 제품이나 서비스를 알리는 내용이 주로 출제됩니다. 소제목들을 우선 읽고 지문에서 단서를 빨리 찾는 것이 중요합니다.

업체명 개장 날짜	**King's Gym and Spa** Opening May 1	킹 헬스클럽과 스파 5월 1일 개장
소제목 1 세부 내용	Hours of Operation: Tuesday through Friday　5:00 A.M. to 11:00 P.M. Saturday　　　　　　　8:00 A.M. to 10:00 P.M. Sunday　　　　　　　　10:00 A.M. to 8:00 P.M.	운영 시간: 화-금　오전 5시 - 저녁 11시 토　　오전 8시 - 저녁 10시 일　　오전 10시 - 저녁 8시
소제목 2 세부 내용	Group Classes: Wednesday / Friday 　　Weight training: 9-11 A.M., 2-4 P.M., 7-9 P.M. 　　Swimming: 8 A.M. to 10 P.M. (One hour classes) Tuesday / Thursday 　　Aerobics: 9-11 A.M., 3-5 P.M. 　　Yoga: 9-11 A.M., 1-3 P.M., 7-9 P.M.	그룹 수업: 수/금 근력 운동　오전 9시-11시 　　　　　　오후 2-4시 　　　　　　저녁 7-9시 수영　　　　오전 8시-저녁 10시 　　　　　　1시간 수업 화/목 에어로빅　　오전 9시-11시 　　　　　　오후 3시-5시 요가　　　　오전 9시-11시 　　　　　　오후 1시-3시 　　　　　　저녁 7시-9시

어휘 gym 명 체육관, 헬스클럽　spa 명 온천, 사우나　weight training 근력 운동　aerobic 명 에어로빅　yoga 명 요가

Check Up
해설 p.93

위의 양식을 읽고 다음 질문에 답하세요.

Q. What is NOT indicated in the timetable? 시간표에서 언급되지 않은 것은?

　(A) The gym is open daily. 체육관은 매일 운영된다.

　(B) The earliest class is swimming. 가장 이른 수업은 수영이다.

토익 감잡기

해설 p. 93

다음 지문을 읽고 질문에 알맞은 답을 고르세요.

1

Most computer owners know that their computers begin to function poorly when the computer takes more time to start up, load Internet pages, or open files. This performance issue may make owners believe that they need to purchase new equipment. However, many of these problems can easily be resolved by carrying out some simple maintenance procedures.

어휘 function ⑧ 작동하다 start up 시작하다, 시동을 걸다 performance ⑨ 성능 purchase ⑧ 구매하다 equipment ⑨ 장비, 기기 resolve ⑧ 해결하다 carry out 실행하다 maintenance procedures 유지보수 절차

What is the article mainly describing?
(A) How to recover missing files
(B) How to make a computer run faster

recover ⑧ 복구하다 missing ⑨ 없어진, 분실된

2

```
                        ORDER FORM

PLEASE DELIVER MY ORDER TO:        PLEASE ACCEPT MY PAYMENT
Name: Melinda Bonner               _____  Check or money order enclosed
Address: 2389 Market Street          X     Credit Card
City: Laramie                      Name: Ryoko Hinata
Home Phone #: 555-3984             Credit Card #: **** **** ***8 8734
```

어휘 check ⑨ 수표 money order 우편환 enclosed ⑨ 동봉된

What is indicated about Ms. Hinata?
(A) She paid with a money order.
(B) She ordered items for another person.

pay ⑧ 지불하다

토익 실전 감각 익히기

해설 p. 93

Questions 1-2 refer to the following online chat discussion.

Jessica Stuart 9:20 A.M.
There was an announcement about a meeting this afternoon. Do you know what it's about?

Maggie Green 9:21 A.M.
I heard it from the sales team. It seems like someone from the warehouse miscounted the inventory.

Jessica Stuart 9:23 A.M.
That's strange. Why is the meeting for everyone if the mistake is from the warehouse?

Maggie Green 9:25 A.M.
I think it's because it causes problems for all the other stores.

Jessica Stuart 9:26 A.M.
Ah, they need to make sure that it doesn't happen again.

Maggie Green 9:27 A.M.
Yes, a mistake like this affects all the other departments.

어휘 warehouse 명 창고 miscount 동 잘못 세다 inventory 명 재고 목록 affect 동 영향을 주다 department 명 부서

1. At 9:23 A.M., what does Ms. Stuart mean when she writes, "That's strange."?
   (A) She likes to attend the meetings.
   (B) She doesn't know what the staff meeting is about.
   (C) She didn't know there was a mistake from the warehouse.
   (D) She is unable to understand why they need the staff meeting.

staff meeting 직원 회의

2. What is suggested about Ms. Green?
   (A) She works in the sales team.
   (B) She seems to know why they need the staff meeting.
   (C) She knows the person who caused the inventory problem.
   (D) She is worried about whether the same thing will happen again.

cause 동 야기시키다

Questions 3-5 refer to the following Web page.

---

http://www.marketfocus.com/product tester

| HOME | **COMMUNITY** | JOIN |

Becoming a product tester for Market Focus Inc. is a great way to pick up insight into the world of market research. Here are the answers to Frequently Asked Questions (FAQs) about product testing.

What kind of company are you, and what do you do?
Founded nearly 40 years ago, we are a full-service market research firm that conducts innovative product tests for a wide range of clients.

I want to be a product tester. What should I do next?
To sign up with us, click the "JOIN" link in the upper right corner and fill out the online registration form. Please note that we are not able to accept e-mailed applications.

How often can I participate in product tests?
You might participate in product tests once or twice in a short time period. Some people get called more often than others, but you may do the tests 3-4 times a year at most.

어휘 insight 명 통찰력 found 동 설립하다 firm 명 회사 innovative 형 혁신적인 sign up with ~에 등록하다 registration 명 등록

3 How could a person register to be a product tester?

(A) By phoning the company
(B) By e-mailing the company
(C) By visiting the company in person
(D) By visiting a different part of the Web site

in person 직접, 몸소

4 The words "pick up" in paragraph 1, line 1, are closest in meaning to

(A) lift
(B) assist
(C) obtain
(D) spread

5 How often can the testers participate in the tests?

(A) Every day
(B) Twice a year
(C) Regularly
(D) Less than five times a year

Questions 6-10 refer to the following e-mails and itinerary.

From:	Henry Kamal <hkamal@hmail.com>
To:	Simon Bonner <sbonner@hmail.com>
Date:	April 22
Subject:	Trip
Attachment:	📎 itinerary.doc.

Greetings Simon!

Well, it's only been a month since I moved up to the Operations Manager position, and I already have a big trip ahead of me. Next week, I will be touring production facilities in Dagastan, but I've never been there before. I know you visited them before, so I was hoping you could field a few questions for me. First, what is the food like? And how is the accommodation there? Also, I'm wondering if I can buy things there with US dollars and euros or if I have to use the local currency. Attached is my itinerary for your reference. Isn't it too rushed? Any help you can give on these matters would be most appreciated.

Best regards,
Henry

어휘 itinerary 명 여행 일정표 move up to ~로 승진하다 ahead of ~앞에 facility 명 시설 accommodation 명 숙박시설 local 형 현지의, 지역의 currency 명 통화 rushed 형 서두르는 appreciate 동 감사하다

Itinerary
(Mr. Henry Kamal)

Sun. May 2   Arrive in Dagastan, meet guide (Anatoly Kopec)
                              Stay at Kalovov Hotel, Deluxe Class (near Convention Center)
Mon. May 3 – Fri. May 7   Production facility site visits

Site	Transit point	Accommodation	Transportation
Vostog	Khasang	Zhongda Hotel	Flight
Antonov	Parmaty	Regent Hotel	Flight
Darig	Slovensko	Tambova Hotel	Flight
Mokbata	Lubnyan	Silver Hotel	Flight*

* Depart Dagastan International Airport at 5:15 A.M. Fri May 7

어휘 transit point 환승 지점 transportation 명 교통편 depart 동 출발하다

To: Henry Kamal (hkamal@hmail.com)
Subject: Site visits

Hi, Henry,

Congratulations. I'm sure you will be happy with your new position. All of the accommodations on the trip are Deluxe Class, except for Tambova Hotel where only Standard Class is available. The service can be slow but the food is quite good. I suggest having the complimentary buffet breakfast at Silver Hotel. I'm afraid, however, I don't know whether or not visitors can use foreign currency. Try the Dagastan visitor's Web site. It may have information on the currencies that they use.

I hope this helps some. If you have more questions, feel free to ask me.
Take care,
Simon

어휘 congratulation 명 축하 (인사) deluxe 형 고급의 except for ~를 제외하고 standard 형 일반의 complimentary 형 무료의

6 What is inferred about Mr. Kamal?
(A) He used to travel with Mr. Bonner.
(B) He recently received a promotion.
(C) He will attend a convention in Dagastan.
(D) He will travel with two guides in Dagastan.

promotion 명 승진 convention 명 회의

7 In the first e-mail, the word "field" in paragraph 2, line 4, is closest in meaning to
(A) deny
(B) answer
(C) spread
(D) begin

8 Which site most likely has a Standard Class hotel accommodations?
(A) Vostog
(B) Antonov
(C) Darig
(D) Mokbata

9 According to the itinerary, how many hotels is Mr. Kamal scheduled to stay at?
(A) 3
(B) 4
(C) 5
(D) 6

10 What issue did Mr. Bonner forget to address in the e-mail?
(A) Advice on Dagastan's currency
(B) Food offered on the itinerary
(C) The quality of Dagastan's accommodation
(D) The pace of the itinerary

advice 명 충고, 조언 pace 명 속도

어휘로 마무리

이번 Unit에 나온 어휘 중 반드시 기억해야 할 것들만 모았습니다.
우리말 뜻을 가리고 체크해 본 후, 꼭 외워 두세요.

RC-12_1

☐ chat	몡 잡담 동 잡담하다		☐ innovative	혱 혁신적인
☐ contract	몡 계약서		☐ sign up	등록하다
☐ so far	지금까지		☐ upper	혱 위쪽의, 더 위에 있는
☐ go over	동 검토하다(= review)		☐ registration	몡 등록
☐ final decision	최종 결정		☐ note	동 유의하다, 주목하다
☐ definitely	뷔 분명히		☐ accept	동 수락하다
☐ revise	동 수정하다		☐ period	몡 기간
☐ result	몡 결과		☐ ahead of	~에 앞서
☐ technology	몡 기술		☐ production	몡 생산
☐ transfer	동 옮기다, 이동하다		☐ facility	몡 시설
☐ gym	몡 체육관(= fitness center)		☐ field	동 (질문에) 척척 응대하다
☐ through	전 ~까지, ~을 통하여		☐ accommodation	몡 숙박 시설
☐ daily	뷔 날마다, 매일		☐ currency	몡 통화
☐ function	동 작동하다		☐ attach	동 첨부하다
☐ resolve	동 해결하다		☐ itinerary	몡 여행 일정표
☐ maintenance	몡 유지 관리		☐ reference	몡 참고
☐ procedure	몡 절차		☐ rushed	혱 서두른
☐ check	몡 수표		☐ appreciate	동 감사하다
☐ enclosed	혱 동봉된		☐ transit	몡 환승
☐ warehouse	몡 창고		☐ transportation	몡 교통편
☐ miscount	동 잘못 세다		☐ depart	동 출발하다
☐ inventory	몡 재고 목록		☐ congratulation	몡 축하
☐ affect	동 영향을 주다		☐ position	몡 지위, 직책
☐ pick up	알게 되다(= obtain)		☐ deluxe	혱 고급의
☐ insight	몡 통찰력		☐ standard	혱 일반의, 표준의
☐ found	동 설립하다		☐ complimentary	혱 무료의
☐ firm	몡 회사		☐ convention	몡 대회
☐ conduct	동 실시하다		☐ quality	몡 품질

:: Part 7 주제별 어휘

🎧 RC-12_2

양식 / 청구 / 결제

invitation	몡 초대장	balance	몡 잔액
invoice	몡 송장	billing address	청구 주소
receipt	몡 영수증	shipping address	배송지 주소
questionnaire	몡 설문지(= survey)	overdue	혱 기한이 지난
recipient	몡 수령인, 수신자	purchase	몡 구매
voucher	몡 상품권, 쿠폰	reimbursement	몡 변제, 상환
complete the form	양식을 작성하다	deposit	몡 보증금
at the latest	늦어도	membership fee	회원비
no later than	늦어도	utility cost	공공요금
regarding	젠 ~에 관하여	return policy	반품 정책
submit	통 제출하다(= turn in)	shipping charges	배송비

경제 / 경영 / 사업

quarter	몡 분기	recession	몡 불황(= downturn)
revenue	몡 수익(= profit)	market share	시장 점유율
step down	물러나다(= resign)	competitor	몡 경쟁자
operate	통 운영하다(= run)	corporation	몡 기업, 법인
merge	통 합병하다	executive	몡 임원
acquire	통 인수하다(= take over)	founder	몡 설립자
invest	통 투자하다	negotiation	몡 협상
offset	몡 상쇄 통 상쇄시키다	release	통 발표하다, 출시하다

문자 메시지 / 채팅

Be my guest.	좋을 대로 하세요.	I'm not following you.	당신 말을 이해 못하겠어요.
Don't get me wrong.	오해하지 마세요.	Keep me updated.	소식 있으면 알려줘.
I doubt it.	그렇지 않을 걸요.	Let me figure it out.	내가 알아볼게요.
I got your back.	나만 믿어.	What a pity!	안타깝네요!
I need a ride.	나는 교통편이 필요해.	You bet!	물론이지요!(= Definitely)
I'd like your input.	당신의 의견을 듣고 싶어요.	You can't miss it.	쉽게 찾을 거예요.
I'll fill in for him.	내가 그를 대신할게요.	You deserve it.	당신은 그럴 자격이 있어요.
I'm for it.	그 말에 찬성이에요.	You have my word.	약속할게요.

Test Yourself

LC_ Unit 1-12
RC_ Unit 1-12

Unit 1 인물 사진

Test Yourself

날짜: 20_____. _____. _____
학과: _____
학번: _____
이름: _____

■ 다음 우리말을 보고 알맞은 영어 단어 및 어구를 고르세요.

1. 싣다   ① load   ② hold
2. 이끌다   ① lean   ② lead
3. 인사하다   ① wave   ② greet
4. 둘러보다   ① browse   ② face
5. 입어보다   ① try on   ② put on
6. 긴장을 풀다 ① ride   ② relax
7. 잔디   ① glass   ② grass
8. 사다리   ① ladder   ② plate

■ 보기에서 각 단어의 의미를 골라 써 넣으세요.

| 토론 | 서류 | 해변가 | 대화 | 보도 | 공연가 |
| 붓다 | 밀다 | 돕다 | 참석하다 | 수리하다 | 나르다 |

9. document _____
10. assist _____
11. conversation _____
12. attend _____
13. repair _____
14. sidewalk _____
15. pour _____
16. performer _____

■ 다음 들려주는 음원을 듣고 빈칸에 알맞은 말을 써 넣으세요.   🎧 T-01

17. They are _____ hands.

18. A man is _____ some food.

19. They are _____ their luggage.

20. He is wearing a _____.

21. She is looking at the _____.

22. He is leading a _____.

23. A man is _____ at a _____.

24. _____ are shopping for some _____.

25. A _____ is standing behind the _____.

★ 과제물이나 Quiz 용도로 제출 시에는 가위선을 따라 잘라서 제출하십시오.

Unit 2 사물·풍경 사진

Test Yourself

날짜: 20_____. _____. _____
학과: _____
학번: _____
이름: _____

■ 다음 우리말을 보고 알맞은 영어 단어 및 어구를 고르세요.

1. 접시 ① plate ② plant
2. 난간 ① rug ② railing
3. 다리 ① bridge ② lake
4. 수영장 ① pool ② pull
5. 뜨다 ① sail ② float
6. 묶다 ① tie ② seat
7. 켜다 ① turn on ② turn off
8. 더미로 ① in rows ② in piles

■ 보기에서 각 단어의 의미를 골라 써 넣으세요.

| 호수 | 접시 | 파라솔 | 실외에 | 바닥 | 전등 | 그림 |
| (음식을) 제공하다 | 밀다 | 짓다 | 위치시키다 | 주차하다 | 돕다 | |

9. push _____
10. dish _____
11. umbrella _____
12. park _____
13. lake _____
14. serve _____
15. position _____
16. floor _____

■ 다음 들려주는 음원을 듣고 빈칸에 알맞은 말을 써 넣으세요.   🎧 T-02

17. The shelves are _____.

18. A boat is tied to a _____.

19. Trees _____ the water.

20. Goods are _____ in piles.

21. A picture is _____ on the wall.

22. The office chairs are _____.

23. Items are _____ on some _____.

24. _____ types of dishes are being _____.

25. _____ are moving in different _____.

★ 과제물이나 Quiz 용도로 제출 시에는 가위선을 따라 잘라서 제출하십시오.

Unit 3 Who, When, Where 의문문

Test Yourself

날짜: 20_____ . _____ . _____
학과: _____
학번: _____
이름: _____

■ 다음 우리말을 보고 알맞은 영어 단어 및 어구를 고르세요.

1. 계약서   ① contact   ② contract
2. 요금   ① fare   ② favorite
3. 마감일   ① delay   ② deadline
4. 개인 사물함   ① locker   ② lobby
5. 휴게실   ① break room   ② conference room
6. 참석하다   ① attend   ② train
7. ~을 돌보다   ① find out   ② take care of
8. 내리다   ① get off   ② pick up

■ 보기에서 각 단어의 의미를 골라 써 넣으세요.

| 일정 | 이사회 | 경영진 | 후임자 | 본사 | 여행사 |
| ~에 속하다 | 예금하다 | 알아내다 | 재단장하다 | 좋아하는 | 늦어도 |

9. find out   _____   13. headquarters   _____
10. schedule   _____   14. at the latest   _____
11. replacement   _____   15. board meeting   _____
12. belong to   _____   16. favorite   _____

■ 다음 들려주는 음원을 듣고 빈칸에 알맞은 말을 써 넣으세요.   🎧 T-03

17. When is the flight _____?

18. Where are your _____?

19. Who's going to _____ the contract?

20. When would you like to _____ by?

21. Where do we meet our _____?

22. Who should I call to _____ a conference room?

23. When will the _____ _____ be ready?

24. Where is the _____ _____ going to be held?

25. Who is in _____ of the new _____?

Unit 4 What/Which, Why, How 의문문

Test Yourself

날짜: 20_____. _____. _____
학과: _____
학번: _____
이름: _____

■ 다음 우리말을 보고 알맞은 영어 단어 및 어구를 고르세요.

1. 예약   ① appointment   ② department
2. 수리   ① revised   ② renovation
3. 의식, 식   ① award   ② ceremony
4. 급여 인상   ① pay raise   ② paid vacation
5. 회계사   ① CEO   ② accountant
6. 의견   ① feedback   ② clue
7. 제출하다   ① hand in   ② pick up
8. 고장 난   ① run out of   ② out of order

■ 보기에서 각 단어의 의미를 골라 써 넣으세요.

| 고객 | 발표자 | 이유 | 구내식당 | 제과점 | 복사기 |
| 준비하다 | 특별한 | 성공적인 | 놓치다 | 시끄러운 | 판매 중인 |

9. special _____   13. presenter _____
10. client _____   14. noisy _____
11. prepare _____   15. cafeteria _____
12. photocopier _____   16. miss _____

■ 다음 들려주는 음원을 듣고 빈칸에 알맞은 말을 써 넣으세요.   🎧 T-04

17. I'd like to open a new _____ .

18. Why did Mr. Green _____ the job?

19. I visited many cities _____ my trip.

20. What is the size of the _____ ?

21. I'm planning to _____ a new business.

22. Which _____ office are you going to visit?

23. How do I _____ paper to this _____ ?

24. Which _____ did you _____ last week?

25. Why was the _____ _____ ?

★ 과제물이나 Quiz 용도로 제출 시에는 가위선을 따라 잘라서 제출하십시오.

Unit 5 일반의문문, 선택의문문, 간접의문문

Test Yourself

날짜: 20_____. _____. _____
학과: _____
학번: _____
이름: _____

■ 다음 우리말을 보고 알맞은 영어 단어 및 어구를 고르세요.

1. 서랍 ① draw ② drawer
2. 소포 ① cancelation ② package
3. 메모 ① note ② notebook
4. 끝내다 ① complete ② concert
5. 결정하다 ① place ② decide
6. 돌아오다 ① return ② restart
7. ~을 찾다 ① take ~ off ② search for
8. ~을 태워주다 ① give ~ a ride ② give ~ a big hand

■ 보기에서 각 단어의 의미를 골라 써 넣으세요.

| 계단 | 팸플릿 | 일정표 | 우체국 | 기술자 | 다루다 |
| 고용하다 | 배정하다 | 머무르다 | 수표로 | 긴급한 | ~ 대신에 |

9. assign _____
10. stairs _____
11. urgent _____
12. hire _____
13. handle _____
14. instead of _____
15. technician _____
16. by check _____

■ 다음 들려주는 음원을 듣고 빈칸에 알맞은 말을 써 넣으세요.   🎧 T-05

17. I think I can _____ it.

18. Call the _____ desk.

19. The hotel _____ free breakfast.

20. Did you already check the _____?

21. Do you know when the report is _____?

22. Do you know why Mr. Green _____ the meeting?

23. To _____ an urgent _____.

24. Would you _____ an _____ or window seat?

25. Are you sure he _____ the _____?

★ 과제물이나 Quiz 용도로 제출 시에는 가위선을 따라 잘라서 제출하십시오.

Unit 6 부정/부가의문문, 평서문, 청유/제안문

Test Yourself

날짜: 20_____. _____. _____
학과: _____
학번: _____
이름: _____

■ 다음 우리말을 보고 알맞은 영어 단어 및 어구를 고르세요.

1. 자금   ① fund   ② refund
2. 창고   ① warehouse   ② break room
3. 지원자   ① technician   ② candidate
4. 이력서   ① résumé   ② contract
5. 추가의   ① plenty of   ② extra
6. 알리다   ① invite   ② inform
7. 교환하다   ① exchange   ② check out
8. 올리다   ① turn up   ② turn off

■ 보기에서 각 단어의 의미를 골라 써 넣으세요.

| 자료 | 회람 | 복사기 | 제품 | 버전 | 목마른 |
| 고용하다 | 서두르다 | 받다 | 교정을 보다 | 연기하다 | 인쇄하다 |

9. receive _____   13. product   _____
10. data   _____   14. postpone _____
11. hurry   _____   15. thirsty   _____
12. print   _____   16. memo   _____

■ 다음 들려주는 음원을 듣고 빈칸에 알맞은 말을 써 넣으세요. 🎧 T-06

17. The water pipe is _____.

18. I didn't go to the _____.

19. Why don't we _____ a car?

20. Go to the help desk for _____.

21. We hired a new _____.

22. You've heard about the _____, haven't you?

23. I _____ my _____ to London.

24. Why don't we _____ an _____ in the phone apps?

25. We should _____ the deadline for job _____.

Unit 7 회사 생활

Test Yourself

날짜: 20_____. _____. _____
학과: _____
학번: _____
이름: _____

■ 다음 우리말을 보고 알맞은 영어 단어 및 어구를 고르세요.

1. 직무   ① duty   ② document
2. 합병   ① magazine   ② merger
3. 기회   ① opportunity   ② reason
4. 화가   ① visitor   ② painter
5. 전시회   ① publishing   ② exhibition
6. 화난   ① annoyed   ② excited
7. 확인하다   ① expect   ② confirm
8. 지원 양식   ① application form   ② reservation form

■ 보기에서 각 단어의 의미를 골라 써 넣으세요.

> 예산   출시   마감기한   매월의   전기   급여 인상
> 검토하다   연장하다   파손된   올바른   제공하다   절약하다

9. release _____
10. review _____
11. electricity _____
12. provide _____
13. damaged _____
14. deadline _____
15. budget _____
16. save _____

■ 다음 들려주는 음원을 듣고 빈칸에 알맞은 말을 써 넣으세요. 🎧 T-07

17. Good thing you _____ me.

18. We're fully _____ this weekend.

19. Hello. I'd like to _____ a room for Saturday.

20. Do you know why Kelly _____ the designer's job?

21. Hi, Mike. I've decided to _____ to Lakeland Fashions.

22. I heard that our department might be _____ with sales?

23. Did you read the memo on the _____ _____?

24. Honestly, I'm more interested in designing _____ than publishing _____.

25. The company is trying to cut down on every _____ _____ these days.

Unit 8 회사 업무

Test Yourself

날짜: 20_____. _____. _____
학과: _____
학번: _____
이름: _____

■ 다음 우리말을 보고 알맞은 영어 단어를 고르세요.

1. 장비　　　① furniture　　② equipment
2. 안건　　　① agenda　　　② attend
3. 직원　　　① applicant　　② personnel
4. 지식　　　① knowledge　　② training
5. 주최하다　① agree　　　　② host
6. 삭제하다　① delete　　　　② missing
7. 추가적인　① additional　　② urgent
8. 나타내다　① indicate　　　② accept

■ 보기에서 각 단어의 의미를 골라 써 넣으세요.

| (안내) 책자 | 어려움 | 부족 | 서랍 | 지원자 | 이용 불가능한 |
| 연락하다 | 개선하다 | 업무로 | ~을 잘못 두다 | 돕다 | 대신 |

9. lack _____　　13. brochure _____
10. improve _____　14. unavailable _____
11. instead _____　15. drawer _____
12. difficulty _____　16. on business _____

■ 다음 들려주는 음원을 듣고 빈칸에 알맞은 말을 써 넣으세요. 🎧 T-08

17. I was planning to _____ my home.

18. Two weeks is a little bit _____, but let me try.

19. I need the schedule for the employee _____.

20. I think she has a meeting with our _____ right now.

21. Is your _____, Ms. Everett, in the office right now?

22. We will have to _____ our Wednesday team meeting.

23. I think some _____ need to be _____.

24. How's the third _____ sales _____ going?

25. The _____ has decided to use your proposal in our next advertising _____.

★ 과제물이나 Quiz 용도로 제출 시에는 가위선을 따라 잘라서 제출하십시오.

Unit 9 일상 생활

Test Yourself

날짜: 20_____. _____. _____
학과: _____
학번: _____
이름: _____

■ 다음 우리말을 보고 알맞은 영어 단어 및 어구를 고르세요.

1. 병원   ① travel agency   ② clinic
2. 구매   ① purchase   ② delivery
3. 임대료   ① additional fee   ② rental fee
4. 세입자   ① tenant   ② real estate agent
5. 주차장   ① parking garage   ② electronic store
6. 미루다   ① suggest   ② delay
7. 요구하다   ① require   ② repair
8. 기술하다   ① direct   ② describe

■ 보기에서 각 단어의 의미를 골라 써 넣으세요.

| 전시 | 항공편 | 역무원 | 판매원 | 기술자 | 출발 | 파손된 |
| 금이 가다 | 잘못된 | 받아들일 수 있는 | ~을 찾다 | 부동산 중개업소 |

9. exhibit _____
10. wrong _____
11. acceptable _____
12. real estate agency _____
13. crack _____
14. conductor _____
15. departure _____
16. search for _____

■ 다음 들려주는 음원을 듣고 빈칸에 알맞은 말을 써 넣으세요. 🎧 T-09

17. Hi, I need to get some _____ cleaning done.

18. It seems you have a _____ from LT Appliances.

19. Okay, how many of them do you need in _____?

20. Hi, I'd like to _____ these shirts that I bought last week.

21. Ms. Worthington, I've found a _____ apartment for you.

22. Excuse me. Is this the right platform for the _____ train?

23. Do you want a _____ or _____?

24. Well, I need to use it today, so I guess I'll _____ it. Here is the _____.

25. It seems I left a piece of _____ at the duty-free _____ on the third floor.

Unit 10 여가 활동

Test Yourself

날짜: 20_____. _____. _____
학과: _____
학번: _____
이름: _____

■ 다음 우리말을 보고 알맞은 영어 단어 및 어구를 고르세요.

1. 장소   ① venue   ② destination
2. 허가   ① permit   ② review
3. 강사   ① investor   ② instructor
4. 축제   ① exhibit   ② festival
5. 적어도   ① at least   ② latest
6. 비평가   ① critic   ② novelist
7. 부정적인   ① negative   ② awful
8. 이륙하다   ① show up   ② take off

■ 보기에서 각 단어의 의미를 골라 써 넣으세요.

| 극장 | 공항 | 노선 | 예술가 | 작가 | 사과 |
| 공연 | 분석하다 | 비판하다 | 가로질러 가다 | 작은 | 놀라운 |

9. analyze _____
10. route _____
11. amazing _____
12. theater _____
13. author _____
14. apology _____
15. artist _____
16. criticize _____

■ 다음 들려주는 음원을 듣고 빈칸에 알맞은 말을 써 넣으세요.   🎧 T-10

17. We seem to be making so many _____.

18. Okay, can I see your driver's _____?

19. Let me give you a _____ for a free salad.

20. If you want to go skiing there, I highly _____ it.

21. Santini has great pasta, but it's too _____ on the weekends.

22. Ellie, have you heard about the _____ this weekend?

23. Do they have a _____ _____?

24. The _____ was so great that I was totally _____ it.

25. I heard all of the money from the sales will be _____ to the _____ schools.

★ 과제물이나 Quiz 용도로 제출 시에는 가위선을 따라 잘라서 제출하십시오.

Unit 11 안내, 공지, 전화 메시지

Test Yourself

날짜: 20_____. _____. _____
학과: _____
학번: _____
이름: _____

- 다음 우리말을 보고 알맞은 영어 단어 및 어구를 고르세요.

    1. 회계사   ① accounting   ② accountant
    2. 변호사   ① expert   ② lawyer
    3. 연례의   ① annual   ② reminder
    4. 가전기기   ① audience   ② appliance
    5. 알리다   ① inform   ② refrain
    6. 포함하다   ① include   ② conclude
    7. 제출하다   ① drop off   ② submit
    8. 주최하다   ① host   ② avoid

- 보기에서 각 단어의 의미를 골라 써 넣으세요.

    | 뇌우 | 여행 일정표 | 대개장 | 무료로 | 여행 준비 | 홍보하다 |
    | 장식하다 | 기대하다 | (짐을) 풀다 | ~ 때문에 | 진심으로 | 구매하다 |

    9. itinerary _____   13. expect _____
    10. advertise _____   14. for free _____
    11. unpack _____   15. due to _____
    12. thunderstorm _____ 16. grand opening _____

■ 다음 들려주는 음원을 듣고 빈칸에 알맞은 말을 써 넣으세요.   🎧 T-11

17. Welcome to the first day of this _____.

18. However, we do not have your _____ on file.

19. I've been having problems with your _____ flight.

20. Please _____ one of these times and call me back.

21. Attention, all passengers. This is your _____ speaking.

22. The time that you requested, 6:15, is already _____.

23. The _____ is now decorated like a _____ Thai home.

24. We sincerely _____ for any _____ this will cause you.

25. Please remember not to eat anything for at _____ 8 hours before your _____.

★ 과제물이나 Quiz 용도로 제출 시에는 가위선을 따라 잘라서 제출하십시오.

Unit 12 연설, 광고, 방송

Test Yourself

날짜: 20_____. _____. _____
학과: _____
학번: _____
이름: _____

■ 다음 우리말을 보고 알맞은 영어 단어 및 어구를 고르세요.

1. 이전　　　① recipient　　② relocation
2. 은퇴　　　① retirement　　② requirement
3. 부족　　　① shortage　　② further
4. 성실한　　① relevant　　② loyal
5. 신청하다　① apply　　　② hire
6. 요청하다　① register for　② request
7. 시연하다　① demonstrate　② distribute
8. 거저 주다　① stay away　　② give away

■ 보기에서 각 단어의 의미를 골라 써 넣으세요.

| 홍수 | 영광 | 연회 | 학위 | 승진 | 대변인 |
| 농부 | 기후 | 직접 | 등산 | 평소보다 | 연예인 |

9. banquet　＿＿＿＿＿　　13. promotion　＿＿＿＿＿
10. hiking　＿＿＿＿＿　　14. than usual　＿＿＿＿＿
11. degree　＿＿＿＿＿　　15. spokesperson　＿＿＿＿＿
12. climate　＿＿＿＿＿　　16. in person　＿＿＿＿＿

■ 다음 들려주는 음원을 듣고 빈칸에 알맞은 말을 써 넣으세요. 🎧 T-12

17. The _____ sale event will begin in ten minutes.

18. About 10 musicals will be _____ starting July 1st.

19. This is the _____ report coming to you at 10:30 this morning.

20. The renovations in the west _____ will be completed this Friday.

21. We advise _____ to keep your windows closed due to the heavy smog.

22. Market research shows that giving away free gym time helps _____ new members.

23. A _____ candidate should have _____ of modern art.

24. I want to _____ out new brochures _____ all our savings plans.

25. It's a great honor for me to _____ this year's _____ for Employee of the Year.

★ 과제물이나 Quiz 용도로 제출 시에는 가위선을 따라 잘라서 제출하십시오.

Unit 1 문장의 구조와 5형식

Test Yourself

날짜: 20_____. _____. _____
학과: _____
학번: _____
이름: _____

■ 다음 우리말을 보고 알맞은 영어 단어를 고르세요.

1. 부서   ① department   ② depart
2. 장비   ① document   ② equipment
3. 상사   ① employee   ② supervisor
4. 충고   ① address   ② advice
5. 전문가   ① expert   ② perfect
6. 유명한   ① famous   ② finish
7. 유익한   ① informative   ② interesting
8. 인기 있는   ① helpful   ② popular

■ 보기에서 각 단어의 의미를 골라 써 넣으세요.

| 본사 | 배송 | 항공편 | 작가 | 인사과 | 공장 |
| 성공적인 | 긴장한 | 지역의 | 건강한 | 상기시키다 | 채용하다 |

9. local _____
10. personnel _____
11. remind _____
12. factory _____
13. flight _____
14. hire _____
15. nervous _____
16. delivery _____

■ 다음 중 문맥상 알맞은 말을 고르세요.

17. give a ☐ **presenter**
    ☐ **presentation** 발표하다

18. out of ☐ **town**
    ☐ **stock** 품절인

19. ☐ **safety** inspection
    ☐ **safely** 안전 점검

20. ☐ **attend** the meeting
    ☐ **participate** 회의에 참석하다

21. ☐ **conduct** a survey
    ☐ **contact** 설문조사를 실시하다

22. ☐ **Look** me the receipt.
    ☐ **Show** 영수증을 보여 주세요.

23. New items have already (**arrived**, **reached**).
    새 상품이 이미 도착했다.

24. Susan keeps her office (**clean**, **cleanly**).
    수잔은 그녀의 사무실을 깨끗하게 유지한다.

25. The company offered (**Peter a job**, **a job Peter**).
    그 회사는 피터에게 일자리를 제공했다.

Unit 2 명사와 대명사

Test Yourself

날짜: 20_____. _____. _____
학과: _____
학번: _____
이름: _____

■ 다음 우리말을 보고 알맞은 영어 단어를 고르세요.

1. 예약　　　① reservation　　② reserve
2. 시설　　　① furniture　　　② facility
3. 안전　　　① safety　　　　② safe
4. 고객　　　① client　　　　② coworker
5. 승인　　　① approve　　　② approval
6. 약속　　　① assistance　　 ② appointment
7. 수하물　　① luggage　　　② location
8. 기밀의　　① conference　　② confidential

■ 보기에서 각 단어의 의미를 골라 써 넣으세요.

| 제안서 | 견적서 | 혜택 | 수화물 | 전문가 | 강좌 |
| 처리하다 | 검토하다 | 줄이다 | 매다 | 승진시키다 | 교체하다 |

9. benefit　　_____　　13. review　　_____
10. fasten　　_____　　14. expert　　_____
11. estimate　_____　　15. promote　_____
12. handle　　_____　　16. reduce　　_____

■ 다음 중 문맥상 알맞은 말을 고르세요.

17. free ☐ **deliver**
　　　☐ **delivery**　　　　　　　　무료 배송

18. conduct a ☐ **study**
　　　　　☐ **research**　　　　　연구를 진행하다

19. a final ☐ **decision**
　　　　☐ **decide**　　　　　　　최종 결정

20. without ☐ **consent**
　　　　☐ **consents**　　　　　　동의 없이

21. get a full ☐ **fund**
　　　　　☐ **refund**　　　　　　전액 환불을 받다

22. reach an ☐ **agree**
　　　　　☐ **agreement**　　　　합의에 이르다

23. Please be considerate of (**another**, **others**).
　　　다른 사람들을 배려해 주세요.

24. Dr. Hunter devoted (**him**, **himself**) to the research.
　　　헌터 박사는 연구에 전념하였다.

25. (**Applicants**, **Applications**) should have work experience as an assistant.
　　　지원자들은 조교로서의 근무 경력이 있어야 한다.

Unit 3 형용사와 부사

Test Yourself

날짜: 20_____. _____. _____
학과: _____
학번: _____
이름: _____

■ 다음 우리말을 보고 알맞은 영어 단어를 고르세요.

1. 직책   ① position   ② positive
2. 급여   ① salary   ② survey
3. 매년   ① lately   ② annually
4. 정책   ① policy   ② lengthy
5. 환영회   ① recommend   ② reception
6. 신중하게   ① careful   ② carefully
7. 포장하다   ① pack   ② package
8. 고마워하다 ① apologize   ② appreciate

■ 보기에서 각 단어의 의미를 골라 써 넣으세요.

| 합리적인 | 유익한 | 몇몇의 | 예약 | 필수적인 | 빈번한 |
| 급속하게 | 최근에 | 편리하게 | 수용하다 | 사임하다 | 긴밀히 |

9. essential _____   13. frequent _____
10. recently _____   14. booking _____
11. several _____   15. resign _____
12. conveniently _____ 16. reasonable _____

■ 다음 중 문맥상 알맞은 말을 고르세요.

17. ☐ **variety** services
    ☐ **various**   다양한 서비스

18. ☐ **high** motivated
    ☐ **highly**   매우 의욕적인

19. ☐ **considerable** increase
    ☐ **considerate**   상당한 증가

20. at ☐ **extreme** low prices
       ☐ **extremely**   매우 낮은 가격에

21. work ☐ **closely** with each other
         ☐ **close**   서로 긴밀히 일하다

22. tourist ☐ **attract**
            ☐ **attractions**   관광 명소

23. (**Each**, **Some**) employees commute to work by bus.
    몇몇 직원들은 버스로 통근한다.

24. We are (**current**, **currently**) looking for some interns.
    우리는 현재 인턴들을 구하고 있다.

25. Seats are not (**available**, **responsible**) for the date.
    그 날짜에는 좌석을 이용할 수 없다.

★ 과제물이나 Quiz 용도로 제출 시에는 가위선을 따라 잘라서 제출하십시오.

Unit 4 동사의 시제 및 태

Test Yourself

날짜: 20_____. _____. _____
학과: _____
학번: _____
이름: _____

■ 다음 우리말을 보고 알맞은 영어 단어 및 어구를 고르세요.

1. 미리   ① shortly   ② in advance
2. 본사   ① headquarters   ② consultant
3. 전시회   ① job fair   ② exhibition
4. 회계사   ① accountant   ② attendee
5. 이력서   ① receipt   ② résumé
6. 취소하다   ① cancel   ② consult
7. 은퇴하다   ① repair   ② retire
8. 동봉하다   ① enclose   ② exchange

■ 보기에서 각 단어의 의미를 골라 써 넣으세요.

| 이사회 | 논평 | 전공 | 준비 | 보수 | 전자기기 |
| 지원하다 | 착륙하다 | 연기하다 | 제출하다 | 주최하다 | 구매하다 |

9. major   _____   13. submit   _____
10. apply   _____   14. renovation   _____
11. review   _____   15. purchase   _____
12. postpone _____   16. arrangement _____

■ 다음 중 문맥상 알맞은 말을 고르세요.

17. ☐ **lead** the presentation
    ☐ **be led**   발표를 이끌다

18. ☐ **contact** for an interview
    ☐ **be contacted**   면접을 위해 연락을 받다

19. ☐ **complete** in a month
    ☐ **be completed**   1개월 후에 완성되다

20. ☐ **over** the last five years
    ☐ **up**   지난 5년간

21. be ☐ **dedicated** to
       ☐ **exposed**   ~에 전념하다

22. hire a new ☐ **assistant**
                ☐ **assistance**   새로운 비서를 고용하다

23. Shipping costs (**included**, **are included**) in the purchase price.
    배송비는 구매 가격에 포함된다.

24. At this time next year, we (**were**, **will be**) working in Shanghai.
    내년 이맘때 우리는 상하이에서 일하고 있을 것이다.

25. They (**had**, **will have**) finished the work by the time we arrive.
    그들은 우리가 도착할 때까지 일을 끝마칠 것이다.

★ 과제물이나 Quiz 용도로 제출 시에는 가위선을 따라 잘라서 제출하십시오.

Unit 5 to부정사와 동명사

Test Yourself

날짜: 20_____. _____. _____
학과: _____
학번: _____
이름: _____

■ 다음 우리말을 보고 알맞은 영어 단어를 고르세요.

1. 경비   ① expense   ② fine
2. 시도   ① attempt   ② attendance
3. 자선   ① concern   ② charity
4. 합병   ① merger   ② manual
5. 공연   ① promote   ② performance
6. 기자   ① journalist   ② tourist
7. 배부하다   ① assemble   ② distribute
8. 요구하다   ① require   ② reduce

■ 보기에서 각 단어의 의미를 골라 써 넣으세요.

| 마감일 | 계약 | 능력 | 관계 | 동료 | 설명(서) |
| 제품 | 분위기 | 기회 | 완성하다 | 도입하다 | ~을 다루다 |

9. colleague _____
10. complete _____
11. contract _____
12. deal with _____
13. introduce _____
14. instruction _____
15. opportunity _____
16. deadline _____

■ 다음 중 문맥상 알맞은 말을 고르세요.

17. ☐ **annual** budget
    ☐ **annually**　　　　　　　　　　연간 예산

18. the ☐ **improving** of working condition
    　　　☐ **improvement**　　　　　작업 환경의 개선

19. install a ☐ **secure** door
    　　　　　☐ **security**　　　　　보안문을 설치하다

20. prior to ☐ **signing** it
    　　　　　☐ **signature**　　　　서명하기 전에

21. beautiful ☐ **architect**
    　　　　　☐ **architecture**　　　아름다운 건축

22. in order to ☐ **apply**
    　　　　　　☐ **applying**　　　　신청하기 위하여

23. Mr. Green failed (**to finish**, **finishing**) his work on time.
    그린 씨는 정시에 일을 끝마치지 못했다.

24. Rob suggested (**promotion**, **promoting**) new products online.
    롭은 온라인으로 신제품을 홍보하는 것을 제안했다.

25. The hospital is committed to (**increase**, **increasing**) patient satisfaction.
    그 병원은 환자들의 만족을 증대하는 데 전념하고 있다.

Unit 6 분사

Test Yourself

날짜: 20_____. _____. _____
학과: _____
학번: _____
이름: _____

■ 다음 우리말을 보고 알맞은 영어 단어를 고르세요.

1. 오류 ① error ② euro
2. 주변의 ① surrounding ② surprising
3. 상세한 ① detail ② detailed
4. 설명서 ① manual ② model
5. 기존의 ① existing ② confusing
6. 선도하는 ① rising ② leading
7. 인상적인 ① impressive ② impression
8. 발부하다 ① issue ② release

■ 보기에서 각 단어의 의미를 골라 써 넣으세요.

| 공연 | 미술가 | 배송 | 여행객 | 채소 | 체육관 |
| 첨부된 | 가동 중인 | 붐비는 | 포함하다 | 포장하다 | 의욕적인 |

9. contain _____
10. delivery _____
11. attached _____
12. performance _____
13. crowded _____
14. motivated _____
15. operational _____
16. vegetable _____

■ 다음 중 문맥상 알맞은 말을 고르세요.

17. an ☐ **experiencing** trainer
    ☐ **experienced**   숙련된 트레이너

18. a ☐ **lasting** impression
    ☐ **lasted**   오래 지속되는 감동

19. an ☐ **exciting** opportunity
    ☐ **excited**   신나는 기회

20. a ☐ **qualifying** technician
    ☐ **qualified**   자격을 갖춘 기술자

21. a ☐ **promising** painter
    ☐ **promised**   유망한 화가

22. a ☐ **completing** form
    ☐ **completed**   완성된 양식

23. I found some parts of the shelves (**missing**, **missed**).
    나는 선반 부품의 일부가 없어진 것을 알았다.

24. The movie (**recommending**, **recommended**) by the critics was great.
    비평가들이 추천한 그 영화는 훌륭했다.

25. The sales figures for the last quarter are very (**disappointing**, **disappointed**).
    지난 분기의 판매 수치는 매우 실망스럽다.

★ 과제물이나 Quiz 용도로 제출 시에는 가위선을 따라 잘라서 제출하십시오.

Unit 7 전치사

Test Yourself

날짜: 20_____ . _____ . _____
학과: _____
학번: _____
이름: _____

■ 다음 우리말을 보고 알맞은 영어 단어를 고르세요.

1. 승객   ① passenger   ② visitor
2. 청중   ① applicant   ② audience
3. 환영회   ① resident   ② reception
4. 안내원   ① attendant   ② candidate
5. 기밀의   ① confidential   ② conference
6. 너무 긴   ① regularly   ② lengthy
7. 해결책   ① solution   ② discussion
8. 제공하다   ① suggest   ② serve

■ 보기에서 각 단어의 의미를 골라 써 넣으세요.

| 회계 | 폭우 | 생산 | 과정 | 일정표 | 답장 |
| ~ 대신 | 돕다 | 초대하다 | 교환하다 | 잘못 두다 | 동의하다 |

9. assist _____   13. misplace _____
10. schedule _____   14. accounting _____
11. invite _____   15. instead of _____
12. production _____   16. process _____

■ 다음 중 문맥상 알맞은 말을 고르세요.

17. ☐ **on** Sunshine Hotel
    ☐ **at**   선샤인 호텔에서

18. ☐ **on** the third floor
    ☐ **in**   3층에서

19. ☐ **in spite** heavy traffic
    ☐ **in spite of**   심한 교통체증에도 불구하고

20. ☐ **prior** departure time
    ☐ **prior to**   출발 전에

21. ☐ **within** the next two days
    ☐ **since**   앞으로 이틀 내에

22. ☐ **during** your stay
    ☐ **for**   당신이 머무는 동안에

23. The vote will have to be postponed (**by**, **until**) next week.
    투표는 다음 주까지 연기되어야 할 것이다.

24. Thank you for your fax (**regard**, **regarding**) the shipping charges.
    배송료에 관한 팩스를 보내 주셔서 감사합니다.

25. The company outing was delayed (**despite**, **due to**) the bad weather.
    악천후 때문에 회사 야유회가 연기되었다.

★ 과제물이나 Quiz 용도로 제출 시에는 가위선을 따라 잘라서 제출하십시오.

Unit 8 접속사

Test Yourself

날짜: 20_____. _____. _____
학과: _____
학번: _____
이름: _____

■ 다음 우리말을 보고 알맞은 영어 단어 및 어구를 고르세요.

1. 도착   ① aware   ② arrival
2. 송장   ① invoice   ② insurance
3. 적절히   ① directly   ② properly
4. 보증금   ① deposit   ② full refund
5. 출장 요리   ① consumer   ② catering
6. 발표하다   ① announce   ② inform
7. 자발적인   ① voluntary   ② vehicle
8. 해결하다   ① prove   ② solve

■ 보기에서 각 단어의 의미를 골라 써 넣으세요.

| 요구 | 냉장고 | 운전자 | 추천서 | 구직자 | 청구서 |
| 목마른 | 신뢰할 수 있는 | 효과적인 | 불확실한 | 국내의 | 교체하다 |

9. bill _____   13. domestic _____
10. uncertain _____ 14. motorist _____
11. effective _____ 15. replace _____
12. job seeker _____ 16. request _____

■ 다음 중 문맥상 알맞은 말을 고르세요.

17. public ☐ **transport**
    ☐ **transportation**   대중교통

18. one ☐ **or** two weeks in advance
    ☐ **and**   1, 2주 미리

19. ☐ **security** check
    ☐ **secure**   보안 검사

20. ☐ **revise** the receipt
    ☐ **retain**   영수증을 보유하다

21. ☐ **in case of** rain
    ☐ **in case**   우천 시

22. ☐ **because of** the economy is booming
    ☐ **because**   경제가 번창하기 때문에

23. Riley requested either a refund (**or**, **nor**) an exchange.
    라일리는 환불 또는 교환을 요청하였다.

24. Mr. Kim wondered (**that**, **whether**) the CEO will accept the plan.
    김 씨는 CEO가 그 계획을 받아들일지 궁금했다.

25. (**As soon as**, **Upon**) receipt of your package, we will start the refund process.
    당신의 소포를 받자마자 우리는 환불 조치를 시작할 겁니다.

★ 과제물이나 Quiz 용도로 제출 시에는 가위선을 따라 잘라서 제출하십시오.

Unit 9 관계사

Test Yourself

날짜: 20_____. _____. _____
학과: _____
학번: _____
이름: _____

■ 다음 우리말을 보고 알맞은 영어 단어를 고르세요.

1. 상   ① award   ② afford
2. 벌금   ① fine   ② asset
3. 분석가   ① architect   ② analyst
4. 신임하다   ① trust   ② honest
5. 출시하다   ① achieve   ② release
6. 혁신적인   ① creative   ② innovative
7. 헌신적인   ① dedicated   ② dentist
8. 절대적으로 ① absolutely   ② laboratory

■ 보기에서 각 단어의 의미를 골라 써 넣으세요.

| 협상 | 공사 | 공급업체 | 관광객 | 조사관 | 의견 |
| 안정된 | 고품질의 | 불법으로 | 상담하다 | 인정된 | 소중한 |

9. valuable _____
10. inspector _____
11. illegally _____
12. construction _____
13. quality _____
14. opinion _____
15. supplier _____
16. negotiation _____

■ 다음 중 문맥상 알맞은 말을 고르세요.

17. an ☐ **attract** voice
    ☐ **attractive**   매력적인 목소리

18. be ☐ **badly** damaged
    ☐ **bad**   심하게 파손되다

19. be ☐ **pleasing** with the service
    ☐ **pleased**   서비스에 기뻐하다

20. be ☐ **temporal** closed to traffic
    ☐ **temporarily**   교통이 일시 통제되다

21. before ☐ **trying** a new restaurant
    ☐ **tried**   새 식당에 가보기 전에

22. ☐ **result in** failure
    ☐ **result from**   실패로 끝나다

23. James has some clients (**who**, **whose**) jobs are doctors.
    제임스에게는 직업이 의사인 고객들이 있다.

24. The people in the town (**where**, **whom**) we met were very nice.
    우리가 만난 그 도시 사람들은 매우 친절했다.

25. They had a different opinion on (**what**, **that**) they could buy.
    그들은 무엇을 살 수 있을지에 대해 다른 의견을 갖고 있다.

Unit 10 비교

Test Yourself

날짜: 20_____. _____. _____
학과: _____
학번: _____
이름: _____

■ 다음 우리말을 보고 알맞은 영어 단어를 고르세요.

1. 불평   ① confident   ② complaint
2. 흔한   ① commute   ② common
3. 낮추다   ① lower   ② launch
4. 줄이다   ① reduce   ② produce
5. 이전의   ① popular   ② previous
6. 전문가   ① expect   ② expert
7. 연장하다   ① efficient   ② extend
8. 취급하다   ① handle   ② wrap

■ 보기에서 각 단어의 의미를 골라 써 넣으세요.

| 등록금 | 요금 | 기술 | 지역 | 채용 모집자 | 추가 |
| 여행 일정표 | 널찍한 | 깨지기 쉬운 | 고급스러운 | 상당히 | 만족한 |

9. rate _____
10. region _____
11. spacious _____
12. recruiter _____
13. fragile _____
14. itinerary _____
15. addition _____
16. considerably _____

■ 다음 중 문맥상 알맞은 말을 고르세요.

17. as ☐ **soon** as possible
    ☐ **sooner**   가능한 한 빨리

18. a ☐ **widely** range of services
    ☐ **wide**   광범위한 서비스

19. to ☐ **better** serve its customers
    ☐ **fewer**   고객을 더 잘 응대하기 위하여

20. ☐ **more** less effective
    ☐ **much**   훨씬 덜 효과적인

21. one of the most ☐ **useful** functions
    ☐ **usefully**   가장 유용한 기능 중의 하나

22. one of the ☐ **larger** retailers
    ☐ **largest**   가장 큰 소매업체 중의 하나

23. The new laptop starts up as (**quick**, **quickly**) as the old one.
    신형 노트북은 예전 것만큼 빨리 구동을 시작한다.

24. The cafeteria was (**more**, **most**) crowded than usual.
    구내식당은 평소보다 더 붐볐다.

25. Some people find comedies the (**more**, **most**) entertaining.
    몇몇 사람들은 희극이 가장 즐거움을 준다고 생각한다.

★ 과제물이나 Quiz 용도로 제출 시에는 가위선을 따라 잘라서 제출하십시오.

Unit 11 지문 유형 I

Test Yourself

날짜: 20_____. _____. _____
학과: _____
학번: _____
이름: _____

■ 다음 우리말을 보고 알맞은 영어 단어를 고르세요.

1. 기회　　　① opportunity　　② appointment
2. 개인　　　① indicate　　　② individual
3. 전공　　　① major　　　　② semester
4. 불평　　　① inconvenience　② complaint
5. 지원하다　① apply　　　　② apparel
6. 승인하다　① approve　　　② arrange
7. 사과하다　① apology　　　② apologize
8. 가전기기　① appliance　　　② applicant

■ 보기에서 각 단어의 의미를 골라 써 넣으세요.

| 직책 | 해결책 | 지점 | 기숙사 | 추천서 | 즉시 |
| 제공하다 | 취급하다 | 정규의 | 원래의 | 유창한 | 전문적인 |

9. carry　　　_____　　13. original　　_____
10. branch　　_____　　14. solution　　_____
11. regular　　_____　　15. fluent　　　_____
12. dormitory　_____　　16. professional _____

■ 다음 중 문맥상 알맞은 말을 고르세요.

17. ☐ **on** Saturday, July 14
    ☐ **in**   7월 14일 토요일에

18. in the ☐ **relating** area
            ☐ **related**   관련 분야에서

19. wait ☐ **until** the end of the month
         ☐ **by**   월말까지 기다리다

20. qualified ☐ **applicants**
              ☐ **applications**   자격을 갖춘 지원자들

21. I'm ☐ **current** not employed.
        ☐ **currently**   나는 현재 고용되어 있지 않다.

22. We strive to ☐ **offer** the best food.
                 ☐ **offering**   우리는 최고의 음식을 제공하려고 애쓴다.

23. You are expected to (**return**, **returning**) to Sapporo on January 24.
    당신은 1월 24일에 삿포로로 돌아오기로 되어 있습니다.

24. You will all receive an (**additional**, **additionally**) 150 dollars a month.
    여러분 모두는 매달 150달러를 추가로 받게 될 겁니다.

25. Please (**announce**, **inform**) us of your decision as soon as possible.
    가능한 한 빨리 당신의 결정사항을 우리에게 알려 주십시오.

★ 과제물이나 Quiz 용도로 제출 시에는 가위선을 따라 잘라서 제출하십시오.

Unit 12 지문 유형 Ⅱ

Test Yourself

날짜: 20_____. _____. _____
학과: _____
학번: _____
이름: _____

■ 다음 우리말을 보고 알맞은 영어 단어를 고르세요.

1. 수표   ① check   ② currency
2. 등록   ① reference   ② registration
3. 고급의   ① deluxe   ② standard
4. 절차   ① period   ② procedure
5. 교통편   ① transportation   ② transit
6. 재고 목록   ① warehouse   ② inventory
7. 실시하다   ① conduct   ② contract
8. 유지 관리   ① accommodation   ② maintenance

■ 보기에서 각 단어의 의미를 골라 써 넣으세요.

| 결과 | 기술 | 통찰력 | 회사 | 시설 | 직책 |
| 수정하다 | 해결하다 | 영향을 주다 | 수락하다 | 출발하다 | 감사하다 |

9. firm _____
10. revise _____
11. facility _____
12. resolve _____
13. affect _____
14. accept _____
15. appreciate _____
16. position _____

■ 다음 중 문맥상 알맞은 말을 고르세요.

17. ☐ **most of** the computer owners
    ☐ **most**   대부분의 컴퓨터 소유자들

18. ☐ **frequent** asked questions
    ☐ **frequently**   자주하는 질문들(FAQ)

19. ☐ **founded** nearly 40 years ago
    ☐ **founding**   약 40년 전에 설립된

20. Cline Hospital ☐ **at** 30th street
                   ☐ **on**   30번가의 클라인 병원

21. Attached ☐ **is** my itinerary for your reference.
             ☐ **are**   참고를 위해 제 여행 일정표를 첨부합니다.

22. We are not able to accept e-mailed ☐ **applicants**.
                                       ☐ **applications**   이메일 지원서는 받을 수 없습니다.

23. This new hospital is nearly twice as (**large**, **largely**) as Cline Hospital.
    이 새로운 병원은 클라인 병원의 두 배 크기이다.

24. I suggest having the (**complimentary**, **complementary**) buffet breakfast at Silver Hotel.
    실버 호텔에서 무료 조식 뷔페를 드실 것을 제안합니다.

25. I'm wondering (**that**, **if**) I can buy things there with US dollars and euros.
    미국 달러나 유로로 그곳에서 물건을 살 수 있는지 궁금합니다.

★ 과제물이나 Quiz 용도로 제출 시에는 가위선을 따라 잘라서 제출하십시오.

One-stop preparation for listening, grammar, reading and vocabulary success

YBM ENGLISH *Basics*

YBM Editorial Department

KEYS AND EXPLANATIONS

YBM ENGLISH *Basics*

KEYS AND EXPLANATIONS

Unit 1 인물 사진

Check Up
본책 p. 10

(A) He is wearing a tie.
(B) He is reading a newspaper.
(C) He is looking at the menu.
(D) He is leading a discussion.

(A) 남자가 넥타이를 매고 있다.
(B) 남자가 신문을 읽고 있다.
(C) **남자가 메뉴를 보고 있다.**
(D) 남자가 토론을 이끌고 있다.

Check Up
본책 p. 11

1. He is carrying a box.
   남자가 상자를 나르고 있다.
2. He is wearing a helmet.
   남자는 헬멧을 썼다.
3. He is ordering some food.
   남자가 음식을 주문하고 있다.
4. A man is repairing a roof.
   남자가 지붕을 고치고 있다.
5. A man is pointing at a board.
   남자가 칠판을 가리키고 있다.
6. She is holding a phone.
   여자가 전화기를 잡고 있다.
7. She is reaching for an item.
   여자가 물건으로 손을 뻗고 있다.
8. She is trying on some glasses.
   여자가 안경을 써 보고 있다.
9. A woman is paying for some items.
   여자가 물건 값을 치르고 있다.
10. A woman is pouring wine into the glass.
    여자가 잔에 와인을 따르고 있다.

Check Up
본책 p. 13

1. He is reading a document.
   남자가 서류를 읽고 있다.
2. A man is leading a presentation.
   남자가 발표를 이끌고 있다.
3. They are riding on a boat.
   그들은 배를 타고 있다

4. The man is writing on a notepad.
   남자가 메모장에 쓰고 있다.
5. She is walking through a park.
   여자가 공원을 거닐고 있다.
6. A man is walking to the parking lot.
   남자가 주차장으로 걸어가고 있다.

토익 감잡기
본책 p. 14

Step 1

1.

   - She is holding a glass. (×)
     여자가 잔을 들고 있다.
   - She is relaxing on the grass. (×)
     여자가 잔디밭에서 쉬고 있다.
   - She is trying on glasses. (○)
     여자가 안경을 써 보고 있다.
   - She is shopping for some glasses (○)
     여자가 안경을 사고 있다.
   - She is examining some items. (○)
     여자가 물건들을 살펴보고 있다.

2.

   - They are waving their hands. (×)
     그들은 손을 흔들고 있다.
   - They are shaking hands. (○)
     그들은 악수를 하고 있다.
   - They are greeting each other. (○)
     그들은 인사를 나누고 있다.
   - They are wearing helmets. (○)
     그들은 헬멧을 썼다.
   - They are putting on a helmet. (×)
     그들은 헬멧을 쓰고 있다.

3.

- A man is drinking wine. (×)
  남자가 와인을 마시고 있다.
- A man is holding a dish. (○)
  남자가 접시를 들고 있다.
- One man is serving drinks. (×)
  남자가 음료수를 제공하고 있다.
- One man is serving some food. (○)
  남자가 음식을 서빙하고 있다.
- A woman is ordering some food. (×)
  여자가 음식을 주문하고 있다.

Step 2

1. (A) 2. (B) 3. (B) 4. (A)

1.

(A) She is talking on the phone.
(B) She is putting on a watch.
(A) 여자는 통화 중이다.
(B) 여자는 시계를 차고 있다.
해설 put on은 착용하고 있는 동작을 나타내는데 이미 시계를 착용한 모습이므로 (B)는 오답.

2.

(A) They are holding a meeting.
(B) A man is holding a cup.
(A) 그들은 회의를 하고 있다.
(B) 한 남자가 컵을 들고 있다.
해설 다의어 hold에 유의하세요.
어휘 hold a meeting 회의를 하다 hold a cup 컵을 손들다

3.

(A) They are working on the beach.
(B) They are walking a dog.

(A) 그들은 해변에서 일하고 있다.
(B) 그들은 개를 산책시키고 있다.
해설 유사 발음 working(일하고 있는)과 walking(걷고 있는)에 유의하세요.

4.

(A) The waitress is serving some food.
(B) The man is carrying some plates.
(A) 여자가 음식을 제공하고 있다.
(B) 남자가 접시를 나르고 있다.
해설 접시를 나르는 것은 남자가 아니라 여자 종업원이기 때문에 (B)는 오답.

토익 실전 감각 익히기 본책 p. 16

1. (C) 2. (B) 3. (A) 4. (B) 5. (C) 6. (C)

1.

(A) He is looking at the screen.
(B) He is holding some books.
(C) He is reading a document.
(D) He is leading a meeting.
(A) 남자가 화면을 바라보고 있다.
(B) 남자가 책 몇 권을 들고 있다.
(C) 남자가 서류를 읽고 있다.
(D) 남자가 회의를 이끌고 있다.
해설 남자가 손에 든 서류를 읽고 있는 모습이므로 정답은 (C).
어휘 look at ~을 바라보다 screen 화면 read 읽다 document 서류, 문서 lead 이끌다

2.

(A) She is ordering some food.
(B) She is browsing some items.
(C) She is wearing a backpack.
(D) She is cooking some food.

(A) 여자가 음식을 주문하고 있다.
(B) **여자가 물건들을 둘러보고 있다.**
(C) 여자가 배낭을 매고 있다.
(D) 여자가 음식을 만들고 있다.

해설　여자가 상점에서 물건을 둘러보고 있는 모습이므로 정답은 (B).

어휘　order 주문하다　browse (상점 안의 물건을) 둘러보다
　　　item 물품　wear a backpack 배낭을 매다

3.

(A) **They are standing in line.**
(B) They are walking on a street.
(C) They are working on a sidewalk.
(D) They are carrying bags.

(A) **그들은 일렬로 서 있다.**
(B) 그들은 거리를 걷고 있다.
(C) 그들은 보도에서 일하고 있다.
(D) 그들은 가방을 들고 있다.

해설　사람들이 줄지어 서 있는 모습이므로 정답은 (A). 가방을 들고 있는 사람은 한 명이므로 (D)는 오답.

어휘　stand in line 일렬로 서다　walk along ~를 따라 걷다
　　　sidewalk 보도, 인도

4.

(A) They are shaking hands.
(B) **They are reading a map.**
(C) The man is wearing a hat.
(D) They are collecting their luggage.

(A) 그들은 악수를 하고 있다.
(B) **그들은 지도를 보고 있다.**
(C) 남자는 모자를 쓰고 있다.
(D) 그들은 짐을 찾고 있다.

해설　남녀가 지도를 함께 보고 있는 모습이므로 정답은 (B). 모자를 쓰고 있는 것은 남자가 아니라 여자이므로 (C)는 오답.

어휘　shake hands 악수하다　read a map 지도를 보다
　　　collect 가지러 가다　luggage (여행용) 짐

5.

(A) They are holding cups.
(B) They are making copies.
(C) **They are talking to each other.**
(D) They are preparing some coffee.

(A) 그들은 컵을 들고 있다.
(B) 그들은 복사를 하고 있다.
(C) **그들은 서로 이야기를 나누고 있다.**
(D) 그들은 커피를 준비하고 있다.

해설　남녀가 서로 마주보며 대화하고 있는 모습이므로 정답은 (C). 컵을 잡고 있는 것은 여자뿐이므로 (A)는 오답.

어휘　hold 잡고 있다, 들고 있다　make copies 복사하다
　　　each other 서로　prepare 준비하다

6.

(A) Some musicians are giving a performance on a stage.
(B) An audience is enjoying a show.
(C) **Some performers are playing instruments.**
(D) All of the people are wearing hats.

(A) 연주자들이 무대에서 공연을 하고 있다.
(B) 청중들이 공연을 즐기고 있다.
(C) **연주자들이 악기를 연주하고 있다.**
(D) 모든 사람들이 모자를 착용하고 있다.

해설　연주자들이 악기를 연주하고 있는 모습이므로 정답은 (C). 행인들은 모자를 쓰고 있지 않으므로 (D)는 오답.

어휘　performance 공연　audience 청중　performer 연주자, 연기자　instrument 악기

Unit 2 　사물·풍경 사진

Check Up 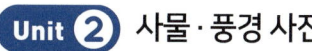　　　본책 p. 18

(A) The shelves are empty.
(B) **Some items are on display.**
(C) Some dishes are on the shelves.
(D) Customers are paying for bread.

(A) 선반이 비어 있다.
(B) **물건들이 진열되어 있다.**
(C) 접시들이 선반에 놓여 있다.
(D) 손님들이 빵값을 지불하고 있다.

해설 빵이 진열되어 있는 모습이므로 정답은 (B). 계산하고 있는 손님들은 없으므로 (D)는 오답.

어휘 shelves shelf(선반)의 복수형 empty 비어 있는
be on display 전시되다 dish 접시 customer 고객, 손님
pay for 대금을 지불하다

Check Up
본책 p. 19

1. A rug is lying on the floor.
   러그가 바닥에 깔려 있다.
2. The benches are unoccupied.
   벤치들이 비어 있다.
3. Cars are parked along the street.
   자동차들이 길을 따라 주차되어 있다.
4. A lamp has been placed in the corner.
   램프가 구석에 놓여 있다.
5. A picture is hanging on the wall.
   그림이 벽에 걸려 있다.
6. A boat is tied to a dock.
   배가 부두에 묶여 있다.
7. Some clothes are on display.
   옷들이 진열되어 있다.
8. Boxes are stacked in the room.
   상자들이 방 안에 쌓여 있다.
9. The chairs are arranged in a line.
   의자들이 한 줄로 정렬되어 있다.
10. The shelves are filled with items.
    선반이 물건들로 가득 차 있다.

Check Up
본책 p. 21

1. A door is being painted.
   문이 페인트칠되고 있다.
2. A door has been painted.
   문이 페인트칠되어 있다.
3. A sign is being hung on the window.
   간판이 창문 위에 걸리고 있다.
4. A picture is hanging on the wall.
   그림이 벽 위에 걸려져 있다.
5. Some items are packed into a box.
   일부 물품들이 박스에 포장되어 있다.
6. Some shirts are being packed into a box.
   일부 셔츠들이 박스에 포장되고 있다

토익 감잡기
본책 p. 22

Step 1

1.

- A boat is floating on the water. (○)
  배가 물 위에 떠 있다.
- A boat is sailing near the dock. (×)
  배가 부두 근처에서 항해하고 있다.
- A boat is tied to a dock. (○)
  배가 부두에 묶여 있다.
- A boat is being tied to a dock. (×)
  배가 부두에 묶이는 중이다.
- A boat has been tied to a dock. (○)
  배가 부두에 계속 묶여 있다.

2.

- Some dishes are being served. (×)
  요리가 제공되고 있다.
- Bowls are piled up on the floor. (×)
  바닥에 그릇이 쌓여 있다.
- Items are stacked on some shelves. (○)
  물건들이 선반에 쌓여 있다.
- Some plates are being arranged. (×)
  접시들이 정돈되고 있다.
- Various types of dishes are being displayed. (○)
  다양한 종류의 접시들이 진열되고 있다.

3.

- The windows are closed. (○)
  창문들은 닫혀 있다.
- The windows are being closed. (×)
  창문들이 닫히는 중이다.
- Some flowers are being planted. (×)
  꽃이 심어지고 있다.

- A bicycle is placed near the railings. (×)
  자전거가 울타리 가까이에 놓여 있다.
- The flowers have been planted outdoors. (○)
  꽃이 야외에 심어져 있다.

Step 2

1. (A) **2.** (A) **3.** (B) **4.** (B)

1.

(A) Flowers have been planted in rows.
(B) Flowers are being planted in rows.

(A) 꽃들이 줄지어 심어져 있다.
(B) 꽃들이 줄지어 심어지고 있다.

해설 be being planted는 꽃을 심고 있는 사람의 모습이 보여야 하므로 (B)는 오답.

2.

(A) The bench is occupied.
(B) The bench is unoccupied.

(A) 벤치가 사용 중이다.
(B) 벤치가 비어 있다.

해설 occupied(사용 중)와 unoccupied(비어 있는)의 유사 발음에 유의하세요.

3.

(A) A bridge is being built.
(B) A bridge has been built.

(A) 다리가 지어지고 있다.
(B) 다리가 지어져 있다.

해설 be being built는 다리 공사 중인 모습이 보여야 하므로 (A)는 오답. (build – built – built)

4.

(A) Cars are moving in the same direction.
(B) Cars are moving in both directions.

(A) 차들이 같은 방향으로 달리고 있다.
(B) 차들이 양 방향으로 달리고 있다.

해설 중앙에 차 벽이 있고 양쪽에 차량이 있는 양 방향의 모습이므로 (B)가 정답.

토익 실전 감각 익히기   본책 p. 24

1. (C) **2.** (D) **3.** (D) **4.** (B) **5.** (B) **6.** (B)

1.

(A) A plant is placed in the corner.
(B) A painting is being hung on the wall.
(C) There is a bed between the lamps.
(D) Curtains are being hung by the window.

(A) 식물이 구석에 놓여 있다.
(B) 그림이 벽에 걸려 있다.
(C) 등 사이에 침대가 있다.
(D) 커튼이 창문 곁에 걸려지고 있다.

해설 침대가 등 사이에 있는 모습이므로 정답은 (C). 벽에 그림이 걸려 있으나 걸려지고 있는 모습이 아니므로 (B)는 오답. 커튼도 걸려지고 있는 모습이 아니므로 (D)는 오답.

어휘 plant 식물 place 놓다, 두다 corner 모퉁이, 구석 painting 그림 be hung 걸려 있다(hang–hung–hung)

2.

(A) Some shoes have been put into bags.
(B) The man is trying on some shoes.
(C) The shopkeeper is assisting some customers.
(D) The shoes are being displayed on the shelves.

(A) 신발들이 가방에 담겨 있다.
(B) 남자가 신발을 신어보고 있다.
(C) 점원이 고객들을 도와주고 있다.
(D) 신발이 선반에 진열되고 있다.

해설 be being displayed는 사람이 없더라도 진열된 모습을 나타 내므로 정답은 (D). 점원이 고객들을 도와주고 있는 모습이 아니 므로 (C)는 오답.

어휘 be put into ~에 집어넣다 assist 돕다 customer 고객, 손님 display 진열하다, 전시하다

3.

(A) The seats are occupied.
(B) A large plant is being watered.
(C) There is a chair between the tables.
(D) The chairs are facing the same direction.

(A) 자리들이 차 있다.
(B) 큰 식물에 물을 주고 있다.
(C) 탁자 사이에 의자가 있다.
(D) 의자들은 같은 방향을 향하고 있다.

해설 의자들이 나란히 같은 방향으로 놓인 모습이므로 정답은 (D). 큰 식물이 심어지고 있는 중이 아니라 이미 심어져 있는 상태이기에 (B)는 오답.

어휘 seat 좌석 occupy 차지하다 plant 식물 water 물을 주다 face 향하다 direction 방향

4.

(A) The shelves are empty.
(B) The shelves are filled with books.
(C) The woman is reading a book.
(D) Some books are being arranged.

(A) 선반이 비어 있다.
(B) 선반은 책으로 가득 차 있다.
(C) 여자가 책을 읽고 있다.
(D) 책들이 정리되고 있다.

해설 선반이 책으로 가득 차 있는 모습이므로 정답은 (B). 여자가 책을 읽고 있는 모습이 아니므로 (C)는 오답.

어휘 empty 비어 있는 be filled with ~로 가득 차다 arrange 정돈하다, 배열하다

5.

(A) A boat is passing under a bridge.
(B) A boat is floating on the water.
(C) People are swimming in the lake.
(D) Trees are being planted near the lake.

(A) 배가 다리 아래를 지나고 있다.
(B) 배가 물 위에 떠 있다.
(C) 사람들이 호수에서 수영하고 있다.
(D) 호수 근처에 나무들을 심고 있는 중이다.

해설 배가 물 위에 있는 모습이므로 정답은 (B). 사람들이 수영 중인 모습은 보이지 않으므로 (C)는 오답.

어휘 pass 지나다 bridge 다리 float 뜨다 lake 호수 plant 심다

6.

(A) Cars are being parked in line.
(B) Identical cars are parked side by side.
(C) Vehicles are moving in different directions.
(D) A man is getting out of a car.

(A) 차들이 일렬로 주차되고 있다.
(B) 똑같은 차들이 나란히 주차되어 있다.
(C) 차량이 다른 방향으로 달리고 있다.
(D) 남자가 차에서 내리고 있다.

해설 택시들이 한 줄로 주차된 모습이므로 정답은 (B).

어휘 park 주차하다 identical 똑같은 vehicle 차량

Unit 3 Who, When, Where 의문문

Check Up 본책 p. 27

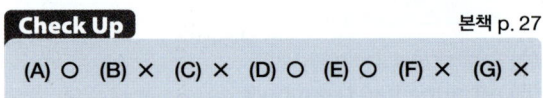
(A) ○ (B) ✕ (C) ✕ (D) ○ (E) ○ (F) ✕ (G) ✕

Q. Who is going to make a reservation for the trip?
누가 여행을 예약할 건가요?

(A) I can take care of it. (○)
제가 그것을 처리할 수 있어요.

(B) I'm going to attend it. (✕)
제가 참석할 예정입니다.

(C) From the travel agency. (✕)
여행사로부터요.

(D) The new receptionist. (○)
    신입 접수원이요.
(E) Ask Ellen. (○)
    엘렌에게 물어보세요.
(F) The trip was great. (×)
    여행은 정말 좋았어요.
(G) Yes, she will make it. (×)
    네, 그녀가 해낼 거예요.

Check Up 본책 p. 29

(A) × (B) ○ (C) ○ (D) × (E) × (F) ○ (G) ×

Q. When will you have some free time?
   당신은 언제 자유 시간이 있나요?
(A) Lunch is free. (×)
    점심 식사는 무료입니다.
(B) Anytime after work. (○)
    퇴근 후 아무 때나요.
(C) Tomorrow looks good. (○)
    내일이 좋겠네요.
(D) For about two hours. (×)
    두 시간 정도요.
(E) Thanks for your time. (×)
    시간을 내 주셔서 감사합니다.
(F) After lunch is fine with me. (○)
    점심 시간 이후가 좋습니다.
(G) No, I'm not free until tomorrow. (×)
    아니요, 내일까지는 자유 시간이 없습니다.

Check Up 본책 p. 31

(A) × (B) × (C) ○ (D) × (E) ○ (F) × (G) ○

Q. Where do we meet our visitors?
   우리는 어디서 방문객을 만납니까?
(A) Sometime after work. (×)
    퇴근 후 언젠가요.
(B) To pick up a client. (×)
    고객을 태우러 가기 위해서요.
(C) Probably downtown. (○)
    아마 시내에서요.
(D) I'll attend the meeting. (×)
    저는 회의에 참석할 겁니다.

(E) In the conference room. (○)
    회의실에서요.
(F) I can't meet the deadline. (×)
    기한 내에 맞출 수가 없습니다.
(G) In front of the lobby. (○)
    로비 앞에서요.

토익 감잡기 본책 p. 32

Step 1

1. (B) 2. (A) 3. (A) 4. (B) 5. (B) 6. (A)

1. Where will the sales meeting be held?
(A) Early in the morning.
(B) In the conference room.

영업 회의를 어디에서 하나요?
(A) 이른 아침이요.
(B) 회의실에서요.

2. When does the budget meeting begin?
(A) It's already started.
(B) I will meet her in her office.

예산 회의는 언제 시작하나요?
(A) 이미 시작됐어요.
(B) 저는 그녀의 사무실에서 그녀를 만날 거예요.

3. Who is responsible for the campaign?
(A) Mr. Johnson, I think.
(B) Yes, I have back pain.

캠페인은 누가 담당하나요?
(A) 아마 존슨 씨요.
(B) 네, 저는 허리 통증이 있어요.

4. Who should I talk to about the printer?
(A) Three copies, please.
(B) The marketing manager.

프린터에 대해 누구에게 말해야 하나요?
(A) 3부 부탁드립니다.
(B) 마케팅 부장님이요.

5. When will the annual report be ready?
(A) About four hours.
(B) Let me check the schedule.

연례 보고서는 언제 준비가 되나요?
(A) 4시간 동안이요.
(B) 일정을 확인해 볼게요.

6. When do you want to go for a walk?
(A) How about after this coffee?
(B) I will have to work late tonight.

언제 산책 가실래요?
(A) 이 커피를 마신 후에 어때요?
(B) 저는 오늘밤 야근해야 돼요.

Step 2

1. (C) 2. (C) 3. (B) 4. (A) 5. (B) 6. (A)

1. Where can I find the stapler?
(A) I'll have a steak.
(B) No, they couldn't find it.
(C) It's just next to the monitor.

스테이플러는 어디에 있습니까?
(A) 저는 스테이크를 먹을게요.
(B) 아니요, 그들은 그것을 찾지 못했어요.
(C) 모니터 바로 옆에 있습니다.

해설 Where 의문문
(A) 유사 발음 어휘 오답. stapler (스테이플러) → steak (스테이크)
(B) Yes/No 답변 불가 오답.
(C) 정답. [장소] 표현 '모니터 옆'으로 답변.

어휘 find 찾다, 발견하다 next to ~옆에

2. Who usually updates our Web site?
(A) Every month.
(B) I upgraded the computers.
(C) Mary is in charge of that.

누가 주로 우리 홈페이지를 업데이트하나요?
(A) 매달이요.
(B) 제가 컴퓨터를 업그레이드했어요.
(C) 메리가 그 업무를 담당하고 있어요.

해설 Who 의문문
(A) 다른 의문사 How (often)의 응답 오류.
(B) 유사 발음 어휘 오답.
    update (업데이트하다) → upgrade (업그레이드하다)
(C) 정답. [사람 이름] Mary로 답변

어휘 usually 보통 in charge of ~을 담당하는

3. When are you free?
(A) The delivery is free.
(B) Any day this week after 6.
(C) Maybe in India.

언제 시간이 있으세요?
(A) 배송은 무료입니다.
(B) 이번 주 6시 이후에는 언제든지요.
(C) 아마 인도에서요.

해설 When 의문문
(A) 다의어 오답. free ❶ 한가하다 ❷ 무료의
(B) 정답. [시간] 표현 '언제든지'로 답변.
(C) 다른 의문사 Where의 응답 오류.

어휘 delivery 배송 any day 어느 날이라도

4. Where are your belongings?
(A) They're in my locker.
(B) They belong to the company.
(C) Sure, just leave them on my desk.

당신의 소지품은 어디에 있나요?
(A) 저의 개인 사물함에 있어요.
(B) 그것들은 회사에 속합니다.
(C) 그럼요, 그냥 저의 책상 위에 두세요.

해설 Where 의문문
(A) 정답. [장소] 표현 '개인 사물함 안'이라고 답변.
(B) 유사 발음 어휘 오답.
    belongings (소지품) → belong (속하다)
(C) Yes/No 답변 불가 오답. Sure는 Yes를 간접적으로 표현

어휘 locker 개인 사물함 belong to ~에게 속하다

5. Who usually orders office supplies?
(A) That's a surprise.
(B) Linda in the accounting team.
(C) They gave us a discount.

누가 사무용품을 주로 주문하나요?
(A) 뜻밖이네요.
(B) 회계팀의 린다입니다.
(C) 그들은 우리에게 할인을 해 주었어요.

해설 Who 의문문
(A) 유사 발음 어휘 오답.
    supplies 비품 → surprise 뜻밖의 일
(B) 정답. [사람 이름] Linda로 답변
(C) 연상 어휘 오답. order (주문하다) → (discount 할인)

어휘 surprise 뜻밖의 일 accounting team 회계팀

6. When is the last meeting for the project?
(A) I'll ask the manager.
(B) In Mr. Young's office.
(C) I'll meet her tonight.

그 프로젝트의 마지막 회의가 언제인가요?
(A) 제가 매니저에게 물어볼게요.
(B) 영 씨의 사무실에서요.
(C) 제가 그녀를 오늘 저녁에 만날 거예요.

해설 When 의문문
(A) 정답. 매니저에게 물어보겠다는 우회적 답변.
(B) 다른 의문사 Where의 응답 오류
(C) 유사 발음 어휘 오답. meeting (회의) → meet (만나다)

토익 실전 감각 익히기   본책 p. 34

1. (C)	2. (B)	3. (A)	4. (C)	5. (B)
6. (A)	7. (B)	8. (C)	9. (C)	10. (B)
11. (B)	12. (C)	13. (C)	14. (A)	15. (C)
16. (A)	17. (C)	18. (B)	19. (C)	20. (C)

1. When is the management meeting?
(A) Yes, they are.
(B) In the conference room.
(C) I think it's at 10.

간부 회의는 언제입니까?
(A) 네, 그렇습니다.
(B) 회의실에서요.
(C) 10시 같습니다.

해설 When 의문문
(A) Yes/No 답변 불가 오답.
(B) 다른 의문사 Where의 응답 오류.
(C) 정답. [시간] 표현 '10시'로 답변.

어휘 management meeting 간부 회의 conference room 회의실

2. Where should I park?
(A) Not until 7.
(B) In the employee parking lot.
(C) The park is beautiful.

주차를 어디에 할 수 있나요?
(A) 7시가 되어야 해요.
(B) 직원 주차장에요.
(C) 공원이 예쁘네요.

해설 Where 의문문
(A) 다른 의문사 When의 응답 오류.
(B) 정답. [장소] 표현 '직원 주차장'으로 답변.
(C) 다의어 오답. park ❶ 통 주차하다 ❷ 명 공원

어휘 not until ~이 되어서야 parking lot 주차장

3. Who is going to give the next presentation?
(A) It is John's turn.
(B) Ms. White gave it to me.
(C) Before everyone gets here.

누가 다음 발표를 하게 되나요?
(A) 존이 할 차례에요.
(B) 화이트 씨가 그것을 저에게 주었어요.
(C) 다들 이곳에 오기 전에요.

해설 Who 의문문
(A) 정답. [사람 이름] John으로 답변.
(B) 시제 오류. 미래 시제(is going to give)의 질문에 과거시제 (gave)로 답변.
(C) 다른 의문사 When의 응답 오류.

어휘 give a presentation 발표를 하다 one's turn ~의 차례

4. When does your holiday start?
(A) It ends this Friday.
(B) Yes, I enjoyed it.
(C) I'm leaving this Friday.

휴가를 언제 가나요?
(A) 이번 주 금요일에 끝나요.
(B) 네, 저는 즐거웠어요.
(C) 이번 주 금요일에 떠나요.

해설 When 의문문
(A) 연상 어휘 오답. start (시작하다) → end (끝나다)
(B) Yes/No 불가 오답.
(C) 정답. [시간] 표현 '이번 주 금요일'로 답변

어휘 holiday 휴가 end 끝나다

5. Where can I buy a bus pass?
(A) Buy one, get one free.
(B) At any convenience store.
(C) We just passed the bus stop.

버스 승차권을 어디서 살 수 있나요?
(A) 하나를 사면 하나는 무료에요.
(B) 아무 편의점에서요.
(C) 우리는 금방 버스 정류장을 지나쳤어요.

해설 Where 의문문
(A) 반복 어휘 오답. buy (사다)
(B) 정답. [장소] 표현 '편의점'으로 답변.
(C) 다의어 오답. pass ❶ 명 통행증 ❷ 동 지나가다

어휘 convenience store 편의점 pass 지나가다

6. Who will be Mr. York's replacement?
(A) I heard it's someone new.
(B) I'll go to New York for a trip.
(C) He will move to a new place.

요크 씨의 후임자로 누가 될까요?
(A) 새로 오는 사람이라고 들었어요.
(B) 저는 뉴욕에 출장을 갈 거예요.
(C) 그는 새로운 곳으로 이사를 갈 거예요.

해설   Who 의문문
(A) 정답. [사람] '새로 오는 사람 누군가'로 답변.
(B) 유사 발음 어휘 오답. Mr. York → New York
(C) 유사 발음 어휘 오답. replacement (후임자) → place (장소)

어휘   replacement 후임자   trip 여행   move 이사를 가다

7. Where is your new bike?
(A) I put them on your table.
(B) It was stolen last week.
(C) No, it's not old.

새로 구매한 당신의 자전거는 어디에 있나요?
(A) 그것들을 당신의 책상 위에 두었어요.
(B) 지난주에 도난당했어요.
(C) 아니요, 그것은 오래되지 않았어요.

해설   Where 의문문
(A) 인칭대명사 오류. '자전거 한 대'(단수) → '그들'(복수)
(B) 정답. 도난당했다는 우회적 답변
(C) Yes/No 답변 불가 오답.

어휘   stolen steal(훔치다)의 과거분사(steal-stole-stolen)

8. When is Tom going to the bank?
(A) To deposit some money.
(B) The Madison Street branch.
(C) Sometime after lunch.

톰은 언제 은행에 갈 예정인가요?
(A) 돈을 예치하기 위해서요.
(B) 매디슨 가 지점이요.
(C) 점심 시간 이후예요.

해설   When 의문문
(A) 다른 의문사 Why의 응답 오류.
(B) 다른 의문사 Where의 응답 오류.
(C) 정답. [시간] 표현 '점심 식사 후'로 답변

어휘   bank 은행   deposit 예금하다, 예치하다   branch 지점

9. Who can help me review the brochure?
(A) It is really helpful.
(B) Sure, I can help them.
(C) I'd like to, but I'm too busy now.

누가 저를 도와 안내책자를 검토해줄 수 있나요?
(A) 진짜 도움이 돼요.
(B) 물론이죠, 제가 그들을 도울 수 있어요.
(C) 제가 해드리고 싶지만 지금 너무 바빠서요.

해설   Who 의문문
(A) 파생어 오답. help (도와주다) → helpful (도움이 되는)
(B) Yes/No 답변 불가 오답. Sure는 Yes를 간접적으로 표현.
(C) 정답. 바쁘다는 우회적인 답변.

어휘   review 검토하다   brochure 책자   helpful 도움이 되는

10. Where do you plan to meet your sister?
(A) The meeting is in the manager's room.
(B) In front of the theater.
(C) Yes, she is leaving soon.

여동생을 어디서 만날 계획인가요?
(A) 회의는 부장님 방에서 해요.
(B) 극장 앞에서요.
(C) 네, 그녀는 곧 떠나요.

해설   Where 의문문
(A) 유사 발음 어휘 오답. meet (만나다) → meeting (회의)
(B) 정답. [장소] 표현 '극장 앞'으로 답변.
(C) Yes/No 답변 불가 오답.

어휘   plan to ~을 할 계획이다   theater 극장

11. When will the break room be redecorated?
(A) Sons Construction Company.
(B) I heard it starts next Monday.
(C) Because it needs to be updated.

휴게실이 언제 재단장될까요?
(A) 손스 건설이요.
(B) 다음 주 월요일에 시작한다고 들었어요.
(C) 업데이트가 필요하기 때문이에요.

해설   When 의문문
(A) 다른 의문사 Who의 응답 오류.
(B) 정답. [시간] 표현 '다음 주 월요일'로 답변.
(C) 다른 의문사 Why의 응답 오류.

어휘   break room 휴게실   redecorate 재단장하다

12. Where is the closest bank?
(A) The staff is very polite.
(B) They worked closely together.
(C) It's about two blocks down on the left.

가장 가까운 은행은 어디입니까?
(A) 그 직원은 매우 공손합니다.
(B) 그들은 긴밀히 협력했어요.
(C) 왼편으로 두 블록쯤 떨어져 있어요.

해설   Where 의문문
(A) 연상 어휘 오답. bank (은행) → staff (직원)
(B) 유사 발음 어휘 오답. closest (가장 가까운) → closely (긴밀히)
(C) 정답. [위치] 표현 '왼편으로 두 블록'으로 답변.

어휘   closest 가장 가까운   polite 공손한   closely 긴밀히

13. Who helped you with the project?
(A) Help yourself, please.
(B) Everyone is talking about it.
(C) No one. I did it by myself.

그 프로젝트에 대해 누가 당신을 도와주었나요?
(A) 마음껏 편히 드세요.
(B) 모두들 그것에 대해 이야기하고 있어요.
(C) 아무도요. 저 혼자서 했어요.

해설　Who 의문문
(A) 다의어 오답. help ❶ 돕다 ❷ 먹다
(B) 연상 어휘 오답. Who (누가) → everyone (누구나)
(C) 정답. [사람] 표현 '나 자신'으로 답변

어휘　help oneself 마음껏 먹다　by oneself 혼자서, 스스로

14. When will you finish the test?
(A) By Friday at the latest.
(B) I think I can make it.
(C) I took a test yesterday.

검사는 언제 끝나나요?
(A) 늦어도 금요일까지요.
(B) 제가 끝낼 수 있을 것 같아요.
(C) 저는 어제 검사를 받았어요.

해설　When 의문문
(A) 정답. [시간] 표현 '늦어도 금요일까지'로 답변.
(B) 연상 어휘 오답. finish (끝내다) → make it (제시간에 가다)
(C) 시제 오류 오답. 미래 시제(will)로 묻는 질문에 과거시제(took)로 답변.

어휘　at the latest 아무리 늦어도　make it 시간에 맞춰 가다

15. Where should this plant go?
(A) No, you shouldn't.
(B) I don't have any plans.
(C) In the corner next to the sofa.

이 식물을 어디에 둘까요?
(A) 아니요, 그러시면 안 돼요.
(B) 아직 약속이 없어요.
(C) 소파 옆의 구석에요.

해설　Where 의문문
(A) Yes/No 답변 불가 오답.
(B) 유사 발음 어휘 오답. plant (식물) → plan (계획)
(C) 정답. [장소] 표현 '소파 옆 구석'으로 답변

어휘　in the corner 구석에

16. When is the seminar scheduled to begin?
(A) At 7 tonight.
(B) In the lobby.
(C) My schedule is full.

세미나는 언제 시작될 예정이죠?
(A) 오늘 저녁 7시에요.
(B) 로비에서요.
(C) 저의 일정표는 꽉 차 있어요.

해설　When 의문문
(A) 정답. [시간] 표현 '오늘 저녁 7시로' 답변.
(B) 다른 의문사 Where의 응답 오류.
(C) 다의어 오답. schedule ❶ 图 예정하다 ❷ 명 일정표

어휘　be scheduled to ~할 예정이다　lobby 로비　full 꽉 찬

17. Where is your favorite restaurant?
(A) I love pizza.
(B) Let's go for lunch.
(C) It's a pasta place near my house.

즐겨가는 식당이 어디인가요?
(A) 저는 피자를 좋아해요.
(B) 점심 먹으러 함께 갑시다.
(C) 저의 집 근처에 있는 파스타 가게요.

해설　Where 의문문
(A) 연상 어휘 오답. favorite (좋아하는) → love (좋아하다)
(B) 연상 어휘 오답. restaurant (레스토랑) → lunch (점심)
(C) 정답. [장소] 표현 '집 근처 파스타 가게'로 답변.

어휘　favorite 선호하는　go for lunch 점심 먹으러 가다

18. Who is picking up Ms. Brown?
(A) In the airport.
(B) I will send Greg there.
(C) I'll pick it up for you.

브라운 씨는 누가 태우러 갑니까?
(A) 공항에서요.
(B) 제가 그레그 씨를 그쪽으로 보낼 겁니다.
(C) 제가 그걸 찾아서 갖다 드리겠습니다.

해설　Who 의문문
(A) 다른 의문사 Where의 응답 오류.
(B) 정답. [사람 이름] Greg로 답변.
(C) 다의어 오답. pick up ❶ (차로) 태우러 가다 ❷ 찾아가다

어휘　airport 공항

19. When is the flight departing?
(A) That was the best part.
(B) About three hours.
(C) It leaves at 10:15.

비행기는 언제 출발하나요?
(A) 그것이 가장 좋은 부분이었어요.
(B) 약 3시간 동안이요.
(C) 10시 15분에 출발합니다.

해설　When 의문문
(A) 유사 발음 어휘 오답. depart (출발하다) → part (부분)
(B) 다른 의문사 How (long)의 응답 오류.
(C) 정답. [시간] 표현 '10시 15분'으로 답변.

어휘　flight 항공편　depart 출발하다

20. Where did Barbara put her project folder?
(A) The project went very well.
(B) Yes, she bought a new folder.
(C) She left it in the desk drawer.

바바라는 그녀의 프로젝트 서류철을 어디에 두었나요?
(A) 프로젝트는 잘 진행되었어요.
(B) 네. 그녀가 새로운 서류철을 샀어요.
(C) 그녀는 그것을 책상 서랍 안에 두었어요.

해설 Where 의문문
(A) 반복 어휘 오답. project 프로젝트
(B) Yes/No 답변 불가 오답.
(C) 정답. [장소] 표현 '책상 서랍 안에'로 답변.

어휘 folder 서류철 desk drawer 책상 서랍

Unit 4 What / Which, Why, How 의문문

Check Up 본책 p. 37
(A) ○ (B) × (C) ○ (D) × (E) ○ (F) × (G) ○

Q. What is wrong with the photocopier?
복사기에 무슨 문제라도 있습니까?

(A) We've run out of paper. (○)
용지가 다 떨어졌어요.
(B) Yes, I can fix the copier. (×)
네, 제가 복사기를 고칠 수 있습니다.
(C) I think it's out of order. (○)
고장 난 것 같습니다.
(D) I need ten more copies. (×)
10부가 더 필요합니다.
(E) It's running low on toner. (○)
토너가 다 떨어져 가요.
(F) Mine is forty pages long. (×)
제 것은 40페이지입니다.
(G) Let me call the service center. (○)
제가 서비스 센터에 전화할게요.

Check Up 본책 p. 39
(A) ○ (B) × (C) ○ (D) ○ (E) × (F) × (G) ○

Q. Why was the presentation postponed?
발표가 왜 연기되었나요?

(A) Nobody knows. (○)
아무도 몰라요.
(B) Just for three hours. (×)
딱 세 시간 동안이요.
(C) The CEO hasn't arrived. (○)
최고 경영자가 도착하지 않았어요.
(D) I think the presenter is sick. (○)
발표자가 아픈 것 같아요.
(E) It will be held in the main hall. (×)
주 강당에서 열릴 겁니다.
(F) Mr. Shin will lead the presentation. (×)
신 선생님이 발표를 주도할 겁니다.
(G) Because the president couldn't make it. (○)
회장님이 시간에 맞춰 올 수 없어서요.

Check Up 본책 p. 41
(A) ○ (B) × (C) ○ (D) × (E) ○ (F) ○ (G) ×

Q. How should we send these samples?
이 샘플들을 어떻게 보내야 하죠?

(A) By mail. (○)
우편으로요.
(B) By cash. (×)
현금으로요.
(C) By air. (○)
항공편으로요.
(D) Yes, they are free. (×)
네, 무료입니다.
(E) I'll ask and let you know. (○)
물어보고 알려드릴게요.
(F) Use the express service. (○)
특급 서비스를 이용하세요.
(G) We need a new poster. (×)
새 포스터가 필요해요.

토익 감잡기 본책 p. 42

Step 1

1. (A) **2.** (B) **3.** (B) **4.** (B) **5.** (B) **6.** (A)

1. <u>How</u> do you get to work?
(A) **By subway.**
(B) I enjoy working here.

어떻게 출근하세요?
(A) **지하철로요.**
(B) 여기서 일하는 것이 즐겁습니다.

2. Which building do you work in?
(A) It was built 10 years ago.
(B) The tall one on Cameron Street.

어떤 건물에서 일하세요?
(A) 그것은 10년 전에 지어졌습니다.
(B) 카메론 가에 있는 높은 건물입니다.

3. Why are you in a hurry?
(A) Take your time.
(B) I'm late for the meeting.

왜 서두르죠?
(A) 천천히 하세요.
(B) 회의에 늦었어요.

4. What does he look like?
(A) He likes coffee.
(B) He's tall and thin.

그는 어떻게 생겼나요?
(A) 그는 커피를 좋아해요.
(B) 그는 키가 크고 말랐어요.

5. Why is it so noisy?
(A) Yes, I heard a loud noise.
(B) There's a concert outside our building.

왜 이렇게 시끄럽죠?
(A) 네, 큰 소음을 들었어요.
(B) 우리 건물 밖에서 콘서트가 있어요.

6. How much does this computer cost?
(A) Five hundred dollars.
(B) Cash only.

이 컴퓨터 가격이 얼마입니까?
(A) 500달러요.
(B) 현금만 받습니다.

Step 2

1. (A) 2. (C) 3. (B) 4. (B) 5. (C) 6. (B)

1. How many guests will be coming?
(A) Around 250.
(B) In about an hour.
(C) They're 20 euros each.

손님이 얼마나 올까요?
(A) 250명 쯤이요.
(B) 약 한 시간 후에요.
(C) 각각 20유로입니다.

해설 How (many) 의문문
(A) 정답. [수량] 표현 '250명'으로 답변.
(B) 다른 의문사 How soon/When의 응답 오류.
(C) 다른 의문사 How much의 응답 오류.

2. Why was the meeting room closed?
(A) To get some clothes.
(B) I will meet him in the cafeteria.
(C) It's being remodeled.

회의실이 왜 폐쇄됐나요?
(A) 옷을 좀 구하려고요.
(B) 저는 그를 구내식당에서 만날 겁니다.
(C) 그곳은 개조하는 중입니다.

해설 Why 의문문
(A) 유사 발음 어휘 오답. closed (닫다) → clothes (옷)
(B) 유사 발음 어휘 오답. meeting (회의) → meet (만나다)
(C) 정답. [이유] '개조하는 중'으로 답변.

어휘 remodel 개조하다, 재단장하다

3. Which workshop did you attend last week?
(A) Attendance was a bit low.
(B) The one about Web page design.
(C) Before the meeting starts.

지난주 어떤 워크숍에 참석했습니까?
(A) 출석률이 다소 낮았어요.
(B) 웹페이지 디자인에 관한 워크숍이요.
(C) 회의 시작 전에요.

해설 Which (workshop) 의문문
(A) 파생어 오답. attend (참석하다) → attendance (출석률)
(B) 정답. [어떤 워크샵] 질문에 'the one'으로 답변.
(C) 다른 의문사 When의 응답 오류.

4. Why did Mr. Green leave the office?
(A) He left it on your desk.
(B) To buy some printer paper.
(C) Yes, about ten minutes ago.

그린 씨는 왜 사무실에서 나갔나요?
(A) 그는 그것을 당신 책상에 두었어요.
(B) 프린터 용지를 사기 위해서요.
(C) 네, 10분쯤 전에요.

해설 Why 의문문
(A) 다의어 오답. leave ❶ 떠나다 ❷ 놓다
(B) 정답. [목적] '프린터 용지를 사기 위해서'로 답변.
(C) Yes/No 답변 불가 오답.

어휘 leave 떠나다, 놓다 (leave-left-left) office 사무실

UNIT 4

5. What kind of work do you do?
(A) It is very kind of you.
(B) I often work overtime.
(C) I'm an accountant.

어떤 종류의 일을 하십니까?
(A) 당신은 매우 친절하시군요.
(B) 저는 종종 시간 외 근무를 합니다.
(C) 저는 회계사입니다.

해설 What (kind of work) 의문문
(A) 다어휘 오답. kind ❶ 명 유형, 종류 ❷ 형 친절한
(B) 다어휘 오답. work ❶ 명 일 ❷ 동 일하다
(C) 정답. [직업] 표현 '회계사'로 답변.

어휘 accountant 회계사

6. How long will the meeting last?
(A) Yes, we've met before.
(B) Maybe for a couple of hours.
(C) At least three meters long.

회의는 얼마나 오래 계속될까요?
(A) 네, 우리는 전에 만난 적이 있어요.
(B) 아마 두 시간 동안일 겁니다.
(C) 길이가 최소 3미터입니다.

해설 How (long) 의문문
(A) Yes/No 답변 불가 오답.
(B) 정답. [기간] 표현 '두 시간 동안'으로 답변.
(C) 다어휘 오답. How long ❶ 얼마나 오래 ❷ 얼마나 길게

토익 실전 감각 익히기   본책 p. 44

1. (B)	2. (C)	3. (A)	4. (C)	5. (C)
6. (C)	7. (A)	8. (B)	9. (C)	10. (A)
11. (B)	12. (B)	13. (B)	14. (C)	15. (C)
16. (B)	17. (C)	18. (C)	19. (B)	20. (B)

1. How can we help the sales team?
(A) Yes, you can.
(B) We can ask our manager.
(C) We gave them some advice.

우리가 영업팀을 어떻게 도울 수 있을까요?
(A) 네, 도울 수 있습니다.
(B) 부장님에게 물어보면 됩니다.
(C) 우리가 그들에게 조언을 해 줬어요.

해설 How 의문문
(A) Yes/No 답변 불가 오답.
(B) 정답. '부장님에게 물어보자'는 우회적 답변.
(C) 연상 어휘 오답. help (돕다) → gave ~ advice (조언을 하다)

어휘 sales team 영업팀

2. What is today's meeting about?
(A) That sounds nice.
(B) I can meet you there.
(C) It is on the pay raise.

오늘 회의의 주제는 무엇이죠?
(A) 멋진데요.
(B) 거기서 당신을 만날 수 있어요.
(C) 임금 인상에 관한 겁니다.

해설 What 의문문
(A) 무관한 오답. 주제를 묻는 질문에 의견으로 답변.
(B) 유사 발음 오답. meeting (회의) → meet (만나다)
(C) 정답. [주제] 표현 '임금 인상에 관한 것'으로 답변.

어휘 pay raise 임금 인상

3. Why wasn't Dean at the meeting today?
(A) I heard he was sick.
(B) The meeting was postponed.
(C) The conference room is large enough.

딘은 오늘 회의에 왜 없었나요?
(A) 아프다고 들었어요.
(B) 회의가 연기됐습니다.
(C) 회의실은 충분히 넓습니다.

해설 Why 의문문
(A) 정답. [이유] 표현 '아파서' 참석하지 못했다는 답변.
(B) 반복 어휘 오답. meeting (회의)
(C) 연상 어휘 오답. meeting (회의) → conference room (회의실)

어휘 postpone 연기하다 enough 충분히

4. How long will it take to download the software?
(A) Yes, it will.
(B) Almost six months ago.
(C) About two hours.

소프트웨어를 다운로드하는 데 얼마나 걸릴까요?
(A) 네, 그럴 겁니다.
(B) 거의 6개월 전에요.
(C) 약 두 시간이요.

해설 How (long) 의문문
(A) Yes/No 답변 불가 오답.
(B) 다른 의문사 When 응답 오류.
(C) 정답. [기간] 표현 '약 두 시간 동안'으로 답변.

어휘 how long 얼마나 오래 take (시간이) 걸리다 almost 거의

5. Why can't you come to dinner tonight?
(A) Because I like pizza.
(B) No, don't eat in here.
(C) I have to finish this report first.

오늘밤 저녁 식사에 왜 못 오나요?
(A) 피자를 좋아해서요.
(B) 여기서 드시면 안 돼요.
(C) 이 보고서를 먼저 끝내야 돼요.

해설 Why 의문문
(A) 연상 어휘 오답. dinner (저녁 식사) → pizza (피자)
(B) Yes/No 답변 불가 오답.
(C) 정답. [이유] 표현 '보고서를 먼저 끝내야 해서'로 답변.

6. What do you want for lunch?
(A) He's out for lunch.
(B) I'm planning to launch a new business.
(C) Can you pick up a tuna sandwich for me?

점심 식사로 무엇을 원하세요?
(A) 그는 점심 먹으러 나갔어요.
(B) 저는 신규 사업을 시작할 계획을 하고 있습니다.
(C) 참치 샌드위치를 사다 줄 수 있어요?

해설 What 의문문
(A) 반복 어휘 오답. lunch (점심 식사)
(B) 유사 발음 어휘 오답. lunch (점심 식사) → launch (시작하다)
(C) 정답. '점심 메뉴'를 묻는 질문에 '샌드위치'를 주문하는 답변.

어휘 launch 시작하다 pick up ~을 사다

7. What time do you finish today?
(A) At 6 o'clock.
(B) Two days ago.
(C) I will finish it by tomorrow.

오늘 몇 시에 마칩니까?
(A) 6시에요.
(B) 이틀 전에요.
(C) 내일까지 끝마칠 겁니다.

해설 What (time) 의문문
(A) 정답. [시간] 표현 '6시'로 답변.
(B) 다른 의문사 When 응답 오류.
(C) 반복 어휘 오답. finish 끝내다

어휘 finish 마치다 by tomorrow 내일까지

8. Why did you take that monitor?
(A) It takes one hour.
(B) It has a big screen.
(C) I just finished some computer work.

왜 저 모니터를 선택했나요?
(A) 한 시간 걸립니다.
(B) 화면이 크거든요.
(C) 컴퓨터 작업을 막 끝마쳤어요.

해설 Why 의문문
(A) 다의어 오답. take ❶ 선택하다 ❷ (시간이) 걸리다
(B) 정답. [이유] '모니터가 커서'로 답변.
(C) 연상 어휘 오답. monitor (모니터) → computer (컴퓨터)

어휘 take 선택하다, 사다 take (시간이) 걸리다

9. Which department are you interested in?
(A) I work at a department store.
(B) This is the most interesting part.
(C) Marketing team would be fine.

어떤 부서에 관심이 있나요?
(A) 저는 백화점에서 일해요.
(B) 이것이 가장 재미있는 부분입니다.
(C) 마케팅 팀이 좋을 것 같습니다.

해설 Which (department) 의문문
(A) 반복 어휘 오답. department (부서)
(B) 유사 발음 어휘 오답. department (부서) → part (부분)
(C) 정답. [부서] 표현 '마케팅팀'으로 답변.

어휘 department store 백화점 interesting 재미있는

10. How do you like the new carpet?
(A) I like the design.
(B) I left my car at home.
(C) He is very kind.

새 카펫은 어때요?
(A) 디자인이 좋습니다.
(B) 차를 집에 두고 왔습니다.
(C) 그는 매우 친절해요.

해설 How (do you like) 의문문
(A) 정답. [의견] 표현 ' 디자인을 좋아한다'고 답변.
(B) 유사 발음 어휘 오답. carpet (카펫) → car (승용차)
(C) 인칭대명사의 사용 오류. '카펫'(사물) → 'He'(사람)

어휘 leave 그대로 두다 at home 집에

11. Why will you miss work on Thursday?
(A) He missed the last train.
(B) I have a doctor's appointment.
(C) Yes, I will work on Friday.

목요일에 일을 왜 빠질 예정입니까?
(A) 그는 마지막 열차를 놓쳤어요.
(B) 진찰 약속이 있어요.
(C) 네, 금요일에 일할 겁니다.

해설 Why 의문문
(A) 반복 어휘 오답. miss (놓치다)
(B) 정답. [이유] '진찰 약속이 있어서'로 답변.
(C) Yes/No 답변 불가 오답.

어휘 miss 놓치다 doctor's appointment 진찰 약속

12. What will we do after the ceremony?
(A) Yes, we will receive an award.
(B) There will be a reception.
(C) We have to postpone the ceremony.

식 이후에 무엇을 할 건가요?
(A) 네, 우리는 상을 받을 예정입니다.
(B) 연회가 있을 예정입니다.
(C) 우리는 식을 연기해야 해요.

해설 What 의문문
(A) Yes/No 답변 불가 오답.
(B) 정답. '다음 순서'를 묻는 질문에 '연회가 있을 예정'이라고 답변.
(C) 반복 어휘 오답. ceremony (의식)

어휘 ceremony 의식, 식 receive 받다 award 상 reception 환영 연회 have to ~해야 하다 postpone 연기하다

13. How does this logo look on the design?
(A) Sure, I can go with you.
(B) It looks great.
(C) Just sign here, please.

이 로고는 디자인상으로 어떻게 보여요?
(A) 물론입니다, 제가 함께 갈 수 있어요.
(B) 멋진데요.
(C) 여기에 서명해 주세요.

해설 How (~look) 의문문
(A) Sure는 Yes의 간접표현이므로 오답.
(B) 정답. [의견]을 나타내는 응답으로 정답.
(C) 유사 발음 어휘 오답. design(디자인) → sign (서명하다)

어휘 sign 서명하다

14. Why is the room so cold?
(A) I've got a bad cold.
(B) The room is large enough.
(C) Someone turned off the heater.

이 방은 왜 이렇게 춥죠?
(A) 심한 감기에 걸렸어요.
(B) 방은 충분히 넓습니다.
(C) 누군가가 난방기를 껐어요.

해설 Why 의문문
(A) 다의어 오답. cold ❶ 휑 추운 ❷ 명 감기
(B) 반복 어휘 오답. room (방)
(C) 정답. [이유] 표현 '난방기가 꺼져서'로 답변.

어휘 get a cold 감기에 걸리다 turn off 끄다

15. How do I add paper to this copier?
(A) The news was in yesterday's paper.
(B) Oh, it makes coffee automatically.
(C) Let me show you.

이 복사기에 용지를 어떻게 추가합니까?
(A) 그 뉴스는 어제 신문에 실렸어요.
(B) 아, 그것은 자동으로 커피를 만듭니다.
(C) 보여드릴게요.

해설 How 의문문
(A) 다의어 오답. paper ❶ 종이 ❷ 신문
(B) 유사 어휘 오답. copier (복사기) → coffee (커피)
(C) 정답. 직접 보여 주겠다는 우회적 답변.

어휘 add 추가하다 automatically 자동으로

16. What is the size of the warehouse?
(A) Mr. Baker should have it.
(B) I haven't checked it yet.
(C) Do you have a bigger one?

창고 크기는 얼마나 됩니까?
(A) 베이커 씨가 가지고 있을 겁니다.
(B) 아직 확인하지 않았습니다.
(C) 더 큰 것이 있나요?

해설 What (~size) 의문문
(A) 다의어 오답. kind ❶ 명 유형, 종류 ❷ 형 친절한
(B) 정답. '아직 확인하지 않아서' 모른다는 우회적 답변.
(C) 연상 어휘 오답. size (크기) → bigger (더 큰)

어휘 warehouse 창고 check 확인하다 yet 아직

17. How soon can you hand in the report?
(A) Yes, I turned it in yesterday.
(B) We should report it to the manager.
(C) By tomorrow afternoon at the latest.

얼마나 빨리 보고서를 제출할 수 있나요?
(A) 네, 저는 어제 제출했습니다.
(B) 우리는 그것을 관리자에게 보고해야 합니다.
(C) 아무리 늦어도 내일 오후까지요.

해설 How (soon) 의문문
(A) Yes/No 답변 불가 오답.
(B) 다의어 오답. report ❶ 명 보고서 ❷ 동 보고하다
(C) 정답. [마감 시간] 표현 '내일 오후까지'로 답변.

어휘 hand in ~을 제출하다 at the latest 아무리 늦어도

18. Why are their sales so low?
(A) It's too long.
(B) Every item is on sale.
(C) Because it is off-season now.

그들의 매출이 왜 이렇게 저조하죠?
(A) 너무 오래 걸립니다.
(B) 모든 물건이 판매 중입니다.
(C) 지금은 비수기이니까요.

해설 Why 의문문
(A) 무관한 답변.
(B) 연상 어휘 오답. sales (매출) → sale (판매 중)
(C) 정답. [이유] 표현 '지금은 비수기'로 답변.

어휘 sales 매출, 판매량 on sale 판매되는 off-season 비수기의

19. What is your position here?
(A) I want to take a day off.
(B) I'm the head of the marketing department.
(C) To the right of the bakery.

여기서 직책이 무엇입니까?
(A) 하루 휴가를 내고 싶습니다.
(B) 저는 마케팅 부서장입니다.
(C) 제과점 오른쪽으로요.

해설 What (~ position) 의문문
(A) 무관한 답변. '직책'을 묻는 질문에 '휴가를 내고 싶다'고 답변.
(B) 정답. [직책] 표현 '마케팅 부서장'으로 답변.
(C) 무관한 답변. [위치] 표현으로 답변.

어휘 position 직책, 위치 head (부서) 장

20. Which branch office are you going to visit?
(A) Our office is moving next week.
(B) The one in Spain is next on my list.
(C) I visited many cities during my trip.

어떤 지사를 방문할 예정입니까?
(A) 우리 사무실은 다음 주에 이사할 예정입니다.
(B) 스페인에 있는 곳이 다음 목록입니다.
(C) 여행 중 많은 도시를 방문했습니다.

해설 Which (branch office) 의문문
(A) 반복 어휘 오답. office (사무실)
(B) 정답. [어떤 지사]를 묻는 질문에 '스페인에 있는 곳'으로 답변.
(C) 반복 어휘 오답. visit (방문하다)

어휘 branch office 지사, 지국 during ~ 동안

Unit 5 일반의문문, 선택의문문, 간접의문문

Check Up 본책 p. 47

(A) ✕ (B) ○ (C) ✕ (D) ○ (E) ○ (F) ✕ (G) ○

Q. Did you see the new manager?
새로 온 관리자 봤어요?

(A) I didn't see it. (✕)
저는 그것을 못 봤어요.

(B) Yes, he is very tall. (○)
네, 그는 키가 아주 커요.

(C) Yes, tomorrow morning. (✕)
네, 내일 아침이에요.

(D) Yes, we had lunch together. (○)
네, 우리는 함께 점심을 먹었어요.

(E) Yes, I met him yesterday. (○)
네, 어제 그를 만났어요.

(F) I think I can manage it. (✕)
제가 해낼 수 있을 것 같아요.

(G) No, he has not arrived yet. (○)
아니요, 그는 아직 도착하지 않았어요.

Check Up 본책 p. 49

(A) ✕ (B) ○ (C) ○ (D) ✕ (E) ✕ (F) ○ (G) ○

Q. Can you help me, or are you busy now?
저를 도와줄 수 있나요, 아니면 지금 바빠요?

(A) She doesn't care. (✕)
그녀는 개의치 않아요.

(B) I'll be with you soon. (○)
곧 함께할게요.

(C) I'm free anytime after lunch. (○)
점심 식사 이후에는 언제든 한가합니다.

(D) I wouldn't mind. (✕)
개의치 않아요.

(E) I prefer a later date. (✕)
저는 후일이 더 좋습니다.

(F) Actually, I'm busy all day. (○)
사실, 저는 하루종일 바빠요.

(G) Sorry, I can't right now. (○)
죄송하지만, 지금 당장은 안 돼요.

Check Up 본책 p. 51

(A) ✕ (B) ○ (C) ✕ (D) ○ (E) ✕ (F) ✕ (G) ○

Q. Could you tell me when Ms. Sanders returns?
샌더스 씨가 언제 돌아오는지 알려주실 수 있나요?

(A) Yes, please call me. (✕)
네, 제게 전화하세요.

(B) I'll call you when she arrives. (○)
그녀가 도착하면 제가 전화드리겠습니다.

(C) I'll get started if she returns. (✕)
그녀가 돌아온다면 시작할 겁니다.

(D) Sure, no problem. (○)
물론이죠, 그럴게요.

(E) Let's wait for Ms. Sanders. (×)
샌더스 씨를 기다립시다.

(F) I'm a client of Ms. Sanders. (×)
저는 샌더스 씨의 고객입니다.

(G) I'll be happy to. (○)
기꺼이 그렇게 할게요.

토익 감잡기
본책 p. 52

Step 1

1. (B) 2. (B) 3. (A) 4. (B) 5. (A) 6. (A)

1. Did you attend the conference?
(A) Yes, we do.
(B) No, I was too busy.

회의에 참석했나요?
(A) 네, 우리는 참석합니다.
(B) 아니요, 제가 너무 바빴어요.

2. Would you prefer an aisle or window seat?
(A) In aisle 4.
(B) A window seat, please.

통로 쪽 좌석과 창가 좌석 중 무엇을 선호하세요?
(A) 통로 쪽 4번이요.
(B) 창가 좌석 주세요.

3. Do you know when the report is due?
(A) By the end of the month.
(B) No, I haven't started working on it.

보고서 기한이 언제인지 아세요?
(A) 이번 달 말까지요.
(B) 아니요, 저는 아직 그것을 시작하지 않았어요.

4. Have you seen my notes?
(A) No, I haven't seen her.
(B) I put them in your folder.

제 메모지들 봤어요?
(A) 아니요, 저는 그녀를 보지 못했어요.
(B) 서류철에 넣어 두었어요.

5. Can you tell me where the airport bus stops?
(A) Oh, you can catch it on the next block.
(B) The workshop is near the airport.

공항버스가 어디서 멈추는지 알려주시겠어요?
(A) 아, 다음 블록에서 탈 수 있어요.
(B) 워크숍은 공항 근처에서 있어요.

6. Should we get the steak or the pasta?
(A) I'll let you decide.
(B) I'd like that.

스테이크를 먹을까요, 아니면 파스타를 먹을까요?
(A) 당신이 결정하세요.
(B) 그러면 좋겠어요.

Step 2

1. (C) 2. (A) 3. (B) 4. (C) 5. (B) 6. (B)

1. Can you tell me when you will be free tomorrow?
(A) The hotel offers free breakfast.
(B) I'll be busy this afternoon.
(C) Let me check my schedule.

내일 언제 시간이 되는지 알려주시겠어요?
(A) 그 호텔은 무료 조식을 제공합니다.
(B) 오늘 오후에는 바쁠 겁니다.
(C) 제 일정을 확인해 볼게요.

해설 간접의문문(when)
(A) 다의어 어휘 오답. free ❶ 한가한 ❷ 무료의
(B) 시간 오류 오답. tomorrow (내일) → this afternoon (오늘 오후)
(C) 정답. '일정을 확인하겠다'는 우회적 답변.

2. Would you like a table inside or outside?
(A) Outside would be better.
(B) The table is too small.
(C) Let's eat out.

실내 테이블이 좋습니까, 아니면 야외 테이블이 좋습니까?
(A) 야외가 낫겠어요.
(B) 테이블이 너무 작습니다.
(C) 외식합시다.

해설 선택의문문
(A) 정답. '실내와 야외' 중에서 '야외'를 선택한 답변.
(B) 무관한 답변. '테이블이 너무 작다'는 답변.
(C) 무관한 답변. 테이블에 관해 묻는 질문에 '외식하자'는 답변.

3. Is that your notebook on the desk?
(A) He sits over there.
(B) No, it's Ms. Chang's.
(C) At the library.

책상 위에 있는 것이 당신의 노트인가요?
(A) 그는 저쪽에 앉습니다.
(B) 아니요, 창 씨의 것입니다.
(C) 도서관이에요.

해설 일반의문문
(A) 인칭대명사 오류. 'notebook'(사물) → 'He'(남자)
(B) 정답. [소유] 표현 'Chang 씨의 것'으로 답변.
(C) 연상 어휘 오답. notebook (노트) → library (도서관)

4. Do you know where the closest bank is?
(A) No, there isn't.
(B) They worked closely together.
(C) It's about two blocks down on the left.

가장 가까운 은행이 어디에 있는지 아세요?
(A) 아니요, 없습니다.
(B) 그들은 긴밀히 협력했어요.
(C) 왼편으로 두 블록쯤 떨어져 있어요.

해설 간접의문문(where)
(A) 연상 어휘 오답. where (어디) → there (저기)
(B) 유사 발음 어휘 오답. closest (가장 가까운) → closely (가깝게)
(C) 정답. [위치] 표현 '왼편으로 두 블록'으로 답변.

5. Are you taking a bus or can I give you a ride?
(A) It took me an hour.
(B) I'll be driving there.
(C) Thank you for offering me a ride.

버스를 탈 건가요, 아니면 제가 태워 드릴까요?
(A) 한 시간 걸렸어요.
(B) 제가 운전해서 거기로 갈 겁니다.
(C) 태워 주셔서 감사합니다.

해설 선택의문문
(A) 다의어 오답. take ❶ 타다 ❷ (시간이) 걸리다
(B) 정답. [A or B] 질문에 제3의 답변 C를 선택.
(C) 시제 오류 응답. 가까운 미래로 묻는 질문에 '태워 줘서 고맙다'는 과거의 의미로 답변.

6. Have you checked the mail?
(A) I will pay by check.
(B) No, it hasn't arrived yet.
(C) I left a voicemail for him.

우편물을 확인했나요?
(A) 수표로 계산하겠습니다.
(B) 아니요, 아직 도착하지 않았어요.
(C) 그에게 음성 메시지를 남겼어요.

해설 일반의문문
(A) 다의어 어휘 오답. check ❶ 통 확인하다 ❷ 명 수표
(B) 정답. '우편물 도착' 여부를 묻는 질문에 '아직 도착하지 않았다'로 답변.
(C) 연상 어휘 오답. mail (우편) → voicemail (음성 메시지)

토익 실전 감각 익히기 본책 p. 54

1. (A)	2. (A)	3. (A)	4. (C)	5. (B)
6. (C)	7. (A)	8. (A)	9. (C)	10. (A)
11. (A)	12. (C)	13. (A)	14. (A)	15. (B)
16. (B)	17. (B)	18. (B)	19. (B)	20. (A)

1. Did you fax the list?
(A) I'll do it right now.
(B) Yes, you're on the waiting list.
(C) I haven't checked my e-mail.

명단을 팩스로 보냈습니까?
(A) 지금 바로 할게요.
(B) 네, 귀하는 대기자 명단에 있습니다.
(C) 제 이메일을 확인하지 않았습니다.

해설 일반의문문
(A) 정답. '명단을 보냈냐'는 질문에 '지금 하겠다'고 답변.
(B) 반복 어휘 오답. list (명단)
(C) 연상 어휘 오답. fax (팩스) → e-mail (이메일)

어휘 list 명단, 목록 right now 당장 waiting list 대기자 명단

2. Do you know what time it is?
(A) A little past noon.
(B) It cost me forty-five dollars.
(C) Yes, I have free time after lunch.

지금 몇 시인지 아세요?
(A) 정오 조금 지났어요.
(B) 45달러 들었습니다.
(C) 네, 점심 식사 이후에 시간이 있어요.

해설 간접의문문(what time)
(A) 정답. [시간] 표현 '정오'로 답변.
(B) 다른 의문사 what ~ cost의 응답 오류.
(C) 무관한 답변.

어휘 past 지난 noon 정오 cost (비용이) ~ 들다

3. Should we sit or stand while we wait?
(A) It's up to you.
(B) Excuse me, that's my seat.
(C) No, we shouldn't.

기다리는 동안 앉아 있어야 합니까, 아니면 서 있어야 합니까?
(A) 편한대로 정하세요.
(B) 실례합니다만, 그곳은 제 자리인데요.
(C) 아니요, 그러지 말아야 합니다.

해설 선택의문문
(A) 정답. '편한대로 정하세요'라는 우회적 답변.
(B) 연상 어휘 오답. sit (앉다) → seat (좌석)
(C) 반복 어휘 오답. should ▶ shouldn't

어휘 while ~하는 동안에 It's up to you. 당신에게 달렸어요.

4. Have you tried restarting your computer?
(A) We hired many computer technicians.
(B) It starts at nine o'clock.
(C) Yes, but the program stopped again.

컴퓨터를 다시 시작해 봤나요?
(A) 우리는 많은 컴퓨터 기술자를 고용했습니다.
(B) 9시 정각에 시작합니다.
(C) 네, 하지만 프로그램이 다시 멈췄어요.

해설 일반의문문
(A) 반복 어휘 오답. computer (컴퓨터)
(B) 파생어 어휘 오답. restart (다시 시작하다) → start (시작하다)
(C) 정답. '컴퓨터를 다시 시작해 봤냐'는 질문에 '해 봤지만 다시 멈췄다'는 답변.

어휘 try -ing 시험삼아 ~해 보다 technician 기술자

5. Can you tell me why the meeting was canceled?
(A) In order to meet a client.
(B) To handle an urgent matter.
(C) All tickets are canceled.

회의가 왜 취소됐는지 알려주시겠어요?
(A) 고객을 만나기 위해서요.
(B) 시급한 문제를 처리하기 위해서요.
(C) 모든 표가 취소됐습니다.

해설 간접의문문(why)
(A) 연상 어휘 오답. meeting (회의) → meet (만나다)
(B) 정답. [목적] 표현으로 답변.
(C) 반복 어휘 오답. cancel 취소하다

어휘 in order to ~하기 위해 client 고객 handle 처리하다 urgent 시급한 matter 문제, 사안

6. Did you hand in the research report?
(A) The handles are easy to use.
(B) Let's give them a big hand.
(C) I'm just finishing it up now.

연구 보고서를 제출했습니까?
(A) 핸들은 조작이 쉽습니다.
(B) 그들에게 큰 박수를 보냅시다.
(C) 이제 막 끝마쳤습니다.

해설 일반의문문
(A) 유사 발음 어휘 오답. hand in (제출하다) → handle (핸들)
(B) 다의어 오답. hand ❶ 동 제출하다 ❷ 명 손, 박수갈채
(C) 정답. '보고서를 끝냈냐'는 질문에 막 마쳤다는 긍정의 답변.

어휘 give ~ a big hand ~에게 큰 박수를 보내다

7. Are you going to finish the testing, or should I?
(A) I'm sure I can handle it.
(B) It has a wonderful finish.
(C) Yes, do you need anything?

테스트를 마무리하시겠어요, 아니면 제가 할까요?
(A) 제가 확실히 처리할 수 있습니다.
(B) 결말이 훌륭합니다.
(C) 네, 필요하신 것이 있나요?

해설 선택의문문
(A) 정답. [A or B] 질문에 A를 선택.
(B) 다의어 오답. finish ❶ 동 끝내다 ❷ 명 마감, 결말
(C) Yes/No 불가 오답.

어휘 finish 끝내다 testing 시험, 테스트

8. Have you seen the new interns?
(A) No, they're still being trained.
(B) Yes, I placed it yesterday.
(C) It seems to be very nice.

신입 인턴들을 봤나요?
(A) 아니요, 그들은 아직 교육 중입니다.
(B) 네, 제가 어제 그것을 설치했어요.
(C) 굉장히 멋져 보입니다.

해설 일반의문문
(A) 정답. '신규 인턴들을 보았냐'는 질문에 '그들은 교육을 받는 중이라' 보지 못했다는 답변.
(B) 인칭대명사 사용 오류. '신규 인턴들'(사람) → 'it'(사물).
(C) 인칭대명사 사용 오류. '신규 인턴들'(사람) → 'it'(사물).

어휘 train 교육하다, 훈련하다 place 설치하다, 배치하다

9. Do you know when the deadline is?
(A) I went there yesterday.
(B) My phone was dead.
(C) Next Wednesday.

마감일이 언제인지 아세요?
(A) 어제 거기에 갔어요.
(B) 제 전화기는 꺼졌어요.
(C) 다음 수요일이에요.

해설 간접의문문(when)
(A) 시간 오류 답변. '마감일'을 묻는 답변에 '어제 갔었다'로 답변.
(B) 유사 발음 어휘 오답. deadline (마감일) → dead (죽다, 꺼지다)
(C) 정답. [미래시간] 표현 '다음 주 수요일'로 답변.

어휘 deadline 마감(일), 기한

10. Would you like that to stay or to go?
(A) To stay, please.
(B) I'll stay until this Friday.
(C) It's going very well.

여기서 드실 건가요, 가져가실 건가요?
(A) 여기서 먹을게요.
(B) 이번 금요일까지 머무를 겁니다.
(C) 아주 순조로워요.

해설 선택의문문
(A) 정답. [A or B] 질문에 A를 선택.
(B) 반복 어휘 오답. stay (머무르다)
(C) 반복 어휘 오답. go ▶ going

어휘 stay 머무르다 go well 잘 되어가다

11. Did you start your part of the project?
(A) No, I need one more day.
(B) By the end of the week.
(C) I've finished reading that story.

프로젝트에서 당신이 맡은 부분을 시작했나요?
(A) 아니요, 하루가 더 필요해요.
(B) 이번 주말까지요.
(C) 그 이야기를 다 읽었어요.

해설 일반의문문
(A) 정답. '일을 시작했는지' 물어본 질문에 '시간이 더 필요하다'는 답변.
(B) 무관한 답변.
(C) 연상 어휘 답변. start (시작하다) → finish (끝내다)

어휘 by the end of ~의 끝 무렵에

12. Do you know who sent us this package?
(A) Mr. Sato sent a car to pick you up.
(B) I should drop by the post office.
(C) The sales department.

누가 우리에게 이 소포를 보냈는지 아세요?
(A) 사토 씨가 당신을 태우러 차를 보냈어요.
(B) 저는 우체국에 들러야 해요.
(C) 영업부요.

해설 간접의문문(who)
(A) 반복 어휘 오답. sent (send의 과거형)
(B) 연상 어휘 오답. package (소포) → post office (우체국)
(C) 정답. [부서] 표현 '영업부'로 답변.

어휘 package 소포, 꾸러미 drop by 들르다

13. Should we complete the research tonight or do it tomorrow morning?
(A) I'd rather do it tonight.
(B) Let me search for them.
(C) I'd like to see both.

우리는 이 연구를 오늘 밤에 완료해야 하나요, 아니면 내일 아침에 해야 하나요?
(A) 저는 오늘 밤에 하겠어요.
(B) 제가 그들을 찾아볼게요.
(C) 둘 다 보고 싶습니다.

해설 선택의문문
(A) 정답. [A or B] 질문에 A를 선택.
(B) 유사 발음 어휘 오답. research (연구) → search for (찾아보다)
(C) 무관한 답변. 연구 완료 시점에 대해 묻는 시점에 '둘 다 보고 싶다'고 답변.

어휘 complete 완료하다 would rather (차라리) ~하겠다

14. Do you have any paperclips in your drawer?
(A) Yes, I have a few.
(B) I have to order some paper.
(C) I could draw a map for you.

서랍에 종이 집게를 갖고 있나요?
(A) 네, 몇 개 있어요.
(B) 종이를 좀 주문해야 해요.
(C) 지도를 그려 드릴 수 있어요.

해설 일반의문문
(A) 정답 '종이 집게를 가지고 있는지'의 질문에 '몇 개 있다'고 답변
(B) 유사 발음 어휘 오답. paperclip (종이 집게) → paper (종이)
(C) 유사 발음 어휘 오답. drawer (서랍) → draw (그리다)

어휘 drawer 서랍 a few 조금 order 주문하다

15. Is it possible to take next Monday off?
(A) Yes, she's on holiday.
(B) I think we might be busy that day.
(C) I'd like to take a picture.

다음 주 월요일에 쉬는 것이 가능할까요?
(A) 네, 그녀는 휴가 중입니다.
(B) 우리는 그날 바쁠 것 같은데요.
(C) 사진을 찍고 싶습니다.

해설 일반의문문
(A) 인칭대명사 사용 오류. 본인에 대한 질문에 '그녀'로 답변.
(B) 정답. '바쁘다'라는 우회적인 답변.
(C) 다의어 오답. take ❶ take ~ off ~에 쉬다 ❷ take a picture 사진을 찍다

어휘 take ~ off ~에 쉬다 on holiday 휴가 중인

16. Is the meeting with the marketing team tomorrow or next Monday?
(A) I put my house on the market.
(B) It hasn't been decided yet.
(C) It was last Tuesday.

마케팅팀과의 회의는 내일인가요, 아니면 다음 주 월요일인가요?
(A) 저는 집을 팔려고 내놓았어요.
(B) 아직 결정되지 않았어요.
(C) 지난 화요일이었습니다.

해설 선택의문문
(A) 연상 어휘 오답. marketing (마케팅) → market (시장)
(B) 정답. '아직 결정되지 않았다'라는 우회적 답변.
(C) 시간 오류 답변. 미래 시간을 묻는 질문에 과거 시간으로 답변.

어휘 decide 결정하다, 결심하다

17. Are you sure he submitted the assignment?
(A) He just turned twenty this year.
(B) I saw him hand it in.
(C) He's assigned to this office.

그가 과제를 제출한 것이 분명한가요?
(A) 그는 올해 막 20살이 되었어요.
(B) 나는 그가 그것을 제출하는 것을 직접 보았어요.
(C) 그는 이 사무실로 발령이 났어요.

해설 일반의문문
(A) 연상 어휘 오답. submit(= turn in) (제출하다) → turn (~이 되다)
(B) 정답. 확인을 요구하는 질문에 '직접 보았다'고 답변.
(C) 파생어 어휘 오답. assignment (과제) → assign (맡기다, 배정하다)

어휘 be sure 분명하다, 확신하다 assignment 과제

18. Would you prefer a morning or afternoon meeting?
(A) They arrived late yesterday afternoon.
(B) I have an appointment in the morning.
(C) He prefers to have the room to himself.

오전 회의가 좋으세요, 아니면 오후 회의가 좋으세요?
(A) 그들은 어제 오후 늦게 도착했어요.
(B) 오전에 약속이 있습니다.
(C) 그는 그 방을 혼자서 쓰고 싶어 합니다.

해설 선택의문문
(A) 시간 오류. 선호하는 회의 시간대를 묻는 질문에 과거 시점으로 답변.
(B) 정답. [A or B] 질문에 대해 A는 어렵다는 답변.
(C) 연상 어휘 오답. meeting (회의) → room (방)

어휘 have an appointment 약속이 있다 to oneself 독차지하는

19. Are you going to give the speech?
(A) He speaks Spanish.
(B) No, Ms. Miller is giving it instead of me.
(C) The speech will be given at 5 o'clock.

연설을 하실 예정인가요?
(A) 그는 스페인어를 합니다.
(B) 아니요, 밀러 씨가 제 대신 연설을 할 겁니다.
(C) 연설은 5시에 이뤄질 겁니다.

해설 일반의문문
(A) 인칭대명사 사용 오류. 'you'로 묻는 질문에 '그'로 답변.
(B) 정답. '내가 아니라 밀러 씨'가 하게 된다는 답변.
(C) 반복 어휘 오답. speech (연설)

어휘 give a speech 연설하다 instead of ~ ~대신에

20. Do you know who will get the award?
(A) I think Mr. Taylor is.
(B) No, I want a full refund.
(C) As soon as we get the parts.

누가 상을 받을지 아세요?
(A) 테일러 씨 같아요.
(B) 아니요, 전액 환불을 원합니다.
(C) 우리가 부품을 받자마자요.

해설 간접의문문(who)
(A) 정답. [사람 이름] Mr. Taylor로 답변.
(B) 무관한 답변.
(C) 반복 어휘 오답. get (받다)

어휘 full refund 전액 환불 part 부품

Unit 6 부정/부가의문문, 평서문, 청유/제안문

Check Up 본책 p. 57

(A) ○ (B) ○ (C) × (D) ○ (E) × (F) × (G) ○

Q. Can't you get a refund?
환불을 받을 수 없나요?

(A) Yes, I think I can. (○)
네, 받을 수 있을 것 같아요.

(B) I'm afraid I can't. (○)
못 받을 것 같아요.

(C) We offered a full refund. (×)
전액 환불을 해 드렸어요.

(D) No, but I think I can exchange it. (○)
아니요, 하지만 그것을 교환할 수는 있을 것 같아요

(E) We still have some funds left. (×)
저희에게 기금이 아직 남아 있어요.

(F) Go to the help desk for refunds. (×)
환불을 받으려면 업무 지원 데스크로 가세요

(G) Let's ask at the box office. (○)
매표소에서 물어봅시다.

Check Up
본책 p. 59

(A) ○ (B) ○ (C) ○ (D) × (E) × (F) × (G) ○

Q. The new product launch will be on Friday.
신상품 출시가 금요일에 있을 겁니다.

(A) How is it going? (○)
어떻게 되어갑니까?

(B) I didn't know that. (○)
몰랐어요.

(C) I look forward to seeing it. (○)
그것을 고대하고 있습니다.

(D) Let's get together for lunch. (×)
점심 먹으러 만납시다.

(E) The new items should sell well. (×)
신상품은 판매가 잘 될 겁니다.

(F) Yes, we can launch it before Saturday. (×)
네, 토요일 이전에 출시할 수 있습니다.

(G) Yes, I heard about it from the manager. (○)
네, 관리자에게 그것에 대해 들었어요.

Check Up
본책 p. 61

(A) ○ (B) × (C) ○ (D) ○ (E) × (F) ○ (G) ×

Q. Why don't we ask Mr. Brown to assist us?
브라운 씨에게 도와 달라고 요청하면 어때요?

(A) I'll call him. (○)
제가 전화해 볼게요.

(B) No, he's fine. (×)
아니요, 그는 괜찮습니다.

(C) He's busy now. (○)
그는 지금 바빠요.

(D) That's a good idea. (○)
그거 좋은 생각이군요.

(E) Thanks for your help. (×)
도와주셔서 감사합니다.

(F) He's on a business trip. (○)
그는 출장 중입니다.

(G) We hired a new assistant. (×)
우리는 새 비서를 고용했어요.

토익 감잡기
본책 p. 62

Step 1

1. (A) **2.** (B) **3.** (A) **4.** (B) **5.** (A) **6.** (B)

1. It's really hot today, isn't it?
(A) Yes, it is.
(B) No, she isn't.

오늘 정말 덥죠, 그렇죠?
(A) 네, 맞아요.
(B) 아니요, 그녀는 그렇지 않아요.

2. Wasn't the flight long?
(A) Move a little to the right.
(B) It only took two hours.

비행이 길지 않았나요?
(A) 오른쪽으로 조금만 움직이세요.
(B) 두 시간밖에 안 걸렸어요.

3. We're running out of paper.
(A) I'll get some more this afternoon.
(B) The copier is always broken.

용지가 다 떨어졌어요.
(A) 오늘 오후에 더 구할게요.
(B) 복사기가 항상 고장이에요.

4. Let's invite your friends for dinner.
(A) After lunch.
(B) Great. I'll ask them.

당신 친구들을 저녁 식사에 초대합시다.
(A) 점심 식사 후에요.
(B) 좋아요. 친구들에게 물어볼게요.

5. Could you help me find a bigger size?
(A) Let me go and check the warehouse.
(B) I need a bigger size.

더 큰 사이즈를 찾도록 도와주실 수 있나요?
(A) 가서 창고를 확인해 볼게요.
(B) 저는 한 사이즈 더 큰 것이 필요해요.

6. We need to hire an engineer.
(A) I can't start the engine.
(B) Why don't you put an ad?

우리는 엔지니어를 고용해야 해요.
(A) 시동을 걸 수가 없어요.
(B) 광고를 내는 게 어때요?

Step 2

1. (C) **2.** (B) **3.** (A) **4.** (A) **5.** (A) **6.** (C)

1. That computer is still on, isn't it?
(A) The TV was turned off.
(B) He's a computer programmer.
(C) Yes, I'll turn it off.

저 컴퓨터는 아직 켜져 있네요, 그렇죠?
(A) TV는 꺼졌어요.
(B) 그는 컴퓨터 프로그래머예요.
(C) 네, 제가 끌게요.

해설 부가의문문
(A) 연상 어휘 오답. computer (컴퓨터) → TV
(B) 반복 어휘 오답. computer (컴퓨터)
(C) 정답. '컴퓨터가 켜져 있는지'의 질문에 '제가 끌게요'라고 답변.

2. Can you take a look at this design?
(A) I want to try on a pair.
(B) Sure, no problem.
(C) I like watching a fireworks show.

이 디자인을 한 번 봐 주실 수 있나요?
(A) 저는 그것을 입어 보고 싶은데요.
(B) 물론입니다, 그럴게요.
(C) 저는 폭죽 쇼 보는 것을 좋아해요.

해설 청유문
(A) 연상 어휘 오답. design (디자인) → pair (한 쌍)
(B) 정답. [수락] 표현 '물론입니다, 그럴게요'로 답변.
(C) 연상 어휘 오답. look at (~을 보다) → watch (~을 보다)

3. The water pipe is leaking.
(A) I'll call the plumber.
(B) I will e-mail him.
(C) I'm too thirsty.

배수관이 새요.
(A) 배관공에게 전화할게요.
(B) 그에게 이메일을 보낼게요.
(C) 목이 너무 말라요.

해설 평서문
(A) 정답. [문제점 제기]에 해결책 제시 응답.
(B) 인칭대명사 사용 오류. '배수관'(사물) → him(사람)
(C) 연상 어휘 오답. water (물) → thirsty (목마른)

4. Would you like to order something to drink?
(A) Just a cup of coffee, please.
(B) No, I don't drink it often.
(C) He's older than me.

마실 것을 주문하시겠습니까?
(A) 커피 한 잔 주세요.
(B) 아니요, 그걸 자주 마시지는 않아요.
(C) 그는 저보다 나이가 많아요.

해설 제안문
(A) 정답. 마실 것에 대한 제안에 '커피 한 잔'으로 답변.
(B) 무관한 답변.
(C) 유사 발음 어휘 오답. order (주문하다) → older (나이가 더 많은)

5. The heater isn't working, is it?
(A) No, we should call the repair person.
(B) Let's take a break.
(C) I'll be ready at five.

난방기가 작동하지 않네요, 그렇죠?
(A) 네, 수리공에게 전화해야 해요.
(B) 잠시 쉽시다.
(C) 5시까지 준비할게요.

해설 부가의문문
(A) 정답. '난방기의 작동' 여부를 묻는 질문에 '수리공에게 전화해야 한다'는 해결책을 제시
(B) 연상 어휘 오답. work (작동하다) → break (휴식, 고장 나다)
(C) 무관한 답변.

6. Didn't you make dinner reservation?
(A) Tomorrow at 12.
(B) Sorry, I can't make it.
(C) Yes, about twenty minutes ago.

저녁 식사 예약을 안 했나요?
(A) 내일 12시에요.
(B) 죄송해요, 시간에 맞출 수가 없어요.
(C) 했어요, 한 20분쯤 전에요.

해설 부정의문문
(A) 시간 오류. '저녁 식사'를 묻는 질문에 '12시' 점심으로 대답.
(B) 다의어 오답. make ① make a reservation 예약하다 ② make it 시간 맞춰 가다
(C) 정답. [세부 내용] 표현 '20분 전에'로 답변.

토익 실전 감각 익히기

본책 p. 64

1. (A)	2. (C)	3. (C)	4. (C)	5. (B)
6. (B)	7. (B)	8. (B)	9. (A)	10. (A)
11. (C)	12. (C)	13. (C)	14. (B)	15. (A)
16. (B)	17. (C)	18. (B)	19. (B)	20. (A)

1. We should take the earlier train.
(A) OK. It's an express, right?
(B) I'm sorry they came in late.
(C) It'll be in the training room.

우리는 더 빠른 기차를 타야 합니다.
(A) 알았어요. 급행이죠, 그렇죠?
(B) 죄송해요, 그들이 늦게 왔어요.
(C) 그것은 교육실에 있을 겁니다.

해설 평서문
(A) 정답. [의견 제시]에 동의한 후 역질문 응답.
(B) 연상 어휘 오답. earlier (더 이른) → late (늦은)
(C) 유사 발음 어휘 오답. train (기차) → training (교육)

어휘 earlier 더 이른, 더 빠른 express 급행

2. The play starts at 7, doesn't it?
(A) I don't like plays.
(B) Yes, it started a few days ago.
(C) No, it's already started.

연극은 7시에 시작하죠, 그렇죠?
(A) 저는 연극을 좋아하지 않아요.
(B) 네, 며칠 전에 시작했어요.
(C) 아니요, 이미 시작했어요.

해설 부가의문문
(A) 반복 어휘 오답. play (연극)
(B) 시간 오류. 미래 시간을 묻는 질문에 과거 시간 '며칠 전에'로 응답.
(C) 정답. 연극의 시작시간을 확인하는 질문에 이미 시작했다고 답변.

어휘 play 연극 a few days ago 며칠 전에 already 이미

3. Let's review the brochure one more time.
(A) Thanks, but I've eaten.
(B) Yes, I did that last night.
(C) Yes, it needs to be perfect.

안내 책자를 한 번 더 검토합시다.
(A) 고맙지만 저는 먹었어요.
(B) 네, 저는 어젯밤에 했어요.
(C) 네, 완벽할 필요가 있죠.

해설 제안문
(A) 무관한 답변.
(B) 시제 오류. 과거 시간 '어젯밤에 했다'고 답변.
(C) 정답. [동의] 표현으로 '안내 책자가 완벽해질 필요가 있다'고 대답.

어휘 review 검토하다 one more time 한 번 더 perfect 완벽한

4. Shouldn't the memo be sent today?
(A) We'll need to get some more.
(B) It happened quite recently.
(C) I'll be done with it soon.

회람을 오늘 보내야 하지 않나요?
(A) 좀 더 구해야 할 겁니다.
(B) 꽤 최근에 발생했어요.
(C) 제가 곧 완성할 겁니다.

해설 부정의문문
(A) 무관한 답변.
(B) 시간 오류 답변. today (오늘) → recently (최근에)
(C) 정답. '회람을 오늘 보내야 하지 않는지' 물어본 말에 '곧 완성된다'는 응답.

어휘 happen 일어나다, 발생하다 quite 꽤 recently 최근에

5. It's almost time to go, isn't it?
(A) Yes, most of the time.
(B) Just 10 minutes left.
(C) For a few months.

거의 갈 시간이 됐죠, 그렇죠?
(A) 네, 대부분의 시간에요.
(B) 10분밖에 남지 않았어요.
(C) 몇 달 동안이요.

해설 부가의문문
(A) 반복 어휘 오답. time (시간)
(B) 정답. Yes를 생략한 답변으로 '10분밖에 남지 않았다'라는 추가 정보를 제공하는 응답.
(C) 다른 의문사 How (long)의 사용 오답.

어휘 almost 거의 most of 대부분의

6. How about examining the report first?
(A) Whom should I report to?
(B) That's a good idea.
(C) I will contact him.

보고서를 먼저 검토하는 것이 어때요?
(A) 제가 누구에게 보고해야 합니까?
(B) 좋은 생각이군요.
(C) 그에게 연락할게요.

해설 제안문
(A) 다의어 오답. report ❶ 명 보고서 ❷ 동 보고하다
(B) 정답. [의견 제시] 표현 '좋은 생각이다'로 답변.
(C) 유사 발음 어휘 오답. train (기차) → training (교육)

어휘 examine 검토하다, 조사하다 contact 연락하다

7. You will be joining us for lunch, won't you?
(A) I didn't go to the launch.
(B) I'd love to, but I have other plans.
(C) When did you join the army?

함께 점심 먹을 거죠, 그렇죠?
(A) 저는 출시 행사에 가지 않았어요.
(B) 그러고 싶지만 다른 계획이 있어요.
(C) 언제 입대했나요?

해설 부가의문문
(A) 유사 발음 어휘 오답. lunch (점심) → launch (출시)
(B) 정답. [거절]을 나타내는 표현으로 답변.
(C) 다의어 오답. join ❶ 합류하다 ❷ 가입하다

어휘 launch 출시 (행사) join the army 입대하다

8. My food is taking a long time.
(A) Sushi is my favorite.
(B) I'll call the waiter.
(C) I usually take the subway.

제 음식이 오래 걸리네요.
(A) 스시는 제가 가장 좋아하는 음식이에요.
(B) 종업원을 부를게요.
(C) 저는 대개 지하철을 탑니다.

해설 평서문
(A) 연상 어휘 오답. food (음식) → Sushi (스시)
(B) 정답. 음식이 나오지 않아 시간이 걸린다는 [문제점 제시]에 '종업원을 부르겠다'는 해결책을 제시한 답변.
(C) 다의어 오답 take ❶ 시간이 걸리다 ❷ (교통편) 타다

어휘 favorite 매우 좋아하는 것 usually 대개

9. Haven't you seen my keys?
(A) No, I don't know where they are.
(B) Yes, I placed it yesterday.
(C) It seems to be very nice.

제 열쇠 못 봤나요?
(A) 아니요, 어디 있는지 모릅니다.
(B) 네, 제가 어제 그것을 놓아두었어요.
(C) 굉장히 멋져 보입니다.

해설 부정의문문
(A) 정답. '모른다'는 우회적 답변.
(B) 인칭대명사 사용 오류. 복수형(keys) → 단수형(it)
(C) 유사 발음 어휘 오답. seen (see의 과거분사) → seem ~인 것 같다

어휘 place 놓다, 두다 seem to ~하게 보이다

10. Why don't we rent a car?
(A) Good idea, there aren't many taxis there.
(B) No, there is a phone rental service.
(C) He has many good ideas.

차를 빌리면 어때요?
(A) 좋은 생각입니다, 그곳에는 택시가 많지 않아요.
(B) 아니요, 전화기 대여 서비스가 있습니다.
(C) 그에게는 좋은 아이디어가 많습니다.

해설 제안문
(A) 정답. [의견 제시] 표현 '좋은 생각이다'라고 답변.
(B) 파생어 오답. rent 임대하다 → rental (대여)
(C) 인칭대명사 사용 오류. 1인칭(we) → 3인칭(he)

어휘 Why don't we ~? ~하면 어때요?

11. You can find the museum, can't you?
(A) Say hello if you see him.
(B) No, they couldn't find it.
(C) Yes, it's just next to the bank.

당신은 박물관을 찾을 수 있죠, 그렇죠?
(A) 그를 보면 안부 전해 주세요.
(B) 아니요, 그들은 그것을 찾지 못했어요.
(C) 네, 은행 바로 옆에 있습니다.

해설 부가의문문
(A) 인칭대명사 사용 오류. the museum ▶ him으로 답변.
(B) 반복 어휘 오답. find (찾다)
(C) 정답. [사실 확인] 질문에 긍정으로 답변.

어휘 say hello 안부 인사를 하다 next to ~ 옆에

12. I finished writing the marketing plan.
(A) I've never shopped there.
(B) When do you plan to visit?
(C) Great. What's the next step?

마케팅 계획 작성을 끝마쳤습니다.
(A) 거기서는 물건을 사 본 적이 없어요.
(B) 언제 방문할 계획입니까?
(C) 훌륭해요. 다음 단계는 무엇인가요?

해설 평서문
(A) 연상 어휘 오답. marketing (마케팅) → shop (물건을 사다)
(B) 다의어 오답. plan ❶ 명 계획 ❷ 동 계획하다
(C) 정답. 긍정적인 의견 제시와 함께 역질문으로 응답.

어휘 shop 물건을 사다 step 단계

13. How about taking a break at 2?
(A) The break room is over there.
(B) I will be busy tomorrow.
(C) I have to finish this by 3.

2시에 쉬는 게 어때요?
(A) 휴게실은 저쪽에 있습니다.
(B) 저는 내일 바쁠 겁니다.
(C) 저는 이것을 3시까지 끝마쳐야 해요.

해설 제안문
(A) 반복 어휘 오답. break (휴식)
(B) 시간 오류 답변. '2시'에 쉬는 게 어떠냐는 제안에 '내일' 바쁘다고 답변.
(C) 정답. 3시까지 끝내야 하므로 바쁘다는 우회적 답변.

어휘　take a break 휴식을 취하다　break room 휴게실

14. Don't you think it's too cold in our office?
(A) Our office is downtown.
(B) I can turn up the heater if you want.
(C) That would be great.

우리 사무실이 너무 춥다고 생각하지 않으세요?
(A) 우리 사무실은 시내에 있어요.
(B) 원하시면 난방기의 온도를 높여 드릴 수 있어요.
(C) 그거 좋겠군요.

해설 부정의문문
(A) 반복 어휘 오답. our office (우리 사무실)
(B) 정답. Yes를 생략한 답변으로 해결책을 제시한 답변.
(C) 무관한 답변. '사무실이 너무 춥지 않느냐'는 질문에 '그것이 좋겠다'는 응답.

어휘　downtown 시내에　turn up (온도 등을) 높이다

15. I haven't heard from David for a long time.
(A) Neither have I.
(B) No, it started a few days ago.
(C) He's not coming today.

오랫동안 데이비드에게 소식을 듣지 못했어요.
(A) 저도 그래요.
(B) 아니요, 그것은 며칠 전에 시작했어요.
(C) 그는 오늘 오지 않습니다.

해설 평서문
(A) 정답. 상대방과 같은 입장임을 나타낸 표현.
(B) 인칭대명사 사용 오류. David (사람) → it (그것)
(C) 무관한 답변.

어휘　for a long time 오랫동안　neither (둘 중) 어느 것도 ~ 아니다

16. The speech should be over soon, shouldn't it?
(A) Yes, it's over there.
(B) In about 5 minutes.
(C) No, we shouldn't.

연설이 곧 끝나겠죠, 그렇죠?
(A) 네, 그것은 저쪽에 있습니다.
(B) 약 5분 후에요.
(C) 아니요, 우리는 그렇지 않을 겁니다.

해설 부가의문문
(A) 다의어 오답. over ❶ 형 끝나다 ❷ 부 ~쪽에
(B) 정답. Yes를 생략한 답변으로 '5분 후'에 끝난다는 답변.
(C) 인칭대명사 사용 오류. it (사물) → we (사람)

어휘　speech 연설　be over 끝나다　over there 저쪽에

17. Why don't we put an ad in the phone apps?
(A) Yes, I saw the ad last week.
(B) No, I've already read it.
(C) That sounds like a good idea.

전화기 앱에 광고를 내면 어때요?
(A) 네, 지난주에 그 광고를 봤어요.
(B) 아니요, 저는 그것을 이미 읽었어요.
(C) 좋은 생각 같군요.

해설 제안문
(A) 반복 어휘 오답. ad (광고)
(B) 무관한 답변.
(C) 정답. [동의] 표현으로 답변.

어휘　put an ad 광고를 내다

18. Didn't you meet with your cousin?
(A) Let me just check my schedule.
(B) No, I haven't had time.
(C) Yes, I'll be ready by 7.

당신의 사촌과 만나지 않았습니까?
(A) 제 일정을 확인해 볼게요.
(B) 아니요, 시간이 없었어요.
(C) 네, 저는 7시까지 준비를 마칠 겁니다.

해설 부정의문문
(A) 무관한 답변.
(B) 정답. '시간이 없어서' 만나지 못했다는 우회적 답변.
(C) 시제 오류 응답. 과거 시제(Didn't) → 미래 시제(will be ready)

어휘　cousin 사촌

19. I missed my flight to London.
(A) I miss the time when I was in Paris.
(B) Can you catch the next plane?
(C) The flight was delayed.

런던 가는 비행기를 놓쳤어요.
(A) 제가 파리에 있었던 시간이 그리워요.
(B) 다음 비행기를 탈 수 있어요?
(C) 항공편이 연착됐습니다.

해설 평서문
(A) 다의어 오답. miss ❶ 놓치다 ❷ 그리워하다
(B) 정답. 역질문으로 표현.
(C) 반복 어휘 오답. flight (항공편)

어휘　be delayed 지연되다

20. Robert has submitted his résumé, hasn't he?
(A) Yes, just yesterday.
(B) They're ready to print it.
(C) I'd better not.

로버트가 자신의 이력서를 제출했죠, 그렇죠?
(A) 네, 어제요.
(B) 출력할 준비가 되어 있습니다.
(C) 저는 그러지 않는 편이 낫겠어요.

해설 부가의문문
(A) 정답. 추가 정보 '어제'를 제시한 답변.
(B) 인칭대명사 사용 오류. he (단수) → they (복수)
(C) 무관한 답변.

어휘 submit 제출하다 had better ~하는 편이 낫다

Unit 7 회사 생활

출장 본책 p. 66

정답 1. (B) 2. (A) 3. (B)
받아쓰기 (1) trip (2) clients (3) print

[1-3]

여 안녕하세요, 스티브. (1)당신의 파리 출장 항공권을 예약했습니다.
남 고마워요, 린다. (2)제가 스트라스부르에 있는 고객들부터 우선 방문하기로 되어 있죠?
여 네, 맞습니다. (3)그곳에 있는 고객 명단을 출력해 드릴게요.

1. 화자들은 주로 무엇에 대해 이야기하고 있는가?
(A) 도서전 (B) 출장

2. 남자는 스트라스부르에서 무엇을 하기로 되어 있는가?
(A) 고객들과 만난다. (B) 친구를 방문한다.

3. 여자는 다음에 무엇을 할 것 같은가?
(A) 이메일을 발송한다. (B) 문서를 출력한다.

행사 본책 p. 67

정답 1. (A) 2. (B) 3. (B)
받아쓰기 (1) gallery (2) paintings (3) when

[1-3]

남 미술 전시회는 어떻게 되어갑니까?
여 (1)위층 화랑에서 많은 사람들을 봤습니다. (2)당신의 그림에 관심이 있는 많은 관람객도 만났어요.
남 그 말을 들으니 정말 기쁘군요. (3)오늘 언제 문을 닫는지 아세요?

1. 여자는 어디에 있는가?
(A) 미술관 (B) 꽃 가게

2. 남자는 누구일 것 같은가?
(A) 관람객 (B) 화가

3. 남자는 무엇에 대해 묻고 있는가?
(A) 위치 (B) 폐관 시간

기타 사무실 대화 본책 p. 68

정답 1. (B) 2. (B) 3. (A)
받아쓰기 (1) replacement (2) interviews (3) resigned

[1-3]

여 (1)매튜, 켈리의 후임자를 찾았나요?
남 아직이요. (2)하지만 다음 주에 세 개의 면접이 연이어 있습니다.
여 그 중 하나가 잘됐으면 좋겠네요. (3)켈리가 디자이너 일을 사임한 이유를 아세요?

1. 화자들은 주로 무엇에 대해 이야기하고 있는가?
(A) 지원서 (B) 구인

2. 다음 주에 어떤 일이 있을 것인가?
(A) 교육 (B) 면접

3. 켈리에 대해 명시된 것은?
(A) 그녀는 디자이너였다. (B) 그녀는 계약서에 서명했다.

Check Up 본책 p. 69

1. reserve 2. merge 3. extend
4. recommend 5. complete 6. contact
7. resign 8. client 9. vacation
10. release 11. venue 12. anniversary

토익 감잡기 본책 p. 70

Step 1

정답 1. (B) 2. (A) 3. (B) 4. (A)
받아쓰기 [1-2] (1) staff meeting (2) reviewing (3) budget
     [3-4] (1) manager (2) accounting (3) duties

[1-2]

> 여 (1)마이크, 다음 주 직원 회의 잊지 마세요.
> 남 상기시켜 주셔서 다행입니다. 제가 그것을 위해 준비해야 할 것이라도 있나요?
> 여 (2)미리 예산을 검토하시라고 권해 드립니다.

1. 다음 주에 어떤 일이 있을 것인가?
(A) 회사 야유회
(B) 직원 회의

paraphrasing
a staff meeting ▶ an employee meeting
(직원 회의)

2. 여자는 무엇을 제안하는가?
(A) 예산을 검토하기
(B) 제안서를 검토하기

paraphrasing
recommend ▶ suggest (추천하다 → 제안하다)
review ▶ look over (검토하다)

[3-4]

> 남 (3)새로 온 팀 관리자를 만나셨나요?
> 여1 아직이요. 하지만 오늘 오후 직원 회의에서 그녀를 소개할 예정이라고 들었어요.
> 여2 (4)반즈 씨는 회계부에서 오셨으니 자신의 새로운 업무에 익숙하겠군요.

3. 대화는 주로 무엇에 관한 것인가?
(A) 팀 회의
(B) 새 관리자

paraphrasing
a manager ▶ a supervisor (관리자)

4. 여자들에 따르면, 반즈 씨는 어떤 부서에서 일했는가?
(A) 회계
(B) 마케팅

Step 2

정답	1. (C) 2. (A) 3. (B) 4. (B) 5. (C) 6. (B)
받아쓰기	[1-3] (1) merging (2) when (3) sooner
	[4-6] (1) report (2) extend (3) e-mail

[1-3]

> 남 (1)우리 부서가 영업팀과 통합될 거라고 들었어요.
> 여 (2)언제 그렇게 될지 아세요?
> 남 한 달 후 정도라고 얘기했어요.
> 여 (3)와, 제가 예상했던 것보다 빠르네요.

1. 화자들은 무엇에 관해 이야기하고 있는가?
(A) 분기 매출
(B) 마감 기한
(C) 통합

해설 대화 주제
① 대화의 초반부 'I heard that _____'에 유의.
② I heard that our department might be merging with sales.(우리 부서가 영업팀과 통합될 거라고 들었어요.)에서 통합 소식에 대해 대화하고 있으므로 정답은 (C).

paraphrasing
merge with ▶ merger
(~와 통합하다 → 통합, 합병)

2. 여자는 무엇을 알고 싶어 하는가?
(A) 시기
(B) 장소
(C) 이유

해설 여자가 알고 싶은 것
① 여자의 대화 중에서 질문에 유의.
② Do you know when that is going to happen?(언제 그렇게 될지 아세요?)에서 여자가 언제 문을 닫는지 질문했으므로 정답은 (A).

paraphrasing
when ▶ period (언제 → 기간)

3. 여자가 놀란 이유는 무엇인가?
(A) 그녀가 생각했던 것보다 그것(통합)이 더디게 진행됐다.
(B) 그녀가 생각했던 것보다 그것(통합)이 빠르게 진행됐다.
(C) 그녀는 빠를수록 좋다고 생각했다.

해설 여자가 놀란 이유
① 여자의 마지막 대화에서 놀라움 표현 'Wow, _____'에 유의.
② Wow, that's sooner than I expected.(와, 제가 예상했던 것보다 빠르네요.)에서 빨리 진행되는 것에 놀라움을 표시하므로 정답은 (B).

paraphrasing
sooner ▶ faster (더 이른 → 더 빠른)
than I expected ▶ than she thought
(내가 예상했던 것보다 → 그녀가 생각했던 것보다)

[4-6]

> 남 (4)실례합니다, 헬렌. 보고서를 끝냈나요?
> 여 아직이요. (5)마감을 연장할 수 있을까요?
> 남 회의는 금요일 오전으로 예정되어 있으니 내일까지 작업할 수 있습니다.
> 여 감사합니다, 첸 씨. (6)그것을 완료하는 대로 당신에게 이메일을 보내겠습니다.

4. 대화는 어디서 이루어지고 있는 것 같은가?
(A) 커피숍에서
(B) 사무실에서
(C) 회의석상에서

해설 대화 장소 [추론 문제]
❶ 대화의 초반부 주요 명사에 유의.
❷ Have you finished the report?에서 보고서 작성에 대해 묻고 있으므로 사무적인 대화임을 추론할 수 있다. 따라서 정답은 (B).

5. 여자는 무엇을 요청하는가?
(A) 더 적은 업무
(B) 더 많은 급여
(C) 더 많은 시간

해설 여자의 요청사항
❶ 여자의 대화 중 질문에 유의.
❷ Can we extend the deadline?에서 여자가 마감일 연장이 가능한지 묻고 있으므로 정답은 (C).

paraphrasing
extend the deadline ▶ more time
(마감일을 연장하다 → 더 많은 시간)

6. 여자는 문서를 어떻게 보낼 것인가?
(A) 우편으로
(B) 이메일로
(C) 팩스로

해설 여자가 문서를 보내는 방법
❶ 여자의 마지막 말 'I'll ____'에 유의.
❷ I'll e-mail you as soon as I get it done.에서 여자가 이메일을 보낸다고 하므로 정답은 (B).

토익 실전 감각 익히기 (본책 p. 72)

| 1. (A) | 2. (B) | 3. (D) | 4. (B) | 5. (C) | 6. (A) |
| 7. (C) | 8. (D) | 9. (A) | 10. (B) | 11. (D) | 12. (B) |

[1-3]

> W Hi, Mike. (1)I've decided to transfer to Lakeland Fashions.
> M Wow! Good for you!
> W (2)Honestly, I'm more interested in designing clothing than publishing articles.
> M (3)That sounds like an amazing opportunity. Congratulations.
>
> 여 안녕하세요, 마이크. (1)저는 레이크랜드 패션으로 이직하기로 결정했어요.
> 남 와! 잘됐군요!
> 여 (2)솔직히 저는 기사 발간보다 의상 디자인에 더 관심이 있어요.
> 남 (3)놀라운 기회 같습니다. 축하해요.
>
> 어휘 decide 결정하다, 결심하다 transfer to ~로 옮기다 honestly 솔직히 clothing 옷 publish 발간하다 article 기사 amazing 놀라운 opportunity 기회 congratulation 축하 (인사)

1. 화자들은 주로 무엇에 관해 이야기하고 있는가?
(A) 새 일자리
(B) 문서
(C) 기사
(D) 패션 잡지

해설 대화 주제
❶ 대화의 초반부 'I've decided to' 이하 내용에 유의.
❷ transfer to Lakeland Fashions(레이크랜드 패션으로 이직하기로)에서 대화의 주제가 새로운 일자리임을 알 수 있으므로 정답은 (A).

paraphrasing
transfer to + 회사명 ▶ a new job
(다른 회사로 이직하다 → 새로운 직업)

2. 여자는 최근 어떤 일에 종사했는가?
(A) 패션디자인
(B) 출간
(C) 의료
(D) 광고

해설 여자의 현재 근무지 유형
❶ 여자의 대화에 유의.
❷ I'm more interested in designing clothing than publishing articles.(솔직히 기사 발간보다 의상 디자인에 더 관심이 있어요)라는 표현에서 현재 기사를 발간하고(publishing articles) 있음을 알 수 있으므로 정답은 (B).

paraphrasing
publishing articles ▶ publishing (기사 발간하기 → 출간)

3. 남자는 여자의 소식에 대해 어떤 기분이겠는가?
(A) 짜증이 난
(B) 걱정하는
(C) 화가 난
(D) 신이 난

해설 남자의 심경 [추론 문제]
❶ 대화의 후반부 남자의 말에 유의.
❷ 남자의 an amazing opportunity(놀라운 경험)라는 표현에서 남자가 즐거워한다는 것을 알 수 있으므로 정답은 (D).

paraphrasing
amazing ▶ excited (놀라운 → 신나는)

[4-6]

> M Hi, Olivia. **(4)Can you help me find more of those big file folders?**
>
> W **(5)Well, the marketing team took the last ones here.** But I could order some from Max's Supply today.
>
> M I just need two more today.
>
> W **(6)Pamela in the sales department may have a few.** Just a moment. Let me phone her right away.

남 안녕하세요, 올리비아. **(4)**제가 큰 서류철을 더 찾는데 도와주실 수 있나요?
여 **(5)**음, 마케팅 팀에서 마지막 것들을 가져갔어요. 하지만 오늘 맥스 사무용품에서 좀 더 주문할 수 있습니다.
남 오늘은 두 개만 더 있으면 됩니다.
여 **(6)**영업부의 파멜라가 몇 개 가지고 있을지도 몰라요. 잠시만요. 바로 전화해 볼게요.

어휘 last 마지막의 order 주문하다 a few 약간의 right away 곧장, 바로

4. 남자는 무엇을 찾고 있는가?
(A) 파일
(B) 서류철
(C) 주문품
(D) 사무 공간

해설 남자가 찾는 것
❶ 남자의 대화에서 'Can you help me find ~' 이하 내용에 유의.
❷ more of those big file folders(더 많은 저 큰 파일 서류철)라는 말에서 file folders를 찾고 있음을 알 수 있으므로 정답은 (B).

paraphrasing
file folders ▶ folders (파일 서류철 → 서류철)

5. 어떤 문제가 있는가?
(A) 기계가 작동하지 않는다.
(B) 제품이 손상됐다.
(C) 물건이 다 떨어졌다.
(D) 주문서가 잘못되었다.

해설 문제점
❶ 대화에서 부정적인 표현에 유의.
❷ the marketing team took the last ones here(마케팅 팀에서 마지막 것들을 가져갔다)는 재고가 없음을 간접적으로 표현하는 말이므로 정답은 (C).

paraphrasing
took the last ones ▶ out of stock
(마지막 것들을 가져갔다 → 재고가 없는)

6. 여자는 다음에 무엇을 할 것 같은가?
(A) 동료에게 연락한다.
(B) 회의에 참석한다.
(C) 장소를 방문한다.
(D) 메시지를 남긴다.

해설 여자의 다음 행동 [추론 문제]
❶ 마지막 부분 여자의 말 중에서 'Let me ~'에 유의.
❷ Let me phone her right away.(바로 그녀에게 전화해 볼게요.)는 다른 팀 직원, 즉 회사 동료에게 연락할 것이라는 것을 알 수 있으므로 정답은 (A).

paraphrasing
phone ▶ contact (전화하다 → 연락하다)
Pamela in the sales department ▶ a coworker
(영업부의 파멜라 → 동료)

[7-9]

> M Hello. **(7)I'd like to reserve a room for Saturday.**
>
> W **(8)I'm sorry. We're fully booked this weekend.**
>
> M That's too bad. I really need one for our client.
>
> W If you are interested, I can recommend another hotel that opened last month.
>
> M That sounds great. Thank you.
>
> W **(9)I can give you the number of the hotel if you'd like.**

남 안녕하세요. **(7)**토요일에 객실을 예약하고 싶습니다.
여 **(8)**죄송합니다. 주말에는 예약이 다 찼습니다.
남 유감이군요. 고객을 위해 객실 하나가 꼭 필요한데요.

여 관심이 있으시면 지난달에 문을 연 다른 호텔을 추천해 드릴 수 있습니다.
남 그게 좋겠네요. 감사합니다.
여 (9)원하시면 그 호텔의 번호를 드릴 수 있습니다.

어휘 reserve 예약하다 be fully booked 예약이 끝나다, 예약이 다 차다 client 고객 be interested 관심 있는

7. 남자는 어디에 전화를 걸고 있는가?
(A) 병원
(B) 도서관
(C) 호텔
(D) 항공사

해설 남자가 전화를 건 곳
❶ 남자의 대화 중 'I'd like to ~' 이하 내용에 유의.
❷ I'd like to reserve a room for Saturday.(토요일에 객실을 예약하고 싶습니다.)에서 호텔에 전화를 거는 것임을 알 수 있으므로 정답은 (C).

8. 여자는 왜 "죄송합니다"라고 말하는가?
(A) 그녀는 큰 실수를 했다.
(B) 그녀는 주문을 확정할 수 없다.
(C) 그녀는 책을 아직 반납하지 않았다.
(D) 그녀의 호텔에 이용 가능한 방이 없다.

해설 여자가 죄송해 하는 이유 [의도 파악 문제]
❶ 여자의 대화 중 'I'm sorry.' 이하 내용에 유의.
❷ We're fully booked this weekend.(주말에는 예약이 다 찼습니다.)에서 이용 가능한 방이 없음을 알 수 있으므로 정답은 (D).

paraphrasing
are fully booked ▶ not have any rooms available
(예약이 꽉 차다 → 이용 가능한 방이 없다)

어휘 mistake 실수 be unable to ~을 할 수 없다 confirm 확인하다 return 반납하다 available 이용 가능한

9. 여자는 무엇을 제공하겠다고 제안하는가?
(A) 번호를 제공한다.
(B) 다른 호텔에 연락한다.
(C) 예약서를 이메일로 보낸다.
(D) 책을 반납한다.

해설 여자가 보내 줄 것
❶ 여자의 대화 중 'I can give you ~' 이하 내용에 유의.
❷ I can give you the number of the hotel에서 여자가 호텔 번호를 줄 수 있다고 말하므로 정답은 (A).

paraphrasing
give ▶ provide (주다 → 제공하다)

[10-12]

W (10)Did you read the memo on the budget cuts?
M1 Yeah. The company is trying to cut down on every unnecessary expense these days.
M2 (11)I guess that would be the reason why they canceled the monthly dinner last month.
W That makes sense. (12)I think we should save on electricity first.

여 (10)예산 삭감에 관한 공지문을 읽으셨어요?
남1 네. 회사가 요즘 불필요한 비용 일체를 삭감하려고 하는군요.
남2 (11)지난달 월례 저녁 식사를 취소한 이유가 그것 같아요.
여 일리가 있네요. (12)저는 우리가 먼저 전기부터 아껴야 할 것 같아요.

어휘 budget cut 예산 삭감 cut down 줄이다, 삭감하다 unnecessary 불필요한 expense 비용 reason 이유 cancel 취소하다 monthly 매월의 make sense 타당하다, 말이 되다 electricity 전기

10. 화자들은 무엇에 관해 이야기하고 있는가?
(A) 급여 인상
(B) 예산 감축
(C) 연구 프로젝트 결과
(D) 몇 가지 신상품 발매

해설 대화 주제
❶ 초반부 'Did you read ~' 이하 내용에 유의.
❷ Did you read the memo on the budget cuts?(예산 삭감에 관한 공지문을 읽으셨어요?)에서 대화의 주제가 예산 삭감에 대한 내용이므로 정답은 (B).

paraphrasing
budget cuts ▶ budget reduction
(예산 삭감 → 예산 감소)

11. 남자들에 따르면, 최근 회사에 어떤 일이 있었는가?
(A) 급여 인상이 있었다.
(B) 사무실이 이전했다.
(C) 회의가 연기됐다.
(D) 저녁 회식이 취소됐다.

해설 회사에 최근에 발생한 일
❶ 남자들의 대화에서 'company'(회사)에 관한 내용에 유의.
❷ 남자들의 대화 첫 부분과 마지막 부분을 보면 The company, canceled monthly dinner last month.에서 회사가 지난달에 저녁 회식을 취소하였음을 알 수 있으므로 정답은 (D).

34

paraphrasing
last month ▶ recently (지난달 → 최근에)
monthly dinner ▶ company dinner
(월례 저녁 식사 → 저녁 회식)

어휘 recently 최근에 pay raise 급여 인상 postpone 연기하다
company dinner 회식

12. 여자는 무엇을 아끼자고 제안하는가?
(A) 돈
(B) 에너지
(C) 물
(D) 종이

해설 여자의 제안
❶ 여자의 대화 중 'should save' 이하 내용에 유의.
❷ I think we should save on electricity first.에서 전기를 아껴야 한다고 제안하고 있으므로 정답은 (B).

paraphrasing
electricity ▶ energy (전기 → 에너지)

Unit 8 회사 업무

인사
본책 p. 74

정답 **1.** (A) **2.** (A) **3.** (B)
받아쓰기 (1) move (2) accounting (3) portfolio

[1-3]

여 (1)비넬 씨, 디자인부로 옮기고 싶은 이유가 뭔가요?
남 (2)음, 저는 회계부에서 10년 넘게 일해 왔습니다.
여 알겠어요. (3)제가 볼 포트폴리오를 갖고 있습니까?

1. 화자들은 무엇에 관해 이야기하고 있는가?
(A) 이동 (B) 승진

2. 남자는 현재 어느 부서에서 일하고 있는가?
(A) 회계 (B) 디자인

3. 여자는 무엇을 요청하는가?
(A) 이력서 (B) 작업 샘플

회의 / 업무 요청
본책 p. 75

정답 **1.** (A) **2.** (B) **3.** (A)
받아쓰기 (1) meeting (2) business (3) reserve

[1-3]

여 안녕하세요, 테렌스. (1)수요일 팀 회의를 연기해야 할 겁니다.
남 괜찮습니다. (2)목요일 오전은 어떻습니까?
여 (2)그날은 제가 출장 차 시외에 있을 겁니다. (3)금요일로 회의실을 예약해 주실 수 있나요?

1. 화자들은 무엇에 관해 이야기하고 있는가?
(A) 회의 일정 (B) 회의 안건

2. 여자는 목요일에 무엇을 할 것 같은가?
(A) 휴가를 간다. (B) 출장을 간다.

3. 여자는 남자에게 무엇을 해 달라고 요청하는가?
(A) 회의실을 예약한다. (B) 일정을 확인한다.

마케팅 / 영업
본책 p. 76

정답 **1.** (B) **2.** (A) **3.** (A)
받아쓰기 (1) carpets (2) renovate (3) choose

[1-3]

남 안녕하세요, 토레스 씨. (1)오늘만 모든 카펫에 대해 특별 할인을 하고 있습니다. 하나를 사시고 하나를 무료로 받아가세요.
여1 아, 그거 좋네요. (2)집을 고치려고 계획 중이었거든요.
여2 (3)자, 디자인과 색깔을 선택하시는 것을 도와드릴 수 있습니다.

1. 화자들은 어디에 있을 것 같은가?
(A) 애완동물 가게에 (B) 카펫 가게에

어휘 pet 애완동물

2. 토레스 씨는 집에 대해 무엇을 암시하는가?
(A) 곧 개조될 것이다. (B) 새 가구가 필요하다.

3. 여자는 다음에 무엇을 할 것 같은가?
(A) 물건을 선택한다. (B) 날짜를 선택한다.

Check Up
본책 p. 77

1. résumé   2. postpone   3. distribute
4. position   5. appointment   6. promoted
7. interview   8. estimate   9. campaign
10. proposal   11. order   12. qualified

토익 감잡기

본책 p. 78

Step 1

정답 1. (B) 2. (A) 3. (A) 4. (B)
받아쓰기 [1-2] (1) paperclips (2) staples (3) supply
  [3-4] (1) hiring (2) nurses (3) training

[1-2]

남 (1)메레디스, 서랍에 종이 집게를 갖고 있나요?
여 네, 몇 개 있어요. 그런데 스테이플러 심은 얼마 안 남은 것 같네요.
남 (2)점심 시간 이후에 우리가 사무용품점에 가야 할 것 같아요.

1. 남자는 무엇을 요청하는가?
(A) 스테이플러 심 (B) 종이 집게

2. 화자들은 점심 시간 이후 어디에 갈 것인가?
(A) 사무용품점 (B) 커피숍

[3-4]

여 (3)패트릭, 채용 절차는 어떻게 되어갑니까?
남1 아주 잘 진행되고 있습니다만, 간호사들을 찾기가 정말 힘들어요.
남2 동의해요. (4)사실 지원자는 많이 받았지만 대개는 거의 교육을 받지 않았어요.

3. 대화는 주로 무엇에 관한 것인가?
(A) 채용 과정 (B) 교육 과정

4. 남자들은 지원자에 대해 어떤 문제를 언급하는가?
(A) 지식 부족 (B) 교육 부족

paraphrasing

have little training ▶ the lack of training
(거의 교육을 받지 않았다 → 교육 부족)

Step 2

정답 1. (C) 2. (A) 3. (B) 4. (A) 5. (B) 6. (B)
받아쓰기 [1-3] (1) photocopier (2) parts (3) office
  [4-6] (1) sales (2) data (3) call

[1-3]

여 (1)복사기에 무슨 문제가 있나요?
남 (2)일부 부품을 교체해야 할 것 같아요.
여 이 건물에 다른 복사기가 있어요? 급한 건인데요.
남 걱정 마세요. (3)고객 서비스 사무실에 다른 복사기가 있습니다. 그걸 대신 쓰시면 됩니다.

1. 장비에 대해 알 수 있는 것은?
(A) 토너를 리필해야 한다.
(B) 몇 주 동안 고장 나 있었다.
(C) 교체 부품이 필요하다.

해설 장비에 대해 언급된 것
❶ photocopier(복사기)에 유의.
❷ 남자가 I think some parts need to be replaced(일부 부품을 교체해야 할 것 같아요.)라고 답변하고 있으므로 정답은 (C).

paraphrasing

some parts need to be replaced ▶ needs replacement parts (일부 부품은 교체가 필요하다 → 교체 부품이 필요하다)

2. 여자는 무엇을 하는 데 어려움을 겪고 있는가?
(A) 복사
(B) 일부 부품 교체
(C) 기기 재동작

해설 여자의 어려움
❶ 여자의 질문에 유의.
❷ Are there any other copiers in the building? It's urgent. (이 건물에 다른 복사기가 있어요? 급한 건인데요.)에서 여자가 복사가 안 돼 걱정하고 있으므로 정답은 (A).

3. 남자는 여자에게 무엇을 하라고 요청하는가?
(A) 자신의 프린터를 사용하라고
(B) 다른 사무실로 가라고
(C) 사무용 장비를 빌리라고

해설 남자의 요청사항
❶ 남자의 마지막 말에 유의.
❷ There is another copier in the customer service office. (고객 서비스 사무실에 다른 복사기가 있습니다.)에서 다른 사무실을 제안하므로 정답은 (B).

paraphrasing

in the customer service office ▶ in another office
(고객 서비스 사무실에서 → 다른 사무실에서)

[4-6]

여 (4)3분기 영업 보고서는 어떻게 되어갑니까?
남 (5)컴퓨터에서 매출 자료를 찾을 수가 없어요.
여 (6)정보통신부의 후버 씨에게 전화해 보는 게 어때요?
남 그게 좋겠군요.

4. 남자는 어느 부서에서 일할 것 같은가?
(A) IT
(B) 영업
(C) 인사

해설 남자의 근무 부서 [추론 문제]
❶ 대화의 초반부 'How's the _____ going?'에 유의.
❷ 여자의 질문 How's the third quarterly sales report going?(3분기 영업 보고서는 어떻게 되어갑니까?)에서 남자가 영업과 관련된 일을 할 것이라고 추론할 수 있으므로 정답은 (B).

5. 남자는 어떤 문제에 관해 언급하는가?
(A) 서류를 받지 못했다.
(B) 일부 정보를 이용할 수 없다.
(C) 메모를 찾을 수 없었다.

해설 남자가 언급한 문제점
❶ 남자의 대화 중 부정적인 표현 'I can't ____'에 유의.
❷ I can't find the sales data in the computer.(컴퓨터에서 매출 자료를 찾을 수가 없어요.)에서 자료를 이용할 수 없음을 알 수 있으므로 정답은 (B).

paraphrasing
data ▶ information (자료 → 정보)
I can't find ▶ unavailable (찾을 수 없다 → 이용 불가능한)

6. 여자는 남자에게 무엇을 하라고 제안하는가?
(A) 몇몇 문서를 나눠 주라고
(B) 정보통신부에 연락하라고
(C) 일부 정보를 검색하라고

해설 여자의 제안
❶ 여자의 마지막 말 Why don't you____?에 유의.
❷ Why don't you call Ms. Hoover in the IT department?(정보통신부의 후버 씨에게 전화해 보는 게 어때요?)에서 전화통화를 제안하고 있으므로 정답은 (B).

paraphrasing
call ▶ contact (전화하다 → 연락하다)

토익 실전 감각 익히기   본책 p. 80

| 1. (A) | 2. (D) | 3. (B) | 4. (C) | 5. (B) | 6. (D) |
| 7. (D) | 8. (C) | 9. (A) | 10. (A) | 11. (B) | 12. (A) |

[1-3]

M **(1)**Hi, Jane. Is your supervisor, Ms. Everett, in the office right now?

W No, she's in a meeting now. Can I take a message?

M **(2)**It seems that the brochure file was saved in a different format, so I can't read it.

W I think I can help you. **(3)**I'll send it to you as a PDF if you want.

남 **(1)**안녕하세요, 제인. 당신의 상사인 에버렛 씨가 지금 자리에 계십니까?

여 아니요, 지금 회의 중입니다. 메시지를 전해 드릴까요?

남 **(2)**안내 책자 파일이 다른 포맷으로 저장된 것 같습니다. 그래서 읽을 수가 없군요.

여 제가 도와 드릴 수 있겠군요. **(3)**원하신다면 PDF 파일을 보내 드리겠습니다.

어휘 supervisor 감독관, 관리자 right now 지금 당장
take a message 메시지를 받다 seem ~하게 보이다
brochure 안내책자 save 저장하다

1. 제인에 대해 언급된 것은?
(A) 에버렛 씨와 함께 일한다.
(B) 남자에게 파일을 보냈다.
(C) 안내 책자를 만들고 있다.
(D) 회의에 참석해야 한다.

해설 Jane에 대해 언급된 것
❶ 대화의 초반부에 유의.
❷ 남자의 첫 문장 Hi, Jane. Is your supervisor, Ms. Everett, in the office right now?에서 Ms. Everett이 Jane의 상사이고 함께 일한다는 것을 알 수 있으므로 정답은 (A).

paraphrasing
your supervisor, Ms. Everett ▶ work with Ms. Everett
(당신의 상사 에버렛 씨 → 에버렛 씨와 함께 일하다)

어휘 create 창조하다, 창작하다 attend 참석하다

2. 남자는 파일에 대해 뭐라고 말하는가?
(A) 그것이 없어졌다.
(B) 그것이 삭제되었다.
(C) 그것이 맞는 파일이 아니다.
(D) 그것이 다른 포맷으로 되어 있다.

해설 남자가 파일에 대해 언급한 것
❶ 남자의 대화 중 file에 유의.
❷ the brochure file was saved in a different format에서 파일이 다른 포맷으로 저장되었음을 알 수 있으므로 정답은 (D).

어휘 missing 잃어버린 deleted 삭제된 correct 올바른

3. 여자는 무엇을 하겠다고 제안하는가?
(A) 상관과 이야기하기
(B) 자료 제공하기
(C) 회의 참석하기
(D) 다른 프로그램 사용하기

해설 여자의 제안
① 대화의 마지막 부분 여자의 말 I'll _____에 유의
② I'll send it to you as a PDF if you want.에서 여자가 자료를 보내 주겠다고 하므로 정답은 (B).

paraphrasing
send it(the file) ▶ provide some information
(파일을 보내다 → 정보를 제공하다)

어휘 supervisor 감독관, 상관 provide 제공하다

[4-6]

W Hello, may I speak with the building manager?
M This is he. How may I help you?
W (4)The heaters stopped working last night.
M Oh, I'm sorry. (5)I can call the gas company to send someone out. (6)In the meantime, I'll bring you some space heaters.

여 안녕하세요, 건물 관리인과 통화할 수 있을까요?
남 접니다. 어떻게 도와 드릴까요?
여 (4)어젯밤에 난방기가 동작을 멈췄어요.
남 오, 죄송합니다. (5)제가 가스업체에 전화해서 사람을 보내 달라고 하겠습니다. (6)그 동안 실내 난방기를 가져다 드리겠습니다.

어휘 manager 관리자 last night 어젯밤에 in the meantime 당분간, 그 동안 space heater 실내 난방기

4. 여자가 전화한 이유는?
(A) 주문을 확정하기 위해
(B) 관리인에게 인사하기 위해
(C) 문제를 알리기 위해
(D) 서비스를 제공하기 위해

해설 여자가 전화를 건 이유
① 대화의 초반부 여자의 말에 유의
② The heaters stopped working last night에서 난방기가 작동하지 않는 문제점을 건물 관리인에게 알리려는 것이므로 정답은 (C).

어휘 confirm 확정하다 greet 인사하다 report 알리다, 보고하다 offer 제공하다

5. 남자에 따르면, 가스업체는 무엇을 해 줄 것인가?
(A) 견본을 보낸다.
(B) 직원을 보낸다.
(C) 메시지를 보낸다.
(D) 여자에게 전화한다.

해설 가스업체가 할 일
① 남자의 마지막 말 중 'gas company _____'에 유의
② I can call the gas company to send someone out.에서 남자가 가스업체에 전화해서 사람을 보내 달라고 하겠다고 하므로 정답은 (B).

paraphrasing
send someone out ▶ send a staff member
(사람을 보내다 → 직원을 보내다)

어휘 staff member 직원

6. 남자는 여자에게 무엇을 보내겠다고 제안하는가?
(A) 선물
(B) 청구서
(C) 몇 가지 서식
(D) 난방기

해설 남자가 보내줄 것
① 남자의 마지막 말 'I'll bring you _____'에 유의
② I'll bring you some space heaters에서 space heaters(실내 난방기)를 보내 주겠다고 하므로 정답은 (D).

어휘 gift 선물 bill 청구서, 계산서 form 서식

[7-9]

W Hi, Mike. (7)The board has decided to use your proposal in our next advertising campaign.
M (8)I'm really glad to hear that it is accepted.
W (9)They even want one more.
M (9)When would they expect to receive the other one?
W (9)In two weeks. Will that be enough time?
M Two weeks is a little bit tight, but let me try.

여 안녕하세요, 마이크. (7)이사회에서 다음 광고 캠페인에 귀하의 제안서를 사용하기로 결정했습니다.
남 (8)제안서가 받아들여졌다니 정말 기쁩니다.
여 (9)제안서를 하나 더 받고 싶어 하는데요.
남 (9)다른 제안서는 언제 받기를 원하시나요?
여 (9)2주 후에요. 시간이 충분할까요?
남 2주는 좀 빠듯하지만 해 보겠습니다.

어휘 board 이사회 decide 결정하다 proposal 제안서 advertising 광고 accept 수락하다 expect 기대하다 receive 받다 enough 충분한 tight 빠듯한, 빡빡한

7. 화자들은 무엇에 관해 이야기하고 있는가?
(A) 뉴스 보도
(B) 전화
(C) 일정
(D) 제안서

해설 대화 주제
❶ 대화의 초반부 'your ___'에 유의
❷ 여자의 첫 문장 The board has decided to use your proposal(이사회에서 귀하의 제안서를 사용하기로 결정했습니다)에서 제안서에 대해 말하고 있으므로 정답은 (D).

어휘 news report 뉴스 보도

8. 남자는 무엇 때문에 기뻐하는가?
(A) 그의 급여가 인상되었다.
(B) 그가 승진했다.
(C) 그의 제안서가 받아들여졌다.
(D) 그의 제안서가 거의 완료되었다.

해설 남자가 기뻐하는 이유
❶ 남자의 말 'I'm really glad to hear that ___'에 유의
❷ I'm really glad to hear that it is accepted.에서 남자가 제안서가 받아들여져서 기쁘다고 답하므로 정답은 (C).

어휘 pleased 기쁜 pay raise 급여 인상 promotion 승진 complete 완료된

9. 남자는 2주 후 무엇을 해 달라고 요청받았는가?
(A) 추가 제안서 제출하기
(B) 광고 캠페인 관리하기
(C) 이사회 위원들과 이야기하기
(D) 직원 회의 참석하기

해설 남자가 받은 요청
❶ 여자의 말에 유의
❷ They even want one more.에서 이사회가 제안서를 하나 더 받기를 원한다는 것을 알 수 있으므로 정답은 (A).

paraphrasing
one more ▶ additional (하나 더 → 추가의)

어휘 additional 추가의 manage 관리하다 board member 이사회 위원

[10-12]

> M Diane, have you seen Ms. Brown?
> W I think she has a meeting with our clients right now. Why, what's the matter?
> M **(10)**I need the schedule for the employee orientation.
> W **(11)**You're in luck. She left the schedule and some photos with me. **(12)**I'll print off a copy of the schedule for you.

남 다이앤, 브라운 씨 보셨나요?
여 지금 저희 고객들과 회의 중인 것 같습니다. 왜요, 문제가 있나요?
남 **(10)**직원 오리엔테이션 일정이 필요해요.
여 **(11)**운이 좋으시네요. 그분이 저에게 일정과 사진을 주셨거든요. **(12)**일정 복사본을 출력해 드릴게요.

어휘 client 고객 right now 지금 당장 employee 직원 be in luck 운이 좋은 left leave(남기다)의 과거형 print off 출력하다

10. 남자의 문제는 무엇인가?
(A) 일정을 받지 못했다.
(B) 회의할 준비가 되지 않았다.
(C) 사진을 어딘가에 두고 찾지 못했다.
(D) 새 직원을 도와야 한다.

해설 남자의 문제점
❶ 남자의 말에 유의
❷ 'I need the schedule for the employee orientation.'에서 남자가 일정이 필요하다고 말하므로 정답은 (A).

어휘 be prepared for ~할 준비가 되다 misplace 잘못 두다 assist 돕다

11. 여자가 '당신은 운이 좋으시네요.'라고 말한 이유는 무엇인가?
(A) 자신이 남자 대신 오리엔테이션을 진행해 줄 수 있다.
(B) 자신이 남자에게 문서를 제공해 줄 수 있다.
(C) 자신이 오리엔테이션에 참석할 수 있다.
(D) 자신이 사진에 관한 정보를 줄 수 있다.

해설 여자가 말한 이유 [의도 파악]
❶ 여자의 말에서 You're in luck. 이하 내용에 유의.
❷ You're in luck. She left the schedule and some photos with me.에서 그녀가 일정과 사진을 자신에게 주었다고 말하므로 정답은 (B).

어휘 host 주최하다 instead of ~ 대신

12. 여자는 다음에 무엇을 할 것인가?
(A) 문서를 출력한다.
(B) 사진을 출력한다.
(C) 브라운 씨에게 연락한다.
(D) 오리엔테이션부터 시작한다.

해설 여자의 다음 행동 [추론 문제]
❶ 여자의 마지막 말에서 I'll ___에 유의.
❷ I'll print off a copy of the schedule for you.에서 여자가 일정표 한 부를 출력해 주겠다고 하므로 정답은 (A).

어휘 begin with ~ ~부터 시작하다

Unit 9 일상 생활

쇼핑 본책 p. 82

정답 1. (A) 2. (A) 3. (B)
받아쓰기 (1) shirts (2) small (3) receipt

[1-3]

여 (1)안녕하세요, 지난주에 구입한 이 셔츠들을 반품하고 싶은데요. (2)너무 작은 사이즈였어요.
남 유감이군요. (3)영수증을 보여 주시면 환불 조치를 시작하겠습니다.
여 여기 있어요. 감사합니다.

1. 남자는 누구일 것 같은가?
(A) **매장 직원** (B) 디자이너

2. 여자는 어떤 문제를 언급하는가?
(A) **셔츠의 사이즈가 잘못되었다.** (B) 셔츠의 색깔이 잘못되었다.

3. 남자는 여자에게 무엇을 요청하는가?
(A) 주문서 (B) **구매 증명서**

편의시설 본책 p. 83

정답 1. (B) 2. (A) 3. (A)
받아쓰기 (1) delay (2) dental (3) Monday

[1-3]

남 안녕하세요, 닐 오배넌입니다. (1)(2)다음 치과 진료 약속을 연기해야 해서요.
여 알겠습니다, 오배넌 씨. 금요일과 월요일 중 언제가 더 나으신가요?
남 (3)제가 금요일도 바쁠 테니 월요일이 더 낫겠군요.

1. 남자가 전화한 이유는?
(A) 약속을 취소하려고 (B) **약속을 연기하려고**

2. 여자는 어디서 일할 것 같은가?
(A) **치과에서** (B) 여행사에서

3. 남자는 무슨 요일에 시간이 있는가?
(A) **월요일** (B) 금요일

주거/교통 본책 p. 84

정답 1. (B) 2. (B) 3. (B)
받아쓰기 (1) apartment (2) Saturday (3) stop by

[1-3]

남 (1)워딩턴 씨, 귀하께 적당한 아파트를 찾았습니다.
여 잘됐군요. (2)오는 토요일에 저를 데려가서 아파트를 보여 주실 수 있나요?
남 (2)토요일 괜찮습니다. (3)2시에 제 사무실에 들르실 수 있나요?

1. 남자는 누구일 것 같은가?
(A) 세입자 (B) **부동산 중개인**

2. 여자는 언제 남자를 만날 것인가?
(A) 주중에 (B) **주말에**

3. 남자는 여자에게 무엇을 하라고 제안하는가?
(A) 남자에게 전화하라고 (B) **남자의 사무실을 방문하라고**

Check Up 본책 p. 85

1. refund 2. discount 3. receipt
4. fill 5. inquire 6. reservation
7. account 8. identification 9. location
10. direct 11. clinic 12. cracked

토익 감잡기 본책 p. 86

Step 1

정답 1. (B) 2. (B) 3. (B) 4. (A)
받아쓰기 [1-2] (1) reservation (2) twelve (3) change
[3-4] (1) hotel (2) evening (3) tomorrow

[1-2]

남 안녕하세요. 찰스 김이라는 이름으로 예약했습니다.
여 잠시만 기다려 주세요. 오늘 저녁 7시에 10분이시네요, 맞나요?
남 그런데, 실제로는 인원이 12명이 될 것 같습니다.
여 괜찮습니다, 김 선생님. 변경해 드리겠습니다.

1. 남자가 전화한 이유는?
(A) 메뉴에 관해 문의하려고 (B) **예약을 변경하려고**

2. 예약은 총 몇 명으로 변경이 되어야 하는가?
(A) 10명   (B) 12명

[3-4]

> 여 안녕하세요, 드라이클리닝을 해야 하는데요. (3)이 호텔에서도 해 줍니까?
> 남 물론입니다.
> 여 시간이 얼마나 걸릴지 궁금해요.
> 남 (4)음, 저희에게 오늘 저녁에 옷을 주시면 내일 정오까지 준비될 겁니다.

3. 화자들은 어디에 있을 것 같은가?
(A) 옷 가게   (B) 호텔

4. 남자에 따르면, 서비스는 얼마나 걸리는가?
(A) 24시간 이내   (B) 48시간 이내

Step 2

> 정답   1. (B) 2. (A) 3. (A) 4. (C) 5. (B) 6. (A)
> 받아쓰기 [1-3] (1) Delivery (2) rice cooker (3) 2
> [4-6] (1) chairs (2) ten (3) call

[1-3]

> 남 (1)안녕하세요, EJ 스피드 딜리버리입니다. LT 가전에서 귀하께 온 소포가 있습니다.
> 여 (2)아, 지난주에 주문한 밥솥일 겁니다.
> 남 (3) 2시에서 3시 사이에 댁에 계실 건가요?
> 여 (3) 도착하시기 전에 집에 와 있을게요.

1. 남자는 누구일 것 같은가?
(A) 판매원
(B) 배달원
(C) 기술자

해설 남자의 신분 [추론 문제]
❶ 남자의 말 'This is EJ Speed ____.'에서 고유명사 끝부분에 유의.
❷ Hello, this is EJ Speed Delivery. It seems you have a parcel에서 'Delivery'와 'parcel'은 '배송'과 '소포'를 나타내므로 남자의 신분을 배달원으로 추론할 수 있다. 따라서 정답은 (B).

paraphrasing
delivery, parcel ▶ a delivery man
(배달, 소포 → 배달원)

2. 여자는 지난주에 무엇을 주문했는가?
(A) 밥솥
(B) 쌀
(C) 냄비

해설 여자가 지난주에 주문한 물품
❶ 여자의 말에서 last week, order 들어간 문장에 유의.
❷ Oh, it must be the rice cooker I ordered last week.에서 여자가 밥솥을 주문한 것을 알 수 있으므로 정답은 (A).

3. 여자는 언제 귀가할 것인가?
(A) 2시 이전
(B) 3시 이전
(C) 4시 이전

해설 여자의 귀가 시간
❶ 대화 마지막 부분에서 시간 표현에 유의.
❷ Will you be home between 2 and 3?(2시와 3시 사이에 댁에 계실 건가요?)라고 물어본 남자의 질문에 여자가 Yes, I will be home before you arrive.(도착하시기 전에 집에 와 있을 거예요.)라고 대답하므로 정답은 (A).

[4-6]

> 남 안녕하세요. (4)이 의자가 세 개 더 필요한데요. 진열대에 세 상자밖에 없네요.
> 여 네, 모두 몇 개가 필요하세요?
> 남 (5)총 열 개가 필요합니다.
> 여 (6)전화해서 상품을 고객님께 갖다 드리라고 할게요.

4. 대화는 어디서 이뤄질 것 같은가?
(A) 꽃 가게
(B) 주차장
(C) 가구점

해설 대화 장소 [추론 문제]
❶ 대화의 첫 부분에서 주요 명사에 유의.
❷ 남자의 말 I need more of these chairs에서 의자가 더 필요하다고 하므로 가구점이라는 것을 알 수 있다. 따라서 정답은 (C).

paraphrasing
chairs ▶ a furniture store (의자 → 가구점)

5. 남자는 몇 개의 상품을 요구하는가?
(A) 3개
(B) 10개
(C) 20개

해설 남자가 요구하는 물품의 개수
❶ 남자의 말에서 숫자에 유의.
❷ 남자의 말 I need a total of ten.에서 의자 10개가 필요하다고 하므로 정답은 (B).

6. 여자는 다음에 무엇을 할 것 같은가?
(A) 전화를 건다.
(B) 상자를 나른다.
(C) 상품의 위치를 찾는다.

해설 여자의 다음 행동 [추론 문제]
❶ 여자의 마지막 말 'Let me _____.'에 유의.
❷ Let me call someone to에서 여자는 누군가에게 전화를 할 것이라고 하므로 정답은 (A).

paraphrasing
call ▶ make a phone call (전화하다)

토익 실전 감각 익히기 본책 p. 88

| 1. (A) | 2. (B) | 3. (B) | 4. (B) | 5. (A) | 6. (B) |
| 7. (C) | 8. (B) | 9. (D) | 10. (B) | 11. (B) | 12. (B) |

[1-3]

W (1)(2)Hello, I bought this Bluetooth speaker here yesterday, but the screen is cracked.
M I'm sorry to hear that. Do you want a replacement or refund?
W Well, I need to use it today, so I guess I'll exchange it. Here is the receipt.
M Okay. (3)Just let me get another one out of the case.

여 (1)(2)안녕하세요. 어제 여기서 이 블루투스 스피커를 샀는데요. 화면에 금이 가 있어요.
남 죄송합니다. 교환과 환불 중 무엇을 원하시나요?
여 음, 오늘 사용해야 하니까 교환할게요. 여기 영수증이 있습니다.
남 네, (3)다른 제품을 상자에서 꺼내 드리겠습니다.

어휘 cracked 금이 간 replacement 교체 refund 환불 exchange 교환하다 receipt 영수증

1. 화자들은 어디에 있을 것 같은가?
(A) 전자제품점
(B) 옷 가게
(C) 수리점
(D) 여행사

해설 대화 장소 [추론 문제]
❶ 대화의 첫 부분에 나오는 주요 명사에 유의.
❷ Hello, I bought this Bluetooth speaker here yesterday 라는 말에서 전자제품점이라는 것을 추론할 수 있으므로 정답은 (A).

어휘 electronic 전자의 clothing 옷, 의복 repair 보수, 수리 travel agency 여행사

2. 여자는 어떤 문제를 언급하는가?
(A) 그녀가 영수증을 분실했다.
(B) 그녀가 구입한 물건이 손상되었다.
(C) 그녀가 구입한 물건이 작동하지 않는다.
(D) 그녀가 추가 요금을 지불해야 한다.

해설 여자가 언급한 문제점
❶ 여자의 대화에서 부정적인 표현에 유의.
❷ but the screen is cracked(그런데 화면에 금이 갔다)고 하므로 구입한 물건이 손상되었다고 볼 수 있다. 따라서 정답은 (B).

paraphrasing
be cracked ▶ be damaged
(금이 가다 → 손상되다)

어휘 lost lose(잃어버리다)의 과거형 receipt 영수증 purchase 구입품 damaged 손상된 pay 지불하다 additional 추가의 fee 요금

3. 남자는 다음에 무엇을 할 것 같은가?
(A) 환불을 해 준다.
(B) 다른 제품을 가져온다.
(C) 전화를 건다.
(D) 다른 매장에 간다.

해설 남자의 다음 행동 [추론 문제]
❶ 남자의 대화 마지막 부분에서 'let me ___'에 유의.
❷ Just let me get another one out of the case.(제가 다른 제품을 상자에서 꺼내 드리겠습니다.)고 하므로 정답은 (B).

paraphrasing
get another one ▶ get another item
(다른 것을 가져오다 → 다른 물품을 가져오다)

어휘 provide 제공하다 refund 환불

[4-6]

W Hello, sir. (4)(5)It seems I left a piece of luggage at the duty-free counter on the third floor.
M You'll probably need to call the security office.
W My flight leaves in twenty minutes, so I don't have enough time.
M (6)Can you describe what your luggage looks like?

여 안녕하세요. (4)(5)제가 3층에 있는 면세 카운터에 짐을 하나 놓고 온 것 같아요.
남 아마 보안 사무실에 전화해야 할 겁니다.
여 제가 탈 비행기가 20분 후에 떠나서 시간이 충분치 않아요.
남 (6)짐이 어떻게 생겼는지 설명해 주실 수 있나요?

어휘 left leave(두다, 남기다)의 과거형 luggage 짐, 수하물 duty-free 면세의 probably 아마 security office 보안 사무실, 경비실 flight 비행 describe 묘사하다, 말하다 look like ~처럼 보이다

4. 화자들은 어디에 있을 것 같은가?
(A) 호텔
(B) 공항
(C) 전시회
(D) 우체국

해설 대화 장소 [추론 문제]
❶ 대화의 첫 부분에서 주요 명사에 유의.
❷ It seems I left a piece of luggage at the duty-free counter on the third floor.에서 여자가 면세 카운터에 짐을 두었다고 하므로 공항으로 추론할 수 있다. 따라서 정답은 (B).

어휘 exhibition 전시회 post office 우체국

5. 여자는 어떤 문제를 언급하는가?
(A) 자신의 짐을 어딘가에 잘못 두었다.
(B) 그녀의 비행편이 취소됐다.
(C) 전시품이 옮겨졌다.
(D) 매장이 문을 닫았다.

해설 여자가 언급한 문제점
❶ 여자의 대화에서 부정적인 표현에 유의.
❷ I left a piece of luggage at the duty-free counter on the third floor.에서 여자가 자신의 짐을 면세 카운터에 두었다고 하므로 정답은 (A).

paraphrasing
left luggage ▶ Her luggage was misplaced.
(짐을 두었다 → 그녀의 짐을 어딘가에 잘못 두었다.)

어휘 luggage 짐, 수하물 misplace 어딘가에 잘못 두다 flight 비행 cancel 취소하다 exhibit 전시품

6. 남자는 여자에게 무엇을 하라고 요청하는가?
(A) 지도 보기
(B) 묘사하기
(C) 다른 항공편을 이용하기
(D) 카운터로 가기

해설 남자의 요청사항
❶ 남자의 마지막 말 'Can you ____?'에 유의.
❷ 남자가 짐의 외형을 설명해 달라(Can you describe what your luggage look like?)고 요청하므로 정답은 (B).

paraphrasing
describe ▶ give a description (묘사하다)

어휘 examine 검토하다 description 묘사 flight 비행

[7-9]

M (7)Hi, I'm looking for a small apartment to rent with two bedrooms around here.
W (8)May I ask what price range you have in mind?
M A unit under $1,000 a month is fine with me.
W (9)Well, let me check our records on the computer.

남 안녕하세요, (7)이 근처에 임대할 침실 두 개짜리 소형 아파트를 찾고 있는데요.
여 (8)어떤 가격대를 생각하시는지 여쭤 봐도 될까요?
남 월 1,000달러 이하면 좋겠습니다.
여 (9)음, 컴퓨터에서 저희 기록을 확인해 보겠습니다.

어휘 look for ~을 찾다 rent 빌리다 price range 가격대 have in mind 염두에 두다, 생각하다 record 기록

7. 여자는 어디서 일할 것 같은가?
(A) 이사업체
(B) 배송업체
(C) 부동산 중개업체
(D) 시장

해설 여자의 근무지 [추론 문제]
❶ 대화의 첫 부분 남자의 대화에 유의.
❷ 남자가 아파트를 구하고(I'm looking for a small apartment to rent) 있으므로 여자는 부동산 중개업체에서 일하고 있음을 추론할 수 있어서 정답은 (C).

어휘 moving 이사 shipping 배송, 선적 real estate 부동산

8. 여자는 어떤 정보를 요청하는가?
(A) 대중교통
(B) 허용 가능한 임대료
(C) 임대 계약서 1부
(D) 아파트 위치

해설 여자가 요청하는 정보
❶ 여자의 대화 중 요청문 'May I ask ____?'에 유의.
❷ 'May I ask what price range you have in mind?'에서 여자는 가격대를 묻고 있으므로 정답은 (B).

paraphrasing

price range in mind ▶ acceptable rental fee
(생각하고 있는 가격대 → 허용 가능한 임대료)

어휘 request 요청하다　public transportation 대중교통　acceptable 허용할 수 있는, 받아들일 수 있는　rental fee 임대료　contract 계약서

9. 여자는 다음에 무엇을 할 것 같은가?
(A) 전화를 건다.
(B) 목록을 보낸다.
(C) 계약을 체결한다.
(D) 정보를 검색한다.

해설　여자의 다음 행동 [추론 문제]
❶ 여자의 대화 마지막 부분에서 'let me ___'에 유의.
❷ Well, let me check our records on the computer.에서 여자가 컴퓨터 기록을 확인한다고 하므로 정답은 (D).

paraphrasing

check our records ▶ search for information
(우리 기록을 확인하다 → 정보를 찾다)

어휘 sign a contract 계약을 체결하다　search for ~를 찾다, 검색하다

[10-12]

골든 하이츠행 열차

출발	열차 번호	출발	열차 번호
오전 7시	급행 101	오전 8시	일반 203
(11)오전 8시	급행 102	오전 9시	일반 204

어휘 departure 출발　express 급행　local 완행

W　Excuse me. (10)(11)Is this the right platform for the express train? (11)I'm supposed to take the 8 o'clock train to Golden Heights.

M　No, this is platform 9 for the local train.

W　Do you know where I should go?

M　Yes, it's just across from this one. (12)I'm going that way now, so I can show you.

여　실례합니다. (10)(11)여기가 급행열차 플랫폼 맞나요? (11)저는 골든하이츠행 8시 정각 열차를 타야 하거든요.

남　아니요, 여기는 일반열차 플랫폼 9번입니다.

여　어디로 가야 하는지 아세요?

남　네, 이 플랫폼 바로 맞은편입니다. (12)제가 그 쪽으로 가니까 알려드릴게요.

어휘 be supposed to ~하기로 되어 있다, ~해야 한다　express train 급행열차　local train 일반열차　across from ~의 바로 맞은편에

10. 여자는 무엇에 대해 혼선을 겪고 있는가?
(A) 열차 번호
(B) 플랫폼 번호
(C) 출발 시각
(D) 도착 시각

해설　여자가 혼선을 겪고 있는 것
❶ 대화의 첫 부분 여자의 질문에 유의.
❷ Is this the right platform for the express train?에서 여자가 플랫폼에 대해 묻는 것임을 알 수 있으므로 정답은 (B).

어휘 be confused 혼란스럽다　departure 출발　arrival 도착

11. 도표를 보시오. 여자는 어떤 열차를 탈 것인가?
(A) 급행 101
(B) 급행 102
(C) 일반 203
(D) 일반 204

해설　여자가 타고자 하는 열차의 번호 [시각 정보 연계 문제]
❶ 여자의 대화 중에서 열차 종류와 시간에 유의.
❷ Is this the right platform for the express train?' I'm supposed to take the 8 o'clock train to Golden Heights.에서 여자가 8시 급행 열차를 탈 것이라는 것을 알 수 있으므로 시각 정보에서 열차번호를 알 수 있다. 따라서 정답은 (B).

어휘 graphic 도표, 시각 정보

12. 남자는 다음에 무엇을 할 것 같은가?
(A) 여자가 앉을 좌석을 찾는다.
(B) 여자를 플랫폼으로 안내한다.
(C) 일반열차를 기다린다.
(D) 안내원과 이야기한다.

해설　남자의 다음 행동 [추론 문제]
❶ 남자의 대화 마지막 부분에서 'I can ___'에 유의.
❷ 남자가 I'm going that way now, so I can show you.라고 했으므로 남자가 직접 안내해 줄 것을 알 수 있다. 따라서 정답은 (B).

paraphrasing

show ▶ direct (보여 주다 → 안내하다)

어휘 seat 좌석　direct 안내하다　conductor 안내원, 차장

Unit 10 여가 활동

여행 / 외식 　　　　　　　　　본책 p. 90

정답　1. (A)　2. (B)　3. (B)
받아쓰기　(1) trip (2) skiing (3) delayed

[1-3]

여　안녕하세요, 조지. **(1)(2)**시모어 여행은 어땠나요?
남　정말 즐거웠어요. **(2)**그곳에 스키를 타러 가고 싶다면 적극 추천해요. 당신의 여행은 어땠어요?
여　그것은 끔찍했어요. **(3)** 비행이 악천후로 여섯 시간 넘게 지연됐거든요.

1. 화자들은 무엇에 관해 이야기하고 있는가?
(A) 여행　　　　　　　(B) 지연된 일정

2. 남자는 시모어에서 무엇을 하라고 제안하는가?
(A) 여름 스포츠　　　　(B) 겨울 스포츠

3. 여자가 "그것은 끔찍했어요."라고 말한 이유는 무엇인가?
(A) 그녀는 스포츠를 좋아하지 않는다.
(B) 그녀의 항공편이 연기되었다.

연극 / 영화 　　　　　　　　　본책 p. 91

정답　1. (B)　2. (A)　3. (B)
받아쓰기　(1) Theater (2) cast (3) online

[1-3]

남　**(1)**이번 토요일에 할리우드 극장에서 〈더 라이어〉를 볼 계획이에요.
여1　아, 저는 어젯밤에 그것을 봤는데 대단했어요. **(2)**출연진이 훌륭해서 정말 좋았어요.
여2　**(2)**저도 그랬어요. **(3)**미리 온라인에서 입장권 예매하는 것을 잊지 마세요. 20% 할인을 받거든요.

1. 화자들은 무엇에 관해 이야기하고 있는가?
(A) 전시　　　　　　　(B) 연극

2. 여자들은 〈더 라이어〉에 관해 무엇을 가장 좋아했는가?
(A) 배우　　　　　　　(B) 음악

3. 남자는 할인을 받기 위해 무엇을 해야 하는가?
(A) 일찍 도착하기　　　(B) 웹사이트 방문하기

전시 / 축제 　　　　　　　　　본책 p. 92

정답　1. (A)　2. (A)　3. (A)
받아쓰기　(1) festival (2) every year (3) painter

[1-3]

남　**(1)**수잔, 지난 주말 예술제에 갔었나요?
여　네, 정말 좋았어요. **(2)**저는 거의 매년 가요. **(3)**올해는 훨씬 더 특별했답니다. 제임스 한이 왔거든요.
남　**(3)**화가 말인가요? 그가 행사를 위해 돈을 기부했다고 들었어요.

1. 대화는 주로 무엇에 관한 것인가?
(A) 축제　　　　　　　(B) 패션 쇼

2. 여자는 행사에 얼마나 자주 가는가?
(A) 연 1회　　　　　　(B) 연 2회

3. 여자가 "올해는 훨씬 더 특별했답니다."라고 말한 이유는 무엇인가?
(A) 화가가 등장했다.
(B) 특별 객원 연설자가 있었다.

Check Up 　　　　　　　　　본책 p. 93

1. exhibit　　2. donate　　3. Admission
4. review　　5. destination　6. negative
7. itinerary　8. seats　　　9. critic
10. menu　　11. fundraiser　12. annually

토익 감잡기 　　　　　　　　　본책 p. 94

Step 1

정답　1. (A)　2. (B)　3. (A)　4. (A)
받아쓰기　[1-2] (1) rent a car (2) see (3) license
　　　　　[3-4] (1) fewer (3) one hour before (3) 5

[1-2]

여　**(1)**안녕하세요. 그린이라는 이름으로 차량 렌트 예약을 했는데요.
남　한 번 볼게요. 제인 그린 씨인가요?
여　네, 소형 승용차를 이틀 예약했어요.
남　**(2)**네, 운전면허증 좀 보여 주시겠어요?

1. 대화는 어디서 이뤄질 것 같은가?
(A) 자동차 렌트업체　　(B) 자동차 수리점

2. 남자는 무엇을 요청하는가?
(A) 영수증
(B) 운전면허증

paraphrasing
rent a car ▶ at a car rental agency
(차를 렌트하다 → 자동차 렌트업체)

your driver's license ▶ a driving permit
(당신의 운전면허증 → 운전면허증)

[3-4]

> 남 수, 다음 급행열차를 탑시다.
> 여 그래요. 정거장 수가 더 적어요.
> 남 (3)(4)박물관이 문을 닫는 5시의 한 시간 전에는 도착해야 해요.
> 여 네, 맞아요.

3. 남자는 왜 다음 급행열차를 타자고 제안하는가?
(A) **목적지에 더 빨리 도착하기 위해**
(B) 역에 더 오래 머물기 위해

paraphrasing
We should be at the museum ~ before …
▶ to get to the destination faster
(…하기 전에 박물관에 도착해야 한다 → 목적지에 더 빨리 도착하기 위해)

4. 화자들은 목적지에 언제 도착할 것 같은가?
(A) **4시**
(B) 5시

paraphrasing
one hour before it closes at 5 ▶ at 4
(5시에 문을 닫기 한 시간 전에 → 4시에)

Step 2

> 정답 **1.** (C) **2.** (A) **3.** (B) **4.** (B) **5.** (C) **6.** (C)
> 받아쓰기 [1-3] (1) bus (2) stops (3) same flight
> [4-6] (1) dinner (2) sushi (3) voucher

[1-3]

> 남 실례합니다, 부인. (1)이것이 공항 셔틀버스인가요? (2)너무 많이 멈추는 것 같아요.
> 여 (2)네, 노선 전반부에는 그래요. 비행기가 언제 출발하나요?
> 남 10시 45분 타이페이 행입니다.
> 여 (3)아, 그래요? 저와 같은 항공편을 타시네요.

1. 화자들은 어디에 있을 것 같은가?
(A) 공항
(B) 버스 정류장
(C) **버스**

해설 대화 장소 [추론 문제]
❶ 대화 초반부의 주요 명사(구)에 유의.
❷ Is this an airport shuttle bus? We seem to be making so many stops.에서 대화가 이루어지는 장소가 버스 안이라는 것을 추론할 수 있으므로 정답은 (C).

2. 노선의 전반부가 더딘 이유는?
(A) **정류장이 많다.**
(B) 노선이 도심을 가로지른다.
(C) 현재 교통이 매우 혼잡하다.

해설 노선 전반부가 더딘 이유
❶ 대화 초반부에 유의.
❷ 너무 많이 멈추는 것 같다는 남자의 말에 여자는 노선 전반부에는 그렇다고 답변하므로 정답은 (A).

3. 여자가 "아, 그래요?"라고 말한 이유는 무엇인가?
(A) 남자가 같은 회사에서 일한다는 사실을 알았다.
(B) **남자와 같은 항공편에 탑승할 것이다.**
(C) 버스가 공항에 늦게 도착할 것이다.

해설 여자가 한 말의 이유 [의도 파악]
❶ 여자의 대화 중 "Oh, really" 이하 내용에 유의.
❷ Oh, really? I think we're on the same flight.에서 여자가 남자와 같은 비행기를 탄다는 것을 알 수 있으므로 정답은 (B).

[4-6]

> 남 (4)저희 부모님께서 토요일에 오시는데 모시고 나가 저녁 식사를 하려고 해요. 좋은 음식점을 추천해 주실 수 있나요?
> 여1 어디 한 번 봅시다. 산티니는 파스타가 아주 맛있지만 주말에는 너무 붐벼요. 히로토미 어때요?
> 여2 (5)그 일본 레스토랑은 초밥이 훌륭하죠. (6)샐러드 무료 쿠폰을 드릴게요.
> 남 히로토미 좋군요. 감사합니다.

4. 남자는 무엇을 준비하고 싶어 하는가?
(A) 출장
(B) **가족 저녁 식사**
(C) 회의 장소

해설 남자가 준비하려는 것
❶ 대화 초반부 남자의 대화에 유의.
❷ My parents are visiting on Saturday, so I'd like to take them out for dinner.에서 남자가 부모님을 모시고 저녁 식사를 하려고 한다는 것을 알 수 있으므로 정답은 (B).

paraphrasing
take them(parents) out for dinner ▶ a family dinner
(부모님을 저녁 식사에 모셔가다 → 가족 저녁 식사)

5. 여자들에 따르면, 히로토미에 대해 언급된 것은?
(A) 파스타가 맛있다.
(B) 주말에 아주 붐빈다.
(C) 일본 음식을 판매한다.

해설 '히로토미'에 대해 언급한 것
❶ 여자들의 대화 중 'Hirotomi'가 언급된 내용 유의.
❷ 히로토미가 어떠냐는 질문에 That Japanese restaurant has excellent sushi.라고 대답한 것에서 히로토미는 일본 음식을 파는 식당임을 알 수 있다. 따라서 정답은 (C).

paraphrasing
Japanese restaurant, sushi ▶ Japanese dishes
(일본 음식점, 초밥 → 일본 요리)

6. 남자는 무엇을 받을 것인가?
(A) 약도
(B) 전화번호
(C) 쿠폰

해설 남자가 받게 될 것
❶ 여자의 마지막 대화에서 'give you ____.'에 유의.
❷ 여자의 말 Let me give you a voucher for a free salad.에서 남자에게 'voucher'를 제공한다는 것을 알 수 있으므로 정답은 (C).

paraphrasing
a voucher ▶ a coupon (바우처 → 쿠폰)

토익 실전 감각 익히기 · 본책 p. 96

| 1. (C) | 2. (C) | 3. (D) | 4. (C) | 5. (A) | 6. (B) |
| 7. (A) | 8. (D) | 9. (D) | 10. (A) | 11. (B) | 12. (B) |

[1-3]

M **(1)Ellie, have you heard about the fundraiser this weekend?**
W **(2)Yes, one of my students said there would be a mud festival, too.**
M That's interesting. My daughter might be interested in it.
W I heard all of the money from the sales will be donated to the local schools.
M Oh, that's good news. **(3)I have to take a look at my schedule first.**

남 **(1)**엘리, 이번 주말에 있을 모금 행사에 관해 들었어요?
여 **(2)**네, 제 학생 중 한 명이 머드 축제도 있을 거라고 하더군요.
남 흥미롭네요. 제 딸도 그것에 관심이 있을지 몰라요.
여 판매 수익 전부가 지역 학교에 기부될 예정이라고 들었어요.
남 오, 그거 좋은 소식이군요. **(3)**먼저 제 일정을 한번 봐야겠어요.

어휘 fundraiser 모금 행사 mud 진흙 be interested in ~에 관심이 있다 sales 판매 donate 기부하다 local 지역의 take a look at ~을 보다

1. 화자들은 주로 무엇에 관해 이야기하고 있는가?
(A) 특별 판매
(B) 회사 야유회
(C) 자선 행사
(D) 학교 활동

해설 대화 주제
❶ 대화 초반의 'have you heard about ____'에 유의.
❷ have you heard about the fundraiser this weekend에서 'fundraiser'(모금 행사)에 대해 들어본 적이 있는지 묻고 있으므로 정답은 (C).

paraphrasing
the fundraiser ▶ a charity event
(모금 행사 → 자선 행사)

어휘 charity 자선 activity 활동

2. 여자는 누구일 것 같은가?
(A) 예술가
(B) 판매원
(C) 강사
(D) 투자자

해설 여자의 신분 [추론 문제]
❶ 여자의 대화에서 '직업' 관련 어휘에 유의.
❷ one of my students에서 여자가 강사임을 추론할 수 있으므로 정답은 (C).

어휘 salesperson 판매원 instructor 강사 investor 투자자

3. 남자는 다음에 무엇을 할 것인가?
(A) 전화를 건다.
(B) 축제에 참가한다.
(C) 학생에게 이야기한다.
(D) 일정을 확인한다.

해설 남자의 다음 행동 [추론 문제]
❶ 남자의 마지막 말에서 'I have to ____.'에 유의.
❷ 남자가 자신의 일정을 한번 봐야겠다(I have to take a look at my schedule first.)라고 하므로 정답은 (D).

paraphrasing
take a look at my schedule ▶ check the schedule
(일정을 한번 보다 → 일정을 확인하다)

어휘 attend 참석하다, 참가하다

[4-6]

- M **⁽⁴⁾I looked at the Web site for the new Indian restaurant.**
- W1 Do they have a lunch buffet?
- M No, but they have some good, cheap dishes on the regular menu.
- W2 Well, I ate there last week. ⁽⁵⁾**Their service is good, but it's tiny with just four tables.**
- M ⁽⁶⁾**Okay, let me call the restaurant first and see if we can reserve a table.**

남 ⁽⁴⁾새 인도식당 웹사이트를 봤어요.
여1 점심 뷔페가 있나요?
남 아니요, 하지만 일반 메뉴에 저렴하고 훌륭한 요리들이 있어요.
여2 음, 제가 지난주에 거기서 식사했는데요. ⁽⁵⁾서비스는 좋지만 테이블이 4개만 있어서 아주 작아요.
남 ⁽⁶⁾알겠어요. 제가 식당에 전화해서 자리를 예약할 수 있는지 알아볼게요.

어휘 dish 요리 regular 일반적인, 보통의 tiny 아주 작은 reserve a table (식당에) 자리를 예약하다

4. 남자는 식당에 대해 어떻게 알게 되었는가?
(A) 친구로부터
(B) 잡지에서
(C) 인터넷에서
(D) 동료로부터

해설 남자가 '식당'을 알게 된 경로
❶ 대화의 초반에 나오는 'I looked at the ____.'에 유의.
❷ 'I looked at the Web site for the new Indian restaurant.'에서 남자가 식당의 웹사이트를 언급하므로 정답은 (C).

paraphrasing
Web site ▶ Internet (웹사이트 → 인터넷)

어휘 magazine 잡지 coworker 동료

5. 여자들이 식당에 대해 언급한 것은?
(A) 매우 작다.
(B) 점심 뷔페가 있다.
(C) 배달 서비스를 제공한다.
(D) 메뉴가 비싸다.

해설 여자들이 '식당'에 대해 언급한 것
❶ 여자들의 대화 중 '식당'에 유의.
❷ Their service is good, but it's tiny with just four tables.에서 식당이 작다는 것을 알 수 있으므로 정답은 (A).

paraphrasing
tiny ▶ small (작은 → 작은)

어휘 delivery 배달 expensive 비싼

6. 남자는 다음에 무엇을 할 것인가?
(A) 식당에 간다.
(B) 전화를 건다.
(C) 메뉴를 본다.
(D) 택시를 부른다.

해설 남자의 다음 행동 [추론 문제]
❶ 남자의 마지막 대화에서 'let me ____'에 유의.
❷ Okay, let me call the restaurant first and see if we can reserve a table.에서 남자가 식당에 전화를 한다고 하므로 정답은 (B).

paraphrasing
call ▶ make a phone call (전화하다)

어휘 call for ~를 부르다

[7-9]

- M ⁽⁷⁾**Did you see this review by Owen Bone in the newspaper?**
- W Yeah, his reviews are always negative.
- M ⁽⁸⁾**I'm aware of that, but he even criticized Andrew Melon's latest novel, and that was a bestseller.**
- W He did? ⁽⁹⁾**Maybe you should e-mail the newspaper company and tell them how you feel about Owen.**

남 ⁽⁷⁾신문에서 오웬 본 씨가 쓴 논평 봤어요?
여 네, 그의 논평은 항상 부정적이죠.
남 ⁽⁸⁾나도 그것을 알고 있지만 그가 앤드류 멜론의 최신 소설까지 비평했군요, 베스트셀러였는데요.
여 그랬나요? ⁽⁹⁾신문사에 이메일을 보내서 당신이 오웬 씨에 대해 갖고 있는 생각을 말해야 할 것 같아요.

어휘 review 논평 newspaper 신문 negative 부정적인 be aware of ~을 알다 criticize 비평하다, 비판하다 latest 최근의, 최신의 novel 소설

7. 화자들은 주로 무엇에 관해 이야기하고 있는가?
(A) 평론가
(B) 책
(C) 작가
(D) 출판사

해설 대화 주제
❶ 대화의 초반에 나오는 'Did you see ___?'에 유의.
❷ Did you see this review by Owen Bone in the newspaper?에서 누군가가 쓴 논평에 대해 언급하고 있으므로 정답은 (A).

paraphrasing
this review by 사람 ▶ a critic (~에 의한 이 논평 → 평론가)

어휘 critic 비평가, 평론가 author 저자 publisher 출판사

8. 앤드류 멜론에 대해 언급된 것은?
(A) 애니메이션 작가이다.
(B) 처녀작이 발표됐다.
(C) 어떤 책에 대해 부정적인 비평을 했다.
(D) 최근 매우 인기 있는 소설을 썼다.

해설 'Andrew Melon'에 대해 언급한 것
❶ 대화 중 'Andrew Melon'에 유의.
❷ Andrew Melon's latest novel and that was a bestseller.에서 Andrew Melon이 최근에 인기 소설을 썼다는 것을 알 수 있으므로 정답은 (D).

paraphrasing
a bestseller ▶ a very popular novel
(베스트셀러 → 아주 인기 있는 소설)

어휘 release 발표하다, 공개하다 recently 최근

9. 여자는 남자에게 무엇을 하라고 권하는가?
(A) 소설가에게 연락하기
(B) 비평가에게 이야기하기
(C) 책 분석하기
(D) 이메일 보내기

해설 여자의 권고사항
❶ 여자의 마지막 말 'you should ____'에 유의.
❷ Maybe you should e-mail the newspaper company에서 여자가 남자에게 신문사에 이메일을 보내라고 권장하므로 정답은 (D).

어휘 recommend 권하다 novelist 소설가 analyze 분석하다

[10-12]

웩스포드 시티 오페라			
2층 정면석	$145	정면 일등석	$110
(12)1층 정면석	$130	측면 일등석	$90

어휘 upper circle (극장의) 2층 정면석 stall (극장의) 무대 앞 일등석

W **(10)(11)**Hi, I'd like to reserve seven tickets in the main stall for this Thursday's performance of 'Bedea'.
M It will be difficult to seat a group of your size together in the main stall. **(12)**But, you could reserve one of our seating areas in the founder's circle.
W **(12)**That sounds quite nice. Could I please reserve the area closest to the stage?
M Sure, I'll arrange that for you.

여 **(10)(11)**안녕하세요. 이번 목요일 〈베데아〉 공연에 정면 일등석 입장권 7장을 예매하고 싶습니다.
남 그 인원이 정면 일등석에 함께 앉기는 어려울 것 같습니다. **(12)**하지만 1층 정면석 좌석 구역 중 하나를 예약하실 수 있습니다.
여 **(12)**아주 좋습니다. 무대에서 가장 가까운 구역으로 예약할 수 있나요?
남 물론이죠. 처리해 드리겠습니다.

어휘 reserve 예약하다 performance 공연 seating 좌석 stage 무대 arrange (일을) 처리하다

10. 여자가 전화한 이유는?
(A) 예약하려고
(B) 문의에 답변하려고
(C) 사과하려고
(D) 프로그램에 신청하려고

해설 여자가 전화를 건 이유
❶ 대화 초반부의 'I'd like to ____'에 유의.
❷ Hi, I'd like to reserve seven tickets에서 여자가 표를 예약하고자 전화를 했음을 알 수 있으므로 정답은 (A).

paraphrasing
reserve ▶ make a reservation (예약하다)

어휘 reply to ~에 응답하다 inquiry 문의 apology 사과 sign up for ~에 신청하다

11. 여자의 단체는 몇 명인가?
(A) 5명
(B) 7명
(C) 15명
(D) 17명

해설 여자의 단체 숫자
❶ 여자의 대화 중 숫자에 유의.
❷ Hi, I'd like to reserve seven tickets in the main stall for this Thursday's performance of 'Bedea'에서 여자가 7장의 표를 예약하고자 하므로 정답은 (B).

12. 도표를 보시오. 여자는 입장권 한 장당 얼마를 지불할 것인가?
(A) $145
(B) $130
(C) $110
(D) $90

해설 여자가 지불하는 입장권 가격 [시각 정보 연계]
❶ 남자가 권장하는 '좌석' 유형에 주의.
❷ But, you could reserve one of our seating areas in the founder's circle.'에서 남자가 founder's circle(1층 정면석)을 권장하고 여자가 수락하므로 정답은 (B).

어휘 pay for ~을 지불하다

Unit 11 안내, 공지, 전화 메시지

안내　　　　　　　　　　　본책 p. 98

정답　1. (B)　2. (B)　3. (A)
받아쓰기　(1) accounting (2) third (3) speech

[1-3]

회의 첫째 날에 오신 것을 환영합니다. (1)오늘은 회계 분야 전문가들로부터 이야기를 들을 예정입니다. (2)이후 둘째 날과 셋째 날은 회계 워크샵이 실시될 것입니다. (3)이제 기조 연설이 있겠습니다.

1. 청자들은 누구일 것 같은가?
(A) 변호사들　　　　(B) 회계사들

2. 회의는 며칠 동안 계속될 것인가?
(A) 이틀　　　　　　(B) 사흘

3. 청자들은 다음에 무엇을 할 것인가?
(A) 연설을 듣는다.　(B) 계좌를 확인한다.

공지　　　　　　　　　　　본책 p. 99

정답　1. (B)　2. (A)　3. (B)
받아쓰기　(1) Theater (2) photographs (3) photos

[1-3]

(1)팰리스 뮤지컬 극장에 오신 것을 환영합니다. 공연이 곧 시작되겠습니다. (2)공연 중에는 사진 촬영을 삼가 주시기를 부탁드립니다. (3)그렇지만 공연 이후에는 로비에서 사인이 들어간 기념 사진을 구매하실 수 있습니다. 즐겁게 감상하시기 바랍니다.

1. 안내 방송은 어디서 이루어지는가?
(A) 박물관　　　　　(B) 극장

2. 화자에 의하면, 청자들은 무엇을 하는 것이 허용되지 않는가?
(A) 사진 촬영하기　(B) 간식 먹기

3. 로비에서 무엇을 구매할 수 있는가?
(A) 티셔츠　　　　　(B) 사진

전화 메시지　　　　　　　본책 p. 100

정답　1. (A)　2. (B)　3. (B)
받아쓰기　(1) remind (2) nine (3) not to eat

[1-3]

안녕하세요, 황 선생님. 효 센트럴 병원의 마리 루이스입니다. (1)(2)귀하의 건강 검진이 목요일 아침 9시로 예정되어 있음을 다시 한 번 알려드리고자 전화드렸습니다. (3)검진에 앞서 최소한 8시간 전에는 아무것도 드시면 안 된다는 것을 기억하세요. 감사합니다.

1. 메시지의 주요 목적은 무엇인가?
(A) 상기시키려고　　(B) 약속을 변경하려고

2. 청자는 몇 시에 도착하도록 예정되어 있는가?
(A) 8시　　　　　　　(B) 9시

3. 청자는 무엇을 하도록 지시를 받았는가?
(A) 서류 가져오기　(B) 금식하기

Check Up　　　　　　　본책 p. 101

1. host　　2. remind　　3. apologize
4. request　5. select　　6. refrain
7. reminders　8. address　9. regarding
10. checkup　11. tour　　12. guide

토익 감잡기　　　　　　　본책 p. 102

Step 1

정답　1. (A)　2. (A)　3. (A)　4. (B)
받아쓰기　[1-2] (1) captain (2) storm (3) instead of
　　　　　[3-4] (1) order (2) address (3) call

[1-2]

승객 여러분, 주목해 주십시오. (1)저는 기장입니다. (2)거센 폭풍우로 인해 하이 플레인즈 공항 대신 몬로 국제공항에 착륙할 예정입니다. 이로 인해 여러분께 드릴 불편에 대해 진심으로 사과드립니다.

1. 청자들은 어디에 있을 것 같은가?
(A) 기내　　　　　　(B) 공항

paraphrasing
captain ▶ on an airplane (기장 → 기내에서)

2. 문제가 발생한 원인은 무엇인가?
(A) 악천후　　　　　(B) 혼잡한 교통

paraphrasing
a heavy storm ▶ the bad weather (거센 폭풍우 → 악천후)

[3-4]

> 안녕하세요, 카슨 씨. 저는 KP Electronics의 스티브라고 합니다. **(3)화요일에 귀하의 다이오닉 진공청소기 주문을 받았습니다.** 저희 배송 직원이 금요일에 가져다 드리러 갔습니다만, 집 주소를 찾지 못했습니다. **(4)555-2685로 저희에게 전화해 주십시오.** 감사합니다.

3. 카슨 씨는 화요일에 무엇을 했는가?
(A) 가전 제품을 주문했다.
(B) 은행 계좌를 개설했다.

paraphrasing
a vacuum cleaner ▶ an appliance (진공청소기 → 가전 제품)

4. 카슨 씨는 무엇을 하라고 요청받았는가?
(A) 예약하기   **(B) 회신 전화하기**

paraphrasing
call us back ▶ return a phone call
(우리에게 다시 전화하다 → 다시 전화하다)

Step 2

정답 1. (A) 2. (B) 3. (B) 4. (C) 5. (B) 6. (A)
받아쓰기 [1-3] (1) Resort (2) sixth (3) barbecue
[4-6] (1) return flight (2) overbooked
(3) select

[1-3]

> 안녕하십니까, 임직원 및 고객 여러분. 밀튼 어소시에이츠 법률 사무소의 제12회 연례 야유회에 오신 것을 환영합니다. **(1)(2)저는 6년 연속 야유회를 개최하게 된 힐사이드 리조트 측에 감사드리고 싶습니다.** **(3)이제 저희 재무팀에서 준비한 멋진 바비큐 파티에 여러분 모두를 초대합니다.**

1. 행사는 어디서 진행되고 있는가?
(A) 리조트에서
(B) 사무실에서
(C) 연회장에서

해설 행사 장소
❶ 초반부에 나오는 장소 고유명사에 유의.
❷ I'd like to thank the Hillside Resort for hosting our outings에서 야유회를 리조트에서 개최하고 있음을 알 수 있으므로 정답은 (A).

2. 행사는 이 장소에서 몇 년간 개최되었는가?
(A) 3년
(B) 6년
(C) 12년

해설 행사가 이 장소에서 개최된 기간
❶ 담화에서 기간을 나타내는 숫자에 유의.
❷ I'd like to thank the Hillside Resort for hosting our outings for the sixth year in a row.에서 6년 연속 야유회를 개최해 왔음을 알 수 있으므로 정답은 (B).

3. 청자들은 다음에 무엇을 할 것인가?
(A) 단체 경기를 한다.
(B) 바비큐를 먹는다.
(C) 공연을 본다.

해설 청자들의 다음 행동 [추론 문제]
❶ 마지막 부분 'you're all invited to ____'에 유의.
❷ Now you're all invited to enjoy the wonderful barbecue에서 청자들이 바비큐를 즐길 것이라고 추측할 수 있으므로 정답은 (B).

paraphrasing
enjoy the barbecue ▶ eat some barbecue
(바비큐를 즐기다 → 바비큐를 먹다)

[4-6]

> 안녕하세요, 아마드 씨. 제르베 트래블의 에일린 박입니다. **(4)귀하의 귀국 항공편에 문제가 생겼습니다. (5)요청하신 6시 15분은 이미 예약 정원 초과입니다.** 하지만 같은 날 저녁 7시 30분과 9시 45분에 출발하는 해당 항공사의 항공편 두 편이 있습니다. **(6)이 시간대 중 하나를 선택하셔서 전화해 주십시오.**

4. 박 씨가 아마드 씨에게 전화를 건 이유는?
(A) 호텔 예약을 취소하려고
(B) 항공사 변경을 알리려고
(C) 여행 준비에 대해 논의하려고

해설 화자가 전화 메시지를 남긴 이유
❶ 메시지 초반부에 유의.
❷ I've been having problems with your return flight.에서 화자가 항공편 문제점에 대해 언급하며 대안을 제시하고자 하므로 정답은 (C). 전반적인 흐름을 알아야 풀 수 있는 문항이다.

5. 6시 15분 항공편을 이용할 수 없는 이유는?
(A) 기상 문제로 취소되었다.
(B) 항공권이 너무 많이 판매되었다.
(C) 예상보다 늦게 도착할 예정이다.

해설 6시15분 항공편을 이용할 수 없는 이유
❶ 담화 중 '6시 15분' 이하 내용에 유의.
❷ The time that you requested, 6:15, is already overbooked.에서 항공편이 예약 초과라고 했으므로, 많이 판매되었다는 것을 알 수 있다. 따라서 정답은 (B).

paraphrasing
be overbooked ▶ Too many tickets have been sold.
(예약이 초과되다 → 너무 많은 항공권이 판매되다)

6. 박 씨는 아마드 씨에게 무엇을 하라고 요청하는가?
(A) 다른 항공편 선택하기
(B) 더 빠른 시간에 출발하기
(C) 책을 선반에 두기

해설 요청사항
❶ 마지막 부분 'Please ____'에 유의.
❷ Please select one of these times and call me back.에서 두 가지 시간대 중에서 선택할 것을 요청하므로 정답은 (A).

paraphrasing
select one of these times ▶ choose another flight
(이 시간대 중에서 고르다 → 다른 항공편을 선택하다)

토익 실전 감각 익히기   본책 p. 104

1. (B)   2. (A)   3. (C)   4. (A)   5. (A)   6. (B)
7. (C)   8. (B)   9. (D)   10. (B) 11. (D) 12. (C)

[1-3]

Well, everyone, I just want to update you on our tour itinerary for this afternoon. ⁽¹⁾We'll spend about fifteen more minutes at this restaurant then we'll board the bus. ⁽²⁾We'll tour the Longman Folk Village which surrounds a farm. ⁽³⁾But you may want to take your umbrellas out of your backpacks as we expect some light rain soon.

자, 여러분. 오늘 오후 여행 일정을 업데이트해 드리고자 합니다. ⁽¹⁾이 식당에서 약 15분을 더 보낸 다음 버스에 탑승할 것입니다. ⁽²⁾농장을 둘러싼 롱맨 포크 빌리지를 관광할 예정입니다. ⁽³⁾곧 부슬비가 예상되오니 배낭에서 우산을 꺼내셔야 할 것 같습니다.

어휘 itinerary 여행 일정표 spend (시간을) 보내다 board 탑승하다 surround 둘러싸다 backpack 배낭 expect 예상하다

1. 이 공지는 어디에서 전달될 것인가?
(A) 관광버스
(B) 식당
(C) 요리학교
(D) 박물관

해설 공지 장소 [추론 문제]
❶ 초반부의 장소 관련 표현에 유의.
❷ We'll spend about fifteen more minutes at this restaurant에서 '여기 식당'에서 15분을 더 보낸다고 하므로 정답은 (B).

어휘 announcement 공지, 알림

2. 롱맨 포크 빌리지에 대해 언급된 것은?
(A) 안에 농장이 있다.
(B) 역사 박물관의 일부이다.
(C) 재단장을 위해 문을 닫았다.
(D) 사진 촬영이 금지되어 있다.

해설 롱맨 포크 빌리지에 대해 언급된 것
❶ Longman Folk Village 이하 내용에 유의.
❷ We'll tour the Longman Folk Village which surrounds a farm.에서 롱맨 포크 빌리지가 농장을 둘러싸고 있다고 했으므로 정답은 (A).

paraphrasing
surround the farm ▶ include a farm
(농장을 둘러싸다 → 농장을 포함하다)

어휘 indicate 명시하다 include 포함하다 farm 농장 renovation 재단장 allow 허가하다 photography 사진 촬영

3. 화자는 청중에게 무엇을 하라고 제안하는가?
(A) 관광버스의 오른쪽에 앉기
(B) 배낭에 간식을 가지고 다니기
(C) 우산 꺼내기
(D) 카메라 집어넣기

해설 제안사항
❶ 후반부 'But you may want to ____'에 유의.
❷ But you may want to take your umbrellas out of your backpacks as we expect some light rain soon.에서 배낭에서 우산을 꺼내라고 제안하고 있으므로 정답은 (C).

paraphrasing
take your umbrellas out ▶ unpack their umbrellas
(여러분의 우산을 꺼내다 → 그들의 우산을 꺼내다)

어휘 suggest 제안하다 audience 청중 backpack 배낭 unpack (여행가방에 든 것 등을) 꺼내다 put away 치워버리다

[4-6]

Hello, Ms. Tracy Smith. This is Daniel Lewis from SGP Appliances. We received your message regarding the microwave problem. We plan to replace it for you. ⁽⁴⁾However, we do not have your address on file. ⁽⁵⁾This surprised me. You've been shopping with us for years. ⁽⁶⁾Please phone us at 555-8861 for your address. Thank you.

안녕하세요, 트레이시 스미스 씨. 저는 SGP 가전의 다니엘 루이스입니다. 전자레인지 문제에 관한 귀하의 메시지를 받았습니다. ⁽⁴⁾저희는 그것을 교체해 드릴 계획입니다만, 귀하의 주소가 저희 파일에 없습니다. ⁽⁵⁾이것이 저를 놀라게 했습니다. 귀하께서 저희 물건을 몇 년간 구매하오셨는데도요. ⁽⁶⁾귀하의 주소를 위해 555-8861로 전화 주시기 바랍니다. 감사합니다.

어휘 regarding ~에 관한 microwave 전자레인지
replace 교체하다 surprise 놀라게 하다
for years 몇 년간

4. 스미스 씨가 화자에게 전화한 이유는 무엇일 것 같은가?
(A) 문제점을 알리려고
(B) 제품을 주문하려고
(C) 회의 일정을 잡으려고
(D) 주문을 갱신하려고

해설 전화 메시지를 남긴 이유 [추론 문제]
❶ 'However' 이하 내용에 유의.
❷ However, we do not have your address on file.에서 화자는 주소가 파일에 없는 문제를 알리고 있으므로 정답은 (A).

paraphrasing
we do not have your address ▶ To report a problem
(우리에게 당신의 주소가 없다 → 문제점을 알리기 위하여)

어휘 report 알리다, 보고하다 order 주문하다 schedule 일정을 잡다

5. 화자가 "이것이 저를 놀라게 했습니다."라고 말한 이유는 무엇인가?
(A) 그녀가 해당 매장에서 몇 년간 물건을 샀다.
(B) 그녀가 제품 구매에 관심이 없다.
(C) 그녀가 회의 참석을 요청받았다.
(D) 그녀가 정보 제출을 해야 할 것이다.

해설 '놀라웠다'라고 말하는 이유 [의도 파악]
❶ 'This surprised me.' 이하 내용에 유의.
❷ This surprised me. You've been shopping with us for years.에서 청자가 몇 년간 물품을 구매해 왔다는 것을 알 수 있으므로 정답은 (A).

어휘 be interested in ~에 관심이 있다 be required to ~하도록 요청받다 attend 참석하다 submit 제출하다 information 정보

6. 화자는 스미스 씨에게 무엇을 하라고 요청하는가?
(A) 서류 제출하기
(B) 주소 제공하기
(C) 다른 상품 선택하기
(D) 장소 선택하기

해설 요청사항
❶ 후반부 'Please ____'에 유의.
❷ Please phone us at 555-8861 for your address.에서 주소를 위해서 전화를 해 줄 것을 요청하므로 정답은 (B).

paraphrasing
phone us for your address ▶ provide an address
(귀하의 주소를 위해 우리에게 전화하다 → 주소를 주다)

어휘 submit 제출하다 document 문서, 서류 provide 제공하다 location 장소

[7-9]

(7)Come to the Lotus Thai Food for our grand reopening this weekend. (8)The interior is now decorated like a traditional Thai home. Some new dishes are also added to the menu. On Saturday, enjoy a free salad, (9)and on Sunday, children eat for free. Please call 620-1117 to make a reservation.

(7)이번 주말에 다시 문을 여는 로터스 타이 푸드로 오세요. (8)이제 실내장식이 태국 전통 가정처럼 꾸며졌습니다. 새로운 요리도 메뉴에 추가되었습니다. 토요일에는 무료 샐러드를 즐기세요. (9)일요일에는 어린이들이 무료로 식사할 수 있습니다. 예약하시려면 620-1117로 전화해 주세요.

어휘 grand (re)opening (재)개장, 개점 interior 실내장식 decorate 장식하다 traditional 전통적인 dish 요리 add 추가하다 make a reservation 예약하다

7. 공지의 목적은 무엇인가?
(A) 구인광고를 하려고
(B) 폐점을 알리려고
(C) 재개점을 알리려고
(D) 오락물을 홍보하려고

해설 공지 목적
❶ 초반부에 유의.
❷ for our grand reopening this weekend에서 재개장에 대해 공지하고 있으므로 정답은 (C).

어휘 purpose 목적, 의도 announcement 공지 advertise for an employee 직원 모집 광고를 하다 inform 알리다 closing 폐점 promote 홍보하다 entertainment 오락물

8. 식당은 어떻게 바뀌었는가?
(A) 건물이 확장되었다.
(B) 실내장식이 다시 꾸며졌다.
(C) 나무를 심었다.
(D) 주방을 다시 디자인했다.

해설 식당의 바뀐 점
❶ 담화 중 'now'의 앞뒤에 유의.
❷ The interior is now decorated like a traditional Thai home에서 실내장식이 태국 전통 가정처럼 꾸며졌다고 하므로 정답은 (B).

paraphrasing
be decorated ▶ was redecorated
(꾸며지다 → 다시 꾸며지다)

어휘 expand 확장하다 plant 심다

UNIT 11

9. 일요일에는 어떤 특별한 일이 있는가?
(A) 무료 샐러드가 제공된다.
(B) 모든 음료가 무료이다.
(C) 예약이 없다.
(D) 어린이는 무료로 식사할 수 있다.

해설 일요일 특별한 일
❶ 'Sunday' 이하 내용에 유의.
❷ '…on Sunday, children eat for free' 일요일에는 아이들은 무료로 먹을 수 있음을 알 수 있으므로 정답은 (D).

paraphrasing
free ▶ at no charge (무료로)

[10-12]

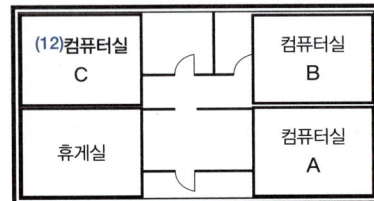

2층 배치도

Good morning, everyone. (10)I'm Deborah Santos, the director of Human Resources. Today, you will be training to work in the customer support department. (11)In ten minutes, Matt Rodriguez will describe how to handle phone calls from customers. (12)Now I would like you to move to a computer room, next to the break room upstairs.

여러분, 안녕하십니까. (10)저는 인사부장 데보라 산토스입니다. 오늘 여러분은 고객 지원부에서 근무하기 위해 교육을 받을 것입니다. (11)10분 후 매트 로드리게즈 씨가 고객 전화 응대 방법을 말씀드릴 것입니다. (12)이제 위층 휴게실 옆에 있는 컴퓨터실로 이동하시기 바랍니다.

어휘 director 책임자 human resources 인사부 train 교육하다, 훈련하다 customer support 고객 지원 describe 말하다, 묘사하다 handle 처리하다 next to ~ 옆에 break room 휴게실 upstairs 위층에

10. 화자는 어느 부서에서 근무하는가?
(A) 교육
(B) 인사
(C) 시장조사
(D) 고객 서비스

해설 화자의 근무 부서
❶ 초반부 부서명에 유의.
❷ I'm Deborah Santos, the director of Human Resources.에서 자신이 인사부 책임자라고 소개하므로 정답은 (B).

어휘 market research 시장 조사

11. 10분 후에 어떤 일이 있을 것인가?
(A) 식사 시간이 시작될 것이다.
(B) 면접이 이루어질 것이다.
(C) 워크숍이 끝날 것이다.
(D) 직무 교육이 이루어질 것이다.

해설 10분 후에 일어날 일
❶ 'in ten minutes'에 이어지는 내용에 유의.
❷ In ten minutes, Matt Rodriguez will describe how to handle phone calls from customers.에서 고객 전화에 대한 응대 방법을 설명한다고 하므로 정답은 (D).

paraphrasing
describe how to handle ▶ job training
(~을 처리하는 방법을 설명하다 → 직무 교육)

어휘 meal break 식사 시간 job interview 면접 take place 일어나다 conclude 끝나다 job training 직무 교육

12. 도표를 보시오. 교육생들은 어느 방으로 가도록 지시받았는가?
(A) 컴퓨터실 A
(B) 컴퓨터실 B
(C) 컴퓨터실 C
(D) 휴게실

해설 청자들이 가야 할 방 [시각 정보 연계]
❶ 후반부 '위치' 표현에 유의
❷ Now I would like you to move to a computer room, next to the break room upstairs.에서 휴게실 옆방으로 이동할 것을 제안하므로 정답은 (C).

어휘 trainee 교육생 instruct 지시하다

Unit 12 연설, 광고, 방송

연설 본책 p. 106

정답 1. (A) 2. (B) 3. (B)
받아쓰기 (1) banquet (2) twenty (3) director

[1-3]

안녕하세요, 여러분. (1)모두 연회를 즐기고 계시기를 바랍니다. 제가 올해의 직원상을 시상하게 되어 매우 영광스럽습니다. (2)(3)올해의 직원상 수상자는 20년간 충심을 다해 근무한 인사부장 캐서린 버넷입니다.

1. 화자는 어디에 있을 것 같은가?
(A) 연회장   (B) 직원회의

2. 버넷 씨는 회사에서 얼마나 오래 근무했는가?
(A) 12년   (B) 20년

3. 버넷 씨의 직위는?
(A) 지점장   (B) 부서장

광고 본책 p. 107

정답 1. (A) 2. (B) 3. (A)
받아쓰기 (1) ten (2) hiking (3) 1 to 2

[1-3]

쇼핑객 여러분, 안녕하십니까! 사우스페이스 웨어하우스 할인 판매에 오신 것을 환영합니다. (1)10분 후 시간대별 할인 행사가 시작될 예정입니다. 티셔츠와 반바지가 모두 20달러에 판매되며, (2)하이킹 부대용품은 10달러입니다. (3)본 할인은 오후 1시부터 2시까지만 진행되니 이 좋은 기회를 놓치지 마세요!

1. 할인은 언제 시작될 예정인가?
(A) 10분 후   (B) 20분 후

2. 어떤 제품을 10달러에 판매하는가?
(A) 수영복   (B) 실외 스포츠 부대용품

3. 특가 판매는 얼마나 오래 계속될 것인가?
(A) 1시간   (B) 2시간

방송 본책 p. 108

정답 1. (A) 2. (B) 3. (B)
받아쓰기 (1) repair (2) bus (3) weather

[1-3]

오늘 오전 10시 30분에 여러분께 알려드리는 교통 안내 방송입니다. (1)펜더 가는 도심 보수공사로 인해 평상시보다 교통이 혼잡할 것입니다. (2)오늘 시내로 가실 계획이라면 버스를 이용하세요. 일기예보를 전할 피터를 연결하겠습니다.

1. 펜더 가의 교통 혼잡을 야기한 것은?
(A) 유지보수 공사   (B) 사고

2. 청자들은 무엇을 하도록 요구받는가?
(A) 오후에 이동하기 (B) 대중교통 이용하기

3. 청자들은 다음에 무엇을 들을 것인가?
(A) 새 도로 소식   (B) 날씨 최신정보

Check Up 본책 p. 109

1. present   2. register   3 update
4. traffic   5. résumé   6. banquet
7. merger   8. cloudy   9. spokesperson
10. offer   11. transportation   12. business

토익 감잡기 본책 p. 110

Step 1

정답 1. (B) 2. (A) 3. (A) 4. (A)
받아쓰기 [1-2] (1) shortage (2) dry (3) stay inside
         [3-4] (1) hiring (2) apply (3) résumé

[1-2]

FM 88 최신 날씨 정보입니다. 현재 이곳 서니베일은 30도이며 최고 기온은 35도입니다. (1)강우량 부족과 건열로 농민들이 작물 걱정을 하기 시작했는데요. (2)가능하면 실내에 머무르시기를 권해 드립니다. 최신 정보를 들으시려면 계속 청취해 주세요.

1. 농부들은 무엇 때문에 작물에 대해 걱정하는가?
(A) 폭우   (B) 덥고 건조한 날씨

paraphrasing
dry heat ▶ hot and dry weather
(건열 → 덥고 건조한 날씨)

2. 청자들은 무엇을 하도록 권고받는가?
(A) 실내에 머무르기 (B) 자외선 차단제 바르기

paraphrasing
stay inside ▶ stay indoors
(실내에 머무르다)

[3-4]

> 유니버설 체육관이 알렉산드리아에 새 지점을 엽니다. (3)트레이너부터 청소원까지 모든 직책을 채용 중입니다. (4)지원하시려면, 이번 주말에 이력서를 지참하고 알렉산드리아 컨벤션 센터로 오시기 바랍니다.

3. 광고의 주요 목적은?
(A) 채용을 알리려고 (B) 개점일을 알리려고

paraphrasing
hire for all positions ▶ announce job openings
(모든 직책을 채용하다 → 채용을 알리다)

4. 청자들은 어떻게 지원할 수 있는가?
(A) 어떤 장소에 방문하기 (B) 이메일 보내기

paraphrasing
come to + 장소 ▶ visit (~로 오세요 → 방문하다)

Step 2

> 정답 1. (A) 2. (C) 3. (B) 4. (B) 5. (C) 6. (A)
> 받아쓰기 [1-3] (1) joining (2) heat (3) dinner
> [4-6] (1) fires (2) 15 (3) windows closed

[1-3]

> 이제 마지막 순서로 가 봅시다. (1)제시카 히나타 씨가 내일 아침 이곳 시애틀에 합류할 예정입니다. 그녀는 도쿄 지사에서 인턴을 했고 이후 로스앤젤레스로 전근을 갔습니다. (2)그녀가 LA의 열기를 피해 이곳으로 전근 요청을 했다고 들었습니다. (3)저희는 내일 밤 팀 회식을 할 예정입니다.

1. 화자는 주로 무엇에 관해 이야기하고 있는가?
(A) 새 직원의 전임
(B) 새 직원의 승진
(C) 새 직원의 퇴임

해설 연설의 주제
❶ 초반부에 유의.
❷ Ms. Jessica Hinata will be joining us here in Seattle tomorrow morning.에서 제시카 히나타 씨가 합류하게 된다고 하므로 정답은 (A).

paraphrasing
Jessica Hinata ▶ a new employee (사람 이름 → 새 직원)
join us ▶ relocation (합류하다 → 전임)

2. 히나타 씨가 시애틀로 옮기는 이유는?
(A) 가족과 가까이 살려고
(B) 비용이 덜 비싼 도시에 거주하려고
(C) 더 시원한 기후에서 지내려고

해설 Ms. Hinata가 시애틀에 온 이유
❶ to escape from 다음에 이어지는 내용에 유의.
❷ I'm told that she requested a transfer here to escape from the heat in L.A.에서 'LA의 열기를 피해 이곳으로 전근 요청을 한 것'이라고 하므로 정답은 (C).

paraphrasing
escape from the heat ▶ a cooler climate
(열기로부터 도망치다 → 더 시원한 기후)

3. 내일 밤 어떤 일이 있을 예정인가?
(A) 히나타 씨가 도착할 것이다.
(B) 저녁 회식이 있을 것이다.
(C) 언어 수업이 시작될 것이다.

해설 내일 밤에 있을 일
❶ 후반부 tomorrow night에 유의.
❷ We will have a team dinner tomorrow night.에서 팀 저녁 회식이 있을 예정이라고 하므로 정답은 (B).

[4-6]

> (4)오카나간 산불로 인해 11번 고속도로가 폐쇄될 예정입니다. (5)15번 고속도로의 교통량이 평소보다 많으니 운전자들은 교통 체증에 갇히지 않도록 15번 고속도로를 피하시라고 경고 말씀 드립니다. (6)짙은 스모그로 인해 주민들께서는 창문을 닫아 두시기를 권해 드립니다.

4. 고속도로 폐쇄 원인은?
(A) 보수 공사
(B) 화재
(C) 홍수

해설 고속도로 폐쇄 원인
❶ 초반부의 원인을 나타내는 표현 'due to ____'에 유의.
❷ Due to forest fires in the Okanagan, Highway 11 will be closed.에서 산불이 원인임을 알 수 있으므로 정답은 (B).

5. 어떤 고속도로가 교통 체증을 겪고 있는가?
(A) 5번 고속도로
(B) 11번 고속도로
(C) 15번 고속도로

해설 교통체증을 겪고 있는 고속도로
❶ 고속도로 번호에 유의.
❷ Traffic is heavier than usual on Highway 15에서 15번 고속도로 교통량이 평소보다 많다는 것을 알 수 있으므로 정답은 (C).

6. 주민들은 무엇을 하라고 권고받았는가?
(A) 창문 닫기
(B) 방 청소하기
(C) 실내에 머무르기

해설 주민들이 받은 권장 사항
❶ 후반부 'we advise residents to ____'에 유의
❷ We advise residents to keep your windows closed due to the heavy smog.에서 짙은 스모그로 인해 주민들에게 창문을 닫아 두라고 권하고 있으므로 정답은 (A).

토익 실전 감각 익히기   본책 p. 112

| 1. (C) | 2. (B) | 3. (C) | 4. (B) | 5. (B) | 6. (B) |
| 7. (D) | 8. (C) | 9. (B) | 10. (C) | 11. (D) | 12. (B) |

[1-3]

Hi, employees. ⁽¹⁾**The renovations in the west wing will be completed this Friday.** We ask all employees to start moving into your new office starting next Monday. ⁽²⁾**If you need help with bigger items like file cabinets, please talk to your section manager.** ⁽³⁾**We hope you move back into your office by July 15.**

직원 여러분, 안녕하십니까. ⁽¹⁾서쪽 동 재단장이 이번 금요일에 완료됩니다. 모든 직원께서는 다음 주 월요일부터 새 사무실로 이동을 시작해 주실 것을 요청드립니다. ⁽²⁾파일 캐비닛과 같은 큰 물건에 대해 도움이 필요하시면 여러분의 부서장에게 말씀해 주십시오. ⁽³⁾7월 15일까지 여러분의 사무실로 다시 이동해 주시기 바랍니다.

어휘 renovation 재단장, 개조 wing (건물의) 동 complete 완료하다 employee 직원 section manager 부서장 move back 다시 이사해 들어가다

1. 서쪽 동에 무슨 일이 진행 중인가?
(A) 점포 개장
(B) 회의
(C) 보수 공사
(D) 엘리베이터 유지 보수

해설 서쪽 동에 일어난 일
❶ 초반부의 'west wing'에 유의.
❷ The renovations in the west wing will be completed this Friday.에서 서쪽 동의 재단장이 진행 중임을 알 수 있으므로 정답은 (C).

paraphrasing
renovation ▶ repair work (재단장 → 수리 작업)

어휘 take place 일어나다 conference 회의 repair 보수, 수리 maintenance 유지 보수

2. 청자들은 큰 사무용 가구를 어떻게 하라고 권고받았는가?
(A) 가구점 방문하기
(B) 자신들의 관리자에게 말하기
(C) 그것을 스스로 옮기기
(D) 이사업체에 연락하기

해설 큰 사무용 가구에 대한 권고사항
❶ 'please ____'에 유의.
❷ If you need help with bigger items like file cabinets, please talk to your section manager.에서 큰 물건은 부서장에게 말하라고 하므로 정답은 (B).

paraphrasing
bigger items like file cabinets ▶ large office furniture
(파일 캐비닛 같은 큰 물건 → 큰 사무용 가구)

어휘 furniture 가구 by oneself 혼자, 도움을 받지 않고 moving company 이사업체

3. 청자들은 언제 이사를 마치도록 요청받았는가?
(A) 6월 중순까지
(B) 6월 말까지
(C) 7월 중순까지
(D) 7월 말까지

해설 이전 마감 권고일
❶ 후반부의 전치사구 'by ____'에 유의
❷ We hope you move back into your office by July 15.에서 7월 15일까지 사무실로 다시 이동하기 바란다고 하므로 정답은 (C).

paraphrasing
by July 15 ▶ by mid-July (7월 15일까지 → 7월 중순까지)

[4-6]

⁽⁴⁾**Today, I just want to introduce our new marketing campaign, "Join Now, Get Three Months Free".** ⁽⁵⁾**Market research shows that giving away free gym time helps attract new members.** In the last ten years, we've had five of these events. They have all been big successes. ⁽⁶⁾I want to pass out new brochures detailing all our savings plans.

⁽⁴⁾오늘 저는 새 마케팅 캠페인 "지금 가입하시면 3개월이 무료입니다"를 소개하고자 합니다. ⁽⁵⁾시장 조사에서 무료 운동 기간을 제공하는 것이 신규 회원 모집에 도움이 된다고 나왔습니다. 지난 10년간 저희는 이런 행사를 5회 진행했는데요. 모두 큰 성공을 거뒀습니다. ⁽⁶⁾할인요금 전체가 자세히 설명되어 있는 새 안내 책자를 나눠 드리겠습니다.

어휘 introduce 소개하다 market research 시장 조사 give away 선물로 주다 attract 끌어들이다 success 성공 pass out 나눠주다 brochure 안내책자 detail 상세히 열거하다 savings 절약된 금액

4. 화자는 무엇에 관해 이야기하고 있는가?
(A) 운동의 이로움
(B) 회사 신규 정책
(C) 홍보 이벤트
(D) 신규 회원

해설 주제
❶ 초반부의 'I want to ____'에 유의.
❷ Today, I just want to introduce our new marketing campaign에서 마케팅 캠페인을 소개하겠다고 했으므로 정답은 (C).

paraphrasing
our new marketing campaign ▶ a promotional event
(우리의 새로운 마케팅 캠페인 → 홍보 이벤트)

어휘 benefit 혜택, 이득 exercise 운동 policy 정책 promotional 홍보의

5. 화자가 "그것들은 모두 큰 성공을 거뒀습니다."라고 말한 이유는?
(A) 그들은 새 지점을 열었다.
(B) 그들은 더 많은 회원을 유치했다.
(C) 그들은 견본을 나눠 주었다.
(D) 그들은 위치를 옮겼다.

해설 큰 성공을 거두었다고 말하는 의도 [의도 파악]
❶ 'big successes'의 의미를 앞 부분에서 찾는다.
❷ giving away free gym time helps attract new members에서 무료 운동 기간을 제공하는 것이 신규 회원 모집에 도움이 된다고 했으므로 '성공'이라는 것은 신규회원 모집에 도움이 됨을 의미한다. 따라서 정답은 (B).

paraphrasing
attract new members ▶ drew more members
(새로운 회원을 끌다 → 더 많은 회원을 유치했다)

어휘 branch 지점 draw 이끌다 location 위치, 장소

6. 화자들은 다음에 무엇을 할 것인가?
(A) 동영상을 보여 준다.
(B) 안내 책자를 배부한다.
(C) 운동 시범을 보인다.
(D) 고객과 면담한다.

해설 화자들의 다음에 할 행동 [추론 문제]
❶ 마지막 부분 'I want to ____'에 유의.
❷ I want to pass out new brochures에서 새로운 안내 책자를 나눠 주겠다고 했으므로 정답은 (B).

paraphrasing
pass out ▶ distribute (나눠 주다 → 배부하다)

어휘 distribute 나눠 주다, 배부하다 demonstrate 보여 주다

[7-9]

⁽⁷⁾We are currently looking for a personal assistant for the curator at our new art gallery in Westhaven. This job requires you to work closely with our head curator. ⁽⁸⁾A successful candidate should have knowledge of modern art. ⁽⁹⁾To apply, please e-mail your résumé and a cover letter to iloveart@artmuseum.com.

⁽⁷⁾저희는 지금 웨스트헤이븐에 있는 새 화랑의 큐레이터 개인 비서를 찾고 있습니다. 이 직책은 수석 큐레이터와 긴밀히 협력해야 합니다. ⁽⁸⁾합격자가 되려면 현대 미술에 대한 지식을 갖춰야 합니다. ⁽⁹⁾지원하시려면 iloveart@artmuseum.com으로 이력서와 자기소개서를 보내십시오.

어휘 currently 현재 personal 개인적인 assistant 조수 require 요구하다 closely 가깝게 successful 성공적인 candidate 후보자 knowledge 지식 apply 지원하다 résumé 이력서

7. 화자는 어떤 직책을 찾고 있는가?
(A) 큐레이터
(B) 안내원
(C) 화가
(D) 비서

해설 직원 모집 안내문
❶ 초반부의 'We are currently looking for ____'에 유의.
❷ We are currently looking for a personal assistant for the curator에서 개인 비서를 구하고 있으므로 정답은 (D).

paraphrasing
a personal assistant ▶ a secretary (개인 조수 → 비서)

어휘 curator 큐레이터(박물관의 전시 책임자), secretary 비서

8. 이 직책의 요건은 무엇인가?
(A) 대학교 학위
(B) 직무 경험
(C) 관련 지식
(D) 미술에 대한 애정

해설 직책의 요건
❶ 필요한 조건이므로 'should have ____'에 유의.
❷ A successful candidate should have knowledge of modern art에서 합격자는 현대 미술에 대한 지식을 갖춰야 한다고 했으므로 정답은 (C).

paraphrasing
knowledge of modern art ▶ relevant knowledge
(현대 미술에 대한 지식 → 관련 지식)

어휘 requirement 요구사항 degree 학위 experience 경험 relevant 관련된

9. 청자들은 자신들의 서류를 어떻게 보낼 것인가?
(A) 우편으로
(B) 이메일로
(C) 팩스로
(D) 직접

해설 서류 제출 방법
❶ 후반부의 'please ____'에 유의.
❷ To apply, please e-mail your résumé and a cover letter to iloveart@artmuseum.com.라고 했으므로 청자들은 서류를 이메일로 보내야 한다. 따라서 정답은 (B)

어휘 document 서류 by mail 우편으로 in person 직접, 몸소

[10-12]

업체명	상품
두닷 웨어	무대 디자인 및 의상
필립 일렉트로닉스	전자 장비
모네 스테이지	야외 무대 장비
(11)소낙 퍼펙션	스피커 및 오디오 장비

어휘 stage 무대 costume 의상 electrical 전기의 equipment 장비 outdoor 옥외의

Local news. (10)Sulvia Ellington, spokesperson for JK Entertainment announced that the new Aunu Concert Hall is nearly completed. (11)Sonac Perfection has been chosen to provide the equipment. About 10 musicals will be released starting July 1st. (12)Tickets for the first show will be on sale next Friday at www.jkentertain.com.

지역 소식입니다. (10)JK 엔터테인먼트의 설비아 엘링턴 대변인은 새 아우누 콘서트 홀이 거의 완공되었다고 발표했습니다. (11)소낙 퍼펙션이 장비 제공업체로 선정되었습니다. 7월 1일부터 약 10편의 뮤지컬이 공개될 예정입니다. (12)첫 공연의 입장권은 다음 주 금요일 www.jkentertain.com에서 할인 판매될 예정입니다.

어휘 local 지역의 spokesperson 대변인 announce 발표하다, 알리다 nearly 거의 complete 완료하다 provide 제공하다 equipment 장비 release 공개하다, 발표하다 be on sale 할인 판매하다

10. 설비아 엘링턴은 누구인가?
(A) CEO
(B) 연예인
(C) 대변인
(D) 기자

해설 Sulvia Ellington의 신분
❶ 초반부의 Sulvia Ellington의 앞뒤 어휘에 유의.
❷ Sulvia Ellington, spokesperson for JK Entertainment에서 그녀가 spokesperson(대변인)임을 알 수 있으므로 정답은 (C).

어휘 entertainer 연예인 news reporter 기자

11. 도표를 보시오. 아우누 콘서트 홀에 무엇이 설치될 것인가?
(A) 무대 디자인 및 의상
(B) 전기 장비
(C) 야외 무대 장비
(D) 스피커 및 오디오 장비

해설 아우누 콘서트 홀에 설치될 것 [시각정보 연계]
❶ 도표의 업체 중에서 언급되는 업체명에 유의.
❷ Sonac Perfection has been chosen to provide the equipment.에서 장비를 공급하기로 선정된 업체를 도표에서 찾아보면 정답은 (D).

어휘 install 설치하다

12. 청자들은 웹사이트를 방문하여 무엇을 할 수 있는가?
(A) 입장권 출력하기
(B) 할인 입장권 구매하기
(C) 정보 얻기
(D) 서비스 신청하기

해설 웹사이트에서 할 수 있는 것
❶ 후반부의 웹사이트 안내에 유의.
❷ Tickets for the first show will be on sale next Friday at www.jkentertain.com.에서 첫 공연의 입장권은 홈페이지에서 할인 판매 예정이라고 했으므로 정답은 (B).

paraphrasing
Tickets ~ will be on sale. ▶ reduced tickets
(입장권은 할인 판매 예정이다. → 할인 입장권)

어휘 purchase 구매하다 reduced 할인된 register for ~에 등록하다, 신청하다

Unit 1 문장의 구조와 5형식

1. 주어와 동사

Check Up 본책 p. 119

1. 주어 James 동사 is
2. 주어 Linda 동사 finished
3. 주어 We 동사 need
4. 주어 I 동사 am
5. 주어 Fixing computers 동사 is
6. 주어 The presentation 동사 was
7. 주어 They 동사 are

1. 제임스는 영업 사원이다.
2. 린다는 자신의 일을 끝마쳤다.
3. 우리는 새 디자이너가 필요하다.
4. 나는 회의에 늦었다.
5. 컴퓨터를 수리하는 것이 내 직업이다.
6. 발표는 아주 좋았다.
7. 그들은 여름에 바쁘다.

2. 목적어

Check Up 본책 p. 120

1. his car
2. Linda, a letter
3. your order
4. a new designer
5. to attend the workshop
6. a presentation
7. Peter, a job, it

1. 콜린은 자신의 차를 수리했다.
2. 나는 린다에게 편지를 보냈다.
3. 저희는 당신의 주문을 받았습니다.
4. 그들은 새 디자이너를 채용했다.
5. 주디는 워크숍에 참석하기를 원한다.
6. 신 씨는 발표를 했다.
7. 그 회사는 피터에게 일자리를 제공했습니다. 그는 그것을 수락했나요?

3. 보어

Check Up 본책 p. 121

1. 주격 보어
2. 주격 보어
3. 주격 보어
4. 주격 보어
5. 주격 보어
6. 목적격 보어
7. 주격 보어
8. 목적격 보어
9. 주격 보어
10. 목적격 보어

1. 나는 영업 관리자이다.
2. 당신은 오늘 행복해 보인다.
3. 그 상품은 품절이다.
4. 그 워크숍은 지루했다.
5. 그 영화는 인기를 얻기 시작했다.
6. 걷기는 당신을 건강하게 해 준다.
7. 도널드 씨는 나의 상사이다.
8. 당신의 몸을 따뜻하게 유지하십시오.
9. 우리 주소는 그대로이다.
10. 나는 그 세미나가 유익하다는 것을 알았다.

4. 문장의 형식 _ 1, 2, 3형식

Check Up 본책 p. 122

1. 2형식
2. 1형식
3. 2형식
4. 1형식
5. 3형식
6. 3형식
7. 3형식
8. 3형식
9. 2형식
10. 1형식

1. 배송은 무료이다.
2. 그들은 함께 일한다.
3. 그 카페는 유명해졌다.
4. 열차는 정시에 도착했다.
5. 나는 어제 주문을 했다.
6. 주디는 워크숍에 참석할 것이다.
7. 김 씨는 5퍼센트 할인을 받았다.
8. 내가 그녀와 함께 회의를 주선할 것이다.
9. 베이츠 씨는 본사 출신이다.
10. 전 직원이 세미나에 참여했다.

5. 문장의 형식 _ 4, 5형식

Check Up 본책 p. 123

1. 2형식
2. 5형식
3. 3형식
4. 1형식
5. 5형식
6. 1형식
7. 4형식
8. 4형식
9. 4형식
10. 5형식

1. 그의 연설은 완벽했다.
2. 카메라는 나를 긴장하게 만든다.
3. 신 씨는 그 프로젝트를 끝마쳤다.
4. 존은 영업 관리자로 일한다.
5. 여러분의 소지품을 안전하게 두세요.
6. 새 상품이 이미 도착했다.
7. 매트는 나에게 그의 전화번호를 주었다.
8. 회사는 전 직원에게 상여금을 제공했다.
9. 그린 씨가 당신에게 서류를 보낼 것이다.
10. 모든 직원은 그 시스템이 훌륭하다고 여긴다.

토익 감잡기

본책 p. 124

| 1. (B) | 2. (A) | 3. (A) | 4. (B) | 5. (B) | 6. (A) |
| 7. (B) | 8. (B) | 9. (A) | 10. (A) | 11. (A) | 12. (B) |

1. 주어 자리 – 명사
해석 그 관리자는 본사에서 일한다.
해설 빈칸은 동사 works의 주어 자리이다. 관사(the) 뒤에는 명사가 오므로 정답은 (B). (A)는 동사이므로 오답.

2. be동사 구분
해석 산토스 씨는 오늘 출장을 갔다.
해설 Ms. Santos는 단수 주어이므로 단수 동사인 (A)가 정답.

3. 주격 보어 자리 – 형용사
해석 알톤 씨의 발표는 성공적이었다.
해설 빈칸은 동사 was의 주격 보어 자리이다. 주어 Mr. Alton's presentation을 설명하는 형용사인 (A)가 정답. (B)는 부사이므로 오답.

4. 간접목적어 자리 – 대명사
해석 제게 영업 보고서를 보내 주십시오.
해설 빈칸은 4형식 동사 send의 간접목적어 자리이므로 목적격을 나타내는 (B)가 정답. (A)는 소유격 인칭대명사로 뒤에 명사가 와야 하므로 오답.

5. 동사 자리
해석 드레이크 씨는 세미나를 위해 회의실을 정리했다.
해설 빈칸은 주어 Mr. Drake 뒤에 오는 동사의 자리이므로 정답은 (B). (A)는 명사이므로 오답.
어휘 arrangement 준비 arrange 준비하다, 정리하다

6. 목적격 보어 자리 – 형용사
해석 우리는 모든 장비를 깨끗이 유지해야 한다.
해설 keep는 '~을 …하게 유지하다'라는 의미의 대표적인 5형식 동사이다. 목적격 보어로 형용사가 쓰이므로 정답은 (A). (B)는 부사이므로 오답.

7. 목적어 자리 – 명사
해석 윌리엄스 씨는 회의에서 발표를 했다.
해설 빈칸은 동사 gave 뒤의 목적어 자리이며, 관사(a/an) 뒤에는 명사가 오므로 정답은 (B). (A)는 동사이므로 오답.
어휘 give a presentation 발표를 하다 conference 회의

8. 주격 보어 자리 – 형용사
해석 그 CEO는 연설 이후 유명해졌다.
해설 become은 대표적인 2형식 동사이다. 뒤에 형용사와 명사 두 가지 모두 올 수 있으나 주어 The CEO의 상태를 설명하므로 형용사인 (B)가 정답. (A)는 명사로 의미가 어울리지 않으므로 오답.
어휘 fame 명성 famous 유명한

9. 1형식 동사
해석 그 항공편은 오전 9시에 5번 게이트에서 출발한다.
해설 주어인 The flight에 어울리는 (A) depart(출발하다)는 1형식 동사이므로 정답. seem은 2형식 동사로 '~인 것 같다'의 의미로 어울리지 않으므로 오답.
어휘 depart 출발하다 seem ~인 것 같다

10. 1형식 동사 〈participate in + 명사〉
해석 신입 직원들은 오리엔테이션에 참석해야 한다.
해설 participate는 1형식 동사, 즉 자동사로 전치사 in 함께 '~에 참석하다'의 의미로 쓰이므로 정답은 (A). 3형식 동사인 (B) 뒤에는 목적어가 와야 하기 때문에 오답.
어휘 participate (자동사) 참가하다 attend (타동사) 참석하다

11. 4형식 동사
해석 그 호텔은 투숙객들에게 무료 와이파이를 제공한다.
해설 빈칸 뒤에 간접목적어(the guests)와 직접목적어(free Wi-Fi)가 있어 빈칸은 4형식 동사 자리이므로 정답은 (A). (B)는 3형식 동사이므로 오답.
어휘 conduct 안내하다

12. 5형식 동사
해석 헬렌은 그 워크숍이 도움이 된다는 것을 알았다.
해설 빈칸 뒤에 목적어(the workshop)과 목적격 보어(helpful)가 있으므로 빈칸은 5형식 동사인 (B)가 정답. (A)는 2형식 동사이므로 오답.

토익 실전 감각 익히기

본책 p. 125

| 1. (C) | 2. (C) | 3. (B) | 4. (C) | 5. (B) | 6. (D) |
| 7. (B) | 8. (A) | 9. (A) | 10. (D) | 11. (C) | 12. (B) |

1. 주격 보어 자리 – 형용사
해석 신 씨는 발표 동안 긴장했다.

해설 동사 was 뒤의 주격 보어 자리이므로 형용사인 (C)가 정답. be 동사 뒤에는 동사원형, 3인칭 단수형, 부사가 올 수 없으므로 (A), (B), (D)는 모두 오답.

어휘 nerve 신경 nervous 긴장하는

2. 전치사의 목적어 자리 – 명사

해설 젠 테크놀로지는 영업 관리자를 찾고 있다.

해설 빈칸은 전치사 for 뒤의 목적어 자리이며 관사(a/an) 뒤에는 단수명사가 오므로 정답은 (C).

어휘 sales manager 영업 관리자

3. 동사 attend

해설 콜린은 6월에 보스턴에서 있었던 세미나에 참석했다.

해설 빈칸 뒤에 목적어 the seminars가 있으므로 3형식 동사 자리이다. 1형식 동사인 (C)와 (D)는 오답. (A)는 복수동사이므로 오답. 따라서 3형식 동사의 과거형인 (B)가 정답.

어휘 attend (타동사) 참석하다 participate (자동사) 참석하다

4. 동사 contact

해설 우리 인사팀 직원이 당신에게 곧 연락할 겁니다.
(A) 일하다 (B) 고려하다
(C) 연락하다 (D) 끝내다

해설 빈칸 뒤에 목적어 you가 있으므로 3형식 동사 자리이다. 1형식 동사인 (A)는 오답. '인사팀 직원이 곧 당신에게-----것이다.'의 문장에서 '연락하다'의 의미가 가장 잘 어울리므로 정답은 (C).

5. 주어 자리 – 대명사

해설 저희는 3월 13일에 귀하의 주문을 받았습니다.

해설 동사 앞의 빈칸은 주어 자리이므로 주격 인칭대명사인 (B)가 정답. (D)는 '우리의 것'이라는 의미의 소유대명사로 문장에서 '주문을 받은' 주체가 될 수 없으므로 오답.

6. 동사 offer

해설 그 쇼핑센터는 주민들에게 많은 일자리를 제공한다.
(A) 실시하다 (B) 출발하다
(C) ~인 것 같다 (D) 제공하다

해설 빈칸 뒤에 간접목적어(residents)와 직접목적어(many jobs)가 있어 빈칸은 4형식 동사 자리이므로 정답은 (D).

7. 주어 자리 – 동명사

해설 뉴욕으로 비행기를 타고 가면 이 도시에서 13시간 가량 걸린다.

해설 동사 takes 앞의 to New York은 전치사구이므로 주어가 될 수 없다 따라서 주어 자리에 쓰일 수 있는 동명사인 (B)가 정답.

8. 목적격 보어 자리 – 형용사

해설 톰슨 씨는 안내 책자에서 자신의 전화번호가 틀린 것을 발견했다.

해설 find는 대표적인 5형식 동사이다. 목적격 보어로 형용사가 쓰이므로 정답은 (A).

[9-12] 회람 _ 안전 점검 시행 안내

회람

수신: 관리자 전원
발신: 블레어 스티븐스
날짜: 10월 5일 수요일
제목: 점검

다음 주 공장 안전 점검이 있을 예정입니다. 전 직원에게 업무 구역을 **(9)**깨끗이 할 것을 상기시켜 주십시오. **(11)**우리가 항상 준비되어 있는 것이 **(10)**중요합니다. 작년에 작은 문제들이 있었습니다. **(12)**올해는 완벽한 보고서를 받았으면 합니다. 그러니 직원들에게 청결의 중요성에 대해 이야기해 주십시오. 감사합니다.

블레어 스티븐스

인사부장

9. 목적격 보어 자리 – 형용사

해설 keep는 '~을 …하게 유지하다'는 의미의 대표적인 5형식 동사이다. 목적격 보어로 형용사가 쓰이므로 정답은 (A).

10. 동사 자리

해설 빈칸은 주어 It과 주격 보어 important 사이에 2형식 동사가 필요하므로 정답은 (D)

11. 주어 자리 – 대명사

해설 that절 안에서 동사 앞에 빈칸은 여전히 주어 자리이며, '------는 항상 준비를 취하여야 한다'의 문장에서 문맥상 주체는 '우리 직원들'이지 '우리의 것'이 아니므로 (B)는 오답이다. 따라서 주격 인칭대명사인 (C)가 정답.

12. 문맥에 맞는 문장 고르기

해설 (A) 각각의 점검이 얼마나 걸리는지 아는 것은 어렵습니다.
(B) 올해는 완벽한 보고서를 받았으면 합니다.
(C) 점검은 매월 시행됩니다.
(D) 견본 점검표를 확인하십시오.

해설 빈칸 앞에는 작년에는 작은 문제점들이 있었다고 말하고 있고, 뒤 문장에서는 청결의 중요성에 대해 직원들에게 말해 달라고 요청하고 있다. 문맥상 올해는 완벽한 보고서를 받고자 한다는 내용이 가장 적절하므로 정답은 (B).

Unit 2 명사와 대명사

1. 명사의 역할과 자리

Check Up 본책 p. 129

1. director 이사
2. assistant 조수, 비서
3. proposal 제안(서)
4. location 장소, 위치
5. decision 결정
6. Employees 직원들
7. retailer 소매업체
8. writer 작가
9. Applications 지원서
10. presentation 발표

1. 김 씨는 이사가 되었다.
2. 로레타는 비서로 일한다.
3. 저는 귀하의 제안서를 검토했습니다.
4. 여러분의 가방을 안전한 곳에 두십시오.
5. CEO는 최종 결정을 내렸다.
6. 직원들은 급여 인상을 받을 것이다.
7. 존의 회사는 컴퓨터 소매업체이다.
8. 독자들은 스티븐스를 훌륭한 작가로 여긴다.
9. 지원서는 다음 주 월요일까지 도착해야 한다.
10. 앤더슨 씨의 발표는 성공적이었다.

2. 명사 한 눈에 알아보기

Check Up 본책 p. 130

1. (B) 향상, 개선
2. (C) 신뢰도 (D) 의존
3. (C) 혁신가 (D) 혁신
4. (C) 명소, 매력
5. (D) 만족
6. (C) 차이
7. (B) 참가자 (C) 출석, 참석자 수 (D) 주의
8. (B) 주민, 거주자 (C) 주택, 거주지
9. (B) 감독관 (C) 점검
10. (B) 관리자 (C) 경영, 관리

3. 가산명사와 불가산명사

Check Up 본책 p. 131

1. discount 할인
2. access 접근, 이용
3. agreement 동의
4. research 연구
5. refund 환불
6. costs 비용
7. consent 동의
8. luggage 짐
9. benefits 혜택
10. increase 증가

4. 인칭대명사

Check Up 본책 p. 132

1. your
2. their
3. she
4. me
5. He
6. ours
7. ourselves

1. 안전띠를 매 주십시오.
2. 손님들은 식사를 하고 있다.
3. 화이트 씨는 자신이 그것을 처리할 수 있다고 말했다.
4. 저에게 부담 없이 연락 주십시오.
5. 그는 2016년 이래 CEO로 근무했다.
6. 그 구매자는 많은 견본 중 우리 것을 선택했다.
7. 저희는 고객 서비스에 전념합니다.

5. 지시대명사와 부정대명사

Check Up 본책 p. 133

1. Those
2. That
3. one
4. others
5. Those
6. This
7. another

1. 저것들은 기밀입니다.
2. 그것은 너를 행복하게 한다.
3. 우리는 새것을 사야 한다.
4. 김 씨는 다른 사람들을 돕는 것을 좋아한다.
5. 열심히 일하는 사람들은 보통 승진한다.
6. 이분은 인사부의 김 씨입니다.
7. 바이러스는 한 컴퓨터에서 다른 컴퓨터로 퍼질 수 있다.

토익 감잡기 본책 p. 134

1. (A) 2. (A) 3. (B) 4. (A) 5. (B) 6. (A)
7. (A) 8. (B) 9. (B) 10. (A) 11. (A) 12. (A)

1. 형용사 + 명사
해석 급격한 판매 증가가 있었다.
해설 빈칸은 형용사 sharp(급격한)의 수식을 받으며 There was 뒤의 주어 자리이기도 하므로 (A)가 정답. (B)는 동사 increase의 과거형.

2. 소유격 인칭대명사 + 명사
해석 우리는 우리의 업무 구역을 깨끗이 해야 한다.
해설 빈칸은 목적어인 work areas를 수식하는 자리이므로 소유격 인칭대명사인 (A)가 정답.

3. 관사(a/an/the) + 명사
해석 모든 장비는 안전 점검을 통과했습니다.
해설 빈칸은 다른 명사 safety와 함께 쓰여 관사 a의 수식을 받는 명사 자리이므로 (B)가 정답. (A)는 동사이므로 오답.
어휘 pass 통과하다 safety inspection 안전 점검

4. 부정대명사 – another
해석 당신의 책을 다른 책으로 교환할 수 있습니다.
해설 책을 다른 하나로 교환한다는 것이 문맥상 자연스러우므로 정답은 (A). (B)는 복수명사를 대신하는 부정대명사이므로 오답.

5. 형용사 + 명사
해석 칼 씨는 성공적인 발표를 했다.
해설 빈칸은 형용사 successful의 수식을 받으며 동사 give의 목적어 자리이므로 (B)가 정답.

6. 주격 인칭대명사 + 동사
해석 뉴욕에서 즐겁게 머무르시기 바랍니다.
해설 빈칸은 동사 enjoy의 주어 자리이므로 주격 인칭대명사인 (A)가 정답.

7. 불가산명사 – access
해석 모든 객실은 인터넷과 와이파이를 사용할 수 있습니다.
해설 불가산명사 access는 복수 형태가 없다. 따라서 정답은 (A).
어휘 have access to ~에 접속할 수 있다

8. those who: ~하는 사람들
해석 환불을 받고 싶은 사람은 이 양식을 작성해야 한다.
해설 빈칸에는 '~하는 사람들'이라는 뜻을 가진 those who의 지시대명사 those가 어울리므로 (B)가 정답.

9. 재귀대명사 〈introduce oneself〉
해석 카트 씨는 자신을 소개한 후에 강연을 시작했다.
해설 빈칸은 introducing의 목적어 자리이며 주어 Ms. Cart와 같은 사람이므로 재귀대명사인 (B)가 정답.
어휘 introduce oneself 자기소개를 하다

10. 지시대명사 – this
해석 안녕하세요, 로렌스 스텐리 씨에게 남겨진 메시지입니다.
해설 전화 대화에서는 '나'를 보통 this로 표현하므로 정답은 (A).

11. 가산명사 study
해석 그 부서는 판매 촉진에 관한 조사를 실시했다.
해설 관사 a 뒤에는 단수 가산명사 자리이므로 정답은 (A). (B)는 불가산명사이므로 오답.

어휘 conduct a study 연구를 진행하다

12. 소유대명사
해석 그 승객은 창가 쪽 좌석이 자신의 것이라고 주장했다.
해설 문맥상 '그의 자리', 즉 '그 사람의 것'의 의미가 맞으므로 소유대명사 (A)가 정답.

토익 실전 감각 익히기   본책 p. 135

1. (D) **2.** (D) **3.** (C) **4.** (B) **5.** (C) **6.** (C)
7. (C) **8.** (B) **9.** (C) **10.** (D) **11.** (B) **12.** (D)

1. 소유격 + 명사
해석 귀하의 예약과 관련해서 질문이 있으시면 620-1134로 저희에게 전화 주십시오.
해설 빈칸은 전치사 about의 목적어 자리이며 앞에 소유격 인칭대명사 your가 있으므로 명사인 (D)가 정답.

2. those who: ~하는 사람들
해석 오늘 200달러 이상 구매한 사람들은 무료 배송을 받을 것이다.
해설 빈칸에는 '~하는 사람들'이라는 뜻을 가진 those who의 지시대명사 those가 어울리므로 (D)가 정답.

3. 관사(a/an/the) + 명사
해석 후보자들은 보조원으로 근무한 경험이 있어야 한다.
해설 빈칸은 전치사 as의 목적어 자리이며 앞에 관사 an이 있으므로 명사 자리이다. (C)와 (D) 모두 명사이지만 (C)는 '조수, 보조원'이라는 뜻의 사람을 나타내는 명사이고 (D)는 '도움'이라는 뜻의 사물을 나타내는 명사이다. 따라서 정답은 (C).

4. 인칭대명사 – 목적격
해석 소매업체 목록을 가능한 한 빨리 저에게 보내 주십시오.
해설 빈칸은 4형식 동사 send의 간접목적어 자리이므로 인칭대명사의 목적격인 (B)가 정답.

5. 재귀대명사
해석 김 씨는 자신을 아시아 시장의 마케팅 전문가로 여긴다
해설 빈칸은 동사 consider의 목적어 자리이며 주어 Mr. Kim과 같은 사람이므로 재귀대명사인 (C)가 정답. (D)는 복수를 나타내는 재귀대명사이므로 오답.

6. 주어 자리 – 복수 명사
해석 그 일자리의 지원자들은 영어를 유창하게 해야 한다.
해설 for the job은 전치사구이며 빈칸은 동사구 are required의 주어 자리이다. are는 복수동사이므로 복수주어인 (C)가 정답.

어휘 applicant 지원자 require 요구하다 be required to ⓥ ~을 하도록 요구되다

7. 관사(a/an/the) + 명사
해석 두 업체는 마침내 합의에 도달했다.
해설 빈칸은 동사 reached의 목적어 자리이며 관사 a의 수식을 받는 단수 가산명사 자리이므로 (C)가 정답. (D)는 복수명사라 관사 an 뒤에 올 수 없으므로 오답.
어휘 finally 마침내 reach an agreement 합의에 이르다

8. 부정대명사 – another
해석 당신은 환불을 받거나 다른 제품으로 교체할 수 있습니다.
해설 다른 하나로 교환하거나 환불한다는 것이 문맥상 자연스러우므로 정답은 (B). (C)는 복수를 나타내므로 오답.

[9-12] 이메일 _ 주문서 문의

수신: csrteam@serratolights.com
발신: jszo@if.co.uk
날짜: 8월 7일 월요일
제목: 주문서

관계자께,

저는 최근 귀사의 새 LED 램프에 대한 보고서를 읽었습니다. 귀사의 램프가 시중에 나와 있는 다른 램프보다 에너지 효율이 30퍼센트 높다는 사실을 알게 되어 기뻤습니다. (9)저는 에너지 절약이 중요하다고 느낍니다.

저는 주문을 위해 귀사의 웹사이트를 살펴보았지만 주문서를 발견할 수 없었습니다. (10)주문서로 연결되는 링크를 제공해 주실 수 있다면 무척 감사하겠습니다. 귀사가 더욱 친환경적인 (11)제품을 계속 개발하시기를 바랍니다. (12)도와주셔서 감사합니다.

제레미야 쇼스택

인스파이어링 파운데이션즈 주식회사 대표

9. 문맥에 맞는 문장 고르기
해석 (A) 귀하의 후기는 매우 인상적이었습니다.
(B) 저는 주문을 취소하고자 합니다.
(C) 저는 에너지 절약이 중요하다고 느낍니다.
(D) 미래에는 대부분의 전구가 LED일 것입니다.
해설 빈칸 앞에 시중에 나와 있는 전등보다 에너지 효율성이 높다는 것을 알게 되어 기쁘다고 말하고 있다. 뒤 문장에서 에너지 절약의 중요성에 대한 본인의 의견을 말하는 것이 가장 적절하므로 정답은 (C).
어휘 impressive 인상적인 cancel 취소하다 savings 저축, 절약 light bulb 전구 in the future 미래에

10. 인칭대명사 – it
해설 선택지 보기를 보면 모두 목적격 인칭대명사이다. 빈칸의 앞에서 주문서 양식(order form)의 링크를 제공해 달라고 요청하고 있으므로 3인칭 사물을 나타내는 (D)가 정답.

11. 어휘 문제 – 명사
해석 (A) 서비스 (B) 제품
(C) 환경 (D) 시스템
해설 '회사가 더 친환경적인 -----을 계속하여 개발하기를 바란다'는 내용으로 내용상 전등을 지칭하므로 (B)가 정답.

12. 목적어 자리 – 명사
해설 빈칸은 전치사 for의 목적어 자리이고 명사가 와야 하므로 (C)와 (D) 중에서 골라야 한다. (C)는 '비서, 조수'의 의미로 사람을 나타내기에 의미상 적절치 않으므로 정답은 (D).

Unit 3 형용사와 부사

1. 형용사의 역할과 자리

본책 p. 139

Check Up
1. reliable 믿을 수 있는 2. safe 안전한
3. likely ~할 것 같은 4. eligible ~을 가질 수 있는
5. various 다양한 6. lengthy 장황한, 너무 긴
7. available 이용 가능한 8. responsible 책임지는
9. aware 알고 있는 10. special 특별한

1. 저희는 믿을 만한 세무 자문을 제공합니다.
2. 여러분의 가방을 안전한 장소에 두십시오.
3. 김 씨는 휴가를 갈 것 같다.
4. 귀하는 20퍼센트 할인을 받을 자격이 있습니다.
5. 부산은 다양한 관광 명소를 제공한다.
6. 그 논문은 출력하기에 너무 길다.
7. 그 날짜에는 좌석을 이용할 수 없다.
8. 존슨 씨는 그 프로젝트를 책임지고 있다.
9. 모든 직원이 그 새 정책에 대해 알고 있다.
10. 그 상점은 오늘만 특별 할인을 하고 있다.

2. 형용사 한눈에 알아보기
본책 p. 140

Check Up
1. reliable 믿을 수 있는 / reliant 의존하는
2. different 다른
3. attentive 주의를 기울이는
4. successful 성공적인
5. attractive 매력적인
6. significant 중요한, 상당한
7. managerial 관리직의

3. 명사와 함께 쓰이는 수량 형용사
본책 p. 141

Check Up
1. All   2. Several   3. Many   4. little
5. Most 6. much   7. several 8. every
9. Some 10. another

1. 현재 모든 제품이 할인 판매 중이다.
2. 여러 제품이 품절이다.
3. 많은 식당들이 현금만 받는다.
4. 인터넷 접속이 거의 안 되었다.
5. 대부분의 장비들이 수리되어야 한다.
6. 거리에 교통량이 너무 많다.
7. 그들은 오스트레일리아에 있는 여러 섬들을 방문했다.
8. 휴게실은 모든 직원들을 위한 것이다.
9. 몇몇 직원들은 버스로 통근한다.
10. 우리는 다른 장소를 찾아야 할 것이다.

4. 부사의 역할과 자리
본책 p. 142

Check Up
1. rapidly 신속하게   2. badly 심하게
3. widely 널리   4. slightly 약간
5. carefully 조심스럽게   6. formally 공식적으로
7. simply 단순하게, 검소하게
8. surprisingly 놀랄 만큼, 의외로
9. Unfortunately 불행히도 10. recently 최근에

1. 유가가 빠르게 오르고 있다.
2. 화면이 심하게 손상되었다.
3. 신용카드는 광범위하게 받아들여지고 있다.
4. 금요일에 주식이 약간 하락했다.
5. 그릇들을 조심스럽게 포장해 주세요.
6. 당신은 공식적으로 연회에 초대받았습니다.
7. 바바라는 가능한 한 검소하게 살고자 한다.
8. 조사 결과는 대단히 긍정적이었다.
9. 안타깝게도 그 프린터는 고장이다.
10. 그린 씨는 최근 이사회에서 사임했다.

5. 부사 한눈에 알아보기
본책 p. 143

Check Up
1. safely 안전하게   2. Early 일찍   3. only 오직
4. highly 매우   5. late 늦게   6. often 자주
7. hardly 거의 ~ 않다 8. deeply 깊이, 크게
9. soon 곧   10. closely 면밀히

1. 그 소포는 무사히 도착했다.
2. 조기 예약이 필수적이다.
3. 많은 상점에서 현금만 받는다.
4. 당신의 도움에 매우 감사드립니다.
5. 나는 오늘밤 늦게까지 깨어 있어야 할 것이다.
6. 화이트 씨는 종종 차를 몰고 출근한다.
7. 김 씨는 거의 실수를 하지 않는다.
8. 지연되어 대단히 죄송합니다.
9. 가능한 한 빨리 제게 회신 전화해 주십시오.
10. 우리는 그 시연을 면밀히 지켜볼 것이다.

토익 감잡기
본책 p. 144

1. (A) 2. (A) 3. (B) 4. (A) 5. (A) 6. (B)
7. (B) 8. (A) 9. (B) 10. (B) 11. (B) 12. (A)

1. 주격 보어 자리 – 형용사
해석 이 약은 어린이에게 안전하다.
해설 빈칸은 주격 보어 자리이므로 형용사인 (A)가 정답.
어휘 safe 안전한 safely 안전하게

2. 수량 형용사 〈every + 단수 가산명사〉
해석 근로자들은 눈을 치우기 위해 최선의 노력을 다하고 있다.
해설 빈칸은 단수 가산명사 effort를 수식하므로 (A)가 정답. (B)는 복수명사 앞에 쓰인다.

3. 동사 수식 – 부사
해석 하워드 씨는 사업 제안서를 가지고 자신의 고객들을 자주 방문한다.
해설 빈칸은 동사 visits를 수식하는 부사 자리이므로 (B)가 정답.

4. 명사 수식 – 형용사
해석 갑작스런 회의에 대해 사과드립니다.
해설 빈칸은 명사 meeting을 수식하는 형용사 자리이므로 정답은 (A).

5. 동사 수식

해석 박물관 관람객들은 일찍 도착했다.

해설 '관람객들은 박물관에 ----- 도착했다'의 문장에서 (A)가 의미상 잘 어울리므로 정답. (B)는 '최근에'라는 뜻.

어휘 visitor 방문객   museum 박물관

6. 주격 보어 자리 – 형용사

해석 급여는 올해 그대로 유지될 것 같다.

해설 빈칸은 주격 보어 자리이므로 형용사인 (B)가 정답.

어휘 be likely to ⓥ ~일 것 같다   remain 남다   the same 똑같은

7. 문장 전체 수식 – 부사

해석 바라건대 호텔이 회의장과 가까웠으면 한다.

해설 빈칸은 문장 전체를 꾸며주는 부사 자리이므로 (B)가 정답.

어휘 be close to ~에 가깝다

8. 명사 수식 – 형용사

해석 고객들은 매우 다양한 정보를 얻을 수 있다.

해설 빈칸은 명사 variety를 수식하는 형용사 자리이므로 정답은 (A).

9. 동사 수식 – 부사

해석 차량 수가 크게 늘어나고 있다.

해설 빈칸은 is increasing을 수식하는 부사 자리이므로 (B)가 정답.

어휘 increase 증가하다   dramatically 급격하게, 크게

10. 형용사 수식 – 부사

해석 T&P 서플라이즈는 아시아 시장에 크게 의존한다.

해설 빈칸은 형용사 reliant를 수식하는 부사 자리이므로 (B)가 정답.

어휘 be reliant on ~에 의존하다   heavily 크게, 심하게

11. 동사 수식 – 부사

해석 나는 최근 변경사항 확인을 위해 우리 고객들에게 전화했다.

해설 빈칸은 동사 called를 수식하는 부사 자리이므로 (B)가 정답.

12. 형용사 어휘

해석 전 직원은 장비에 익숙해져야 한다.

해설 빈칸 뒤의 전치사 with와 어울리는 형용사는 (A)이므로 정답.

어휘 be familiar with ~에 익숙하다   be eligible for ~을 할 자격이 있다

토익 실전 감각 익히기   본책 p. 145

1. (B) **2.** (A) **3.** (A) **4.** (C) **5.** (C) **6.** (B)
7. (B) **8.** (B) **9.** (A) **10.** (C) **11.** (C) **12.** (C)

1. 동사 수식 – 부사

해석 그 책임자는 제품 관리자 직책에 베이커 씨를 강력히 추천했다.

해설 빈칸은 동사 recommended를 수식하는 부사 자리이므로 (B)가 정답.

2. 주격 보어 자리 – 형용사

해석 무료 주차는 골드카드 소지자만 이용 가능합니다.

해설 빈칸은 주격 보어 자리이므로 형용사인 (A)가 정답.

어휘 available 이용 가능한

3. 부사 – early

해석 (A) 일찍   (B) 최근에
     (C) 매우   (D) 긴밀히, 면밀히
몬토야 씨는 자신의 차를 수리하기 위해 일터를 일찍 떠났다.

해설 '차를 수리하기 위해 일터를 ----- 떠나다'에서 빈칸에 어울리는 말로 (A)가 정답.

어휘 get + 목적어 + p.p. 다른 사람을 시켜서 ~하게 하다

4. 명사 수식 – 형용사

해석 오전 9시부터 오후 6시까지 매장 정상 영업시간 중에 방문해 주십시오.

해설 빈칸은 명사구 store hours를 수식하는 형용사 자리이므로 정답은 (C).

어휘 regular 정기적인   regularly 정기적으로

5. 수량 형용사 〈several + 복수명사〉

해석 신규 정책에 관해 물어볼 몇 가지 질문이 있습니다.

해설 빈칸은 복수명사 questions를 수식하는 수량형용사 자리이므로 (C)가 정답. (A)는 부정문이나 if 조건절에 쓰이며 긍정문에 잘 쓰이지 않으므로 오답. (B)와 (D)는 불가산명사를 수식하므로 오답.

6. 동사 수식 – 부사

해석 그들은 오랜 논의 끝에 마침내 합의에 도달했다.

해설 빈칸은 동사 reached를 수식하는 부사 자리이므로 (B)가 정답.

어휘 reach an agreement 합의에 이르다

7. 명사 수식 – 형용사

해석 우리는 각기 다른 수요를 가진 고객들에게 다양한 서비스를 제공한다.

해설 빈칸은 명사 services를 수식하는 형용사 자리이므로 정답은 (B).

8. 형용사 수식 – 부사

해석 선라이즈 리조트는 5월에 매우 저렴한 가격으로 객실을 제공한다.

해설 빈칸은 형용사 low를 수식하는 부사 자리이므로 정답은 (B).

어휘 at low prices 저렴한 가격에

[9-12] 공지 _ 도서 할인행사 안내

> **대규모 도서 할인**
>
> 댄포스 공립 도서관에서는 새로 주문한 도서의 공간을 마련하기 위해 대규모 도서 할인전을 엽니다. ⁽¹⁰⁾매우 저렴한 가격에 판매되는 수많은 도서, DVD, CD, 잡지 중에서 ⁽⁹⁾선택하실 수 있습니다. 할인전은 4월 11일 금요일에 시작되어 4월 18일까지 ⁽¹¹⁾계속됩니다. ⁽¹²⁾도서관 정규 개관 시간(오전 8시 ~ 오후 7시) 동안 열릴 예정입니다. 멋진 행사에서 뵙길 바랍니다!

9. 형용사 어휘 〈be able to ⓥ〉

해석 (A) 할 수 있는   (B) 알고 있는
(C) 친숙한, 익숙한   (D) 이용할 수 있는

해설 문맥상 '선택할 수'이다 의미가 어울리며 또한 빈칸 뒤에 to부정사와 어울릴 수 있는 형용사가 필요하므로 정답은 (A).

10. 형용사 수식 – 부사

해설 빈칸은 형용사 low를 수식하는 부사 자리이므로 정답은 (C).

11. 동사 자리

해설 빈칸은 등위접속사 and 뒤에서 starts와 병렬구조를 가진 동사의 형태가 필요하다. 주어가 3인칭 단수 the sale이므로 정답은 (C). (D)는 동사 자리에 올 수 없다.

12. 문맥에 알맞은 문장 고르기

해석 (A) 도서관은 6월 30일까지 공사 중입니다.
(B) 도서관은 모든 연령대의 사람들에게 개방됩니다.
(C) 도서관 정규 개관시간 동안 열릴 예정입니다. (오전 8시 ~ 오후 7시)
(D) 편한 시간에 제게 연락 주십시오.

해설 빈칸 앞 문장에서 할인 기간을 알려주고 있으므로 이어지는 내용으로 구체적인 시간을 명시한 (C)가 오는 것이 문맥상 자연스럽다.

Unit 4 동사의 시제 및 태

1. 단순 시제

Check Up 본책 p. 149

1. open   2. places   3. joined
4. will begin   5. will leave   6. landed   7. travels

1. 은행은 보통 오전 9시에 문을 연다.
2. 제임스는 종종 온라인으로 주문한다.
3. 로이는 2014년에 그 회사에 입사했다.
4. 취업 박람회가 다음 주 화요일에 시작된다.
5. 파커 씨는 한 시간 후에 보스턴을 떠날 것이다.
6. 비행기는 10분 전에 무사히 착륙했다.
7. 그린 씨는 매년 여름에 도쿄로 여행을 간다.

2. 진행 시제

Check Up 본책 p. 150

1. was   2. am   3. was
4. are offering   5. was holding
6. will be   7. will be coming

1. 로이는 어제 오후 3시에 자신의 차를 수리하고 있었다.
2. 나는 지금 이 편지와 함께 견본을 동봉하고 있다.
3. 내가 조에게 전화했을 때, 그는 고객과 상담 중이었다.
4. 우리는 지금 무료 조식을 제공하고 있다.
5. 그 CEO는 어젯밤 이사회를 개최하고 있었다.
6. 다음 달부터 우리는 새 건물로 이전할 것이다.
7. 내일 기념식에 약 100명의 손님이 올 것이다.

3. 완료 시제

Check Up 본책 p. 151

1. have   2. has   3. have   4. had
5. had   6. will have   7. will have

1. 유가는 지난 5년간 거의 두 배가 됐다.
2. 린다는 2010년 이래로 영업팀에서 일했다.
3. 우리는 로비에 막 페인트칠을 했고 그곳은 아직 젖어 있다.
4. 영화가 시작되기 전, 나는 온라인으로 후기들을 읽었다.
5. 내가 그 상점에 도착했을 때 할인 판매는 이미 끝났다.
6. 그들은 우리가 도착할 때까지 그 일을 끝마칠 것이다.
7. 우리 사무실은 오는 금요일까지 새 건물로 이사할 것이다.

4. 능동태와 수동태

본책 p. 152

Check Up
1. checked 2. be held 3. be closed
4. been built 5. hiring 6. led
7. being repaired

1. 저희는 귀하의 주문을 확인했습니다.
2. 전시회는 다음 주에 열릴 것이다.
3. 이 도로들은 내일 폐쇄될 것이다.
4. 다리가 물 위에 세워졌다.
5. 그 회사는 새 비서를 채용한다.
6. 신 씨는 어제 발표를 주도했다.
7. 그 프린터는 카트 씨에 의해 수리되고 있다.

5. 능동태와 수동태의 구별

본책 p. 153

Check Up
1. is related 2. host 3. submitted
4. be contacted 5. exposed 6. was canceled
7. interested

1. 그 일자리는 내 전공과 관련이 있다.
2. 카슨 씨가 이 파티를 주최할 것이다.
3. 로버트는 자신의 이력서를 제출했다.
4. 너는 면접을 위해 연락을 받을 것이다.
5. 우리는 매일 수많은 광고에 노출된다.
6. 소풍은 비 때문에 취소됐다.
7. 그 CEO는 반즈 씨의 아이디어에 관심이 있었다.

토익 감잡기

본책 p. 154

1. (B) 2. (B) 3. (B) 4. (A) 5. (A) 6. (B)
7. (A) 8. (B) 9. (B) 10. (B) 11. (A) 12. (B)

1. 단순현재 시제
해석 배송은 보통 약 이삼일이 걸린다.
해설 빈도부사 usually가 있으므로 단순 현재 시제인 (B)가 정답.

2. 수동태 – 목적어가 없는 동사 자리
해석 주문서는 미리 제출되어야 한다.
해설 빈칸 뒤에 타동사 submit의 목적어가 없으므로 수동태인 (B)가 정답.
어휘 submit 제출하다

3. 미래진행 시제
해석 GX 퍼블리싱은 내년 봄에 본사를 옮길 것이다.
해설 미래의 시간을 나타내는 next spring이 있으므로 미래진행 시제인 (B)가 정답.

4. 과거완료 시제 〈by the time + 주어 + 과거 시제〉
해석 피터가 전화를 했을 때 사무용품은 배송되었다.
해설 시간 부사절 by the time Peter called에서 과거의 시간을 나타내고, 그 전에 일어난 일을 말하므로 과거완료 시제를 나타내는 (A)가 정답.

5. 능동태 – 목적어가 있는 동사 자리
해석 나는 이미 본사에 연락했다.
해설 빈칸 뒤에 타동사 contacted의 목적어가 있으므로 능동태인 (A)가 정답.

6. 단순과거 시제
해석 김 씨는 약 20분 전 사무실을 떠났다.
해설 과거의 시간을 나타내는 twenty minutes ago가 있으므로 단순과거 시제인 (B)가 정답.

7. 현재진행 시제
해석 우리는 지금 숙련된 상담사를 찾고 있다.
해설 현재의 시간을 나타내는 at the moment가 있으므로 현재진행 시제인 (A)가 정답.
어휘 experienced 숙련된 at the moment 지금

8. 수동태 – 목적어가 없는 동사 자리
해석 배송비는 구매 가격에 포함된다.
해설 빈칸 뒤에 타동사 include의 목적어가 없으므로 수동태인 (B)가 정답. be included in은 '~에 포함되다'라는 뜻.
어휘 include 포함하다 purchase price 구매 가격

9. 현재완료 시제
해석 판매가 작년 이래로 급격히 증가했다.
해설 since last year라는 표현을 통해 작년부터 지금까지의 일을 말하고 있으므로 현재완료 시제를 나타내는 (B)가 정답.
어휘 increase 증가하다 dramatically 급격히

10. 단순미래 시제
해석 앞으로 몇 달간 소음이 있을 것이다.
해설 over the next few months는 미래의 시간을 나타내므로 미래시제인 (B)가 정답.

11. 과거진행 시제

해석 우리는 그 당시 호주에 있는 고객들을 방문하고 있었다.

해설 과거의 시간을 나타내는 at that time이 있고, 과거의 특정 시점에 진행 중인 일을 나타내고 있으므로 과거진행 시제인 (A)가 정답.

12. 미래완료 시제

해석 루이스 씨는 연말에 은퇴할 것이다.

해설 미래완료를 나타내는 by the end of the year를 통해 미래 특정 시점까지 완료될 일을 나타내고 있으므로 미래완료 시제인 (B)가 정답.

토익 실전 감각 익히기 본책 p. 155

| 1. (B) | 2. (C) | 3. (B) | 4. (D) | 5. (D) | 6. (D) |
| 7. (B) | 8. (B) | 9. (B) | 10. (C) | 11. (D) | 12. (A) |

1. 단순과거 시제

해석 앤더슨 씨는 지난주에 보스턴에서 열린 국제회의에 참석했다.

해설 과거의 시간을 나타내는 시간 부사 last week가 있으므로 단순과거 시제 형태의 (B)가 정답. (A)는 동사 자리에 쓰일 수 없다.

2. 과거진행 시제

해석 내가 워크숍에 도착했을 때, 일부 참석자들은 토의를 하고 있었다.

해설 과거의 시간을 나타내는 부사절 When I arrived at the workshop이 있고, 과거의 특정 시점에 진행 중인 일을 나타내고 있으므로 과거진행 시제인 (C)가 정답.

어휘 attendee 참석자 discussion 토론, 논의

3. 현재완료 시제 – 능동태

해석 후아레스 씨는 이미 런던 방문을 위한 준비를 했다.

해설 have 뒤에는 과거분사가 올 수 있으며 빈칸 뒤에 동사 make의 목적어 arrangements가 있으므로 능동을 나타내는 (B)가 정답.

4. 단순미래 시제 – 수동태

해석 주간 직원회의는 다음 주 월요일까지 연기될 것이다.

해설 미래의 시간을 나타내는 next Monday가 있고, 빈칸 뒤에 타동사 delay(연기하다)의 목적어가 없으므로 수동태인 (D)가 정답.

5. 미래완료 시제

해석 카이더 씨는 내년 3월이면 그 회사에서 20년간 일하는 것이다.

해설 시간 부사구 by next March를 통해 미래의 특정 시점까지 완료될 일을 나타내고 있으므로 미래완료 시제인 (D)가 정답.

6. 단순미래 시제

해석 회의실 재단장이 한 달 후에 완료될 것이다.

해설 미래의 시간을 나타내는 in a month가 있고, 빈칸 뒤에 타동사 complete의 목적어가 없으므로 단순미래 시제의 수동태인 (D)가 정답. 주어가 단수명사 renovation이므로 복수동사 are를 사용한 (B)는 오답.

어휘 complete 완료하다

7. 현재진행 시제

해석 저희는 오늘 모든 제품에 대해 할인을 제공합니다.

해설 현재의 시간을 나타내는 부사 today가 있으므로 현재진행 시제의 (B)가 정답.

8. 부사 어휘

해석 린 씨는 아시아의 여러 지점을 자주 방문한다.
(A) 곧 (B) 종종
(C) 매우 (D) 최근에

해설 빈칸에는 단순현재 시제 visits와 어울리는 부사가 필요하며 (B)는 빈도부사로 의미가 적절하다. (A)는 단순미래 시제, (D)는 단순과거 시제나 현재완료 시제와 어울리는 부사이므로 오답. (C)는 의미상 어울리지 않으므로 오답.

[9-12] 서류 _ 보증서

> **보증서**
>
> 컷팅 에지 T-5 전화기를 선택해 주셔서 감사합니다. 컷팅 에지는 자사의 메모리 칩을 사용해 최고의 4G 스마트폰을 **(9)생산합니다**. 저희 기기 일체는 엄격한 품질 검사를 받습니다. 귀하의 기기에 구매일로부터 1주일 이내에 문제가 생길 경우, 어느 매장에서나 다른 기기로 **(10)교환하실 수** 있습니다. **(11)매장 목록이 동봉되어 있습니다**. 전화기 교환을 원하시면 영수증과 함께 가까운 매장으로 **(12)반품해 주십시오.**

9. 단순현재 시제 – 능동태

해설 컷팅 에지가 최고의 4G 스마트폰을 생산한다는 일반적인 사실을 말하고 있으므로 단순현재 시제를 사용하며, 빈칸 뒤에 타동사 produce의 목적어인 4G smart phones가 있으므로 능동태인 (B)가 정답.

10. 수동태 〈be exchanged for〉

해설 빈칸 뒤에 타동사 exchange의 목적어가 없으므로 수동태인 (C)가 정답.

어휘 be exchanged for ~으로 교환되다

11. 문맥에 알맞은 문장 고르기

해설 (A) 매장은 시청 근처에 있습니다.
(B) 시연을 위해 귀하께 연락을 드리겠습니다.
(C) 저희에게 영수증을 보내 주십시오.
(D) 매장 목록이 동봉되어 있습니다.

해설 빈칸 앞 문장에서 어느 매장에서든지 교환이 가능하다고 하고, 빈칸 뒤 문장에서 집에서 가까운 매장으로 가라고 하므로 매장 위치에 대한 정보가 담겨 있는 (D)가 정답.

어휘 be located 위치하다 enclose 동봉하다

12. 동사 어휘

해설 (A) 반품하다 (B) 말하다
(C) 교환하다 (D) 수행하다

해설 '교환을 원하시면 영수증과 함께 가까운 매장에------'고 하므로 문맥상 '반품하다'라는 의미의 (A)가 정답.

Unit 5 to부정사와 동명사

1. to부정사의 역할 _ 명사

본책 p. 159

Check Up

1. To meet 2. to get 3. to sign 4. to have
5. to see 6. to make 7. to discuss
8. to visit 9. to finish 10. to open

1. 마감일을 지키는 것은 중요하다.
2. 샌더스 씨는 새로운 직업을 구하고 싶어 한다.
3. 데일은 린다에게 계약서에 서명할 것을 요구했다.
4. 조앤은 검소한 생활을 하기로 결심했다.
5. 저희는 이 멋진 행사에서 당신을 뵙기를 바랍니다.
6. 저는 예약을 하고자 합니다.
7. 우리는 연간 예산에 대해 논의할 필요가 있습니다.
8. 벤은 5월에 본사를 방문할 생각이다.
9. 그린 씨는 정시에 일을 끝마치지 못했다.
10. 우리의 목표는 도쿄에 새 지점을 여는 것이다.

2. to부정사의 역할 _ 형용사와 부사

본책 p. 160

Check Up

1. to start 2. lead 3. to get
4. to improve 5. to exchange 6. receive
7. to visit 8. install 9. to discuss
10. to improve

1. 그들은 새 사업을 시작할 계획을 가지고 있다.
2. 신 씨는 팀을 이끌 능력이 있다.
3. 나는 차를 수리하기 위해 일찍 일터를 떠났다.
4. 우리는 이윤을 향상시킬 방법을 찾아야 한다.
5. 당신은 상품을 교환하기 위해 영수증이 필요합니다.
6. 환불을 받으시려면 신청서를 작성하십시오.
7. 제가 올 여름 당신의 사무실을 방문할 기회가 있을 것입니다.
8. 로빈은 보안문을 설치하기 위해 기술자를 불렀다.
9. 이사회는 합병에 관한 논의를 하기 위해 회의를 열었다.
10. 두 국가는 관계 개선을 위해 최선의 노력을 다한다.

어휘 ability 능력 in order to ~ 하기 위해 receipt 영수증 exchange 교환하다 refund 환불 fill out 기입하다, 작성하다 request form 신청서 technician 기술자 make every effort 최선의 노력을 다하다

3. 동명사의 역할 _ 명사

본책 p. 161

Check Up

1. giving 2. going 3. is 4. reading
5. paying 6. signing 7. booking 8. Making
9. writing 10. working

1. 제게 기회를 주셔서 감사합니다.
2. 그의 소망은 본사로 돌아가는 것이다.
3. 동물원에서 동물들에게 먹이를 주는 것은 금지되어 있다.
4. 안내서를 먼저 읽어볼 것을 권장합니다.
5. 깁슨 씨는 벌금 납부를 회피했다.
6. 그 은행은 계약 체결을 연기했다.
7. 나는 온라인으로 항공권을 예약함으로써 돈을 절약했다.
8. 김치를 담그는 일은 많은 수고와 시간을 요한다.
9. 발데즈 씨는 마케팅 계획 작성을 끝마쳤다.
10. 케일린은 동료들과 긴밀히 협력하는 것을 즐긴다.

어휘 opportunity 기회 avoid 피하다 pay a fine 벌금을 내다 flight ticket 항공권

4. 동명사 vs. 명사

본책 p. 162

Check Up
1. Attending   2. Attendance   3. installation
4. Installing   5. receipt   6. dealing
7. finding

1. 소풍에 참석하는 것은 선택 사항이다.
2. 소풍 참석은 선택 사항이다.
3. CCTV 설치가 완료되었다.
4. 보안을 위해 CCTV를 설치하는 것이 권장된다.
5. 귀하의 이력서를 받는 대로 저희 채용 담당자들이 그것을 검토할 예정입니다.
6. 새 인턴은 회계 시스템을 다룰 수 있다.
7. 많은 대학 졸업자들이 안정된 일자리를 찾는 데 어려움을 겪고 있다.

어휘 installation 설치 complete 완료된 receipt 수령 recruiter 채용 담당자 review 검토하다 be capable of ~를 할 수 있다 have difficulty -ing ~하는 데 어려움을 겪다 secure 안정된

5. to부정사와 동명사 빈출 표현

본책 p. 163

Check Up
1. using   2. apply   3. see   4. to be
5. tour   6. signing 7. creating

1. 십 대들은 이동통신 기기 사용에 익숙하다.
2. 전 직원이 특별 휴가를 신청할 자격이 있다.
3. 여행객들은 아름다운 건축물을 볼 수 있을 것이다.
4. 그 야외 공연은 취소될 것 같다.
5. 처음 방문한 사람들은 해운대 해변 여행을 하고 싶어 한다.
6. 서명하기 전에 계약서를 주의 깊게 읽으십시오.
7. 위원회는 즐거운 분위기 조성에 전념한다.

어휘 teenager 십 대 be eligible for ~에 자격이 있다 apply for ~를 신청하다 be eager to ~하고 싶어 하다 prior to ~ 이전에 committee 위원회 be dedicated to ~에 헌신하다, 전념하다

토익 감잡기

본책 p. 164

1. (B)   2. (B)   3. (B)   4. (B)   5. (B)   6. (A)
7. (A)   8. (A)   9. (A)   10. (A) 11. (B) 12. (B)

1. 동명사구의 수 일치
해석 컴퓨터 사용은 학생들이 많은 자료에 접근할 수 있게 한다.
해설 동명사구 Using computers는 단수 주어이므로 단수 동사인 (B)가 정답.

2. 동명사 – 전치사의 목적어
해석 린다는 호텔에 도착하자마자 그 제안서를 검토했다.
해설 빈칸은 전치사 on의 목적어 자리이므로 동명사인 (B)가 정답.
어휘 on -ing ~하자마자

3. to부정사 – 목적격 보어
해석 그 CEO는 관리자들에게 업무 일정을 보고하라고 요청했다.
해설 빈칸은 5형식 동사 ask의 목적어 the managers를 수식하는 목적격 보어 자리이므로 to부정사인 (B)가 정답.

4. 동명사 〈contribute to + -ing〉
해석 새 장비는 피해를 줄이는 데 기여했다.
해설 contribute to에서 to가 전치사이고, 전치사의 목적어로 동명사가 쓰이므로 정답은 (B).
어휘 contribute to ~에 기여하다 damage 피해, 손상

5. to부정사 – 형용사 역할
해석 귀사의 일원이 될 기회가 제게 주어지기를 바랍니다.
해설 앞에 있는 명사구 a chance를 수식하여 '~할 기회'라는 뜻이 자연스러우므로 형용사 역할을 하는 to부정사 (B)가 정답.

6. be able to ⓥ
해석 호텔 투숙객들은 무료로 인터넷에 접속할 수 있다.
해설 be able to 다음에 동사원형이 와야 하므로 (A)가 정답.

7. to부정사 – 부사 역할
해석 직원과 통화하시려면 내선번호 501을 누르십시오.
해설 빈칸은 '~을 위하여'라는 의미의 목적을 나타내는 부사 자리이므로 정답은 (A).
어휘 representative 대리인, 직원 dial 전화를 걸다

UNIT 5

8. 동명사 – 전치사의 목적어
해석 신 씨는 웹 그래픽 전체를 만드는 일을 맡았다.
해설 빈칸은 전치사 of의 목적어 자리이고, 빈칸 뒤에 목적어 all the Web graphics가 있으므로 동명사인 (A)가 정답.
어휘 in charge of ~을 맡아서, 담당하여

9. 동명사 〈consider + -ing〉
해석 깁슨 씨는 두 번째 자동차를 살 것을 고려하고 있다.
해설 빈칸은 is considering의 목적어 자리이므로 동명사인 (A)가 정답.

10. to부정사 〈decide to ⓥ〉
해석 BT 일렉트로닉스는 유럽으로 확장하기로 결정했다.
해설 빈칸은 동사 decided의 목적어 자리이므로 to부정사인 (A)가 정답.

11. 〈a/an/the + 명사〉
해석 직원들은 작업 환경의 개선을 요구했다.
해설 빈칸은 전치사 for의 목적어 자리이고 관사 the의 수식을 받으므로 명사인 (B)가 정답.
어휘 improve 개선하다 improvement 개선 working conditions 작업 환경

12. to부정사 – 주격 보어 〈be + to ⓥ〉
해석 이사회의 목표는 신규 정책을 도입하는 것이다.
해설 빈칸은 주어 The goal를 보충 설명하는 보어 자리이므로 정답은 (B). be동사 뒤에 동사원형인 (A)는 올 수 없다.
어휘 goal 목적 board meeting 이사회 policy 정책

토익 실전 감각 익히기   본책 p. 165

| 1. (C) | 2. (B) | 3. (D) | 4. (B) | 5. (B) | 6. (A) |
| 7. (D) | 8. (C) | 9. (D) | 10. (A) | 11. (A) | 12. (C) |

1. 동명사 〈put off + -ing〉
해석 이사회는 내년까지 런던에 새 지점을 여는 것을 연기했다.
해설 빈칸은 동사 put off의 목적어 자리이므로 동명사인 (A)가 정답.
어휘 the board 이사회 branch office 지사

2. to부정사 〈agree to ⓥ〉
해석 직원들은 자선 단체를 위한 기금을 모으는 것에 동의했다.
해설 빈칸은 동사 agreed의 목적어 자리이므로 to부정사인 (B)가 정답.

3. 동명사 – 전치사의 목적어
해석 선반 조립 전에 설명서를 잘 읽으십시오.
해설 빈칸은 전치사 prior to의 목적어 자리이고, 빈칸 뒤에 목적어 the shelves가 있으므로 동명사인 (D)가 정답.
어휘 assemble 조립하다 assembly 조립

4. in order to + ⓥ
해석 그 여행사는 더 많은 여행객을 모으기 위해 다양한 여행 패키지를 제공하고 있다.
해설 빈칸 뒤에 동사원형 attract가 있으므로 동사원형이 올 수 있는 (B)가 정답. 전치사 (A) 뒤에는 명사, 접속사 (C)와 (D)는 절을 이끈다.
어휘 various 다양한 tour package 여행 패키지 traveler 여행자

5. to부정사 – 형용사 역할
해석 저는 이 기회를 빌어 모두의 노고에 감사드리고 싶습니다.
해설 빈칸은 앞에 있는 명사구 this opportunity를 수식하여 '~할 기회'라는 뜻이 자연스러우므로 형용사 역할을 하는 to부정사 (B)가 정답.
어휘 take an opportunity 기회를 잡다

6. 동명사 주어 – 단수 동사
해석 운전 중에 TV를 시청하는 것은 매우 위험하다.
해설 빈칸은 동사 자리이며 동명사구 Watching TV가 단수 주어이므로 단수 동사인 (A)가 정답.

7. 동명사 〈recommend + -ing 〉
해석 많은 블로거들이 12월에 태국을 방문할 것을 추천했다.
해설 빈칸은 동사 recommended의 목적어 자리이며 빈칸 뒤에 목적어인 Thailand가 있으므로 동명사인 (D)가 정답. (A)는 뒤에 전치사 to가 필요하다.

8. 명사 + 전치사구
해석 그 시설에서는 전자기기 작동이 허가되지 않는다.
해설 빈칸은 주어 자리이고 빈칸 뒤에 목적어가 없으므로 명사(C)가 정답. (B)는 동명사로 쓰일 수 있지만 뒤에 목적어가 필요하므로 오답.
어휘 allow 허가하다 facility 시설 operation 작동

[9-12] 공지문 _ 사내 인트라넷 사용 안내

회람

직원 여러분께

자원 사용을 ⁽⁹⁾줄이고자 하는 노력의 일환으로, 전 직원 여러분이 회사 인트라넷을 사용하시기를 요청드립니다. 회람 사본을 배부하는 것은 ⁽¹⁰⁾자원 낭비입니다. ⁽¹¹⁾회사 인트라넷 커뮤니케이션 시스템에 로그인하십시오. 전자 게시판, 이메일 서비스, 채팅방은 항상 ⁽¹²⁾사용 가능합니다. 이러한 노력이 불필요한 지출 또한 줄이는 데 도움이 될 것입니다.

이해해 주셔서 감사합니다.

헬렌 그레코
인사부

어휘 in an effort to ~에 대한 노력의 일환으로 resource 자원 available 이용 가능한 effort 노력

---

9. to부정사 – 형용사 역할

해설 빈칸은 앞에 있는 명사구 an effort를 수식하여 '~하려는 노력'이라는 뜻이 자연스러우므로 형용사 역할을 하는 to부정사 (D)가 정답.

10. 동명사 주어 – 단수 동사

해설 빈칸은 동사 자리이며 동명사구 Distributing copies of memos가 단수 주어이므로 단수 동사를 써야 하며, 회람 사본을 배부하는 것이 자원 낭비라는 일반적인 의견을 말하고 있으므로 단순 현재시제를 사용한 (A)가 정답.

11. 문맥에 맞는 문장 고르기

해석 (A) 회사 인트라넷 커뮤니케이션 시스템에 로그인하십시오.
(B) 아울러 물을 낭비하는 것도 매우 심각합니다.
(C) 생산 비용을 줄이는 것이 회사에 필요합니다.
(D) 또한 복사기는 현재 고장입니다.

해설 뒤 문장에서 전자 게시판, 이메일 서비스 등이 항상 이용 가능하다고 하므로 사내 인트라넷에 로그인하라고 부탁하는 내용인 (A)가 정답.

어휘 log on 로그인하다 in addition 게다가, 덧붙여 production cost 생산 비용 copy machine 복사기 currently 현재 out of order 고장 난

12. be available for

해설 be동사 뒤 주격 보어 자리이므로 형용사인 (C)가 정답.

Unit 6 분사

1. 분사의 역할

본책 p. 169

Check Up
1. damaged 파손된
2. motivated 의욕적인
3. promising 전도유망한
4. boring 지루한
5. qualified 자격을 갖춘
6. crowded 붐비는
7. offering ~을 제공하는
8. leading 선도하는
9. experienced 노련한, 숙련된
10. impressed 감명받은

1. 나는 그 상품이 훼손된 것을 발견했다.
2. 김 씨는 매우 의욕적이다.
3. 제프리는 전도유망한 화가이다.
4. 그 규칙들이 경기를 지루하게 만들었다.
5. 카슨 씨는 관리자로서의 자질을 갖췄다.
6. 아무도 붐비는 버스에 타고 싶어 하지 않는다.
7. 그 리조트에는 바다 전망이 있는 객실들이 있다.
8. 몇몇 선도 기업들이 폐업했다.
9. 우리는 숙련된 디자이너를 찾고 있다.
10. CEO는 크루 씨의 연설에 감동받은 것처럼 보인다.

어휘 highly 매우 go out of business 폐업하다 speech 연설

2. 현재분사와 과거분사

본책 p. 170

Check Up
1. provided
2. Existing
3. rising
4. lasting
5. missing
6. recommended
7. interviewing

1. 제공된 정보 일체는 사실이다.
2. 기존 시설들은 여전히 가동 중이다.
3. 운전자들은 인상되는 연료비에 대해 우려한다.
4. CEO의 연설은 오래 지속되는 감동을 주었다.
5. 나는 쓰레기통에서 잃어버린 서류를 발견했다.
6. 비평가들이 추천한 그 영화는 훌륭했다.
7. 지원자들의 면접을 보는 관리자는 샌즈 씨이다.

어휘 provide 제공하다 existing 기존의 be worried about ~을 우려하다 gas price 연료비 applicant 지원자

3. 감정분사

Check Up 본책 p. 171

1. excited
2. satisfying
3. confusing
4. exciting
5. surprising
6. satisfied
7. encouraging
8. impressed
9. interested
10. disappointed

1. 피터는 일자리를 구한 것에 대해 신이 났다.
2. 호텔 서비스는 매우 만족스러웠다.
3. 그린 씨는 그 안내서가 혼란스럽다는 것을 알았다. .
4. 이것은 모두에게 흥분되는 기회이다.
5. 인터넷은 우리에게 놀라운 변화를 가져다 주었다.
6. 귀하의 구매에 만족하셨기를 바랍니다.
7. 조사 결과는 매우 고무적이다.
8. 관중은 그 공연에 감동했다.
9. 저는 귀사의 스마트폰 신형 모델에 관심이 있습니다.
10. 식당 손님들은 새로운 세트 메뉴에 실망했다.

토익 감잡기 본책 p. 172

1. (B) 2. (A) 3. (B) 4. (B) 5. (A) 6. (B)
7. (A) 8. (A) 9. (B) 10. (B) 11. (A) 12. (A)

1. 과거분사 – 수동의 의미
해석 완성된 지원서를 제출하십시오.
해설 빈칸은 뒤의 명사구 application form을 수식하는 형용사 자리이며, 문맥상 지원서는 작성되는 것으로 수동의 의미를 가지므로 과거분사 (B)가 정답.
어휘 submit 제출하다 complete 완성하다

2. 감정분사 – 사물 수식
해석 그 회사는 신입사원들에게 흥미로운 프로그램을 제공한다.
해설 빈칸은 명사 programs를 수식하는 형용사 자리이다. excite는 감정을 나타내는 동사이고 program이 감정을 느끼게 하는 원인을 제공하므로 현재분사인 (A)가 정답.

3. 과거분사 – 목적어 없는 자리
해석 셀리즈 살롱은 많은 예술가들이 인정하는 유명 상표가 되었다.
해설 빈칸은 앞의 명사구 a brand를 뒤에서 수식하는 자리이며, 문맥상 '많은 예술가들이 인정하는'의 수동의 의미를 나타내므로 뒤에 목적어가 없다. 따라서 과거분사인 (B)가 정답.

4. 과거분사 – 〈experienced trainer〉
해석 카나리 짐은 숙련된 트레이너를 찾고 있다.
해설 빈칸은 뒤의 trainer를 수식하는 자리이며, 문맥상 '숙련된 트레이너'의 의미를 나타내므로 과거분사 (B)가 정답.

5. 현재분사 – 목적어 있는 자리
해석 100달러 이상 구매하는 사람은 무료 배송을 받을 수 있을 것이다.
해설 문맥상 '100달러 또는 그 이상을 구매하는 사람들'이라는 능동의 의미를 나타내며 목적어가 있으므로 현재분사 (A)가 정답.
어휘 free delivery 무료 배송 purchase 구매하다

6. 감정분사 – 사람 수식
해석 여행객 대다수는 시티 투어에 만족했다.
해설 빈칸은 주격 보어 자리이며 대부분의 여행객들이 만족스러운 감정을 느끼는 쪽이므로 과거분사 (B)가 정답.
어휘 satisfied with ~에 만족한

7. 현재분사 – 목적어 있는 자리
해석 나는 구체적인 항목이 들어 있는 서류를 동봉했다.
해설 빈칸은 앞의 명사 documents를 뒤에서 수식하는 자리이다. 문맥상 '구체적인 항목이 들어 있는 서류'의 능동의 관계를 의미하며 뒤에 목적어가 있으므로 현재분사 (A)가 정답.
어휘 detail 세부사항 contain 포함하다

8. be qualified for: ~에 자격을 갖추다
해석 카슨 씨는 그 직책에 매우 자질이 있다.
해설 빈칸은 주격 보어 자리이며 동사원형인 (B)는 쓰일 수 없으므로 오답. 문맥상 '그 직책에 자격을 갖춘' 의미로 수동의 의미를 나타내므로 과거분사 (A)가 정답.

9. 현재분사 – 목적어 있는 자리
해석 나는 신상품 일체를 상세히 열거한 새 안내책자를 나눠주고자 한다.
해설 빈칸은 앞의 명사구 new brochures를 수식하는 형용사 자리이다. 타동사 detail 뒤에 목적어 all of our new products가 있으며 능동의 관계를 나타내므로 현재분사 (B)가 정답.

10. 감정분사 – 사람 수식
해석 전 직원이 CEO의 발표에 충격을 받았다.
해설 빈칸은 주격 보어 자리이며 모든 직원들이 충격을 받는 감정을 느끼는 쪽이므로 과거분사 (B)가 정답.

11. 목적격 보어 자리 – 분사

해석 나는 선반 부품 일부가 없어진 것을 알았다.

해설 빈칸은 동사 find의 목적격 보어 자리이다. 문맥상 '선반 부품 일부가 없어지다'는 능동의 의미를 나타내며, 특히 miss는 자동사로 과거분사로 쓰이지 못하므로 현재분사 (A)가 정답.

12. 감정분사 – 사물 수식

해석 새로 개봉한 영화는 실망스러운 평을 받았다.

해설 빈칸은 뒤의 명사 reviews를 수식하는 형용사 자리이다. disappoint는 감정을 나타내는 동사이고 reviews가 감정을 느끼게 하는 원인을 제공하므로 현재분사인 (A)가 정답.

어휘 newly 새로 release 개봉하다, 출시하다 review 논평, 후기

토익 실전 감각 익히기   본책 p. 173

| 1. (D) | 2. (C) | 3. (D) | 4. (C) | 5. (C) | 6. (C) |
| 7. (B) | 8. (B) | 9. (B) | 10. (B) | 11. (A) | 12. (D) |

1. 감정분사 – 사람 수식

해석 부서장은 제안서를 검토했고 꽤 감명을 받았다.

해설 빈칸은 주격 보어 자리이고 주어가 감정을 느끼는 사람이므로 과거분사 (D)가 정답.

2. outstanding quality: 탁월한 품질

해석 리버사이드 리조트는 모든 투숙객에게 뛰어난 삶의 질을 제공합니다.

해설 빈칸은 명사구 quality of life를 꾸며 주는 형용사 자리이다. 문맥상 '뛰어난 삶의 질'을 의미하므로 현재분사인 (C)가 정답.

3. 과거분사 – 목적어 없는 자리

해석 전 직원이 7월 20일로 예정된 회의에 참석해야 한다.

해설 빈칸은 명사구 the meeting을 뒤에서 수식하는 형용사 자리이다. 문맥상 '7월 20일로 예정된'의 수동의 의미를 나타내며, 특히 뒤에 목적어가 없으므로 과거분사인 (D)가 정답.

어휘 scheduled for ~로 예정된

4. 현재분사 – 목적어 있는 자리

해석 두 번째 차를 구매하는 사람들의 수가 급격히 증가했다.

해설 문맥상 '제2의 차를 구매하는 사람들의 숫자'라는 능동의 의미를 나타내며 특히 목적어가 있으므로 현재분사인 (C)가 정답.

5. 과거분사 – 목적어 없는 자리

해석 다른 무빙이 서비스하는 지역에는 벤트 시와 앨리스 시가 포함된다.

해설 빈칸은 앞의 명사구 the locations를 뒤에서 수식하는 형용사 자리이다. 특히 뒤에 목적어가 없으므로 과거분사인 (C)가 정답.

6. 과거분사 – 수동의 의미

해석 이 식당은 지역에서 재배하는 채소를 사용하는 것으로 알려져 있다.

해설 빈칸은 뒤의 명사 vegetables를 수식하는 형용사 자리이며, 문맥상 '지역에서 재배된 채소'의 수동의 의미를 가지므로 과거분사 (C)가 정답.

7. 감정분사 – 사물 수식

해석 지난 분기의 판매 수치는 매우 실망스럽다.

해설 빈칸은 주격 보어 자리이다. disappoint는 감정을 나타내는 동사이고 주어 The sales figures가 감정을 느끼게 하는 원인을 제공하므로 현재분사인 (B)가 정답.

어휘 quarter 분기 disappointing 실망스러운

8. 현재분사 – 능동의 의미

해석 화요일에는 파리로 향하는 항공편이 두 편 뿐이다.

해설 빈칸은 앞의 명사구 two flights를 뒤에서 수식하는 자리이다. 문맥상 '파리로 출발하는 항공편'의 능동의 관계를 의미하므로 현재분사 (B)가 정답.

[9-12] 이메일 _ 주문 제품 누락

수신: 메레디스 그래친스키 〈mereg@tsmail.com〉
발신: 고객 지원부 〈csc@bookbank.com〉
날짜: 6월 10일, 오전 9:37
제목: 주문

그래친스키 씨께,

저희 제품을 구매해 주셔서 감사합니다. 주문하신 도서 중 한 권을 (09)받지 못하셨다고 하니 죄송합니다. 저희 측이 전적으로 실수에 대한 책임이 있음을 알았습니다. (10)누락된 책은 이미 포장하여 보내 드렸습니다. 또한 30유로 상당의 상품권도 동봉하였습니다. (11)상품권은 도시 전역에 있는 저희 매장 어느 곳에서나 유효합니다. 귀하의 주문 건은 하루 이틀 내로 도착할 것입니다. 저희 북뱅크에서 (12)계속 구매해 주시기를 바라며 불편을 드린 점에 대해 다시 한 번 사과드립니다.

아담 모슬리
고객 지원 센터 대표
북뱅크

9. 현재완료 시제 〈have + p.p〉

해설 have 뒤에 not이 있는 것은 have가 조동사이기 때문이다. 조동사 have의 뒤에 올 수 있는 동사의 형태는 현재완료 시제를 나타내는 (B)이므로 (B)가 정답.

10. the missing book: 누락된 책

해설 빈칸은 뒤의 명사 book을 수식하는 형용사 자리이다. 문맥상 '누락된 책'이라는 의미를 나타내며 특히 자동사 miss는 현재분사로만 쓰이므로 (B)가 정답.

11. 문맥에 맞는 문장 고르기

해석 (A) 상품권은 도시 전역에 있는 저희 매장 어느 곳에서나 유효합니다.
(B) 저희 매장은 시티뱅크 근처에 위치해 있습니다.
(C) 저희 매장을 방문하셔서 그것을 다른 상품으로 교환하실 수 있습니다.
(D) 원하신다면 전액 환불해 드리겠습니다.

해설 빈칸 앞 문장에서 바우처를 동봉한다고 했으므로 이어지는 내용으로 바우처의 사용처를 안내하는 내용이 자연스럽다. 따라서 정답은 (A).

어휘 good 유효한 throughout 도처에 be located 위치하다 exchange 교환하다

12. 동사 어휘

해석 (A) 제안하다 (B) 고려하다
(C) 싫어하다 (D) 계속하다

해설 문맥상 '계속 구매해 주시기를 바란다'는 내용이 자연스럽다. 특히 뒤에 to부정사가 있는데, (D)는 뒤에 to부정사나 동명사를 모두 목적어로 취할 수 있는 동사이므로 정답. (A), (B), (C)는 동명사를 목적어로 취할 수 있지만 to부정사를 목적어로 취할 수 없으므로 오답.

 **Unit 7 전치사**

1. 시간 전치사

본책 p. 177

Check Up
1. for 2. in 3. since 4. at
5. until 6. throughout 7. within 8. during
9. over 10. from

1. 열차는 한 시간 연착됐다.
2. 제프는 2010년에 그 회사에 입사했다.
3. 피터는 지난달 이후 일을 쉬고 있다.
4. 우리는 연말에 항상 바쁘다.
5. 신 씨는 이번 금요일까지 그 호텔에 묵을 것이다.
6. 나는 이번 달 내내 CEO를 보지 못했다.
7. 귀하의 주문 건은 이틀 내에 도착할 것입니다.
8. 머무르시는 동안 숙련된 안내원이 배정됩니다.
9. 지난 5년간 연료 값은 두 배가 되었다.
10. 회의는 5월 6일부터 10일까지 열리기로 예정되어 있다.

2. 장소 전치사

본책 p. 178

Check Up
1. in 2. next to 3. near 4. on
5. under 6. at 7. over 8. below
9. behind 10. between

1. 주디는 하와이에서 멋진 휴가를 보냈다.
2. 이 식물을 소파 옆에 두십시오.
3. 우리 호텔은 공항 근처에 위치해 있다.
4. 벽에 그림 한 점이 걸려 있다.
5. 여러분은 나무 아래에서 휴식을 취하기 위해 멈출 수 있습니다.
6. 카트 씨는 선샤인 호텔에 머무를 것이다.
7. 그 식당은 강 위쪽의 전망이 멋지다.
8. 이 엘리베이터는 3층 이하에는 멈추지 않는다.
9. 직원 주차장은 건물 뒤편에 있다.
10. 7시에서 9시 사이에 아침 식사가 제공된다.

3. 기타 전치사 / 구전치사

본책 p. 179

Check Up
1. by 2. without 3. ahead of 4. through
5. on 6. due to 7. regarding 8. instead of
9. prior to 10. despite

1. 그린 씨는 지하철로 출근한다.
2. 이 양식을 곧바로 제출하십시오.
3. 그들은 예정보다 빨리 일을 마쳤다.
4. 한강은 도심을 가로질러 흐른다.
5. 당신은 일정을 변경할 수 없습니다.
6. 거센 폭풍우 때문에 항공편이 연착됐다.
7. 새 정책에 관한 몇 가지 질문이 있습니다.
8. 신용카드는 종종 현금 대신 사용된다.
9. 샌더스 씨는 세미나 전에 보고서를 검토했다.
10. 콜린스 씨는 바쁜 일정에도 불구하고 규칙적으로 운동한다.

어휘 submit 제출하다 without delay 지체 없이, 곧바로 policy 정책 review 검토하다 exercise 운동하다

토익 감잡기   본책 p. 180

| 1. (A) | 2. (A) | 3. (B) | 4. (B) | 5. (B) | 6. (B) |
| 7. (B) | 8. (B) | 9. (B) | 10. (A) | 11. (B) | 12. (B) |

1. 시간 전치사 – during
해석 생산 공정 중에 위험한 화학 물질이 사용된다.
해설 '생산 공정 중에'라는 기간이 제시되고 있으므로 전치사 during이 적절하다.
어휘 dangerous 위험한 production 생산 process 과정

2. 시간 전치사 〈on + 날짜〉
해석 신 씨는 7월 20일에 직장에 복귀하기로 되어 있다.
해설 날짜 앞에는 전치사 on이 쓰이므로 정답은 (A).
어휘 be supposed to ⓥ ~할 예정이다

3. 장소 전치사 – next to
해석 박물관은 우체국 바로 옆에 위치해 있다.
해설 '우체국 옆에 위치하다'라는 의미를 나타내므로 정답은 (B).
어휘 museum 박물관 be located 위치하다 post office 우체국

4. 시간 전치사 – within
해석 당신은 일주일 이내에 이메일 회신을 받을 것입니다.
해설 빈칸 뒤에 a week라는 기간을 나타내는 명사구가 왔고 '일주일 이내에 회신을 받을 것이다'라는 의미가 적절하므로 within이 와야 한다. 따라서 정답은 (B).

5. 장소 전치사 〈on + 층〉
해석 환영회는 5층에서 개최될 것이다.
해설 층을 나타내는 명사 앞에는 전치사 on이 쓰이므로 정답은 (B).

6. 시간 전치사 〈on + 요일〉
해석 주민센터는 일요일에 문을 닫을 것이다.
해설 요일을 나타내는 명사 앞에는 전치사 on이 쓰이므로 정답은 (B).

7. 구전치사 – prior to
해석 승객들은 출발 시간 2시간 전에 도착해야 한다.
해설 빈칸은 전치사 자리이며, 문맥상 '출발 시간 전에'가 어울리므로 정답은 (B). (A)는 형용사이므로 오답.
어휘 passenger 승객 prior to ~ 전에 prior 사전의

8. 방향 전치사 – out of
해석 저희 안내원들이 건물 밖으로 안내해 드릴 것입니다.
해설 빈칸은 전치사 자리이며, 문맥상 '건물 밖으로 안내하다'가 어울리므로 정답은 (B). (A)는 부사이므로 오답.

9. 주제 전치사 – on
해석 후보자들은 환경에 대해 오랜 논의를 했다.
해설 '환경에 대해 오랜 논의를 했다'가 의미상 적절하므로 주제를 제시할 수 있는 전치사 (B)가 정답.
어휘 lengthy 장황한, 너무 긴 environment 환경

10. 이유 전치사 – due to
해석 악천후 때문에 회사 야유회가 연기됐다.
해설 악천후는 회사 야유회 연기의 원인이 될 수 있기 때문에 이유를 나타내는 전치사 (A)가 정답.

11. 장소 전치사 – beside
해석 주민들은 학교 옆에 도서관을 짓는 데 동의했다.
해설 '학교 옆에 도서관을 짓다'가 어울리므로 '~ 옆에'의 의미를 나타내는 (B)가 정답.
어휘 resident 주민 library 도서관 below 아래에 beside 옆에

12. 시간 전치사 – until
해석 투표는 다음 주까지 연기되어야 할 것이다.
해설 지속의 의미를 나타내는 동사 postpone과 함께 쓰여 '다음 주까지 연기하다'를 의미하므로 정답은 (B).
어휘 postpone 연기하다, 미루다

토익 실전 감각 익히기   본책 p. 181

| 1. (A) | 2. (C) | 3. (D) | 4. (A) | 5. (A) | 6. (B) |
| 7. (D) | 8. (A) | 9. (C) | 10. (C) | 11. (B) | 12. (B) |

1. 장소 전치사 – at
해석 데이비드는 출신 대학에서 연설을 하라는 초청을 받았다.
해설 특정한 지점인 university와 함께 '대학에서'라는 의미를 나타내므로 전치사 (A) 정답.
어휘 be invited to ⓥ ~을 하도록 요청받다 give a speech 연설하다 university 대학

2. 시간 전치사 – during

해석 비행 중에 저녁 식사와 가벼운 아침 식사가 제공될 것입니다.

해설 문맥상 '비행 중에'라는 의미가 적절하므로 기간을 나타내는 시간 전치사 (C)가 정답.

어휘 light 가벼운

3. 구전치사 – prior to

해석 공식 발표 이전에는 모든 것이 기밀 유지되었다.
(A) ~의 대신에　　　(B) ~ 때문에
(C) ~의 옆에　　　　(D) ~ 전에

해설 문맥상 '공식적인 발표 전에 모든 것이 기밀로 유지되어야 한다'가 어울리므로 정답은 (D).

4. 이유 전치사 – because of

해석 방문객들은 항공편 연착 때문에 정시에 도착하지 못했다.
(A) ~ 때문에　　　　(B) ~에도 불구하고
(C) ~와 상관 없이　　(D) ~에 앞서

해설 '항공편 연착으로 인해 정시에 도착할 수 없었다'가 문맥상 자연스러우므로 이유를 나타내는 전치사구 (A)가 정답.

5. 전치사 – with(수단)

해석 카터 씨는 항상 신용카드로 버스 요금을 할인받는다.

해설 '신용카드로 버스 요금을 할인받는다'가 어울리므로 수단을 나타내는 전치사 (A)가 정답.

6. 주제 전치사 – regarding

해석 배송료에 관한 팩스를 보내 주셔서 감사합니다.

해설 '배송료에 관한 팩스'라는 내용을 나타내므로 '~에 관한'이라는 의미의 주제를 나타내는 전치사 (B)가 정답..

7. 시간 전치사 – within

해석 구매 후 7일 이내에 교환을 원하시면 매장을 방문해 주십시오.

해설 '구매 후 7일 이내에'라는 의미가 적절하므로기간을 나타내는 시간 전치사 (D)가 정답.

8. 장소 전치사 – in

해석 일반적으로 도시의 공공장소에서의 사진 촬영은 허용된다.

해설 빈칸 뒤에 넓은 장소를 나타내는 public spaces가 있고 특히 문맥상 '공공장소에서'가 어울리므로 정답은 (A).

[9-12] 이메일 _ 카탈로그 요청

발신: 아서 친 〈arthurchin@cmail.com〉
수신: 멜라니 밴던 〈melaniev@vmail.com〉
날짜: 4월 28일
제목: 카탈로그

밴던 씨께,

발표를 위해 저희 사무실까지 와 주셔서 대단히 감사합니다. 저희는 귀사의 다기능 프린터에 매우 관심이 있으며 그 중 일부를 **(9)주문하고자** 합니다. 저희는 10년의 보증 기간을 **(10)제공하는** 제품은 본 적이 없습니다. 그런데 저희가 카탈로그를 잘못 두어 잃어버린 듯 합니다. 카탈로그 **(11)몇 부를** 저희에게 보내주실 수 있다면 감사하겠습니다. **(12)또한 저희는 귀사가 대량 주문에 대해 할인을 제공하는지에 대해서도 알고 싶습니다.** 다시 한 번 감사드리며 곧 귀하의 회신을 받게 되기를 바랍니다.

아서 친

9. 동사 어휘

해석 (A) 보다　　　　(B) 취소하다
(C) 주문하다　　(D) 제거하다

해설 '우리는 귀사의 프린터에 아주 관심을 가진다'는 표현이 빈칸 앞에 있으므로 문맥상 주문하고 싶다는 내용이 잘 어울린다. 따라서 정답은 (C).

10. 전치사 – with

해설 '10년의 보증 기간을 (함께) 제공하다'는 의미가 자연스러우므로 정답은 (C).

11. 수량 형용사 〈a few + 복수명사〉

해설 빈칸은 복수명사 copies를 수식하는 형용사 자리이며 문맥상 '카탈로그 몇 부'가 자연스러우므로 정답은 (B).

12. 문맥에 맞는 문장 고르기

해석 (A) 본 주문이 가능하다면 제게 알려주시기 바랍니다.
(B) 저희는 귀사가 대량 주문에 대해 할인을 제공하는지에 대해서도 알고 싶습니다.
(C) 다음 주문 시 할인을 받을 수 있는 기회를 놓치지 마세요.
(D) 이것이 가능하다면, 저는 곧바로 그것을 출력하겠습니다.

해설 뒤 문장에서 답장을 기다린다고 하므로 빈칸에서는 답변이 필요한 요청이 필요하다. 또한 지문의 첫 부분에서 '귀사의 다기능 프린터에 관심을 갖고 일부를 주문하고 싶다'고 했으므로 대량 주문에 대한 할인이 가능한지를 묻는 (B)가 들어가는 것이 자연스럽다.

어휘 available 이용 가능한　large order 대량 주문　opportunity 기회

Unit 8 접속사

1. 등위접속사

본책 p. 185

Check Up

1. or	2. and	3. and	4. but	5. and
6. so	7. or	8. so	9. and	10. but

1. 이 양식을 검정색이나 파란색으로 기입하십시오.
2. 질문 하나와 몇 가지 요청 사항이 있습니다.
3. 7시와 9시에 두 대의 항공편이 있다.
4. 어젯밤 화재가 발생했지만 아무도 다치지 않았다.
5. 저희는 이미 그것을 포장해서 귀하에게 보내드렸습니다.
6. 요즘은 그다지 바쁘지 않아서 괜찮을 것이다.
7. 귀하의 주문 건은 이틀 이내에 도착할 것입니다.
8. 그 제품들은 쉽게 상하니 냉장고에 보관하십시오.
9. 그 출장 요리 업체는 빠르고 믿을 만한 서비스를 제공한다.
10. 일반적으로 신용카드가 허용되지만 일부 매장은 현금만 받는다.

2. 상관접속사

본책 p. 186

Check Up

1. and	2. and	3. or	4. but	5. or
6. or	7. nor	8. but	9. both	10. use

1. 로페즈 씨는 연기와 노래를 모두 즐긴다.
2. 그 새 장비는 간단하고 효과적이다.
3. 라일리는 환불이나 교환을 원했다.
4. 이 일자리는 재미있기도 하고 보수도 좋다.
5. 운전자들은 11번 고속도로 또는 시모어 가를 이용해야 한다.
6. 그 패션 쇼는 런던이나 파리에서 열릴 것이다.
7. 저렴한 국내선 비행에서는 식사도 다과 두 가지 다 제공되지 않는다.
8. 지원자는 이력서뿐만 아니라 추천서도 필요로 한다.
9. 쇼핑객들은 온라인 쇼핑으로 시간과 돈을 모두 절약할 수 있다.
10. 그린 씨와 동료들 모두 대중교통을 이용하지 않는다.

3. 명사절 접속사

본책 p. 187

Check Up

1. if	2. that	3. that	4. that
5. wheter	6. Whether	7. that	8. Whether
9. that	10. Whether		

1. 린다는 할인을 받을 수 있는지 알고 싶어 했다.
2. 크루즈 씨는 송장에 오류가 있다는 것을 발견했다.
3. 로이 씨는 공원이 운동하기에 훌륭한 장소라고 생각한다.
4. 제가 예약을 취소해야 할 것 같습니다.
5. 김 씨는 CEO가 그 계획을 수락할지 궁금했다.
6. 후보자들이 근무 경력을 갖고 있는지는 문제되지 않는다.
7. 워크숍이 연기됐다는 것을 여러분에게 알려드리고자 합니다.
8. CEO를 교체하는 것이 문제를 해결할지의 여부는 불확실하다.
9. 주말에 예약이 다 찼다는 말씀을 드리게 되어 죄송합니다.
10. 리 씨가 보너스를 받을지 여부는 아직 결정되지 않았다.

어휘 cancel 취소하다 reservation 예약 wonder 궁금해하다 inform 알리다 replace 교체하다 be fully booked 예약이 다 차다

4. 부사절 접속사

본책 p. 188

Check Up

1. when	2. If	3. before	4. Once
5. as	6. because	7. Although	

1. 돌아오시면 무어 씨가 귀하에게 연락을 드릴 겁니다.
2. 당신이 급행 열차를 타면 제시간에 도착할 수 있다.
3. 린 씨는 보스턴으로 이사하기 전에 뉴욕에 살았다.
4. 계약을 체결하면 보증금을 먼저 지불해야 한다.
5. 날씨가 좋아서 항공편은 제시간에 도착할 것이다.
6. 품질이 만족스럽지 않았기 때문에 밀즈 씨는 환불을 요청했다.
7. 그 모델은 비싸지만 소비자들은 흔쾌히 값을 지불한다.

어휘 express train 급행 열차 sign the contract 계약을 체결하다 request 요청하다 be willing to 기꺼이 ~하다

5. 접속사 vs. 전치사

본책 p. 189

Check Up

1. in case of	2. in case	3. upon
4. as soon as	5. during	6. while
7. because of	8. because	9. although
10. despite		

토익 감잡기

본책 p. 190

1. (B)	2. (A)	3. (B)	4. (A)	5. (B)	6. (A)
7. (A)	8. (B)	9. (A)	10. (A)	11. (B)	12. (A)

1. 등위접속사 – and

해석 첨부된 양식을 작성하셔서 저에게 보내 주십시오.

해설 빈칸은 동사구 complete the attached form과 send it back to me를 대등하게 연결하는 등위접속사이며, '그리고'의 의미가 자연스러우므로 정답은 (B).

2. 명사절 접속사 – if
해석 귀하의 매장이 저희에게 단체 할인을 제공할지 궁금합니다.
해설 빈칸 앞의 동사 wonder(궁금하다)의 목적어 자리에 쓰이는 명사절 접속사로 '~인지'라는 뜻이 어울리므로 정답은 (A).
어휘 offer 제공하다 group discount 단체 할인

3. 상관접속사 – 수 일치
해석 컴퓨터와 복사기 모두 제대로 동작하지 않는다.
해설 상관접속사 neither A nor B는 B에 수 일치를 시킨다. the copier가 단수 명사이므로 단수 동사인 (B)가 정답.

4. 부사절 접속사 – before
해석 김 씨가 도착하기 전에 사무용품을 주문했다.
해설 문맥상 '김 씨가 도착하기 전'이 어울리므로 정답은 (A).

5. 전치사 자리 – despite
해석 폭염에도 불구하고 한국에서 잘 지내시기를 바랍니다.
해설 빈칸은 명사구 the heat wave를 이끄는 전치사 (B)가 정답. (A)는 접속사 뒤에 절이 와야 하므로 오답.

6. 명사절 접속사 – That
해석 일자리가 거의 없다는 사실은 구직자들을 실망시켰다.
해설 빈칸은 명사절을 이끄는 접속사 자리이며 '~라는 것'이라는 뜻이 어울리므로 정답은 (A).

7. 부사절 접속사 – when
해석 바그너 씨는 그 소식을 들었을 때 충격을 받았다.
해설 빈칸은 she heard the news를 이끄는 부사절 접속사 자리이므로 정답은 (A).

8. 등위접속사 – or
해석 일부 식당은 한두 주 미리 예약이 이루어진다.
해설 문맥상 '1 또는 2주'가 어울리므로 정답은 (B).
어휘 book 예약하다

9. 명사절 접속사 – that
해석 그 기술자는 몇몇 부품을 바꾸라고 제안했다.
해설 빈칸 앞에 동사 suggested(제안했다)의 목적어 자리에 쓰이는 명사절 접속사로 '~라는 것'의 뜻이 어울리므로 정답은 (A).
어휘 technician 기술자 suggest 제안하다

10. 접속사 자리 – when
해석 빌은 너무 늦어서 자신의 약속을 취소해야 했다.
해설 빈칸 뒤에 절(he was too late)이 오므로 부사절 접속사인 (A)가 정답. (B)는 전치사이고 뒤에 절을 이끌 수 없으므로 오답.

11. 부사절 접속사 – if
해석 질문이 있으면 주저 없이 저에게 연락하십시오.
해설 문맥상 '만약에 질문이 있으시면'이 어울리므로 정답은 (B).
어휘 hesitate to ⓥ ~을 하는 것을 주저하다

12. 명사적 접속사 – that
해석 이곳은 주차가 허용되지 않음을 알아두십시오.
해설 '~라는 것'의 의미가 적절하므로 정답은 (A).

토익 실전 감각 익히기 　　본책 p. 191

| 1. (A) | 2. (A) | 3. (C) | 4. (C) | 5. (A) | 6. (C) |
| 7. (A) | 8. (B) | 9. (B) | 10. (D) | 11. (B) | 12. (C) |

1. 명사절 접속사 – whether
해석 양 씨는 호텔이 공항에 태우러 오는 서비스와 태워다 주는 서비스를 제공하는지 알고 싶어 했다.
해설 빈칸 앞의 동사 wondered(궁금했다)의 목적어 자리에 쓰이는 명사절 접속사로 '~인지'라는 뜻이 어울리므로 정답은 (A). (C)와 (D)는 부사절 접속사이므로 오답.

2. 부사절 접속사 – Although
해석 유가가 대폭 상승했음에도 불구하고 항공사는 더 좋은 판매 실적을 기대한다.
해설 빈칸은 절(oil prices have risen dramatically)을 이끄는 접속사 자리이므로 전치사 (B)는 오답. 문맥상 '~에도 불구하고'의 의미가 어울리며, 특히 뒤의 절에서 still(여전히)이라는 부사가 있으므로 빈칸은 양보를 나타내는 접속사 (A)가 정답.
어휘 rise 오르다 airline 항공사 expect 기대하다 sale 매출, 판매

3. 상관접속사 〈both A and B〉
해석 보안 검사는 탁송 수화물과 기내 반입 수화물에 대해 모두 실시된다.
해설 상관접속사 both A and B로 호응하므로 (C)가 정답.
어휘 security check 보안 검사

4. 부사절 접속사 – in case
해석 환불 또는 교환을 해야 할 경우를 대비하여 영수증을 보관하십시오.
해설 빈칸 뒤에 절이 왔으므로 빈칸은 접속사 자리이다. 그러므로 전치사 (A)와 (D)는 오답. 문맥상 '환불 또는 교환을 해야 할 경우'가 어울리므로 조건을 나타내는 접속사 (C)가 정답.

5. 전치사 자리 – due to
해석 멜라니는 일정 문제로 인해 계획을 수정해야 한다.
해설 빈칸 뒤에 명사구 a scheduling error가 있으므로 전치사 자리이다. 따라서 접속사 (C)와 (D)는 오답. 문맥상 '일정 문제 때문에'가 어울리므로 이유를 나타내는 구전치사 (A)가 정답.
어휘 scheduling error 일정 오류

6. 등위접속사 – but
해석 지난주에 귀사의 웹사이트에서 셔츠를 주문했는데 아직 그것을 받지 못했습니다.
해설 문맥상 '주문했지만 아직 그것을 받지 못했다'는 의미가 어울리므로 정답은 (C).

7. 부사절 접속사 – when
해석 주문할 준비가 되시면 버튼을 누르십시오.
해설 빈칸 뒤에 절이 있고, 특히 빈칸 앞 문장이 완전한 절이므로 빈칸은 부사절 접속사 자리이다. 문맥상 '준비가 되시면 버튼을 누르세요'가 어울리므로 시간을 나타내는 부사적 접속사 (A)가 정답. 구전치사 (C)는 오답. 빈칸 앞 문장이 완전한 절이므로 명사절 접속사 (B)도 오답.

8. 명사절 접속사 – that
해석 PET-CT 어플라이언스는 자사의 사업을 유럽으로 확장하겠다고 발표했다.
해설 빈칸 앞에 있는 타동사 announced(공지했다)의 목적어 자리에 쓰이는 명사절 접속사 자리이므로 부사절 접속사 (A)와 (D)는 오답. 문맥상 '~라는 것'의 뜻이 어울리므로 정답은 (B).

[9-12] 이메일 _ 차량 임대 알림

발신: 알렉사 드바로스 〈alexadvar@hunmail.com〉
수신: 박지현 〈jihyunpark@hunmail.com〉
날짜: 11월 28일 화요일
제목: 차량

지현 씨께,

인사부의 트루디가 귀하의 차량을 정비소에 **(9)**맡겼음을 알려드리고자 합니다. 몇몇 엔진 부품을 교체해야 **(10)**하므로 수리하는 데 1주일이 걸릴 예정입니다. 그래서 트루디가 템프스 카 렌털에 연락해 중형차를 대여했습니다. **(11)**그들은 내일 아침 차량을 준비시킬 것입니다. 귀하의 차량이 수리될 때까지 그 차를 타시면 됩니다. 대여 업체에서 저희 회계부서로 직접 청구서를 보낼 예정이니 **(12)**염려하실 필요가 없습니다. 질문이 있으시면 내선번호 432번으로 트루디에게 전화해 주십시오.

알렉사 드바로스
디자인 부서 관리자

9. 명사절 접속사 – that
해설 빈칸 앞의 동사 inform(알리다)의 목적어 자리에 쓰이는 명사절 접속사 자리이므로 부사절 접속사 (C)와 (D)는 오답. 문맥상 '~라는 것'의 뜻이 어울리므로 정답은 (B).

10. 부사절 접속사 – because
해설 빈칸은 절(some engine parts need to be replaced)을 이끄는 접속사 자리이므로 전치사 (A)와 (C)는 오답. 문맥상 '~때문에'의 의미가 어울리므로 이유를 나타내는 접속사 (D)가 정답.

11. 문맥에 맞는 문장 고르기
해설 (A) 그들은 차 안에 열쇠를 둘 것이다.
(B) 그들은 당신을 위해 내일 아침 차량을 준비시킬 것이다.
(C) 자동차 보험은 온라인으로 구매할 수 있다.
(D) 당신은 앱을 이용해 차량을 예약할 수 있다.
해설 빈칸 앞 문장에서 차량을 대여했다는 내용이 오고, 빈칸 뒤 문장에서 차 수리가 완료될 때까지 차량을 이용해도 된다는 내용이 오므로, 빈칸에는 차량 사용에 대한 구체적인 시점을 알려주는 '내일 오전에 차가 준비될 것이다'라는 내용이 어울린다. 따라서 정답은 (B).

12. 등위접속사 – so
해설 빈칸 앞 절에서 대여 업체가 청구서를 회계부로 직접 발송한다고 했고 문맥상 '그래서 당신은 계산서에 대해 걱정할 필요가 없다'는 것이 어울리므로 정답은 (C).

Unit 9 관계사

1. 주격 관계대명사

본책 p. 195

Check Up

| 1. that | 2. which | 3. who | 4. that | 5. which |
| 6. who | 7. who | 8. which | 9. who | 10. who |

1. 피터는 어제 온 계산서를 지불했다.
2. 린다는 전망이 훌륭한 사무실에서 일한다.
3. 알리 한은 매력적인 목소리를 지닌 여배우이다.
4. 우리는 플로리다에 위치한 많은 도시들을 방문했다.
5. 그린 씨는 보수가 좋은 안정적인 일자리를 찾았다.
6. 이 샐러드는 땅콩 알레르기가 있는 손님들을 위한 것이다.
7. 우리는 매우 의욕적인 인턴을 찾고 있다.
8. 당신이 잠을 잘 잘 수 있게 도와주는 음식이 많이 있다.
9. 우리는 세법에 대한 지식이 풍부한 회계사가 필요하다.
10. KS 주식회사는 공사에 반대하는 주민들과 면담했다.

2. 목적격 관계대명사

본책 p. 196

Check Up

1. that 2. that 3. whom 4. whom 5. which
6. who 7. which 8. that 9. which 10. that

1. 이것은 내가 지금까지 본 것 중 가장 큰 TV이다.
2. 수잔이 받은 경품은 식기 세척기였다.
3. 첸 씨는 믿을 수 있는 조수를 찾고 있다.
4. 우리가 만난 그 도시의 사람들은 매우 친절했다.
5. 피터는 지난주에 주문한 견본을 받았다.
6. 사고를 본 사람은 누구나 경찰에 연락해야 한다.
7. 요크 씨가 산 집은 아름다운 정원이 있다.
8. 그 영화는 실생활에서 일어난 사고들을 다루고 있다.
9. 나는 지난 여름에 우리가 방문한 공급업체들에게 이메일을 보냈다.
10. 노숙자는 다루어져야 할 사회적 문제이다.

3. 소유격 관계대명사 whose

본책 p. 197

Check Up

1. who 2. whose 3. whose 4. which 5. whose
6. which 7. who 8. whose 9. which 10. whose

1. 제임스에게는 의사인 고객들이 있다.
2. 제임스에게는 직업이 의사인 고객들이 있다.
3. 파커 씨는 발코니가 큰 아파트에 산다.
4. 파커 씨는 큰 발코니가 있는 아파트에 산다.
5. 이것은 독자들이 지역 주민인 인기 있는 신문이다.
6. 이것은 지역 주민들이 읽는 인기 있는 신문이다.
7. 노박 씨는 그 새 다리를 디자인한 건축가이다.
8. 노박 씨는 지난달에 디자인으로 상을 받은 건축가이다.
9. 그 업체는 강력한 배터리를 갖춘 새 전화기를 출시했다.
10. 그 업체는 배터리가 아주 오래 가는 새 전화기를 출시했다.

4. 관계대명사 what

본책 p. 198

Check Up

1. that 2. that 3. What 4. what 5. That
6. whose 7. what 8. who 9. what 10. whose

1. 나의 가장 큰 자산은 정직하다는 점이다.
2. 김 씨가 지원한 일자리는 보수가 좋다.
3. 리 씨가 받을 것은 아직 정해지지 않았다.
4. 그 매출액은 우리가 달성하고자 하는 것이다.
5. 리 씨가 상을 받을지 결정됐다.
6. 첸 씨는 가족이 화랑을 소유하고 있는 화가이다.
7. 나는 쿠폰 대신 받을 수 있는 것이 궁금하다.
8. 채소를 먹는 사람들은 건강할 것 같다.
9. 우리는 더 많은 관광객을 유치할 수 있는 것을 해야 한다.
10. 조사관은 집이 파손된 부부를 면담했다.

5. 관계부사

본책 p. 199

Check Up

1. where 2. which 3. which 4. where 5. whose
6. who 7. why 8. whom 9. when 10. a way

1. 이곳은 제임스가 린다를 만난 선물 가게이다.
2. 이곳은 제임스가 추천한 선물 가게이다. .
3. 여기는 제임스가 머물렀던 호텔이다.
4. 여기는 취업 박람회가 열렸던 호텔이다.
5. 우리는 가격이 너무 높은 신차를 살 여력이 없다.
6. 일찍 도착한 승객들이 더 좋은 자리를 얻는다.
7. 카페인이 내가 어젯밤 잠들 수 없었던 이유였다.
8. 한 씨는 우리 회사에 절대적으로 필요한 분석가이다.
9. 12월은 우리가 가장 바쁜 달이다.
10. 우리는 더 많은 관광객을 모을 수 있는 방법을 찾고 있다.

토익 감잡기

본책 p. 200

1. (B) 2. (B) 3. (B) 4. (B) 5. (A) 6. (A)
7. (B) 8. (B) 9. (A) 10. (B) 11. (B) 12. (A)

1. 주격 관계대명사 – which

해석 그 고객은 에너지를 덜 쓰는 하이브리드 자동차에 관심이 있다.

해설 빈칸은 사물 명사구 hybrid cars를 수식하며, 뒤에 불완전한 절(동사 use의 주어가 없음)을 이끌기 때문에 주격 관계대명사 자리이다. 따라서 정답은 (B).

어휘 be interested in ~에 관심이 있다

2. 소유격 관계대명사 whose

해석 글로버 씨는 경력이 인상적인 디자이너를 추천했다.

해설 빈칸은 뒤의 절(experience was impressive)을 이끌면서 선행사 a designer를 수식하는 관계대명사 자리이다. 선행사와 빈칸 뒤의 명사 '디자이너의 경력'이라는 소유 관계를 가지므로 정답은 소유격 관계대명사 (B)이다.

3. 목적격 관계대명사 – that

해석 브라운 씨는 자신이 받은 서비스가 마음에 들었다.

해설 빈칸은 사물 명사구 the service를 수식하며 뒤에 불완전한 절(타동사 received의 목적어가 없음)을 이끌기 때문에 목적격 관계대명사 자리이다. 따라서 정답은 (B).

4. 관계부사 – when
해석 앤은 자신의 사업을 처음 시작한 때를 기억한다.
해설 선행사가 the time이고 빈칸 뒤에 완전한 절(she started her business)이 위치하고 있으므로 빈칸은 관계부사 자리이다. 따라서 정답은 (B). (A)는 관계대명사로 불완전한 절을 이끌기 때문에 오답.

5. 관계대명사 – what
해석 그들은 무엇을 살 수 있을지에 대해 다른 의견을 갖고 있다.
해설 빈칸은 뒤에 불완전한 절(타동사 buy의 목적어가 없음)을 이끄는 관계절 대명사 자리이지만 선행사가 없으므로 정답은 (A).

6. 주격 관계대명사 – who
해석 나에게 수영을 가르쳐 준 트레이너는 매우 인내심이 있었다.
해설 빈칸은 사람 명사구 The trainer를 수식하며, 뒤에 불완전한 절(동사 taught의 주어가 없음)을 이끌기 때문에 주격 관계대명사 자리이므로 주격 관계대명사인 (A)가 정답. (B)는 목적격 관계대명사이므로 오답.
어휘 patient 인내심이 있는

7. 소유격 관계대명사 whose
해석 나는 자신이 쓴 소설이 아주 인기가 있는 한 일본 작가를 만났다.
해설 빈칸은 뒤의 절을 이끌면서 선행사(a Japanese writer)를 수식하는 관계대명사 자리이다. 빈칸 뒤의 명사와 '작가의 소설'이라는 소유 관계를 가지므로 정답은 소유격 관계대명사 (B).

8. 목적격 관계대명사 – which
해석 우리가 지난달 방문한 박물관은 지금 폐관되었다.
해설 빈칸은 사물 명사구 The museum을 수식하며 뒤에 불완전한 절(타동사 visited의 목적어가 없음)을 이끌기 때문에 목적격 관계대명사 (B)가 정답. (A)는 관계부사이기 때문에 뒤에 완전한 절이 와야 하기에 오답.

9. 주격 관계대명사 – which
해석 저희 제품 일체를 상세히 열거한 안내 책자를 동봉했습니다.
해설 빈칸은 사물 명사구 a brochure를 수식하는 주격 관계대명사 자리이므로 정답은 (A).

10. 소유격 관계대명사 whose
해석 불법 주차했던 운전자는 벌금을 내야 한다.

해설 빈칸은 뒤의 절을 이끌면서 선행사 The driver를 수식하는 관계대명사 자리이다. 빈칸 뒤의 명사는 '운전자의 차'라는 소유 관계를 가지므로 정답은 소유격 관계대명사 (B).

11. 관계부사 – where
해석 당신이 조사를 실시한 실험실은 아직 거기에 있다.
해설 선행사가 장소를 나타내는 The laboratory이고 빈칸 뒤에 완전한 절(you conducted research)이 위치하고 있으므로 빈칸은 관계부사 자리이다. 따라서 정답은 (B). (A)는 관계대명사로 불완전한 절을 이끌기 때문에 오답.

12. 목적격 관계대명사 – who
해석 저 남자는 내가 너에게 말했던 그 치과의사이다.
해설 빈칸은 사람 명사구 the dentist를 수식하며 뒤에 불완전한 절(전치사 about의 목적어가 없음)을 이끌기 때문에 목적격 관계대명사 (A)가 정답. (B)는 소유격 관계대명사이기 때문에 오답.

토익 실전 감각 익히기   본책 p. 201

1. (A) **2.** (C) **3.** (B) **4.** (C) **5.** (C) **6.** (A)
7. (D) **8.** (D) **9.** (B) **10.** (B) **11.** (C) **12.** (B)

1. 주격 관계대명사 – who
해석 200달러 이상 구매한 모든 구매 고객은 무료배송을 받을 수 있다.
해설 빈칸은 사람 명사구 All shoppers를 수식하며, 뒤에 불완전한 절(동사 purchase의 주어가 없음)을 이끌기 때문에 주격 관계대명사 자리이다. 따라서 정답은 (A).

2. 목적격 관계대명사 – that
해석 일부 여행객들은 새로운 식당에 가 보기 전에 블로거들이 쓴 평을 읽는다.
해설 빈칸은 사물 명사 reviews를 수식하며 뒤에 불완전한 절(타동사 wrote의 목적어가 없음)을 이끈다. 따라서 목적격 관계대명사 (C)가 정답.

3. 주격 관계대명사 – which
해석 목요일에 이루어진 협상은 실패로 끝났다.
해설 빈칸은 사물 명사구 the negotiations를 수식하며, 뒤에 불완전한 절(구동사 took place의 주어가 없음)을 이끌기 때문에 주격 관계대명사 자리이다. 따라서 정답은 (B).

4. 소유격 관계대명사 whose
해석 사무실이 귀하의 매장 근처에 있는 공급업체 목록이 동봉되어 있습니다.

해설 빈칸은 뒤의 절을 이끌면서 선행사 suppliers를 수식하는 관계대명사 자리이다. 빈칸 뒤의 명사는 '공급업체의 사무실'이라는 소유 관계를 가지므로 정답은 소유격 관계대명사 (C).

5. 관계부사 – why
해설 악천후가 모든 항공편이 취소된 이유이다.
해설 선행사가 the reason이고 빈칸 뒤에 완전한 절(all flights have been canceled)이 위치하고 있으므로 빈칸은 관계부사 자리이다. 따라서 정답은 (C).

6. 관계대명사 what
해설 영화 관객이 처음 보는 것은 광고이다.
해설 빈칸은 뒤에 불완전한 절(타동사 sees의 목적어가 없음)을 이끄는 관계대명사 자리이지만 선행사가 없으므로 정답은 (A).

7. 목적격 관계대명사 – that
해설 그 책은 임원이 가져야 할 리더십을 소개하고 있다.
해설 빈칸은 사물 명사구 the leadership을 수식하며 뒤에 불완전한 절(타동사 have의 목적어가 없음)을 이끌기 때문에 목적격 관계대명사 (D)가 정답.

8. 관계부사 – where
해설 행렬이 시작되는 거리는 교통이 일시적으로 통제될 것이다.
해설 선행사가 장소를 나타내는 The street이고 빈칸 뒤에 완전한 절(the parade begins)이 위치하고 있으므로 빈칸은 관계부사 자리이다. 따라서 정답은 (D).

[9-12] 이메일 _ 직원 칭찬

수신: teds@supercomputer.com
제목: 감사합니다
날짜: 8월 7일

관계자께,

저는 8월 5일에 귀하의 컴퓨터 매장을 처음 ⁽⁹⁾찾을 기회가 있었습니다. 저는 제 딸을 위한 노트북 컴퓨터를 고르는 데 대한 도움을 요청했습니다. 저는 제가 귀 매장의 서비스에 매우 만족했다는 ⁽¹⁰⁾점을 알려드리기 위해 이메일을 씁니다. 헌신적인 판매 사원 제프 터너 씨는 여러 종류의 컴퓨터를 제게 보여 주었고, 제품마다 ⁽¹¹⁾값진 조언도 해 주었습니다. ⁽¹²⁾요즘 그렇게 훌륭한 서비스를 경험하기란 드문 일입니다. 따라서 저는 그것이 크게 인정받아야 할 것이라고 느꼈습니다. 도와주셔서 다시 한 번 감사 드립니다.

린다 스티븐스

9. to부정사 – 형용사 역할
해설 빈칸은 앞에 있는 명사구 the chance를 수식하여 '~할 기회'라는 뜻이 자연스러우므로 형용사 역할을 하는 to부정사 (B)와 (C)에서 고를 수 있다. 빈칸 뒤에 타동사 visit의 목적어 your computer store가 있으므로 to부정사의 수동태를 나타내는 (C)는 오답. 동사 자리가 아니므로 (A)와 (D)는 오답. 따라서 정답은 (B).

10. 명사절 접속사 – that
해설 빈칸 앞의 동사 know의 목적어 자리에 쓰이는 명사절 접속사로 '~라는 것'의 뜻이 어울리므로 정답은 (B).

11. 형용사 어휘
해설 (A) 감소된, 할인된   (B) 할인된
     (C) 소중한, 값진   (D) 피할 수 있는
해설 문맥상 빈칸 뒤의 명사 advice와 어울리는 형용사는 '값진 충고'를 의미하는 (C)이다.

12. 문맥에 맞는 문장 고르기
해설 (A) 저는 귀사와 계속 거래할 것입니다.
     (B) 요즘 그렇게 훌륭한 서비스를 경험하기란 드문 일입니다.
     (C) 저는 그들의 실적에 대해 완전히 알고 있었습니다.
     (D) 제 예산이 한정되어 있지만 저는 품질이 좋은 상품을 사고 싶었습니다.
해설 빈칸 앞 문장에서 '직원이 값진 조언을 해 주었다'고 말한 것으로 보아 (B)의 such great service가 그것을 의미한다고 볼 수 있다. 특히 빈칸 뒤 문장에서 '그것은 반드시 인정을 받아야 한다'는 내용이 이어지므로 빈칸에는 문맥상 '그렇게 훌륭한 서비스를 경험하기는 쉽지 않다'는 내용이 어울린다. 따라서 정답은 (B).

Unit 10 비교

1. 원급

본책 p.205

Check Up
1. simple   2. spacious   3. soon
4. effectively   5. as   6. efficiently
7. as   8. quickly   9. frequently
10. exciting

1. 비용 절감은 보이는 것처럼 간단하지 않다.
2. 그 엘리베이터는 사무실만큼 널찍하다.
3. 환불은 가능한 한 빨리 이뤄질 것이다.
4. 롭은 자신이 할 수 있는 한 효과적으로 시간을 활용한다.
5. 린다는 지난 학기와 동일한 등록금을 낼 것이다.

6. 파슨 씨는 기대했던 대로 효율적으로 일한다.
7. 그 호텔은 지난 여름과 동일한 요금을 제공한다.
8. 우리에게 가능한 한 빨리 여행 일정표를 보내 주십시오.
9. 조앤은 지난 달만큼 자주 온라인 쇼핑을 한다.
10. 그 배우의 새 영화는 자신의 최근작만큼 흥미진진하다.

2. 비교급

Check Up 본책 p. 206

1. a lot
2. efficient
3. more
4. earlier
5. conveniently
6. stronger
7. much
8. less
9. frequently
10. Fewer

1. 기술은 우리의 삶을 훨씬 편안하게 만든다.
2. 새 시스템은 더 효율적이다.
3. 구내식당은 평소보다 더 붐볐다.
4. 그 제품은 예상보다 일찍 도착했다.
5. 이 상점은 더 편리하게 위치해 있다.
6. 그 커피는 오늘 평소보다 더 강한 맛이 난다.
7. 새 시험은 예전 시험보다 훨씬 쉽다.
8. 하이브리드 자동차는 가솔린 차량보다 연료를 덜 쓴다.
9. 요크 씨는 이전보다 더 자주 여행한다.
10. 지난달보다 불만사항이 덜 들어왔다.

3. 최상급

Check Up 본책 p. 207

1. busiest
2. confidently
3. finest
4. most
5. entertaining
6. helpful
7. functions
8. best
9. one
10. commonly

1. 월요일은 일주일 중 가장 바쁜 날이다.
2. 피터는 스페인어를 가장 자신 있게 말한다.
3. 존슨즈 하우스는 가장 좋은 품질의 가구만을 취급한다.
4. 파리는 세계에서 가장 인기 있는 도시 중 하나이다.
5. 몇몇 사람들은 희극이 가장 즐거움을 준다고 생각한다.
6. 화요일에 있는 세미나가 가장 도움이 될 것이다.
7. 인터넷 메신저는 가장 유용한 기능 중 하나.
8. 우리는 공급업체 중에서 최고의 서비스를 제공한다.
9. 그곳은 도시에서 가장 붐비는 상업 지구 중 하나이다.
10. 옥수수는 그 지역에서 가장 흔하게 재배되는 작물이다.

토익 감잡기

본책 p. 208

| 1. (A) | 2. (B) | 3. (A) | 4. (A) | 5. (B) | 6. (A) |
| 7. (B) | 8. (B) | 9. (B) | 10. (B) | 11. (B) | 12. (A) |

1. 원급 – 형용사
해석 조사 결과는 기대했던 것만큼 긍정적이지 않다.
해설 as ----- as 사이에 위치하며 be동사의 뒤에서 주어를 보충 설명하는 보어 자리이므로 형용사의 원급 (A)가 정답.
어휘 positive 긍정적인

2. 비교급 – busier
해석 연말에 대다수의 사람들은 평소보다 더 바빠진다.
해설 빈칸은 뒤에 있는 than usual과 함께 '평소보다'라는 비교의 의미를 나타내므로 비교급 (B)가 정답.

3. 최상급 – the most
해석 코코스 톡은 가장 널리 사용되는 메신저 앱 중 하나이다.
해설 빈칸은 앞의 관사 the와 함께 최상급을 나타내므로 정답은 (A).
어휘 widely used 널리 이용되는   messaging app 메신저 앱

4. 비교급 강조 부사 – even
해석 올해 워크숍은 작년보다 훨씬 더 오래 걸렸다.
해설 빈칸은 비교급 longer를 수식하는 부사 자리이므로 비교급 강조 부사인 (A)가 정답.

5. 최상급 – 형용사
해석 저희 채용 담당자가 귀하에게 가장 적합한 직책을 추천해 드릴 것입니다.
해설 빈칸은 명사 position을 수식하는 형용사 자리이므로 정답은 (B).
어휘 recommend 추천하다   position 위치, 직책   suit 적합하다   suitable 적합한

6. 비교급 – 형용사
해석 BT 주식회사는 과거보다 훨씬 다양한 서비스를 제공한다.
해설 빈칸은 뒤에 명사 range를 수식하는 형용사 자리이므로 정답은 (A). (B)는 부사의 비교급이므로 오답.

7. 최상급 – the largest
해석 모바일 랜드는 유럽에서 가장 큰 이동 통신 소매업체 중 하나이다.
해설 빈칸은 앞의 관사 the, 뒤의 in Europe과 함께 최상급을 나타내므로 정답은 (B).

8. 원급 – 부사

해석 신형 노트북은 예전 것만큼 빨리 구동을 시작한다.

해설 as ----- as 사이에 위치하며 일반동사 starts를 수식하므로 부사 원급 (B)가 정답.

어휘 start up 시작되다, 시동이 걸리다

9. 최상급 – the least

해석 면접관들은 리사가 지원자 중 가장 자격이 갖춰지지 않았다고 생각했다.

해설 빈칸이 목적격 보어인 형용사 qualified 앞에 위치해 있으며 of the candidates가 있으므로 최상급을 의미하는 (B)가 정답.

어휘 interviewer 면접관 candidate 지원자, 후보자

10. 비교급 강조 부사 – much

해석 신문 광고는 과거보다 덜 효과적이다.

해설 빈칸은 비교급 less effective를 수식하는 부사 자리이므로 비교급 강조 부사인 (B)가 정답.

어휘 ad 광고(= advertisement)

11. 최상급 – the lowest

해석 우리는 지역에서 가장 낮은 가격에 휴대폰 서비스를 제공한다.

해설 빈칸은 앞의 관사 the, 뒤의 in the area와 함께 최상급을 나타내므로 정답은 (B).

12. 비교급 – 형용사

해석 이동통신 기기는 우리의 삶을 전보다 더 편리하게 만들었다.

해설 빈칸은 뒤에 있는 than before와 함께 '이전보다'라는 비교의 의미를 나타내며, 5형식 동사 make의 목적격 보어 자리이므로 형용사인 (A)가 정답.

어휘 convenient 편리한

토익 실전 감각 익히기   본책 p. 209

1. (C) 2. (D) 3. (C) 4. (B) 5. (C) 6. (A)
7. (A) 8. (B) 9. (D) 10. (C) 11. (D) 12. (B)

1. 비교급 – 형용사

해석 노타루 씨는 작년보다 높은 연간 보너스를 받았다.

해설 빈칸은 뒤에 있는 than last year와 함께 '작년보다'라는 비교의 의미를 나타내며, 뒤의 annual bonus를 수식하는 형용사 자리이므로 (C)가 정답.

어휘 annual bonus 연간 보너스

2. 원급 – 부사

해석 이사업체는 가능한 한 조심해서 깨지기 쉬운 물건들을 포장했다.

해설 as ----- as 사이에 위치하며 일반동사 wrapped를 수식하므로 부사 원급 (D)가 정답.

어휘 moving company 이삿짐 회사 as carefully as possible 가능한 한 조심스럽게

3. 비교급 강조 부사 – much

해석 그 다리의 건설은 운전자들이 훨씬 짧게 통근할 수 있도록 해 줄 것이다.

해설 빈칸은 비교급 shorter를 수식하는 부사 자리이므로 비교급 강조 부사인 (C)가 정답.

어휘 bridge 다리 allow A to ⓥ A가 ~하는 것을 허용하다 commute 통근 (거리)

4. 최상급 – 형용사

해석 트리스타니아 리조트는 그 섬에서 가장 고급스러운 리조트 중 하나이다.

해설 빈칸은 명사 resorts를 수식하는 형용사 자리이므로 정답은 (B).

어휘 luxurious 고급스러운

5. 비교급 〈less likely to ⓥ〉

해석 만족한 고객들은 문제가 있었던 사람들보다 온라인 평을 쓸 가능성이 더 적다.

해설 빈칸은 뒤에 있는 than people with problems와 함께 비교급을 나타내는 (C)가 정답.

어휘 be likely to ⓥ ~할 것 같다

6. 최상급 – 형용사

해석 그 전문가는 비용을 줄일 가장 효과적인 방법을 제안했다.

해설 빈칸은 명사 way를 수식하는 형용사 자리이며 빈칸 앞에 the most가 있으므로 정답은 (A).

7. 원급 〈the same + 명사 + as〉

해석 손님들은 안내 책자에 소개된 것과 동일한 메뉴를 제공받았다.

해설 빈칸 앞의 the same과 짝을 이루어 '~와 동일한 메뉴'를 의미하므로 정답은 (A).

8. 비교급 어휘 – better

해석 톰스 식료품 점은 고객을 더 잘 응대하기 위해 정상 영업 시간을 연장했다.

해설 빈칸은 동사 serve를 수식하는 자리이므로 형용사 (A)는 오답. 문맥상 '고객을 더 잘 응대하기 위해'의 의미이므로 정답은 well의 비교급인 (B)가 정답.

어휘 regular hours 정상 영업 시간

[9-12] 기사 _ 신제품 출시

티너스가 이태리식으로 가다

통조림 식품 거대 기업인 티너스가 피에트로 파스타라는 신상품을 출시할 예정이라고 밝혔다. 티너스는 거의 50년 간 국내를 선도하는 통조림 식품 ⁽⁹⁾생산업체 중 하나였다. 제품군에 피에트로를 추가하면 티너스의 시장 점유율을 ⁽¹⁰⁾상당히 올릴 수 있을 것으로 예상된다. ⁽¹¹⁾출시를 계획하는 첫 번째 메뉴에는 스파게티 볼로네즈, 치즈 라비올리, 그리고 소시지 라자냐 등이 있다. ⁽¹²⁾피에트로 파스타는 다음 달 초 식료품점에 입고될 것으로 예상된다.

9. 명사 어휘

해석 (A) 농산물 (B) 제품
(C) 생산 (D) 생산업체

해설 빈칸은 one of the -----에 위치하여 복수 명사가 와야 하므로 불가산명사인 (A)와 (C)는 오답. 문맥상 주어인 '티너스가 50년 간 국내를 선도하는 통조림 식품 생산업체 중의 하나'라는 내용이 어울리므로 정답은 (D).

10. 부사 자리 - 동사 수식

해설 빈칸은 일반동사 increase를 수식하는 부사 자리이므로 정답은 (C).

11. 동사 어휘

해석 (A) 주문하다 (B) 허용하다
(C) 결정하다 (D) 출시하다

해설 they plan to -----는 선행사 The first menu items를 수식하는 관계사절이다. 지문의 첫 문장 they will be launching a new product line에서 신제품 라인을 출시할 것이라고 밝히고 있으므로 동사 launch의 동의어인 (D)가 정답.

12. 문맥에 맞는 문장 고르기

해석 (A) 사실 피에트로 파스타는 요리의 영양소 대부분을 보존하고 있다.
(B) 피에트로 파스타는 다음 달 초 식료품점에 입고될 것으로 예상된다.
(C) 그들은 사람들이 연중 내내 다양한 메뉴를 먹어 볼 수 있도록 해 준다.
(D) 피에트로 파스타는 신선 제품보다 비용이 덜 드는 편이다.

해설 빈칸 앞 문장에서 신 메뉴를 공개하고 있으므로 향후 계획으로 소비자들의 신제품 라인 구매시기를 알리는 (B)가 정답.

Unit 11 지문 유형 I

1. 편지/이메일

Check Up 본책 p. 212

(A)

해설 주제/목적 찾기

❶ 글의 목적은 초반부에 언급되는 경우가 많다.
첫 문장 I'm sorry to inform you that there are some changes in your itinerary again.에서 여행 일정표에 변경이 있음을 알리고 있으므로 정답은 (A).

2. 공지/회람

Check Up 본책 p. 213

(B)

해설 세부 정보 찾기

❶ 질문에서 주요 키워드(raise)와 보기에서 '11월'과 '12월'을 우선 확인하고 지문에서 관련 정보를 찾는 것이 중요하다.
❷ 첫 문장 I'm pleased to inform you that the pay raise that you requested was approved. It will take effect starting in January.에서 1월부터 인상이 유효하다고 했으므로 정답은 (B).

3. 광고/안내문

Check Up 본책 p. 214

(A)

해설 NOT/TRUE

❶ 선택지의 보기와 지문의 정보를 대조하여 지문의 내용과 일치하는 보기는 소거한다.
❷ (B)의 키워드(June 10)가 지문의 마지막 부분에서 언급되며 지문의 The deadline for applications is June 10.과 내용이 일치한다. 그러므로 정답은 (A).

paraphrasing

deadline ▶ must be submitted before + 날짜
(마감일 → ~ 전에 제출되어야 한다)

토익 감잡기 본책 p. 215

1. (B) 2. (A)

[1] 편지 _ 주문 물품

다이앤 우드워드 씨께,

GX 스마트폰의 프리스킬 모델을 주문해 주셔서 감사합니다. **(1)안타깝게도, 귀하가 요청하신 케이스 색깔인 은색은 현재 재고가 없습니다.** 다른 케이스 색깔을 고르시거나 월말까지 은색 케이스를 기다릴 수 있습니다. 가능한 한 빨리 결정 사항을 알려 주십시오. 이해해 주셔서 감사드리며, 불편함을 끼쳐드린 점 사과드립니다.

해석 주문에 어떤 문제가 있는가?
(A) 부대용품이 더 이상 제조되지 않는다.
(B) 특정 색깔의 제품을 구할 수 없다.

해설 세부 정보 찾기
❶ 질문에서 주요 키워드(problem)와 관련된 정보를 지문에서 찾는다. Unfortunately 이하 내용에 유의한다.
❷ 단서 (1)에서 케이스 색깔인 은색이 현재 재고가 없다고 했으므로 정답은 (B).

paraphrasing
currently not in stock ▶ not available
(현재 재고가 없다 → 구할 수 없다)

silver → in a certain color
(은색 → 특정 색깔로)

[2] 광고 _ 서비스 광고

맥아더 서비스

저희는 다양한 학내 서점 서비스를 제공합니다.
- 커피 컵, 셔츠, 스웨터, 펜, 그리고 기타 제품에 로고 및 상징물 인쇄
- 학술, 소매, 기타 목적의 웹사이트 제작
(2)저희는 칼리지와 대학을 위한 해결책을 제공하는 데 있어 매우 전문화되어 있습니다. 더 많은 것을 알고 싶으시면 저희 웹사이트 www.mcarthurservices.net을 방문하시기 바랍니다.

해석 어떤 종류의 단체가 이 회사의 서비스를 이용할 것인가?
(A) 대학교   (B) 도서관

해설 추론
❶ 질문 속의 키워드(organization)와 관련된 정보를 지문에서 찾는다.
❷ 단서(2)에서 대학들을 위한 해결책 제공에 전문화되어 있다고 했으므로 서비스를 이용할 단체는 대학임을 알 수 있다. 따라서 정답은 (A).

paraphrasing
universities ▶ organization (대학교 → 단체)

토익 실전 감각 익히기 본책 p. 216

1. (B) **2.** (C) **3.** (B) **4.** (C) **5.** (B)
6. (C) **7.** (A) **8.** (B) **9.** (B) **10.** (D)

[1-2] 편지 _ 서비스 제공 알림

유카탄 피시 앤 그릴
이스트 프로스펙트 가 13487
피닉스, 애리조나

(2)헬렌 파파다키스
파인 가 4329
피닉스, 애리조나

파파다키스 씨 안녕하세요,

제 이름은 호세 구티에레즈이며 **(2)귀하와 동료들께서 지난주 식사하신 유카탄 피시 앤 그릴의 지배인입니다.** 저는 귀하께서 방문 이후 주신 고객 설문을 받고 매우 기뻤습니다. 저희는 최고의 음식과 서비스를 제공하고자 애쓰고 있습니다. **(1)귀하와 귀하의 회사에 저희 식당의 회원권을 제공하고 싶습니다.** 회원권으로 저희 그릴 뷰 페실 세 곳 중 하나를 정상 예약 가격에서 20퍼센트 할인된 금액으로 예약하실 수 있습니다. 할인을 이용하시려면 모임 준비를 위해 555-3293으로 제게 연락 주십시오. 감사합니다.
호세 구티에레즈

관리자
유카탄 피시 앤 그릴
이스트 프로스펙트 가 13487
피닉스, 애리조나

어휘 coworker 동료 dine 식사하다 survey 설문조사 strive to ⓥ ~하려고 힘쓰다 be eligible to ⓥ ~할 자격이 있다 reserve 예약하다 reservation price 예약 가격 take advantage of ~을 이용하다

1. 이 편지의 의도는 무엇인가?
(A) 불평을 제기하려고
(B) 회원권을 제공하려고
(C) 사과하려고
(D) 예약하려고

해설 주제 / 목적 찾기
❶ I'd like to -----에 유의한다.
❷ 단서(1)에서 식당의 회원권을 제공하고 싶다고 하므로 정답은 (B).

2. 파파다키스 씨에 대해 언급된 것은 무엇인가?
(A) 그녀는 식당의 지배인이다.
(B) 그녀는 식당 회원권을 가지고 있다.
(C) 그녀는 최근 식당에서 식사를 했다.
(D) 그녀는 식당 직원이다.

해설 세부 정보 찾기
❶ 질문에서 주요 키워드 Ms. Papadakis가 편지 수신인임을 확인하고 그에 대한 정보를 지문에서 찾는 것이 중요하다.
❷ 단서(2)에서 '귀하와 동료들이 지난주에 식사한 유카탄 피시 앤 그릴'이라고 했으므로 이 식당에서 최근에 식사를 했음을 알 수 있다. 따라서 정답은 (C).

paraphrasing
dined last week ▶ recently ate
(지난주에 식사를 했다 → 최근에 먹었다)

[3-5] 광고 _ 매장 오픈 안내

> **개점**
>
> LS 어패럴즈는 (4-D)원래 매장 맞은편의 윌셔 애비뉴에 (3)새 지점 LS 어패럴즈 팜므를 열 예정입니다. LS 어패럴즈 팜므는 지역에 (4-C)최고의 여성 정장 및 세미 정장을 제공할 것입니다.
>
> (4-A)개장은 7월 14일 토요일이며 이날 모든 고객은 구매 시 무료 선물을 받으실 것입니다. LS 어패럴즈 회원권을 이용하실 수 있으며 매장 두 곳에서 모두 유효합니다. (4-B/5)회원은 지역의 드라이클리닝 업체에서 할인과 무료 수선을 받을 수 있는 데 더해 10퍼센트의 특별 할인을 받을 수 있습니다. 이 기회를 놓치지 마세요.
>
> **어휘** grand opening 개점, 개업 apparel 의류 branch 지점 across from ~의 맞은 편에 original 원래의 purchase 구매 alteration 개조, 변경 as well as ~ ~뿐 아니라 miss 놓치다 opportunity 기회

3. 광고에 따르면, 무엇이 개장할 예정인가?
(A) 의류 공장
(B) 새 옷 가게
(C) 패션 디자인 학교
(D) 전자제품 매장

해설 세부 정보 찾기
❶ 질문에서 주요 키워드 open과 관련한 정보를 지문에서 찾는다.
❷ 단서(3)에서 귀하와 새 지점 LS 어패럴즈 팜므를 열 예정이며 여성 정장 및 세미 정장을 제공할 것이라고 했으므로 옷가게임을 알 수 있다. 그러므로 정답은 (B).

4. '팜므'에 대해 언급되지 않은 것은?
(A) 토요일에 개점할 것이다.
(B) 할인을 제공한다.
(C) 정장만 취급한다.
(D) 이전 매장 근처에 위치해 있다.

해설 NOT/TRUE
❶ 선택지의 보기와 지문의 정보를 대조하여 지문의 내용과 일치하는 보기는 소거한다.
❷ (A)의 키워드(Saturday)는 단서(4-A)에서 개점식이 토요일이라고 했으므로 지문의 내용과 일치한다. (B)의 키워드(discount)는 단서(4-B)에서 회원에게 10퍼센트의 할인을 제공한다고 했으므로 역시 지문 내용과 일치한다. (D)의 키워드(location) 역시 단서(4-D)에서 원래 매장의 맞은편에 위치한다고 했으므로 지문 내용과 일치한다. (C)의 키워드(formal wear)는 단서(4-C)에서 최고의 여성 정장 및 세미 정장을 제공한다고 했으므로 지문의 내용과 일치하지 않는다. 따라서 정답은 (C).

5. [1], [2], [3], [4]로 표시된 곳 중에서 다음 문장이 들어갈 가장 적합한 곳은?
"LS 어패럴즈 회원권을 이용하실 수 있으며 매장 두 곳에서 모두 유효합니다."
(A) [1]
(B) [2]
(C) [3]
(D) [4]

해설 문장 삽입
❶ 주어진 문장의 키워드(memberships)와 관련된 부분에 들어가야 한다.
❷ 주어진 문장에서 회원권이 매장 두 곳에서 모두 유효하다고 말하고 있고, [2]의 뒤 문장에서 회원은 10퍼센트의 특별 할인을 받을 수 있다고 추가로 설명하고 있으므로 자연스러운 문맥이 된다는 것을 알 수 있다. 따라서 정답은 (B).

[6-10] 광고와 이메일

> **시간제 강사 구함**
>
> 노던 대학교 랭귀지 센터에서는 저희 개인지도 프로그램에서 근무하실 분을 찾습니다. (6)지원자는 노던 대학교의 (6-A)학부 재학생이어야 하며 (6-B/6-C)영어와 적어도 다른 언어 하나에 능통해야 합니다. 현재 중국어, 한국어, 러시아어, 아랍어 구사자가 필요합니다. (9)또한 학점 평점이 3.2 이상이어야 하며 캠퍼스나 캠퍼스 근처에 거주하여 (6-D)즉시 업무를 시작할 수 있어야 합니다. 모든 지원자의 면접은 수준 (7)파악을 위해 영어와 다른 해당 언어로 이뤄질 예정입니다. 시간제 개인지도에 관심이 있으시면 인사 관리자 오드리 김에게 audreyk@nulcmail.ed로 이력서를 보내 주시기 바랍니다. 감사합니다.
>
> **어휘** tutoring 개인지도 individual 개인 undergraduate student 학부 재학생 fluent 유창한 at least 최소한, 적어도 grade point average(GPA) 학점 평점 immediately 즉시 personnel 인사부

발신: 나시르 파자란 〈nasirfaj@numail.ed〉
보낸 시간: 9월 13일 화요일
수신: 오드리 김 〈audreyk@nulcmail.ed〉
제목: 개인지도
첨부: 📎 resume.doc

김 선생님께,

저는 나시르 파자란이고 광고하신 개인지도 자리에 관심이 있습니다. 저는 조던에서 비즈니스를 전공하고 있고 **(8)영어와 아랍어에 능통합니다.** 지난 학기 노던 대학교에서 공부하기 시작했고 **(9)현재 학점 평균은 3.15입니다.** 피치리 기숙사의 학생 기숙사에 거주하며 현재 고용되어 있지 않습니다. 저는 이 프로그램의 일원이 되기를 간절히 바랍니다. **(10)그런데 질문이 있습니다. 광고에는 급여에 대해 언급되지 않았습니다. 급여와 관련해 제게 정보를 보내 주실 수 있습니까?** 소식을 받게 되기를 고대합니다. 감사합니다.

나시르 파자란

어휘 position 직책 major 전공 housing 주택 dormitory 기숙사 employ 고용하다 at the moment 현재 mention 언급하다 advertisement 광고 regarding ~ ~에 관련하여 compensation 보상, 급여 forward to ~ ~를 고대하다

6. 누가 이 일자리에 가장 관심이 있을 것 같은가?
  (A) 이 대학교의 대학원생
  (B) 영어에 능통하지 않은 모국어 비사용자
  (C) 이 대학교의 외국인 학생
  (D) 다음 학기 일자리를 찾는 학생

해설 추론
❶ 구인 광고에 관심을 가질 지원자에 대해 추론하는 문제이므로 첫 번째 지문에서 정답을 찾는다.
❷ 단서(6)에서 영어와 다른 언어에 능통해야 한다고 했으므로 영어에 능통한 외국인 학생들이 관심을 가질 수 있다. 단서(6-A)에서 지원자는 학부 재학생이어야 한다고 했으므로 (A)는 오답. 단서(6-B)에서 영어에 능통해야 한다고 했으므로 (B)는 오답. 단서(6-D)에서 즉시 일을 시작해야 했으므로 (D)는 오답. 따라서 정답은 (C).

7. 광고의 7행에 나온 identify와 의미가 가장 가까운 단어는?
  (A) 확인하다
  (B) 지원하다
  (C) 통제하다
  (D) 요청하다

해설 동의어
❶ 동사 indentify가 들어간 문장에서 indentify를 가리고 의미를 추측해 본다.
❷ 영어와 해당 언어의 수준을 ------하기 위하여 면접이 예정돼 있다고 했으므로 '확인하다'의 의미가 문맥상 가장 적절하다. 따라서 정답은 (A).

8. 나시르는 어떤 언어를 구사하는가?
  (A) 중국어
  (B) 아랍어
  (C) 한국어
  (D) 러시아어

해설 세부 정보 찾기
❶ 질문 속의 키워드(Nasir, language)와 관련하여 두 번째 지문에서 정보를 찾는다.
❷ 단서(8)에서 영어와 아랍어가 능통하다고 했으므로 정답은 (B).

9. 파자란 씨가 이 일자리를 얻기 어려운 이유는?
  (A) 그는 비즈니스를 전공한다.
  (B) 그는 요구된 학점을 가지고 있지 않다.
  (C) 그는 당장 일을 시작할 수 없다.
  (D) 그는 캠퍼스 내에 거주하지 않는다.

해설 추론-연계 문제
❶ 두 지문의 내용을 종합적으로 확인한 후 추론해서 푸는 연계 문제이다. 일자리에 대한 필수 요건에 대해 묻고 있으므로 첫 번째 지문 광고에서 요구사항을 잘 읽어야 한다.
❷ 전공에 대해서는 광고에 언급되지 않았으므로 (A)는 오답. 학점에 대해서 광고의 단서(9)에서는 3.2 또는 그 이상을 요구하고 있으며 이메일의 단서(9)에서는 파자란 씨의 학점이 3.15로 미달됨을 알 수 있으므로 광고의 필수요건에 미치지 못하고 있다. 따라서 (B)가 정답. (C)와 (D)는 이메일의 내용과 일치하지 않으므로 오답.

10. 파자란 씨가 요청한 정보는?
  (A) 랭귀지 센터의 위치
  (B) 면접 시간 합의
  (C) 필요로 하는 언어
  (D) 일자리의 급여액

해설 세부 정보 찾기
❶ 두 번째 지문에서 마지막 부분의 질문에 유의한다.
❷ 단서(10)에서 급여에 대해 묻고 있으므로 정답은 (D).

Unit 12 지문 유형 II

1. 문자 메시지 / 온라인 채팅

Check Up 본책 p. 222

(B)

해설 추론-의도 파악
❶ Ms. Curt의 의도를 파악하는 추론 문제이므로 4시 22분의 인용어구(Definitely)가 언급된 문장의 앞과 뒤 흐름을 확인한다.
❷ 목요일까지 최종 결론을 알려 줄 수 있는지 물어본 말에 '그럼요'라고 답했으므로 며칠 후 결과를 알려줄 것이라고 추론할 수 있다. 따라서 정답은 (B).

paraphrasing
final decision ▶ the result (최종 결정 → 결과)

2. 기사

Check Up
본책 p. 223

(A)

해설 세부 정보 찾기
❶ 보기의 키워드와 관련된 내용을 지문에서 찾아 확인하는 것이 중요하다.
❷ (A)의 키워드(employ more staff)와 관련해서 지문에서 ~ they will be hiring many nurses and doctors over the next few months라고 했다. 따라서 간호사와 의사를 추가 채용할 계획이라는 것을 알 수 있다. 그러므로 정답은 (A).

paraphrasing
hire many nurses and doctors ▶ employ more staff
(많은 간호사와 의사들을 채용하다 → 더 많은 직원들을 고용하다)

3. 양식 / 웹페이지

Check Up
본책 p. 224

(A)

해설 NOT/TRUE
❶ 선택지의 보기와 지문의 정보를 대조하여 지문의 내용과 일치하는 보기는 소거한다.
❷ (B)의 키워드(The earliest class, swimming)를 group classes에서 확인해 보면 모두 9시에 시작되는 수업에 비해 수영은 8시에 시작하므로 지문의 내용과 일치한다. 운영 시간에서 월요일에 대해서는 언급하지 않고 있으므로 (A)가 정답.

토익 감잡기
본책 p. 225

1. (B)   2. (B)

[1] 기사 _ 컴퓨터 속도 높이는 방법

(1)대부분의 컴퓨터 소유자들은 컴퓨터를 구동하고 인터넷 페이지를 로딩하거나 파일을 열 때 시간이 더 오래 걸리면 자신의 컴퓨터가 제 기능을 못하기 시작했음을 안다. 이러한 성능 문제는 소유자들이 새 기기를 구매해야 한다고 확신하게 한다. (1)그러나 이런 문제 중 다수는 간단한 유지보수 절차를 실행함으로써 간단히 해결할 수 있다.

해석 기사는 주로 무엇에 대해 설명하는가?
(A) 사라진 파일을 복구하는 법
(B) 컴퓨터 구동을 빨라지게 하는 법

해설 주제 / 목적 찾기
❶ 글의 주제는 초반부에 언급되는 경우가 많다.
❷ 단서(1)에서 컴퓨터 구동 시간이 많이 걸리지만 이를 간단히 해결할 수 있다고 말하고 있으므로 정답은 (B).

[2] 양식 _ 주문서

주문서

이곳으로 배송해 주십시오.   이렇게 계산해 주십시오.
(2-B)이름: 멜린다 보너   ____ 수표 혹은 우편환 동봉
주소: 마켓 가 2389   (2-A) X 신용카드
시: 라라미   (2-B)이름: 료코 히나타
집 전화번호: 555-3984   신용카드 번호: **** **** ***8 8734

해석 히나타 씨에 대해 언급된 것은?
(A) 우편환으로 지불했다.
(B) 다른 사람을 위한 물품을 주문했다.

해설 세부 정보 찾기
❶ 보기 속의 키워드와 관련된 정보를 지문에서 찾는다
❷ (A)의 키워드(paid)를 단서(2-A)에서 확인해 보면 신용카드를 선택하였으므로 (A)는 오답. (B)의 키워드(another person)를 단서(2-B)에서 확인해 보면 배송받는 사람의 이름이 다르다는 것을 알 수 있으므로 정답은 (B).

토익 실전 감각 익히기
본책 p. 226

1. (D)   2. (B)   3. (D)   4. (C)   5. (D)
6. (B)   7. (B)   8. (C)   9. (C)   10. (D)

[1-2] 온라인 채팅 _ 회의 소집 이유

제시카 스튜어트   오전 9:20
오늘 오후 회의에 대한 발표가 있었는데요. 무슨 내용인지 아세요?

매기 그린   오전 9:21
(2-A)영업팀에게서 들었어요. 창고에서 일하는 누군가가 재고 목록을 잘못 계산한 것 같아요.

제시카 스튜어트   오전 9:23
이상하군요. (1)창고에서 실수한 거라면 왜 모두를 회의에 소집하죠?

매기 그린   오전 9:25
(2-D)그것이 다른 매장 전체에도 문제가 되기 때문인 것 같아요.

제시카 스튜어트   오전 9:26
아, 다시 그런 일이 없도록 해야 하는군요.

매기 그린   오전 9:27
네, 이런 실수는 다른 부서 전체에 영향을 주니까요.

> **어휘** announcement 발표, 공지 warehouse 창고 miscount 잘못 세다 inventory 재고목록 make sure 확실히 하다 affect 영향을 주다 department 부서

1. 오전 9시 23분에 스튜어트 씨가 "이상하군요."라고 쓸 때, 그 의도는 무엇인가?
(A) 그녀는 회의에 참석하고 싶어 한다.
(B) 그녀는 직원 회의 내용에 대해 알지 못한다.
(C) 그녀는 창고 측의 실수가 있었다는 것을 몰랐다.
(D) 그녀는 자신들에게 직원 회의가 왜 필요한지 이해할 수 없다.

해설 추론 - 의도 파악
❶ 의도를 파악하는 추론 문제이므로 9시 23분의 인용어구(That's strange.)가 언급된 문장의 앞과 뒤 흐름을 확인한다.
❷ 단서(1)의 왜 모두를 회의에 소집하느냐는 그녀의 질문에서 그녀가 직원회의가 왜 필요한지에 대해 모른다고 추론할 수 있으므로 정답은 (D).

2. 그린 씨에 대해 암시된 것은?
(A) 그녀는 영업팀에서 일한다.
(B) 그녀는 자신들에게 직원 회의가 필요한 이유를 아는 것처럼 보인다.
(C) 그녀는 재고 목록 문제를 일으킨 사람을 안다.
(D) 그녀는 같은 일이 다시 발생할지에 대해 염려한다.

해설 추론 - 세부 정보 찾기
❶ 보기 속의 키워드와 관련된 정보를 그린 씨의 대화에서 찾는다.
❷ (A)의 키워드(sales team)를 단서(2-A)에서 확인해보면 영업팀에서 소식을 들었다고 했으므로 (A)는 오답. (B)의 키워드(know)를 단서(2-B)에서 확인해 보면 다른 매장 전체에도 문제가 되기 때문인 것 같다고 이유를 밝히고 있으므로 정답은 (B).

[3-5] 웹페이지 _ 제품 테스트 회사

http://www.marketfocus.com/product tester

| 홈 | 커뮤니티 | 가입 |

마켓 포커스 주식회사의 제품 테스터가 되는 것은 시장 조사에 관한 통찰력을 ⁽⁴⁾얻는 훌륭한 방법입니다. 여기에 제품 테스트에 관해 자주 묻는 질문(FAQ)에 대한 답변이 있습니다.

어떤 종류의 회사이며 어떤 일을 하나요?
약 40년 전에 설립되어 다양한 고객을 위해 혁신적인 제품 테스트를 시행하는 포괄적 시장 조사 업체입니다.

제품 테스터가 되고 싶어요. 어떻게 해야 하나요?
⁽³⁾등록하시려면 우측 상단에 있는 "가입" 링크를 클릭하시고 온라인 등록서를 작성해 주십시오. 이메일 지원은 받지 않음을 알려드립니다.

제품 테스트에 얼마나 자주 참여할 수 있나요?
단기간 내에 제품 테스트에 1~2회 참여할 수 있습니다. 다른 분들보다 자주 부르는 분들도 있지만 ⁽⁵⁾최대 연 3~4회까지 테스트할 수 있습니다.

> **어휘** insight 통찰력 market research 시장조사 found 설립하다(found-founded-founded) firm 회사 innovative 혁신적인 a wide range of ~ 다양한 ~ sign up with ~ ~에 등록하다 registration form 등록서 application 지원 participate in ~ ~에 참여하다 in a short time period 단기간에 at most 많아 봐야, 기껏 해야

3. 제품 테스터에 어떻게 등록할 수 있는가?
(A) 회사에 전화함으로써
(B) 회사에 이메일을 보냄으로써
(C) 회사를 직접 방문함으로써
(D) 웹사이트의 다른 곳을 방문함으로써

해설 세부 정보 찾기
❶ 질문 속의 키워드(register)와 관련된 정보를 지문에서 찾는다.
❷ 단서(3)에서 등록하려면 우측 상단에 있는 "가입" 링크를 클릭하라고 했으므로 정답은 (D).

paraphrasing
click the "JOIN" link ▶ visit a different part of the Web site ('가입' 링크를 클릭하다 →웹사이트의 다른 곳을 방문하다)

4. 첫 번째 단락의 1행에 쓰인 "pick up"과 의미가 가장 가까운 단어는?
(A) 들어 올리다
(B) 돕다
(C) 얻다
(D) 펴다

해설 동의어
❶ pick up이 들어간 문장에서 어휘를 가리고 의미를 추측해 본다.
❷ 단서(4)가 들어 있는 문장에서 제품 테스터가 되는 것의 장점에 대해서 '시장 조사에 관한 통찰력을 -----는 훌륭한 방법'이라고 소개했으므로 '얻다'의 의미가 문맥상 가장 적절하다. 따라서 정답은 (C).

5. 테스터는 테스트에 얼마나 자주 참여할 수 있는가?
(A) 매일
(B) 연 2회
(C) 정기적으로
(D) 연 5회 미만

해설 세부 정보 찾기
❶ 질문 속의 키워드(How often, participate)와 관련된 정보를 지문에서 찾는다.
❷ 단서(5)에서 테스트에 1~2회, 최대 연 3~4회까지 참여할 수 있다고 하므로 정답은 (D).

paraphrasing
3-4 times a year at most ▶ less than five times a year (최대 연 3~4회 → 연 5회 미만)

[6-10] 이메일과 양식

발신: 헨리 카말 〈hkamal@hmail.com〉
수신: 사이먼 보너 〈sbonner@hmail.com〉
날짜: 4월 22일
제목: 여행
첨부: 📎 itinerary.doc

안녕하세요, 사이먼 씨!

⁽⁶⁾저는 운영 관리자로 승진한 지 한 달밖에 안 됐으며 중요한 출장을 앞두고 있습니다. 다음 주에 다가스탄에 있는 생산 시설을 돌아볼 예정입니다만, 저는 그곳에 한 번도 가 본 적이 없습니다. 전에 그곳을 방문하신 것으로 알고 있어서 몇 가지 질문을 ⁽⁷⁾받아 주셨으면 합니다. 첫째, ⁽¹⁰⁻ᴮ⁾음식은 어떻습니까? ⁽¹⁰⁻ᶜ⁾그리고 숙박 시설은요? ⁽¹⁰⁻ᴬ⁾또한 현지 화폐로 물건을 살 수 있는지, 아니면 달러나 유로를 사용해야 하는지도 궁금합니다. 참고를 위해 제 여행 일정표를 첨부합니다. ⁽¹⁰⁻ᴰ⁾여행 일정이 너무 쫓기지는 않나요? 이 문제들에 관해 어떤 도움이라도 주실 수 있다면 매우 감사하겠습니다.

헨리

어휘 move up to ~ ~로 승진하다 ahead of ~ ~앞에 production facility 생산시설 accommodation 숙박시설 local 현지의, 지역의 currency 화폐 attach 첨부하다 itinerary 여행일정표 for your reference 참고를 위해 rushed 쫓기는, 서두르는 appreciate 감사

여행 일정표
(헨리 카말 씨)

5월 2일 (일) 다가스탄 도착, 가이드와 만남 (아나톨리 코펙)
⁽⁹⁾칼로포브 호텔 디럭스 클래스 1박 (컨벤션 센터 근처)
5월 3일 (월) – 5월 7일 (금) 생산 시설 현장 방문

현장	환승 지점	숙박 시설	교통편
포스톡	카샹	⁽⁹⁾총다 호텔	항공
안토노프	파르마티	⁽⁹⁾리젠트 호텔	항공
⁽⁸⁾다릴	슬로벤스코	⁽⁸⁾⁽⁹⁾탐보바 호텔	항공
모크바타	루브니얀	⁽⁹⁾실버 호텔	항공*

* 다가스탄 국제 공항에서 5월 7일 오후 5시 15분에 출발

어휘 stay overnight 1박하다 transit point 환승지점 accommodation 숙박시설 transportation 교통편 depart 출발하다

수신: 헨리 카말 〈hkamal@hmail.com〉
제목: 현장 방문

안녕하세요, 헨리 씨.

축하드립니다. 새 직책에 만족하시리라 확신합니다. ⁽⁸⁾⁽¹⁰⁻ᶜ⁾출장 중 탐보바 호텔의 스탠다드 클래스를 제외하고 모든 숙박 시설은 디럭스 클래스입니다. 서비스가 더딜 수 있지만 ⁽¹⁰⁻ᴮ⁾음식은 꽤 만족스럽습니다. 실버 호텔에서 무료 조식 뷔페를 드실 것을 제안합니다. 하지만 여행객들이 다가스탄에서 ⁽¹⁰⁻ᴬ⁾현지 화폐를 사용할 수 있는지, 아니면 다른 종류의 통화도 받는지의 여부는 모르겠습니다. 대신 다가스탄 방문객을 위한 웹사이트에 사용되는 화폐 목록이 나와 있을 겁니다.

이 내용이 도움이 되시기를 바랍니다. 질문이 더 있으시면 부담 없이 물어보십시오.

사이먼

어휘 belated 뒤늦은 congratulation 축하 except for ~ ~를 제외하고 complimentary 무료의 currency 통화 in use 사용 중인

---

6. 카말 씨에 대해 알 수 있는 것은?
(A) 보너 씨와 함께 여행하곤 했다.
(B) 최근 승진을 했다.
(C) 다가스탄에서 있을 회의에 참석할 예정이다.
(D) 다가스탄에서 두 명의 가이드와 함께 다닐 것이다.

해설 추론
❶ 발신인인 카말 씨에 대한 정보에 대한 문제이므로 첫 번째 지문에서 정답을 찾는다.
❷ 단서(6)에서 운영 관리자로 승진한 지 한 달밖에 안 됐다고 했으므로 정답은 (B).

paraphrasing

move up to ~ position → receive a promotion
(~직으로 올라가다 → 승진하다)

only a month → recently
(겨우 한 달 → 최근에)

7. 첫 번째 이메일의 두 번째 단락, 4행에 쓰인 'field'와 의미가 가장 가까운 단어는?
(A) 부정하다
(B) 대답하다
(C) 펴다
(D) 시작하다

해설 동의어
❶ field가 들어간 문장에서 어휘를 가리고 의미를 추측해 본다.
❷ 전에 그곳을 방문한 것으로 알고 있어서 몇 가지 질문을 ------해 주었으면 한다고 했으므로 '답변하다'의 의미가 문맥상 가장 적절하다. 따라서 정답은 (B).

8. 어떤 현장에 스탠다드 클래스의 호텔이 있을 것 같은가?
   (A) 포스톡
   (B) 안토노프
   (C) 다릭
   (D) 모크바타

해설 추론 – 연계
① 질문 속의 키워드(Standard Class hotel)를 두 번째 지문과 세 번째 지문의 내용을 종합적으로 확인한 후 추론하여 푸는 연계 문제이다.
② 세 번째 지문의 단서(8)에서 '탐보바 호텔의 스탠다드 클래스를 제외하고 모든 숙박시설은 디럭스 클래스'라고 했으므로 탐보바 호텔이 위치한 현장을 두 번째 지문에서 찾는다. 두 번째 지문의 단서(8)에서 탐보바 호텔이 다릭에 위치한 것을 알 수 있으므로 정답은 (C).

9. 여행 일정표에 따르면, 카말 씨는 몇 개의 호텔에 머무를 예정인가?
   (A) 3
   (B) 4
   (C) 5
   (D) 6

해설 세부 정보 찾기
① 질문 속의 키워드(how many hotels)를 두 번째 지문 여행 일정표에서 찾는다.
② 여행 일정에 총 4개의 호텔이 있으므로 정답은 (C).

10. 보너 씨는 이메일에서 어떤 사안에 대해 언급하는 것을 잊어버렸는가?
   (A) 다가스탄 통화에 대한 조언
   (B) 여행 일정에서 제공되는 음식
   (C) 다가스탄 숙박 시설의 질
   (D) 여행 일정의 속도

해설 세부 정보 찾기 – 연계
① 질문 속의 키워드(issue)를 첫 번째 지문과 세 번째 지문 내용을 종합적으로 확인한 후 푸는 연계 문제이다.
② 현지 화폐에 대한 첫 번째 지문의 단서(10-A)에 대한 문의는 세 번째 지문의 세 번째 단서(10-A)에서 언급했고, 음식에 대한 첫 번째 지문의 단서(10-B)에 대해서도 세 번째 지문의 두 번째 단서(10-B)에서 답변했다. 숙박 시설에 대한 첫 번째 지문의 단서(10-C)에 대해서도 세 번째 지문의 단서(10-C)에서 언급했으므로 잊지 않았다. 하지만 여행 일정에 대해 물어본 질문에 대해서는 언급하지 않았으므로 정답은 (D).

YBM ENGLISH *Basics*

청취, 문법, 독해 및 어휘에 이르기까지 원스톱 대비서!

- 영어 기초뿐 아니라 토익까지 잡는 맞춤형 기초서
- 강의용으로 최적화된 12차수 구성
- 강의용 PPT 자료 및 MP3 제공